영유아 교육행정 및 교육경영

-유치원 및 어린이집 경영 탐색-

영유아
유치원 및 어린이집 경영 탐색

교육행정 및 교육경영

신재흡 저

dm 동문사

머리말

급격한 현대사회의 변화로 인하여 가족구조가 변화되고 가족의 기능이 사회로 대체됨에 따라 영유아의 보호와 교육에 대한 영유아 교육행정기관의 역할은 날로 증대되고 있다. 또한 영유아기는 다른 어떤 시기보다 인간발달에 있어서 가장 중대하고 결정적인 시기이기 때문에 이 시기에 제공되는 영유아 교육행정기관의 질적인 경험은 영유아에게는 절대적인 영향을 미칠 것임은 자명한 사실이다. 따라서 영유아기의 발달에 바람직한 영향을 미칠 수 있는 질적으로 우수한 영유아 교육행정기관에 대한 기대는 우리 모두의 염원이며 바람일 것이다.

우리나라의 영유아 교육행정기관의 유형은 크게 교육부에서 관할하는 유치원과 보건복지부에서 관할하는 어린이집으로 나눌 수 있다. 유치원과 어린이집 모두 일관된 이론적 기초 이외에 영유아 교육행정기관의 여러 영역들이 유기적으로 일관성을 갖고 효율적으로 운영될 필요가 있다. 일반적으로 교육행정은 교육 활동의 전반적인 과정을 대상으로 한다. 영유아 교육행정기관의 운영관리 역시 이러한 교육행정의 틀 속에서 영유아들에게 체계적이고 합리적인 교육을 실시하기 위해 교육과정을 마련하고 교육 활동에 필요한 인적 및 물적 조건을 정비하여 보육 및 유아교육 활동을 보다 효율적으로 수행하도록 도와주는 지원 활동이란 측면에서 이루어져야 한다. 영유아 교육의 효율화를 위해서 어린이집과 유치원의 합리적인 운영방안을 탐색하는 일은 매우 중요한 일이 될 것이다.

따라서 본 저서는 영유아 교육행정기관을 운영하는 운영자와 교사 및 유아교육 및 보육 관련 전공학생들이 보다 효율적인 영유아 교육행정을 위한 기본적인 이론과 실제를 부합하도록 구성하여 서술하였다. 이를 소개하면 다음과 같다.

제1장 영유아 교육행정의 기초(영유아 교육행정의 개념, 영유아 교육행정의 유형, 영유아 교육행정의 원리, 영유아 교육행정의 영역 및 과정, 교육행정 및 경영 측면에서 영유아 교육기관의 특수성과 강조점, 영유아 교육기관의 역사적 고찰과 정책 변화), **제2장 영유아 교사를 위한 교육행정 및 경영 이론적 기초**(교육행정 및 경영의 발전과정: 과학적 관리론, 인간관계론, 행동과학적 접근론, 이론의 정글기〈체제이론, 해석이론, 비판이론, 포스트모더니즘, 페미니즘〉, 의사소통 및 의사결정이론, 조직행위이론, 갈등관리), **제3장 바람직한 조직문화를 위한 인간관계**(인간관계의 개념 및 구조, 인간관계의 중요성 및 인간관계 맺기의 기본 요소, 바

람직한 인간관계, 영유아 교사의 인간관계), **제4장 영유아 교육기관의 장학행정**(장학의 개념 · 특성 · 기능, 장학의 발달과정, 장학의 영역 · 형태, 장학의 원리 · 과정 · 모형, 장학담당자의 역할 · 자질 · 리더십, 유치원 · 어린이집의 장학의 활성화 방안), **제5장 영유아 교육기관 원장**(교사)**의 리더십**(리더십의 개념 및 발달, 리더십의 현대적 접근 〈제4의 리더십〉: 변혁적 리더십, 문화적 리더십, 도덕적 리더십, 서번트 리더십, 감성적 리더십, 수퍼 리더십, 영유아 교육기관 원장의 리더십과 직무, 영유아 교육기관의 교사 리더십), **제6장 영유아 교육기관 설립 및 원아 모집**(어린이집 설립과정, 유치원 설립과정, 원아 모집, 입학 준비와 학부모 오리엔테이션), **제7장 영유아 교육기관의 학급경영**(학급경영의 이해, 학급경영의 원리, 학급경영 및 운영지침, 학급 편성, 학급경영의 방향, 학급경영의 영역과 내용, 학급경영자의 역할, 학급 공간관리), **제8장 행사관리 및 지역사회 연계**(행사관리, 영유아 교육기관과 가정과의 연계, 영유아 교육기관과 지역사회와의 연계, **제9장 영유아 관리행정**(영유아 영양관리 행정, 영유아 건강관리 행정, 영유아 안전관리 행정), **제10장 영유아 보육정책과 제도**(영유아보육법의 주요 내용과 변천, 보육관계법, 보육행정 및 정책, 외국의 보육제도와 정책) 등을 다루었다.

본 저서는 보다 영유아 교육행정기관을 효율적으로 운영 및 관리하고자 하는 현직기관 운영자들과 미래의 영유아 교육행정기관의 운영자로서 대학에서 유아교육 및 보육 관련 전공자들, 그리고 이 분야에 관심을 갖고 있는 관련 전문가들을 위해 집필되었으며, 많은 도움이 되었으면 하는 마음 간절하다. 또한 본 저서는 영유아 교육행정 및 교육경영에 대한 다양한 내용을 전달하기 위하여 쉽게 풀어쓰면서 <학습 목표>, <Keyword>, <연습 및 탐구문제> 등을 포함시킴으로써 교육현장의 활용도를 높이고자 하였다. 아울러 이 책을 통해 영유아 교육행정 및 교육경영에 대한 올바른 이해와 태도를 형성하는 데 작은 밑거름이 되기를 희망해 본다. 그리고 출간을 맡아주신 동문사 이중수 사장님, 유재영 상무님과 좋은 책을 만들려고 애써주신 편집부에도 깊은 감사를 드립니다.

이 책의 내용 측면에서 꼼꼼하게 교정을 도맡아 준 큰딸 신샛별에게도 고마움을 전한다. 그리고 건강하고 성실하게 자신의 과업을 수행하고 있는 쌍둥이 아들 신현범·현호에게도 고마움을 전한다. 지금까지 학문적 탐구여행을 할 수 있도록 곁에서 묵묵히 참아준 내자 김화영(金花榮)에게도 늘 고마운 마음을 전합니다.

2023년 8월
한성대학교 연구관에서
저자 신재흡 識

차 례

Chapter
04 영유아 교육기관의 장학행정

Chapter
05 영유아 교육기관 원장(교사)의 리더십

Chapter
06 영유아 교육기관 설립 및 원아 모집

Chapter

10 영유아 보육정책과 제도

CHAPTER 01

영유아 교육행정의 기초

학습목표

1. 영유아 교육행정의 개념을 이해할 수 있다.
2. 영유아 교육기관의 유형을 유치원과 어린이집으로 구분하여 설명할 수 있다.
3. 영유아 교육행정의 원리를 파악할 수 있다.
4. 영유아 교육행정의 영역을 이해할 수 있다.
5. 영유아 교육행정의 과정을 설명할 수 있다.
6. 교육행정 및 경영 측면에서 영유아 교육기관의 특수성과 강조점을 제시할 수 있다.
7. 영유아 교육기관 원장의 교육행정 및 경영관리 능력을 제시할 수 있다.
8. 영유아 교육기관의 정책의 발달과정을 유치원과 어린이집으로 대별해서 설명할 수 있다.

Keyword

영유아 교육행정, 영유아 교육기관, 영유아 교육행정의 유형, 국·공립유치원, 사립유치원, 유아교육법, 영유아보육법, 외국인유치원, 국·공립어린이집, 사회복지법인어린이집, 법인·단체어린이집, 직장어린이집, 가정어린이집, 협동어린이집, 민간어린이집, 특수어린이집 유형, 영아전담 어린이집, 장애아전문 어린이집, 장애아통합 어린이집, 시간 연장 어린이집, 24시간 어린이집, 휴일 어린이집, 계절어린이집, 방과 전후 어린이집, 영유아 교육행정의 원리, 타당성의 원리, 민주성의 원리, 효율성의 원리, 적응성의 원리, 안정성의 원리, 균형성의 원리, 법률주의의 원리, 영유아 교육행정의 영역, 프로그램서비스영역, 행정영역, 교직원 관리영역, 원아 관리영역, 교육과정 관리영역, 재정 관리영역, 문서 관리영역, 지역사회 및 학부모 관리영역, 건강 및 안전영역, 시설 및 설비 관리영역, 교재·교구 관리영역, 기관평가 관리영역, 공공활동영역, 영유아 교육행정의 과정

제1장에서는 영유아 교육행정의 개념, 유형, 원리, 영역 및 과정, 원장의 운영관리능력, 운영관리 측면에서 유아 교육기관의 특수성과 강조점, 영유아 교육기관의 발전과 정책 변화 등에 대해서 고찰하고자 한다.

제1절 영유아 교육행정의 개념

초·중·고등학교 등 다른 교육기관에 비하여 영유아 교육기관의 운영관리는 비교적 합리성이 부족하고 일관성이 없을 뿐만 아니라 체계적인 운영정책의 수립이 소홀하게 다루어지고 있는 형편이다. 영유아 교육기관 운영의 소규모화와 단순화 그리고 전문성의 결여 등이 그 이유이다. 이런 이유로 영유아 교육기관의 경영관리는 다른 학교 교육기관에 비해 현실적으로 합리성이 부족하고 일관성이 없으며 비효율적으로 운영되어 왔다. 이제 영유아 교육기관은 보다 합리적이고 체계적인 경영관리기법을 통해 일관성 있고 효율적으로 운영할 방안이 모색되어야 할 것이다(장선철 외, 2000). 결국 영유아 교육기관은 교육목표를 달성하기 위한 조직체이기 때문에 이에 대한 원활한 운영, 즉 영유아들의 교수-학습활동과 그 활동이 효과적으로 수행될 수 있도록 지원하는 기법이 기본적으로 요구된다. 영유아 교육기관에 대한 정책 수립은 정부(교육부, 보건복지부)나 광역 및 지역교육청(지자체)의 책임이고 그 정책의 실행이나 실천은 각 영유아 교육기관의 운영을 담당하는 원장의 책임이다. 영유아 교육정책을 수립하는 당국과 이를 실천하는 영유아 교육기관의 원장과의 원활한 의사소통을 유지하는 것은 합리적인 경영관리에 많은 도움을 주게 된다(김주건, 1998: 11).

홍순강 외(1989)는 유치원 운영관리를 본질적으로 유치원행정과 같은 개념이라는 입장에서 정의하고 있다. 즉, 유치원 운영관리란 유치원 교육의 목적과 계획을 수립하고 목적달성에 필요한 수단으로서의 인적·물적 조건을 정비 및 확립하고, 아울러 효율적으로 목적달성을 구현하기 위한 지도와 봉사를 포함한 일련의 운용과정이다. 따라서 영유아 교육행정에 대한 정의는 보는 시각에 따라 다양하게 나타날 수 있다. 여기서는 **유아 교육행정의 개념을 영역 중심의 관점, 조직 동태론적 관점, 교육 혁신론적 관점으로 분류**하여 살펴보기로 한다(김주건, 1998).

첫째, 영역 중심의 관점이다. 유치원 운영관리란 유치원 교육목표를 효과적으로 달성하기 위한 인적(man), 물적(material), 재정적(money) 그리고 운영방법적(management method) 조건을 정비하고 운용하는 일이다.

둘째, 조직 동태론적 관점이다. 이는 영유아의 인간 형성을 지향하는 유치원에 있어서의 여러 요소와 활동을 포함하는 교육계획을 구성하고, 그 교육계획에 비추어 교육조직을 편성하고, 그 실시에 필요한 통제와 조건의 정비를 도모하는 것으로 보고 있다.

셋째, 교육 혁신론적 관점이다. 유치원을 하나의 사회시스템으로서의 교육조직체로 보고 그 교육조직체의 관리를 도모하며, 나아가서 교육의 재구성 내지는 창조와 관련된 혁신을 구현하는 과정으로 보고 있다.

상기에서 살펴본 바와 같이, 영역 중심 관점은 4M 조건을 유아 교육행정으로 보았고, 조직 동태론적 관점은 경영관리의 과정에 초점을 두고 있으며, 교육 혁신론적 시각은 유치원 운영관리의 전근대성을 탈피하고 운영관리의 합리화 및 과학화와 의사결정의 적정화가 강조된다고 볼 수 있다. 결국 영유아 교육행정은 한마디로 정의하기는 쉬운 일이 아니다. 특히 응용학문의 경우는 더욱 그러하다. 하지만 포괄적인 측면에서 영유아 교육행정을 정의하면, 하나의 교육조직으로서 유아 교육기관이 교육의 목표를 계획하고 그 목표를 효과적으로 달성하기 위해 필요한 인적·물적 자원, 재정 및 운영방법을 정비하여 제반활동을 지도 및 감독하는 협동적 봉사활동으로 볼 수 있다. 즉 영유아 교육의 목적을 달성하기 위하여 행정가인 원장의 인적·물적 조직을 효율적으로 운영하는 데 필요한 제도적 기준을 제시하는 역할을 함으로써 소기의 목적을 달성할 수 있게 하는 행정행위이어야 한다.

아울러 어린이집 및 유치원의 영유아 교육행정의 필요성에 대하여 언급하면, 지금까지 영유아 교육기관은 설립자나 기관장에 따라 운영관리가 천차만별적으로 이루어져 왔다. 하지만 영유아 교육기관의 체계적이고 합리적인 관리를 위해서 영유아 교육행정의 과학화가 이루어져야 할 필요성이 대두되고 있다. 또한 영유아 교육의 효율성을 극대화하고 조직의 합리적인 관리와 운영을 위하여 과학적이고 체계적인 방법을 적용한 영유아 교육행정 및 경영의 과학화가 하루속히 이루어져야 할 것이다(김수향·이용주·이은진, 2019; 홍순옥·안영혜·서은주·이미란·송민서·이서연·정은주, 2018; 최애경·좌승화·최진원, 2013).

제2절 영유아 교육행정의 유형

영유아 교육기관은 설립목적, 교육목표, 교육목적, 설립기관의 특성, 영유아의 연령 등에 따라 다양하게 유형을 분류할 수 있다. 그러나 영유아 교육기관의 유형에 대한 세계적인 동향은 크게 유치원과 보육시설로 구분되고 있다. 이러한 유아 교육기관의 명칭, 종류, 목적, 기능, 관할 부처 등도 나라마다 차이가 있다. 이를 소개하면 〈표 1-1〉과 같다.

〈표 1-1〉 각국의 유아 교육기관의 체제

구분	유아 교육기관	대상 연령	관장부서	교원 자격	양성기관	비고
한국	유치원	3세~ 취학 전 아동	교육부	유치원 2급 정교사 자격증	• 4년제 대학 • 2년제 전문대학	
	어린이집	0~12세	보건복지부	보육교사 1, 2, 3급 자격증 유치원 2급 정교사 자격증	• 4년제 대학 • 2년제 대학 • 보건복지가족부가 지정하는 양성기관	
일본	유치원	3~5세	문부성	교육 1급 자격증 교육 2급 자격증	• 4년제 대학 • 2년제 단기대학	고졸 이상 아동복지 시설 종사 경력 3년 이상
	보육소	3~5세	후생성	보모	• 2년제 단기대학 • 보모양성학교	
미국	유치원 (kindergarten) 유아원 (nursery school)	5세 3~4세	교육, 보건복지부	유치원교사 자격증 및 초등학교 저학년 교사자격증		
	탁아소	4개월~ 5세		자격 기준 없음(16개주)		
영국	유아학교 (infant school) 유아원 (nursery center)	5세 2~4세	교육부	정교사 자격증	• 3년제 사범대학 졸업 후 1년간 수습교사 • 4년제 일반대학 졸업 후 1년 교원자격과정 이수	

구분	유아 교육기관	대상 연령	관장부서	교원 자격	양성기관	비고
구소련	보육유치원 (yasli-sad)	2개월~7세	교육성	유치원, 보육원 교사자격증	• 3년제 보육학교	
프랑스	유치원 (ecole matemelle)	3~6세	교육부	정교사 자격증	• 4년제 교원양성 대학 • 학사 취득 후 현장실습	교원자격 시험
	탁아소 (creches collectives)	3세 미만	사회부	준 육아전문가 자격증	특수전문대학	
스웨덴	유아학교 (pre-school)	7세 미만	국립보건 복지국	유아교사 자격증	• 2년제 반 이상의 전문학교	
덴마크 1)	가정보육 (childminding)	0~2세	교육부	가정보육사 자격증 (child minder)	3주	적성 및 이전 경력
	유아원 (Crèches Nurseries)			교사 (pedagogue)	최소 3, 5년제 대학	학사학위 사회교육 전공
				교사보조 (pedagogue assistant)	훈련기간 없음 직업교육수준	중등학교 직업교육 (교사보조 자격)
	연령통합기관 (Age-integrated institutions)			교사 (pedagogue)	최소 3, 5년제 대학	학사학위 (취학 전 교육 전공)
	유치원 (Kindergartens)	3~5세		교사 (pedagogue)	최소 3, 5년제 대학	학사학위 (취학 전 교육 전공)
	연령통합기관 (Age-integrated institutions)			교사 (pedagogue)	최소 3, 5년제 대학	학사학위 (취학 전 교육 전공)

출처: 김연진·이상희(2011). 유아 교육기관 운영관리. 서울: 동문사, pp. 16-17. 인용 및 재편집.

1) 한국교원교육학회(2022). 유아교육·보육통합을 위한 영유아교원 양성체제 발전방안. 한국교원교육학회 2022년 제1차 유아교육·보육정책 포럼(2022.6.18.).

우리나라 영유아 교육기관의 유형은 크게 교육부에서 관할하는 유치원과 보건복지부에서 관할하는 어린이집으로 구분할 수 있다.

1. 유치원

우리나라 유치원은 만 3세부터 초등학교 취학 전 시기까지 유아들을 대상으로 하는 유아 교육기관을 말한다. **유치원**은 유아를 교육하고 유아에게 알맞은 교육환경을 제공하여 심신의 조화로운 발달을 조장하는 것을 목적으로 하는 학교기관으로 「유아교육법」에 근거하여 설치 및 운영되는 교육부 관할의 유아 교육기관이다. 「유아교육법」 제7조에 명시된 유치원의 구분은 다음과 같다.

- 국립유치원: 국가가 설립 및 운영하는 유치원
- 공립유치원: 지방자치단체가 설립 및 경영하는 유치원(설립 주체에 따라 사립유치원과 도립유치원으로 구분할 수 있다)
- 사립유치원: 법인 또는 사인(私人)이 설립 및 경영하는 유치원

또한 **국·공립유치원**은 초등학교 내에서 병설 유치원으로 운영되거나 단독 건물에서 운영되는 단설유치원이 있다. 유치원은 「초·중등교육법」 제2조의 규정에 따라 초등학교, 중학교 및 고등학교에 병설할 수 있는데, 많은 공립유치원이 대부분 초등학교에 병설되어 운영되고 있다.

사립유치원은 법인 또는 개인이 설립 및 경영하는 유치원을 말한다. 학교법인의 경우 유치원은 초등학교, 중·고등학교, 대학에 병설하거나 부속기관으로 설립할 수 있다. 그리고 종교법인인 경우 그 종교단체에서 운영되고 있다. 이 외에도 「유아교육법」 제16조에 따른 **외국인 유치원**이란 국내에 체류 중인 외국인 자녀를 교육하기 위하여 설립된 유치원을 말하며, 설립기준, 교육과정, 수업연한, 학력 인정과 그 밖에 설립·운영에 필요한 사항은 대통령령으로 정하고 있다(홍순옥 외, 2018).

2. 어린이집

어린이집은 취업모의 자녀를 대상으로 하여 장시간 운영하는 기관이다. 영유아를 위한 어린이집은 부모의 육아 기능을 지원하여 영유아의 전인적 성장과 발달을 이끌어 주는 유아 교육기관을 의미한다. 현재 우리나라 어린이집은 「영유아보육법」에 근거하여 보건복지부에서 관할한다.

우리나라 어린이집은 「영유아보육법」 제10조에 의거하여 설립 및 운영 주체에 따라 국·공립어린이집, 사회복지법인어린이집, 법인·단체 등 어린이집, 직장어린이집, 가정어린이집, 협동어린이집, 민간어린이집으로 구분된다(보건복지부, 2022; 홍길회 · 김명연, 2021; 권미량 · 서영희 · 이숙희, 2021; 홍순옥 외, 2018).

① **국·공립어린이집**은 국가나 지방자치단체가 설치·운영하는 어린이집 중에서 직장어린이집을 제외한 어린이집을 말한다. 상기 영유아 11인 이상을 보육할 수 있는 기관이며, 저소득층 밀집 지역 및 농어촌지역 등 취약지역과 어린이집이 부족한 지역에 우선적으로 설치하는 등 지역별로 균형 있게 배치하도록 하고 있다. 국공립어린이집 운영은 각급 기관의 장이 어린이집의 교직원을 공무원 등으로 채용하여 직접 운영하거나, 법인·단체 또는 개인에게 위탁하여 운영할 수 있다. 신규위탁은 공개경쟁의 방법에 의하여, 위탁운영 시에는 시설운영 평가 결과를 참고하고, 보육의 전문성 및 정치·종교적 중립성을 유지하도록 해야 한다.

② **사회복지법인어린이집**은 「사회복지사업법」에 따른 사회복지법인이 설치·운영하는 어린이집이다.

③ **법인·단체**(사회복지법인을 제외한 비영리법인) **등 어린이집**은 각종 법인이나 단체 등이 설치 및 운영하는 어린이집으로 대통령령으로 정하는 어린이집이다. 이는 상시 영유아 21인 이상을 보육할 수 있는 시설을 갖추어야 하며, 지역 보육수요와 어린이집의 공급현황 등을 감안하여 지역별로 균형 있게 배치되도록 하고 있다.

④ **직장어린이집**은 사업주가 사업상의 근로자를 위하여 단독 또는 공동으로 사업장 내 또는 그에 준하는 인근 지역과 사원 주택 등 사업장근로자 밀집 거주 지역에 설치 및 운영하는 어린이집이다. 국가 또는 지방자치단체의 장이 소속 공무원을 위하여 설치 및 운영하는 기관을 포함한다. 이는 보육 아동정원의 1/3 이상이 동 사업장 근로자의 자녀이어야 한다.

⑤ **가정어린이집**은 개인이 가정이나 그에 준하는 곳에 설치 및 운영하는 어린이집이다. 상시 영유아 5인 이상 20인 이하를 보육할 수 있고, 어린이집은 '○○어린이

집'으로 한다. 명칭 사용에 유치원, 학원 등 유사기관으로 오인할 수 있는 명칭은 사용할 수 없으며, 관할 시장·군수 또는 구청장에게 사전에 인가 신청을 한다.

⑥ **협동어린이집**은 보호자들이 조합을 결성하여 설치 및 운영하는 어린이집으로서 보호아동을 둔 보호자 15인 이상이 상호 출자하여 운영하는 형태로 상시 영유아 11인 이상을 보육할 수 있다. 상시 영유아 20인 이하는 보육하는 부모 협동 어린이집은 가정어린이집을 설치할 수 있는 곳에도 설치할 수 있다. 조합의 업무집행자는 조합계약 또는 조합원의 2/3 이상의 찬성으로 업무집행자를 선입하며, 되도록 조합의 업무집행자가 원장을 겸직하도록 한다. 업무집행자는 조합원의 최대한 보육과정 및 의사결정에 참여하여 소기의 설립목적으로 달성하도록 노력해야 한다.

⑦ **민간어린이집**은 국·공립, 사회복지법인, 법인·단체 등, 직장, 가정·부모협동 어린이집에 해당하지 않는 어린이집을 말한다. 규모는 상시 영유아 21인 이상을 보육하여야 한다.

〈표 1-2〉 설립 주체에 따른 어린이집의 유형

유형	설립 주체	설치 방법	규모
국공립어린이집	국가, 지방자치단체	인가	상시 영유아 11인 이상
사회복지법인어린이집	사회복지법인	인가	상시 영유아 21인 이상
법인·단체 등 어린이집	사회복지법인을 제외한 비영리법인	인가	상시 영유아 21인 이상
직장어린이집	사업주	인가	상시 영유아 5인 이상
가정어린이집	개인	인가	상시 영유아 5인 이상 20인 이하
협동어린이집	보호자 또는 보호자 및 보육교직원 조합	인가	상시 영유아 11인 이상
민간어린이집	개인	인가	상시 영유아 21인 이상

한편 **특수어린이집 유형**은 다음과 같다(보건복지부, 2022).

① **영아 전담 어린이집**은 만 3세 미만 영아만을 20인 이상 보육하는 어린이집을 말한다.

② **장애아 전문 어린이집**은 「장애아아동복지지원법」 제32조에 따라 요건을 갖추고, 상시 12명 이상의 장애아(단, 미취학 장애아 9명 이상 포함)를 보육하는 어린이집이

다. 장애의 종류와 정도에 따라 반을 편성 및 운영하고, 12세까지의 장애아를 전담으로 하지만 통합보육을 위하여 정원 범위 내에서 40%의 비장애아를 보육할 수 있다.

③ **장애아통합 어린이집**은 정원의 20% 내에서 장애아 종일반을 편성 및 운영하거나 미취학 장애아를 3명 이상 통합보육하고 있는 어린이집이다. 즉 장애아통합 어린이집은 장애를 가지고 있지 않은 비장애 영유아와 장애를 가지고 영유아를 같은 어린이집에서 함께 보육하는 형태이다.

④ **시간 연장 어린이집**은 기준 보육시간(07:30~19:30)을 경과하여 최소 21시부터 최대 24시까지 시간을 연장하여 보육하는 어린이집이다.

⑤ **24시간 어린이집**은 24시간 동안 보육서비스를 제공하는 형태로, 잠자리와 식사가 제공되는 보호적 보육을 의미하며, 24시간 보육은 야근이나 지방 출장이 잦은 맞벌이 부모나 밤늦게까지 근무해야 하는 직업에 종사하는 부모가 자녀를 맡기기 위해 주로 이용한다. 24시간 보육은 숙박시설을 갖추고 있으며, 보육교사는 대개 8시간씩 교대로 근무한다. 대부분 혼합연령집단으로 운영되며, 낮에는 보육프로그램을 운영하지만 야간에는 주로 보호에만 초점을 맞춘다.

⑥ **휴일 어린이집**은 일요일 및 공휴일에 특별한 일로 영유아를 돌보기 어려운 경우에 이루어지는 보육을 말한다.

⑦ **계절어린이집**은 바쁜 농번기나 지역사회의 여건으로 인하여 특정 시기에 보육이 필요한 경우 일시적으로 이루어지는 보육을 말한다.

⑧ **방과 전후 어린이집**이다. 설립목적은 맞벌이 부부의 자녀가 학교에 가기 전 또는 방과 후 보호가 필요한 초등학교 저학년 아동을 중심으로 보육서비스를 제공하는데, 보육 대상은 초등학교 1~3학년 아동이고, 보육내용은 학습지도, 인성교육, 특기교육 등을 할 수 있다. 운영시간은 6시간을 원칙으로 하되 보육서비스 제공은 4시간이어야 한다. 복지관, 종교시설, 공공기관 등에 설치한 부설 방과 후 전담 어린이집은 「영유아보육법」에서 정한 원장을 별도로 채용해야 한다.

상기에서 고찰한 바와 같이, 우리나라의 영유아 교육기관은 「유아교육법」에 근거하여 설치 및 운영되는 교육부 산하의 유치원과 「영유아보육법」에 근거하여 설치 및 운영되는 보건복지부 산하의 어린이집으로 구분되어 있으며, 설립목적, 대상 연령, 교육과정, 교직원 자격, 교사양성제도, 운영시간 등에서 다소 차이가 있다. 우리나라 영유아 교육기관의 시스템을 구체적으로 비교하여 제시하면 〈표 1-3〉과 같다.

〈표 1-3〉 우리나라 영유아 교육기관 시스템 비교

구분	유치원	어린이집
근거법	「유아교육법」	「영유아보육법」
목적	유아의 교육을 위하여 설립 및 운영되는 학교	보호자의 위탁을 받아 영유아를 보육하는 기관
대상 연령	만 3세~초등학교 입학 전 유아	0~만 5세 미만의 취학 전 영유아를 원칙으로 하되, 필요한 경우 만 12세까지 연장 가능
교육과정	누리과정	표준보육과정(0~2세) 누리과정(3~5세)
소관부처	교육부	보건복지부
기관 유형	국립, 공립, 사립	국·공립, 사회복지법인, 법인·단체 등, 직장, 가정, 협동, 민간
학급당 원아 수 (교사 1인 배치에 따른 유아 수)	학급당 최소 및 최대 유아 수는 유치원의 유형, 지역 여건 등을 고려하여 관할청이 정함	만 1세 미만: 영유아 3명 만 1세 이상 만 2세 미만: 영유아 5명 만 2세 이상 만 3세 미만: 영유아 7명 만 3세 이상 만 4세 미만: 영유아 15명 만 4세 이상: 영유아 20명
교직원 자격	원장, 원감, 수석교사, 정교사(1급, 2급), 준교사	원장, 보육교사(1급, 2급, 3급)
교사양성제도	무시험 자격 검정	무시험 자격 검정
운영 시간	교육과정: 1일 3~5시간 방과후 과정: 1일 8시간 이상	주 6일 이상, 하루 12 이상 운영 (단, 보호자 및 영유아에게 불편을 주지 않는 범위에서 보호자에게 미리 동의를 받는 경우 원장이 운영 시간을 조정할 수 있음)
수업일수	매 학년도 180일 이상을 기준으로 원장이 정함	공휴일을 제외하고 연중 계속 운영 (단, 보호자와 사전 협의에 의하여 보육에 지장을 주지 않는 범위 내에서 조정 및 운영할 수 있음)

출처: 홍순옥·안영혜·서은주·이미란·송민서·이서연·정은주(2018). 영유아 교육기관 운영관리. 서울: 창지사, p. 32.

제3절 영유아 교육행정의 원리

영유아 교육기관의 행정가는 영유아들을 보다 잘 보호하고 교육하기 위하여 계획하고, 실행하고, 평가하는 등의 일련의 행정적 과정에 따라 영유아 교육행정 조직을 보다 효율적으로 운영해야 할 것이다. 영유아 교육기관의 행정가들이 원을 운영하는 데 있어 일반적으로 염두에 두어야 할 기본 원리를 소개하면 다음과 같다(홍길회 · 김명연, 2021; 신재흡, 2020; 김수향 · 이용주 · 이은진, 2019; 이윤옥,

2019; 홍순옥 외, 2018; 이혜원 외, 2016; 최혜순 · 이미현, 2015; 김연진 · 이상희, 2011; 이인원 외, 2011; 신화식 · 김명희, 2010; 황윤세 · 임미혜 · 이혜원, 2009).

첫째, 타당성의 원리(principle of validity)**이다.** 유치원(어린이집)에서 바람직한 교육계획을 수립하고, 이를 운영하기 위한 운영관리 활동은 타당성이 있어야 함을 의미한다. 즉 교육과정 관리, 원아 관리, 교재·교구 관리, 건강 및 영양 관리 등 일련의 과정들이 유아 교육기관 설립 및 운영의 목적인 영유아의 전인 발달을 도모하여야 한다는 생각에 부합되어야 한다. 예를 들면, 유치원이나 어린이집에서 장학지도를 할 경우, 이것이 영유아 교육의 목표를 돕는 수단으로써 행정 활동이 되어야 한다. 그리고 유아 교육기관에서 가족행사를 한다면 기관의 교육목표달성을 돕는 수단으로서의 행정 활동이 되어야 할 것이다.

둘째, 민주성의 원리(principle of democracy)**이다.** 영유아 교육기관은 원장, 영유아, 교사 등의 인간집단으로 구성되어 있으며, 인간 형성을 생산적으로 하는 조직체이다. 그러므로 그 사회관계 과정에 있어서 각 성원의 주체적인 의의가 민주적으로 집약되어야 비로소 교육적 창의를 가져올 수 있게 된다. 민주성의 원리는 운영관리의 실행과정에서 독단과 독선적인 요소를 배제하고 민주적으로 운영되어야 함을 의미한다. 그런데 영유아 교육기관의 운영 책임자인 원장은 기관의 교육 활동계획의 수립, 평가 등에 교사의 적극적인 참여를 제한하고, 권위적이고 독선적으로 기관을 운영한다면 이 원리에 위배되는 것이다.

영유아 교육기관 운영의 민주화는 운영관리 조직의 민주화와 운영관리 과정의 민주화의 두 측면에서 고려될 수 있다. ① **운영관리 조직의 민주화**는 교직원회의가 단순히 운영자의 결정 사항을 전달하는 역할을 하는 것이 아니라 유치원 및 어린이집 운영방침 등에 대해 함께 토의하고 의결하는 역할을 하는 것을 의미하고, ② **운영관리 과정의 민주화**는 교직원들이 유치원 및 어린이집의 목적을 수립하고 운영계획을 수립하며 이를 평가하는 과정에 적극적으로 참여하고 자신의 의견을 제시할 수 있는 기회를 가지는 것을 말한다.

셋째, 효율성의 원리(principle of efficiency)**이다.** 이 원리는 최소한의 노력과 경비로 최대한의 효과를 얻어야 함을 의미하는 것이다. 그러나 영유아 교육을 포함한 대부분의 교육 효과는 단시간에 나타나는 것이 아니다. 그러므로 다른 원리들을 무시하면서 효율성의 원리만을 고집하는 것은 곤란하므로, 목적과 수단이 균형을 이루도록 해야 한다. 따라서 영유아 교육기관의 운영관리에 있어서는 '최소한의 수단으로 최대의 목적을 달성한다'는 경제적 효율성보다는 '주어진 수단으로 최대의 목적을 달성한다'는 사회적 효율성이 강조되어야 한다. 다시 말하면, 투입할 자원을 가능한 한 모두 투입하여 교육목표를 능률적으로 달성해야 함을 의미하는 것으로 유아 교육기관에서는 교직원과 학부모의 만족도 향상이나 유아발달의 기여와 관련되는 사회적 효율성을 강조하여야 한다.

넷째, 적응성의 원리(principle of adaptability)**이다.** 교육은 사회의 변화에 따라 달라지기 때문에 효율적인 운영관리를 위해서 영유아 교육기관의 운영관리는 그 기관이 처해 있는 현실적인 상황을 충분히 고려하며, 과학의 진보나 사회의 변화에 적응할 수 있는 능력을 갖추어야 한다는 것이다. 영유아 교육에 대한 국가의 정책 변화, 사회의 흐름을 받아들이고 현시대에 필요한 교육으로 전환할 수 있는 적응성이 필요하다는 것을 의미한다. 시대가 변화하고 그 속에 포함된 사회구성원들의 의식이 변화함에도 불구하고 영유아 교육기관이 적응성을 발휘하지 못하고 머물러 있다면, 사회구성원들의 요구에 부응하지 못하게 될 것이며, 궁극적으로 소임을 다하지 못하게 될 것이다. 따라서 영유아 교육기관의 기관장이나 교사는 시대적인 흐름을 잘 파악하고 이를 영유아 교육의 궁극적인 목적에 위배되지 않는 범위 안에서 적절하게 프로그램과 운영에 잘 반영할 수 있어야 할 것이다.

다섯째, 안정성의 원리(principle of stability)**이다.** 영유아 교육정책이나 프로그램은 장기적인 안목에서 계속성과 일관성이 유지되어야 한다. 계획의 빈번한 개편이나 방침의 변경은 혼란을 야기시키고, 활동의 효율성을 떨어뜨린다. 교육의 방침은 외부의 환경변화에도 흔들리지 않아야 한다.

여섯째, 균형성의 원리(principle of balance)**이다.** 행정의 실제에 있어서 동일한 상황에 양립하기 힘든 원리들이 동시적으로 적용되는 경우가 많다. 이러한 경우에 여러 원리들 간에 상위를 조절하여 양극화를 배제함으로써 조화와 균형의 적정선을 유지해야 한다. 이 원리는 능률성을 강조한 나머지 민주성을 희생한다거나, 적응성을 강조한 나머지 안정성을 위태롭게 할 수도 있는 것이기 때문에 행정가의 건전한 상식과 경험에 입각한 판단으로 전체 원리 간의 조화를 도모해야 할 것이다.

일곱째, 법률주의의 원리(principle of legalism)**이다.** 이는 합법성의 원리라고도 한다. 영유아 교육기관은 법의 근거에 의하여 모든 행정이 이루어지는 합법적 기관이다. 따라서 기관에서 이루어지는 모든 행정행위는 법에 위배되는 일이 없어야 한다. 법에 배치되는 행위는 운영관리 행위로서 정당성을 가질 수 없으며, 노력이 낭비되는 결과를 초래한다. 기관의 활동은 합법적으로 제정된 법령, 규칙, 조례 등에 따라 집행을 해야 하는 데, 유치원은 「유아교육법」, 「유아교육법」 시행령과 시행규칙 등이 정해 놓은 규정에 따라야 하며, 어린이집은 「영유아보육법」, 「영유아보육법」 시행령과 시행규칙, 「주택법」, 「실내공기질 관리법」, 「건축법」, 「소방시설 설치 및 관리에 관한 법률」, 「도로교통법」, 「식품위생법」 등에서 정해 놓은 규정에 따라야 한다.

제4절 영유아 교육행정의 영역 및 과정

영유아 교육행정의 영역은 유치원(어린이집) 현장에서 다루어야 할 많은 교육행정의 대상을 성질별로 묶은 것을 일컫고 있다. 그러나 영유아 교육행정의 대상을 선정하는 일은 단순한 문제가 아니다. 영유아 교육현장에서 교육행정의 대상은 이루 헤아릴 수 없이 많기 때문이다. 이러한 영유아 교육행정의 영역은 기업체의 경영관리영역과는 그 일의 성격상 많은 차이가 있다. 기업체가 이윤을 추구하는 것이 목적이라면, 영유아 교육기관은 사회적·공공적 성격을 띤 영역이라고 할 수 있다(최한수, 2003).

따라서 영유아 교육행정의 영역 구분 작업은 매우 어려운 일이며, 이는 교육의 특성상 영역들이 서로 유기적인 관련성이 있기 때문이다. 어떤 하위영역은 상위영역과 두 개 또는 그 이상의 성질이 중복되어 있기도 하다. 그렇다면 이러한 영역을 어떠한 기준에 기초하여 구분할 것인가에 대한 물음을 생각해 보아야 할 것이다. 여기에서는 영유아 교육행정의 영역과 과정에 대해서 고찰하기로 한다.

1. 영유아 교육행정의 영역

영유아 교육행정의 영역에 대해서는 학자들마다 다양한 견해가 있다. 김옥련(1993)은 유아 교육행정의 영역을 인적 영역, 물적 영역, 재정적 영역, 운영방법적 조건 영역 등으로 구분하고 있다. 이인원 외(2016)는 유아 교육행정의 영역을 교직원 관리, 원아 관리, 교육과정 관리, 시설 및 설비 관리, 교재 및 교구 관리, 재정 관리, 문서 관리, 지역사회 및 학부모 관리, 기관평가 관리 등으로 구분하고 있다. 또한 황윤세 외(2016)는 프로그램 서비스영역, 행정영역, 교직원 관리영역, 원아 관리영역, 건강 및 안전영역, 재정관리영역, 문서 관리영역, 부모관리영역, 공공활동 영역 등으로 구분하고 있다. 국지윤(2016)은 시설·설비 관리, 공간(교실)관리, 교재교구 관리, 교직원 관리, 원아 관리, 교육(보육)과정 관리, 재정 관리, 사무 관리, 부모와의 협력, 지역사회와의 협력으로 구분하고 있다.

상기에서 여러 학자들의 견해를 종합하면, **유아 교육행정영역**을 프로그램 서비스영역, 행정영역, 교직원 관리영역, 원아 관리영역, 교육과정 관리영역, 재정 관리영역, 문서관리영역, 지역사회 및 학부모 관리영역, 건강 및 안전영역, 시설 및 설비 관리영역, 교재교구 관리영역, 기관평가 관리영역, 공공활동영역 등으로 구분해서 고찰하기로 한다(홍길회 외, 2021; 이윤옥, 2019; 홍순옥 외, 2018; 황윤세 외, 2016; 이인원 외, 2011).

① **프로그램 서비스영역이다.** 유아 교육기관 및 어린이집에서 제공하는 주요 서비스인 교육 및 보호 서비스뿐만 아니라, 급·간식, 등원 및 하원을 위한 차량 운행, 아동학대 및 정서상의 문제 발생 시 대처를 위한 관련 기관 연계, 가족지원이나 사회복지적 차원의 서비스를 의미한다.

② **행정영역**에서는 유아 교육기관 및 보육시설 운영과 관련된 행정조직 및 각종 운영위원회의 구성과 관련된 정책을 수립하는 것이다. 구체적 사례를 들면, 유아 교육기관 및 어린이집 내의 조직을 구성하고 조직구성원들의 역할, 교육기관 운영위원회의 구성 및 위원의 선정, 학부모회의 구성 등과 관련된 정책을 수립하는 것이다.

③ **교직원 관리영역이다.** 교직원은 영유아들에게 교육서비스를 제공하는 기관의 모든 직원들을 말한다. 교직원 관리는 이들이 가지고 있는 전문성을 최대한 발휘할 수 있도록 하는 일이다. 이 영역에서 해야 하는 구체적인 일은 교직원 선발, 임용을 비롯하여 승급, 퇴직, 상벌, 연수 훈련, 근무평정, 보수, 복지에 관련한 사항이다. 특히 교직원의 전문성 향상과 관련한 정책도 수반되어야 한다.

④ **원아 관리영역**은 유아 교육기관과 어린이집의 원아 모집 및 관리와 관련된 영역이다. 즉 원아모집 대상 결정, 원아모집 과정 및 입학, 학급의 최대인원수, 수업

및 보육일수, 교사 대 영유아의 비율, 출결관리, 신입 원아 적응기록, 급식 및 간식지도, 위생지도, 영유아의 복지와 관련된 서비스, 영유아 발달과 학습에 관련된 평가 등에 관한 정책을 수립해야 한다.

⑤ **교육과정 관리**(교육 활동)**영역이다.** 교육과정은 영유아들에 대한 교육목적을 달성하기 위해 직접 투입되는 경험의 내용과 방법, 평가 등의 체제이다. 이 영역에서의 관리는 이 체제가 유아들의 성장에 가장 적합하도록 계획하고, 실행하고, 평가하는 일이다. 이와 관련하여 영유아 교육기관에서 하는 업무는 교육계획안 짜기, 단위 활동 계획안 짜기, 각종 행사계획안 짜기와 구체적인 실행 그리고 실행의 성과평가이다. 현장체험 활동계획 운영, 특성화 활동 운영관리, 방과 후 활동 운영관리 등이 있다.

⑥ **재정관리영역이다.** 재정이란 공공단체가 공공의 욕구를 충족하기 위하여 필요한 자원을 조달하고 관리하는 경제활동, 즉 돈과 관련한 문제를 다루는 것이다. 교육재정 관리영역에는 예산편성, 교육비 수납, 운영비의 지출, 회계장부 기록, 결산서 작성, 기부금 및 보조금 관리, 감사 등이 해당된다.

⑦ **문서관리**(사무관리)**영역**은 기관에서 구비하고 비치하는 문서에 대한 규정, 문서 보존 기간, 공문처리, 문서보관, 문서관리책임자의 업무 분담에 대한 정책을 수립해야 한다. 문서에는 법규문서, 지시문서, 공고문서, 비치문서, 민원문서, 일반문서로 구분된다. 그리고 사무관리는 사무분담, 에듀파인 지원시스템 관리, 정보공시관리, 처음학교로 입학 적용 시스템관리, DCM 관리, 이메일 관리 등이 있다.

⑧ **지역사회 및 학부모 관리영역**이다. 영유아 교육기관은 지역사회의 일원으로서 지역의 문제를 함께 고민하고, 지역사회의 요구에 부응하여야 한다. 또한 영유아 교육기관으로서 역할을 충분히 하기 위해서는 영유아 교육기관의 입장을 지역사회 구성원에게 이해시켜야 하며, 지역사회의 협조를 이끌어낼 수 있어야 한다. 지역사회 영역은 지역사회 기관 및 단체와의 협력 및 활동계획 관리, 행정기관과의 협력, 견학기관과의 협력 등이 있다. 아울러 학부모는 영유아 교육기관의 구성원으로서 교육의 계획과 결과를 기관과 함께 공유해야 한다. 영유아 교육기관이 학부모의 협조와 도움을 이끌어내지 못한다면 교육의 성과를 담보할 수 없게 된다. 특히 학부모 관리영역에는 운영위원회의 학부모위원 선출, 부모참여 수업, 부모참관 수업, 부모상담 등이 있다.

⑨ **건강 및 안전영역**에서는 기관에 입학하기 전에 실시하는 건강검사, 연간 및 일일 건강검진, 기관에서 아픈 영유아에 대한 조치, 영유아에 대한 약물 투여 여부, 사고 및 응급상황에 대한 처리, 영양 및 급식에 관련된 음식물관리 그리고 건강 및

영양교육에 대한 정책을 수립해야 한다.

⑩ **시설 및 설비 관리영역**이다. 시설·설비는 유아들의 교육 활동에 직접 사용되지는 않지만 유아들이 쾌적하고 편안하게 생활할 수 있는 교실, 강당, 유원장, 화장실, 조리실과 같은 공간과 냉난방시설, 놀이시설, 조명시설, 안전시설, 상하수도, 운동시설 등이다. 시설·설비의 관리는 구입, 유지, 보수는 물론 각 시설들이 교육 활동에 적합하게 지원되고, 활용될 수 있도록 해야 한다.

⑪ **교재·교구 관리영역**이다. 교재·교구는 유아들의 교육 활동에 직접 사용되는 자원을 말한다. 교재·교구 관리는 이들이 가지고 있는 각각의 기능들이 적합하게 사용될 수 있도록 하는 일이다. 이 영역에서 해야 할 구체적인 일은 각종 교재·교구의 구입 및 제작에서부터 활용, 보관은 물론 유아 교육기관에서 이들을 배치하는 일까지 해당된다.

⑫ **기관평가 관리영역**이다. 공적 서비스의 제공자로서 유아 교육기관은 질 좋은 서비스를 제공할 의무가 있다. 기관평가는 교육서비스의 질 관리를 위해서 필요한 절차로서 대외적으로 기관의 질적 수준을 검증받아 유아 교육기관으로서 자격을 인정받는다고 할 수 있다. 이는 유아 교육기관을 이용하는 유아와 학부모에게 기관 선택을 위한 정확한 정보를 제공해 줄 수 있다.

⑬ **공공활동영역**은 공보활동이라고도 하는데, 이는 지역사회 및 영유아 교육 관련 단체 등과의 관계 유지와 관련된 영역이다.

2. 영유아 교육행정의 과정

지금까지의 영유아 교육현장에서는 대부분 원장이 목표와 계획을 세우고, 교사들은 원장의 지시에 따르는 형태를 유지해 왔다. 실행에 대한 평가는 전 교직원이 함께 평가하고 다음 계획에 반영하고 있는 추세이다. 향후 바람직한 방향은 모든 계획과 실행 평가과정에 조직구성원들이 참여하여 민주적인 방법으로 의사소통을 하고 협력하여 목표달성을 추구하는 것이다(홍길회 외, 2021). 따라서 영유아 교육기관이 합리적이고 효율적으로 운영되기 위해서는 논리적인 절차가 필요하다. 논리적 절차는 계획, 조직, 의사소통, 조정, 평가가 유기적인 순환과정이 되도록 각 단계는 이전 단계로 돌아가는 피드백(feedback)이 있어야 한다(신재흡, 2020).

① **계획**(planning)**이다.** 이 단계는 유아 교육기관이 지향하는 바와 실제 활동과정 그

리고 평가까지 기관이 해야 할 모든 과정을 설계한다. 이 단계에서는 교육목표와 방침을 설정하고, 기관의 조직을 편성하며, 연간·월간 계획서가 작성되고, 어떻게 평가할 것인지 평가계획을 마련한다. 계획에는 문제의 규명과 목표설정으로 분류해서 살펴보고자 한다.

먼저 문제의 규명이다. 운영계획을 세우는 기저로써 유아교육의 요구가 무엇이며, 현재 기관의 여건에서 교육의 문제는 무엇인지 영유아 교육기관의 상위목표, 지역의 실정, 해당 기관의 여건을 고려하여 분석한다. i) 「헌법」, 「유아교육법」, 「영유아보육법」 등 상위목표와 교육부 및 보건복지부의 정책목표를 근거로 국가, 사회의 유아교육 요구를 분석한다. ii) 지역사회의 환경, 학부모의 사회·경제적 배경을 중심으로 지역사회의 영유아 교육 요구를 분석한다. iii) 영유아의 실태, 교사의 실태, 기관의 물리적 환경 등을 중심으로 영유아 교육의 문제점을 분석하고, 전년도 실적도 분석한다. 이러한 자료를 바탕으로 기관의 목표가 설정된다. 목표설정에서 유아 교육기관의 목표는 장기적인 안목에서 영유아들이 궁극적으로 도달해야 할 인간상을 제시한 것이거나 행동특성들을 종합적으로 명시한 것이어야 한다. 교육목표는 i) 각 기관의 실정에 맞게 주체적으로 설정되어야 하며, ii) 국가적 당면과제나 지역사회의 요청을 고려하고, iii) 구체적이면서도 포괄성 있게 행동적 용어로 진술되어 보육내용에 대한 예측이 가능하도록 명료화되어야 하며, iv) 영유아의 발달 단계에 따라 목표가 세분화되어야 한다.

② **조직**(organizing)**이다.** 수립된 교육계획에 따라 교육목표를 효율적으로 달성하기 위해서는 영유아 교육행정 활동에 필요한 인적·물적 자원을 합리적으로 배분해야 한다. 즉 인적 자원의 선발 및 조직, 시설, 설비의 배치, 업무 및 예산편성 등의 배분을 위한 분업적 협동체제의 구성을 교육조직이라 한다.

③ **의사소통**(communicating)**이다.** 영유아 교육행정 행위가 지원적 및 봉사적인 성격이라기보다는 권위적이고 관료적인 성격을 더 강조하기 때문에 학자에 따라 의사소통을 지시(directing), 명령(commanding)이라는 용어로 사용하기도 한다. 의사소통은 설정된 교육목표의 달성을 위해 조직구성원들 간 정보 수집이나 각종 업무 추진에 따른 의견교환이 활발하게 이루어져야 하는 것을 의미한다. 원활한 의사소통을 위해서는 일방적인 명령이나 관료주의적 권위의 행사보다 정보교환의 통로가 민주적으로 개방되는 허용적 분위기의 조성이 매우 중요하다.

④ **조정**(coordinating)**이다.** 교육목표달성을 위해 활동하는 조직원들이 그들의 업무를 조절하고 통합하며, 유기적으로 상호 관련시키는 행위이며, 조정이 원활한 경우에는 시간과 노력의 낭비, 부서 간 갈등을 줄일 수 있으며, 각 부서나 구성원들 간

의 협동이 잘 이루어지며, 능률과 사기가 향상되어 바람직한 조직운영이 된다. 영유아 교육조직체 간 조정이 잘 이루어지면 영유아 교육정책의 일관성과 안정성을 유지할 수 있어 영유아 교육행정의 효과성을 배가시킬 수 있다.

⑤ **평가**(evaluating)**이다.** 영유아 교육행정 활동과정 결과 나타난 성과를 분석 및 검토하여 영유아 교육행정의 합리성과 효율성을 측정하는 것이다. 이것의 목적은 영유아 교육행정 과정에서 나타난 문제점을 찾아내어 시정하며, 설정된 교육목표의 달성 정도를 종합적으로 판단해 궁극적으로 영유아 교육행정의 업무성과를 높이는 데 있다. 또한 평가 시기는 수시, 분기, 학기 또는 영유아 교육행정 과정의 마지막 단계에서 이루어지기도 한다.

제5절 교육행정 및 경영 측면에서 영유아 교육기관의 특수성과 강조점

영유아 교육기관은 다른 영리적 기관과는 달리 교육기관이며 이에 운영관리적인 측면에서 교육기관이 가지고 있는 특성과 유아 교육기관만이 가지고 있는 독특성을 동시에 지니고 있다. 이러한 영유아 교육기관만이 가지고 있는 독특성을 고려하여 기관을 운영할 때 교육의 효율성을 극대화할 수 있을 것이다. 이에 먼저 영유아 교육행정 및 경영 측면에서 나타난 영유아 교육기관만이 가지고 있는 특수성을 고찰하고자 한다(김수향 · 이용주 · 이은진, 2019).

① **영유아 교육기관은 조직이 단순하다.** 영유아 교육기관은 규모가 크지 않으며, 또한 조직구성원도 소수이다. 이러한 연유로 영유아 교육행정 자체가 소홀하게 다루어질 수 있다. 소수의 의견이 정책결정을 좌지우지하는 결과를 초래할 수 있다.

② **정책상 전문성이 미약하다.** 사례를 들면, 교육행정 측면에서 각종 행정조직의 구성이나 역할분담이 명확히 이루어지는 학교조직에 비해 영유아 교육기관은 문서 관리, 청소관리, 교육 활동 등을 담당하는 역할에 대한 구분이 초·중등교육조직보다는 불분명하다.

③ **영유아 교육기관의 교육 활동이나 운영 프로그램은 국가 차원의 안목보다는 원장이나 기관장의 교육철학에 의해 영향을 더 많이 받는다.** 영유아 교육기관의 원장이나 기관장의 교육철학과 추구하는 교육내용에 따라 각 원마다의 성격이 달라지는 경향이 있다. 이에 반해 초중등학교의 교육프로그램은 국가에서 추구하는 교육과정

을 중심으로 대부분의 학교가 약간의 자율성을 부여받는 게 전부이다. 하지만 영유아 교육기관은 각 원마다의 다양한 성격을 엿볼 수 있으며, 이는 영유아 교육기관의 자율성이 인정된다는 점에서 이점이기도 하다. 그러나 원장의 자질에 따라 영유아 교육기관 운영의 차이를 초래할 것이기 때문에 원장의 자질 확보가 중요함을 알 수 있다.

④ **학생모집이 비교적 안정적인 학교에 비해 영유아 교육관은 원아 모집 경쟁이 치열한 편이다.** 아울러 초·중등학교에 비해 각 지역에 설립된 기관의 수도 많은 편이다.

상기에서 고찰한 영유아 교육기관의 특수성을 고찰하였다. 그래도 영유아 교육기관의 원장은 계획, 조직, 실행, 평가의 효율적인 운영관리를 도모함으로써 영유아 교육기관의 목적과 목표달성의 효율성을 극대화할 수 있는 운영관리 능력을 갖추고 있어야 한다. 아울러 조직의 목표나 원내의 질서 유지를 위해 구성원이 자발적으로 조직활동에 참여하여 이를 달성하도록 유도하는 영유아 교육 리더로서의 실행능력을 소유해야 할 것이다. 결국 영유아 교육기관의 원장은 교육철학, 교육이념, 교육목적, 교육방침에 입각한 장기적인 계획을 수립하고, 운영관리 능력을 범주화시켜 안정성 있게 운영하기 위한 책무성을 소유해야 할 것이다.

영유아 교육기관 원장의 교육행정 및 경영관리 능력을 제시하면 다음과 같다 (이윤옥, 2019; 이대균 · 송정원, 2004).

① **원장은 효율적인 리더십을 발휘하기 위해 부단히 노력하여야 한다.** 영유아 교육기관의 운영관리는 판단과 문제해결과정의 연속이므로, 최종책임자이며 의사결정의 권한을 가지고 있는 원장의 리더십에 가장 큰 영향을 받게 된다. 결국 원장은 부단한 자기연수가 필요하다.

② **영유아 교육기관의 운영관리에 있어 일관성 있는 정책이 시행되어야 한다.** 영유아 교육기관의 목적을 설정하고 이 목적을 달성하기 위한 영유아 교육기관의 장단기 운영관리 계획을 수립하여 유아 교육(보육)정책이 일관성을 가지고 시행될 수 있도록 하여야 한다.

③ **재정운영에 있어서 정보공시의 의무를 따라야 한다.** 정보공시제도 시행은 학부모의 알 권리 확보 및 교육에 대한 관심증대를 높일 수 있다. 영유아 교육기관의 효율

성과 투명성 제고를 촉진하고 데이터에 근거한 학부모의 유아 교육기관 선택에도 큰 효과를 기대할 수 있어 영유아 교육기관의 책무성 제고 및 영유아 교육의 질 향상에 기여할 수 있을 것이다(황유진, 2016).

④ **민주적 의사결정의 과정이 존중되어야 한다.** 주요정책을 결정하고자 할 때 교직원들과 전체 회의를 통한 집단토의를 하거나 실무담당자를 중심으로 한 개별토의과정을 거쳐 서로 다른 의견을 절충하여 집단의 응집력을 높이도록 한다.

⑤ **영유아 교육기관의 질을 높이기 위해 자체평가를 실시하여야 한다.** 계획 - 실행 - 평가를 반복하여 영유아 교육기관의 문제점을 파악하고, 이를 시정하고 개선하며 보완하는 노력을 통해 기관의 계속적인 발전을 도모하여야 한다.

⑥ **교직원에 대한 재교육을 위해 노력해야 한다.** 영유아 교육의 질은 교사를 능가할 수 없기 때문에 교사에 대한 재교육을 위해 다각적인 노력을 해야 할 것이다.

⑦ **유아 교육기관 교직원의 처우개선에 노력하여야 한다.** 영유아 교육기관의 경영 합리화와 절약을 통해 재원을 마련하여 교사의 처우개선에 노력함으로써 교직원의 이직을 방지하고 사기진작을 통해 자율적으로 최선을 다하는 풍토를 조성해야 한다.

⑧ **영유아들의 개인차를 존중하여야 한다.** 영유아들의 다양한 개인차를 파악하고 이에 적합한 교육프로그램을 적용하여 영유아들의 요구와 호기심을 충족시킴으로써 자율성을 기르며, 영유아기부터 자기주도적인 삶을 영위할 수 있는 독립성을 길러주어야 할 것이다.

⑨ **교직원 사이의 화목한 인간관계가 중시되어야 한다.** 영유아 교육기관 운영관리의 주체는 교직원이므로, 다양한 갈등상황을 극복하고 협력을 통해 기관의 역량을 최대한 높일 수 있는 분위기 조성을 위해 노력해야 한다.

⑩ **학부모의 의견을 적극적으로 반영하여야 한다.** 학부모가 영유아 교육기관의 운영관리에 대해 건의하는 내용이나 개선을 요구하는 사항에 대해서는 단 한 사람의 의견이라도 진지하게 검토하여 교육의 질을 높이는 데 활용하도록 하여야 한다.

제6절 영유아 교육기관의 역사적 고찰과 정책 변화

영유아 교육은 인류의 역사가 시작된 이래 지속되어 왔으나 대부분 가정에서 비형식 교육으로 진행되었다. 형식적 영유아 교육기관의 변천 과정을 서양과 우리나라로 구분하여 정리하고자 한다(신재흡, 2013; 서정현, 2010: 18-20; 이인원 외,

2011; 장선철, 2000).

① **서양의 영유아 교육기관의 발달과정**은 살펴보면 다음과 같다. **1767년 오베르랑**(Oberlin, Jean Frederic. 1740~1826)은 편물학교(Ěcole ă Tricotter), **1837년 프뢰벨**(Fröbel, Friedrich Wilhelm Aμgust. 1782~1852)이 유치원(Kindergarten), **1907년 몬테소리**(Montessori, Maria. 1870~1952)가 어린이집(Casa dei Bambini)을 설립했다. 특히 프랑스 남부 알자스 지방에 세워진 **오베르랑의 편물학교**는 2~3세 어린이도 받아들였으며, 프로그램은 운동, 놀이, 수공예교육 등이었고, 프랑스 표준어와 그 지방의 방언, 세상에 대한 학습도 포함되었다. 그러나 이 학교는 사회, 교육적 개혁을 목적으로 설립되었다고 할 수 있다. 한편 **유치원의 창시자인 프뢰벨**은 교육이 영유아의 자연스러운 발달을 촉진하는 것이라고 생각했다. 그는 어린이가 적절한 보호를 받는다면 어린 동식물이 자연의 법칙에 따라 자연적으로 성장하듯이 본성을 따라 성장한다고 생각했으며, 놀이를 교육의 수단인 동시에 인간의 자연스러운 삶을 본뜨는 방법으로 보았다. 그리고 유아교육의 주요 교육내용인 은물과 작업을 만들고 놀이의 중요성을 강조하였다. 그리고 이탈리아 최초의 여의사인 몬테소리는 정신적으로 결함이 있는 어린이를 훈련시켜 더욱 능력있게 발달시키는 것이 가능하다고 믿었다. 유아의 발달과정에 알맞은 교구를 제공하면 유아는 교구를 통해 시행착오를 거쳐 스스로 잘못을 교정하는 자동교육을 한다는 것이다. 유아의 인지발달을 촉진시키는 감각교구 및 수 교구를 포함한 몬테소리 교구를 개발하였고, 이는 오늘날에도 몬테소리 프로그램과 함께 세계적으로 널리 활용되고 있다.

② **우리나라 유아 교육기관은 서당으로부터 시작하여 다음과 같은 변천 과정을 거쳤다. 고려 시대부터 식민지 말기까지 성행했던 교육기관은 서당으로, 식민지 시대 보통학교의 입학 연령이 8세였기 때문에 5세, 6~15세, 16세의 아동을 가르쳤던 이곳이 최초의 유아 교육기관**이라고 볼 수 있다. 1911년 조선교육령에서 규정한 보통학교 규칙에 보면 8세를 입학 연령으로 규정하고 있었기 때문에 5, 6세에 서당에 입학하는 아동은 결국 취학 전 교육을 받는 것이 되었다. 특히 일부 지방에서는 만 4세에 입학하는 아동이 있었고 3세에 『천자문』을 마쳤다는 일화도 있어, 유치원이라는 외래의 조기 교육기관을 저항 없이 받아들일 수 있는 여지가 충분했다(권영례 · 이영자, 1999: 11-12). 이후 1890년 전후에 개신교교회에 주일학교와 더불어 이와 대조되는 매일학교가 선교사들에 의해 설립되었다. 1896년경 배재학당, 이화학당을 모체로 애국 계몽운동의 일환으로 매일학교 운동이 전개되었다. 우리

나라 현대적 의미의 유치원이 창립된 것은 1910년 한일강제합병 이후이다. 1897년 부산에 설립된 유치원은 일본인이 세운 일본인 자녀를 위한 곳이며, **1909년 함경북도에 세워진 나남유치원**은 일본인 교사에 의해 한국인 유아들이 교육받았던 곳이었다. 한국인 교사가 한국인을 가르치는 유치원은 **1913년 경성부 인사동에 백인기에 의해 세워진 경성유치원**이었으나, 특수계층의 한국인들이 그들의 자녀를 철저하게 일본인으로의 동화시키고자 하는 목적으로 훈련시키는 곳이었다. **1914년 미국인 선교사 브라운리**(Brownlee, Charlotte G. 1876~1970)**가 이화학당 부설 이화유치원을 설립하였다.** 그리고 우리나라 유치원에 관한 최초의 법적 근거는 1922년 제3차 「조선교육령」에 기초한 「유치원 규정」이다. 이 법은 주로 유치원 인허가 관계에 관한 조항을 다루고 있으며, 유치원 교육내용은 유희, 창가, 수기, 담화를 포함하고 있다. 이 규정은 해방 후 1949년 법률 제86호로 공포된 「교육법」중에 유치원 관계조항이 만들어지기까지 유치원 교육에 관한 유일한 법적 근거가 되었다(강문희 외, 1999).

이상에서 살펴본 바와 같이, 유아 교육기관들은 그 기관이 세워진 시대, 사회계층, 발달이론, 교육철학에 따라 다소 다름을 알 수 있다. 오베르랑의 편물학교는 어린이들의 보호와 복지적 성격을 많이 가지고 있는 반면, 프뢰벨의 유치원, 몬테소리의 어린이집, 우리나라의 초기 유치원은 복지적 성격도 있지만 교육이 강화되고 어린이들이 성장과 발달을 촉진하는 데 보다 강조점을 두는 특성이 있다고 할 수 있다.

영유아 교육기관의 정책 변화는 유치원과 어린이집별로 대별해서 기술하고자 한다(신재흡, 2013; 홍길회 외, 2021).

첫째, 유치원의 정책적 변화를 고찰하면 다음과 같다.

① 우리나라에서 유치원의 형태를 갖추어 세워진 최초의 유치원은 **1897년 부산에 일본인이 자신들의 자녀를 위해 세운 부산유치원**이다. 따라서 이를 우리나라에 세워진 유치원으로 보기에는 한계가 있다. 최초로 설립된 유치원은 **1909년에 설립된 함경북도의 나남유치원**이다. 나남유치원은 한국인 유아들이 일본인 교사에 의해 교육받는 곳이다(신화식, 2010). **대한제국은 1908년 4월 2일에 칙령 제22호로 '조선여학교령'을 제정 및 공포하였으며, 동령 제1조에 '고등여학교에 부속 유치원을 설(設)함을 득(得)함'이라고 명문화하여 고등여학교에 부속 유치원을 설립할 수 있는 법적 근거를 마련하였다.** 이 법적 근거에 따라 이 땅에 최초의 여자 관립학교와

부속유치원이 탄생되었다(이대균 외, 2010). 1908년 4월 7일부터 전문 24조로 된 관립 한성고등여학교의 학칙이 시행되었다. 여기에는 유아의 연령, 정원, 교육내용, 1일 보육시간, 보모 1인당 유아 수, 보육료, 기타사항을 규정하고 있다(김옥련, 1983).

② 1910년 한일강제합병으로 인해 우리나라의 형편은 나라의 주권을 상실하였다. 따라서 이 시기에는 한국인이 아닌 조선총독부에 의해 결정되고 집행된 내용들이다. 1911년 일본은 '제1차 조선교육령'을 공포하였으나 그 안에 유치원 관련 내용은 포함되지 않았다. 이 시기의 유아교육은 민간인들에 의해서 자생적으로 유치원 교육이 이루어졌다. 이 시기에 설립된 유치원은 설립 및 교육목적에 따라 세 가지로 구분하면 다음과 같다(김수향 외, 2019). **경성유치원**(1913)은 친일파 한국인이 설립한 것으로 일본인 원장과 보모 밑에서 일본의 풍습과 습관을 가르쳤으며, 이른바 '식민지 동화정책'을 위한 조기교육을 실시했다. 또한 **이화유치원**(1914)은 미국인 선교사 브라운리에 의해 기독교 선교를 목적으로 설립되었다. 그리고 **중앙유치원**(1916)은 민족의식을 고취시키기 위한 일환으로 한국인 자녀의 유아기 단계의 교육을 실천한 유치원으로 박희도에 의해 설립되었다.

③ **정부는 1949년 12월 31일 민주국가 발전의 기반이 되는 교육의 기본법인 교육법을 법률 제86호로 공포하였다.** 이 교육법 제5장 제10절 제146조, 제148조에 유치원에 관한 조항을 삽입함으로써 유치원이 교육법에 근거를 가지게 되었다. 1950년에 백낙준 문교부 장관이 국립유치원 설치계획을 발표했으나 6·25 전쟁으로 무산되었다. 이 시기에는 부모의 무관심과 유아교육을 담당했던 교사와 원장까지도 전문지식이 부족하고 사명의식이 투철하지 못함으로 인해 우리나라 초기 유아교육의 발달은 상당 기간 부진을 면할 수 없었다(한국교육개발원, 1986). 1952년 공포된 교육법시행령에는 유치원 설립인가, 원아 수, 교육과목, 교육일수 등에 관한 규정을 두어 유치원의 운영에 관한 세부지침이 마련되었다.

④ **1963년에 「유치원 시설 기준령」이 공포 및 시행되어 유치원 교육에 필요한 최소한의 시설기준을 정함으로써 유치원의 교육적 환경을 개선할 수 있었다.** 이 시설 기준령에는 유치원의 위치, 원사, 시설과 설비, 완구와 교구, 소방시설 등에 구체적으로 명시하였다. 1968년 2월 8일 유치원 수업료 및 입학금 정액표가 문교부령으로 발표되었다.

⑤ 1970년대 중반부터 국가의 정책 의지와 국민의 생활이 안정되면서 유아교육에 대한 정부와 국민의 관심이 커지게 되었으며, **1976년에는 우리나라 최초의 공립유치원이 국민학교 병설유치원 형태로 서울 4개소, 부산 1개소가 설립되었다.**

⑥ **1982년 12월 31일 법률 제3635호로 「유아교육진흥법」이 제정 및 공포됨으로써**

유아 교육기관을 유치원과 유아원으로 이원화하고 정부의 행정지원 및 재정지원을 체계화하였다. 1983년 2월 23일에는 정부의 이러한 유아교육진흥 정책에 따라 대통령령 제11057호에 의거하여 문교부 산하의 유아 교육행정 전담부서가 신설되었다. 이로써 보통교육국 의무교육과에서 담당했던 유치원 교육업무는 보통교육국 산하의 '유아교육 담당관'으로 이관되었다.

⑦ **1991년 1월 14일 「영유아보육법」이 제정되어 내무부가 관장하던 새마을유아원은 1993년까지 교육부 산하의 유치원이나 보건사회부 산하의 어린이집으로 전환하게 되었다.** 동년 12월 31일에는 법률 제4474호로 교육법이 개정되어 유치원 취원연령이 만 4세, 5세에서 만 3, 4, 5세로 조정됨으로써 1992년 3월부터 유치원에는 만 3세 유아가 입학하게 되었다.

⑧ **1998년 6월 30일에는 교육부 고시 제1998-10호로 제6차 유치원 교육이 제정 및 공포되었다.** 이 교육과정은 수준별 교육내용의 적절성 도모, 교육 시간 운영의 다양화, 기본생활 습관 및 협동적인 생활 태도 강조, 감성 계발교육의 강조, 창의성 함양 교육의 강화, 세계화에 대비한 전통문화 교육의 충실 등을 강조하고 있다.

⑨ **1997년 이후 국회 상정과 폐기를 거듭해 오던 유아교육법이 2004년 1월 8일 국회 본회의를 통과했고, 동년 1월 29일 노무현 대통령은 이를 법률 제7120호로 공포하였다.**

⑩ **2012년 7월에 유치원과 어린이집에 다니는 3~5세 유아를 위한 교육·보육을 통합한 '공통과정'인 「3~5세 연령별 누리과정」이 고시되어, 2013년 3월부터 시행되었다.** 이후 2015년 3월, 「3~5세 연령별 누리과정」은 누리과정 운영시간을 3~5시간에서 4~5시간으로 조정하여 개정 및 고시되었다.

⑪ **교육부는 국정과제 구현과 출발선 평등실현을 위해 2017년 12월 '유아교육 혁신방안'을 발표하였다.** '유아교육 혁신방안'의 주요 내용으로 '유아가 중심이 되는 놀이 위주의 교육과정 개편'이 명시되었다. 이에 유아 및 놀이 중심 교육과정 개편 방향을 반영하여 2019년 7월 「2019 개정 누리과정」이 고시되었다. 「2019 개정 누리과정」은 유치원과 어린이집에 다니는 3~5세 유아에게 공통으로 적용되는 교육과정으로 2020년 3월부터 시행된다.

⑫ **2020년 1월 13일 유치원 3법이 통과되었다.** 유치원 3법이란 「유아교육법」, 「사립학교법」, 「학교급식법」을 개정하는 것으로 「유아교육법」을 개정하여 사립유치원도 국가회계시스템 사용을 의무화하자는 것이다. 유치원 3법이 시행되면 모든 사립유치원이 국공립유치원과 마찬가지로 국가회계시스템(에듀파인)을 의무적으로 도입해야 한다.

둘째, 어린이집의 정책적 변화를 고찰하면 다음과 같다.

① **1921년 서양 감리교 선교사들이 개관한 서울의 태화기독교사회관에서 빈민 아동을 위한 구제사업의 일환으로 보육프로그램을 개설한 것으로부터 시작되었다.** 또 다른 복지시설로는 박영효가 1922년 교북동 4번지 1호에 세운 보육원이다. 그 이후 1926년 부산공생탁아소와 대구탁아소의 2개 시설이 배치된 것을 계기로 1936년에는 평양에 '전매국탁아소'라는 직장탁아소가 설치되었다. 그리고 1939년에는 전국에 11개소의 공·사립 보육시설에서 435명의 아동을 보육한 것으로 기록되어 있다.

② **1953년 부산에 시립탁아소가 설치된 것을 비롯하여 주로 빈민층 가정의 자녀를 단순히 보호해줄 목적으로 설치된 당시의 보육시설**들은 육아시설인 '고아원'과 큰 차이가 없어 시대적 요청에 따라 임시구호적 성격을 강하게 띠고 있어 보육의 제 기능을 다 하지 못하였다(강윤구, 1994).

③ **본격적으로 보육사업이 실시된 것은 1961년 아동복리법이 제정 및 공포되면서부터이다.** 이 법은 '탁아소'를 법정 아동복지시설로 인정하고 보육시설의 설치 기준, 종사자 배치기준, 보육시간, 보호 내용 등을 구체적으로 규정하였다.

④ **보건사회부는 1968년 3월에 아동복리법 시행령 제2조 제9항에 근거한 '미인가 탁아시설 임시조치령'을 공포하여 민간 탁아시설 설립을 적극 권장하였다.**

⑤ **정부는 보육시설의 질적 향상을 제고하기 위한 조치로 1977년 2월 24일 사회복지사업법 시행규칙을 개정하여 보육시설의 법인 전환에 많은 편의를 제공**하여 모든 시설의 법인화를 장려하면서 1968년 「미인가 탁아시설 임시조치령」을 폐지하였다. 그러나 법인화 조치는 사유재산의 법인 귀속이 수반되므로 오히려 시설운영자들의 법인 전환 기피 등으로 보육시설이 수적으로 크게 위축되는 결과를 초래하였다.

⑥ **정부는 경제개발정책의 지속적인 추진으로 보육수요가 계속 늘어남에 따라 1978년 「탁아시설 운영개선안」을 마련**하여 보육시설을 일반 유아에게도 개방하는 대신 이들에게 보육료를 받을 수 있도록 하였다. 이에 따라 극빈 저소득층이 아닌 중산층의 아동도 어린이집을 이용할 수 있게 되었다.

⑦ **1981년 4월 13일 「아동복리법」이 「아동복지법」으로 전면 개정됨에 따라 무료 탁아시설은 법인 이외의 사람도 신고만으로 시설을 설치 및 운영할 수 있게 되었다**(엄태식, 2011).

⑧ 제5공화국이 출범하면서 유아교육이 크게 강조되어 어린이집 대신에 새로운 유아

교육체제를 모색하게 되었다. **1982년 2월 22일 아동복지법시행령을 개정하여 보육시설의 설치근거를 삭제하고 내무부가 주관부서가 되어 1982년 3월 26일 '유아교육진흥종합계획'이 수립되었다.** 이를 통해 보건사회부에서 관장하던 어린이집, 농촌진흥청에서 관장하던 농번기 유아원, 내무부에서 관장하던 유아원이 새마을 유아원으로 통합되었다.

⑨ **유아교육의 진흥을 목적으로 1982년 12월 31일 유아교육진흥법이 제정 및 공포되었다.** 이 법은 유아를 위한 유사기관을 일원화하여 교육체제를 정비하고, 유아교육진흥을 가속화하기 위한 법적 근거로 보육을 유아 보호와 교육을 포함하는 통합적 개념으로 확대하는 계기가 되었다.

⑩ **노동부는 1987년 12월 4일 남녀고용평등법의 제정에 따라 공단지역을 중심으로 근로자 자녀를 위한 시범탁아소를 설치**하게 되었고, 서울시에는 1988년 9월 저소득층 지역에 탁아원을 설치 및 운영하였다. 1989년 9월 19일 보건사회부에서는 「아동복지법시행령」을 개정하여 1982년 삭제되었던 보육시설의 설치 및 운영근거를 부활시켰으며, 1990년 1월 15일 그 세부 지침으로 「탁아시설의 설치 및 운영규정」(보건사회부 훈령 제586호)을 마련하였다.

⑪ **1990년 영유아보육법안이 국회에서 통과되고 1991년 1월 영유아보육법이 제정 및 공포됨으로써 보육사업 발전의 발판이 마련되었다.** 영유아보육법의 목적은 보호자가 근로 및 질병, 기타 사정으로 인하여 보호하기 어려운 영아 및 유아를 대상으로 하되, 영유아의 심신보호와 교육, 그리고 보호자의 사회 및 경제적 활동을 돕는 것이라고 함으로써 유치원과 차별을 명확히 하려고 하였다.

⑫ **2002년 보육사업 활성화 방안에 '보육시설 평가인증제도'의 실시를 제시하였고, 2003년 1월 '보육시설 평가인증제도 준비 기본계획'을 발표하였다.** 보육시설 평가인증제도는 보육시설의 질적 수준을 향상시켜 국가가 제시하는 평가지표를 기준으로 보육시설의 질적 수준을 향상시키기 위하여 국가가 제시하는 평가지표를 기준으로 보육시설의 현재 운영상황 및 보육서비스의 수준을 점검하고 진단하는 질적 수준 관리시스템이다(이인원 외, 2011).

⑬ **2004년 1월 8일 자로 영유아보육법을 전면적으로 개정하여 공포함으로써 보육서비스의 다양화와 질적 수준 향상, 그리고 보육에 대한 공적 책임 강화를 통하여 보육사업이 더욱 발전할 수 있는 계기를 마련하였다.** 2004년 6월부터 영유아 보육업무가 보건복지부에서 여성가족부로 이관되었고, 2005년 1월 30일부터는 개정된 영유아보육법이 시행되기 시작하여 보육서비스의 질적 수준 향상과 보육의 공공성 강화 등을 통해 보육사업이 발전할 수 있는 계기를 마련하였다(이기숙 외, 2008).

⑭ **2012년 3월부터 소득에 관계없이 만 5세 아동에게는 보육비 명목으로 월 20만 원**

씩 지원되었으며, 전국 44개소에 달하는 조산원에서도 고운맘카드를 50만 원 정도 이용할 수 있게 되었다. 동년 9월부터 지역사회의 부모 및 전문가 등으로 구성된 모니터링 단의 구성 및 운영이 실시되었고, 기존 40인 이상의 시설에서만 운영되던 어린이집별 운영위원회를 모든 시설로 확대해서 급식과 보육과정 참관 및 학부모 의견 반영 등을 실시했다. 또한 보육서비스 품질을 높이기 위해 보육 교사들의 근무여건 및 시설환경이 개선되었다.

⑮ **2012년 3월부터 5세 아동 담당 교사에게 월 30만 원씩 지원하고, 0~4세 아동 담당 교사에게는 월 5만 원을 지원했다.** 그리고 동년 12월에는 어린이집의 세부 운영비용, 교직원경력, 평가인증 결과, 행정처분 이력 등의 정보를 공개하는 '어린이집 정보 공시제'가 도입되었다.

⑯ **무상보육을 전면 확대하는 2013년도 보건복지부 예산안이 1월 초에 국회를 통과함에 따라 오는 3월부터 소득 등 계층에 상관없이 0~5세 아이를 둔 모든 가정이 보육비나 양육비를 지원받게 된다.**

⑰ **유치원 발달과정과 동일한 내용으로, 즉 2012년 「3~5세 연령별 누리과정」 제정이 이루어졌고, 2020년 개정 누리과정이 시행되었다.**

연습 및 탐구문제

1. 영유아 교육행정의 개념을 영역 중심·조직 동태·교육 혁신론적 관점으로 분류하여 기술해 봅시다.

2. 설립 주체에 따른 어린이집 유형을 설명해 봅시다.

3. 서양과 우리나라의 영유아 교육기관의 발달과정을 기술해 봅시다.

CHAPTER 02

영유아 교사를 위한 교육행정 및 경영 이론적 기초

학습목표

1. Taylor의 과학적 관리의 원칙을 설명할 수 있다.
2. 인간관계론의 정립 과정을 파악할 수 있다.
3. 교육행정의 이론화 운동(theory movement)을 설명할 수 있다.
4. 교육행정의 이론의 정글기(체제이론, 비판이론, 포스트모더니즘, 페미니즘)에 대하여 기술할 수 있다.
5. 의사소통의 발전과정을 과학적 관리론, 인간관계론, 체제이론으로 구분하여 제시할 수 있다.
6. 의사소통의 유형을 파악할 수 있다.
7. 의사소통망의 형태를 이해할 수 있다.
8. 의사결정의 유형과 과정을 설명할 수 있다.
9. 의사결정의 이론의 모형을 제시할 수 있다.
10. 맥그리거의 X-Y이론을 설명할 수 있다.
11. 유아 교육기관의 갈등에 대하여 파악할 수 있다.
12. 조직갈등의 해결기법을 설명할 수 있다.

Keyword

과학적 관리론, 인간관계론, 행동과학적 접근론, 이론의 정글기, 테일러, 시간연구, 동작연구, 차등임금 지불제도, 기능적 감독, 실적주의 보상제도, 조명실험, 전화계전기 조립실험, 면접 프로그램, 건반배선 조립 관찰실험, 메이요, 뢰슬리스버그, 버나드, 사이먼, 효율성, 효과성, 교육행정의 이론화 운동, 이론화 운동의 핵심 아이디어, 상황 적합론, 피들러, 체제이론, 체제, 통제기제, 해석이론, 비판이론, 포스트모더니즘, 페미니즘, 의사소통이론, 의사결정이론, 의사소통의 유형, 언어적 의사소통, 비언어적 의사소통, 공식적 의사소통, 비공식적 의사소통, 일방적 의사소통, 쌍방적 의사소통, 수직적 의사소통, 수평적 의사소통, 대각적 의사소통, 의사소통망, 쇠사슬형, 수레바퀴형, Y형, 원형, 상호연결형, 의사소통의 장애, 단독결정, 집단결정, 사적 결정, 조직적 결정, 정형적 결정, 비정형적 결정, 전략적 결정, 전술적 결정, 합리모형, 만족모형, 점증모형, 혼합모형, 쓰레기통모형, 조직행위이론, 욕구계층이론, 미성숙-성숙이론, X-Y이론, 동기-위생이론, 성취동기이론, 갈등관리, 상황적응관리, 조직갈등

제2장에서는 영유아 교육행정 및 경영을 이해하기 위해서 교육행정 및 경영의 발전과정, 의사소통 및 의사결정이론, 조직행위론, 갈등관리 등에 대해서 고찰하기로 한다.

제1절 교육행정 및 경영의 발전과정

교육행정 및 경영의 발전과정에는 과학적 관리론, 인간관계론, 행동과학적 접근론, 이론의 정글기에 대해서 기술하고자 한다.

1. 과학적 관리론

과학적 관리론은 산업사회에서 관리의 합리화 및 효율화를 위한 지식 및 기술의 체계이다. 과학적 관리는 과학적 방법을 통한 관리이다. **과학적 관리의 대표 학자는 테일러**(Taylor, 1911)**로서 과학적 관리의 원칙 『Principle of Scientific Management』라는 저서에서 테일러 시스템을 제안하였으며**, 다음과 같은 과학적 관리론의 기초를 확립하였다.

① **시간연구 및 동작연구이다.** 테일러(Taylor)는 과학적 직무분석을 주장하여 시간연구, 동작연구를 함으로써 생산과정을 최소단위로 분해하고, 작업의 형태, 순서, 시간을 표준화함으로써 최선의 작업방법을 설정하였다.
② **일일 최대작업량이다.** 조직 내의 모든 구성원은 명확하게 규정된 1일 작업량을 갖는다고 했다.
③ **표준화된 조건이다.** 작업조건과 도구를 표준화하여 관리를 과학화하였다.
④ **실패를 할 경우에는 손실을 보상한다.** 과업을 성공적으로 완수하지 못하였을 때 작업자가 손실을 보상하도록 하였다.
⑤ **직원의 선발이다.** 직무를 분석하고 직무명세에 따라 가장 적합한 노동자를 과학적으로 선발, 훈련, 개발하는 것을 주장하였다.
⑥ **인간의 기계화이다.** 조직의 모든 구성원은 기계의 부속품(cog in machine)과 같이 취급되었고, 경제적 요인에 의하여 과업동기가 유발되고, 생리적 요인에 의하여 성과가 제한을 받는다고 했다.
⑦ **차등 임금 지불제도이다.** 일정한 표준량을 설정한 후 표준량을 초과하는 부분에

대하여 더 높은 임금률을 적용하고, 미달하였을 때에는 낮은 임금률을 적용하는 차등 임금 지불제도를 실시하였다.

⑧ **기능적 감독이다.** 관리자와 노동자 간에는 일과 책임을 분화하여 관리자는 계획, 조직 등의 관리에 관한 일을 하고, 노동자는 자신의 직무를 수행한다. 모든 일과 책임이 노동자에게 부과되었던 비과학적 관리방법에서 탈피하고 감독과 작업을 분리하여 관리하였다.

테일러의 과학적 관리론은 미국의 큰 강철회사나 철도회사 등에 적용되어 크게 영향력을 끼쳤으나, 다른 한편 중간관리자들과 노동자들의 극심한 반발을 받았다. 중간관리층에서는 기존 작업방식을 파괴했다고 비난했으며, 노동자들은 자기들을 기계에 예속시킨 원리라고 완강히 저항하였다. 그럼에도 불구하고 **과학적 관리론의 공헌점**으로는 ① 종래에 주먹구구식으로 관리되던 조직과 생산과정에 대해 과학적으로 연구하는 출발점이 되었다. 특히 생산과정을 귀납적이고 실증적인 방법으로 연구하여 생산현장의 과학화와 능률화에 기여하였다. ② 분업(전문화)의 문제를 상세하게 다루어 조직설계에 공헌하였다. 분업화와 전문화는 현대화된 조직에서는 공통적으로 발견되는 핵심원리가 되었다. ③ 표준작업량을 기초로 임금을 차별화하는 방식을 고안하여 제시하였는데, 실적주의 보상제도(merit pay system)의 기원이 되었다. 생산공정에서 인간의 활용을 극대화하는 지식과 원리를 체계화하려 하였다(주삼환 외, 2009). 한편 **비판점**으로는 인간의 기계화 및 부품화, 경제적 동기의 지나친 중시, 인간의 사회 및 심리적 요인의 경시, 인간소외, 인간의 주체성 상실, 보수성·폐쇄성, 행정에 대한 능률의 적용상의 한계 등으로 볼 수 있다(이명주, 2003).

오늘날의 관점에서 볼 때 **테일러의 과학적 관리론은 인간의 생리·물리적인 측면만을 너무 강조한 나머지 인간의 심리·사회적인 측면은 간과했다고 볼 수 있다.** 특히 조직의 공동목표를 달성하기 위하여 인간의 노력을 동원하는 데 필수적인 동기 요인, 심리·정서적 요인, 인간 상호작용 요인 등이 무시되었다고 할 수 있다. 어쨌든 테일러(Taylor)의 과학적 관리론에 힘입어 그 뒤 관리(management)와 행정(administration)을 과학적으로 연구할 수 있는 계기가 되었음은 틀림없는 사실이다.

2. 인간관계론

폴렛트(Follet, 1924)의 위대한 업적에도 불구하고 일반적으로 인간관계론의 발달은 미국 시카고에 위치한 서부 전기회사의 호손 공장에서 실시된 실험연구에 그 기원을 두고 있다. 이 연구는 하버드대학의 경영학과 교수인 메이요(Mayo)와 뢰슬리스버거(Roethlisberger)를 중심으로 하는 연구팀에 의해 8년간(1924~1932년)에 걸쳐 수행되었다. 이 실험의 주된 목적은 조직 내의 인간적 요인에 의해 생산성이 어떻게 달라지는가를 밝히는 데 있었다.

호손(Hawthorne) **실험은 과학적 관리론의 비인간적 합리론과 기계적 도구관을 부정하고, 조직관리의 인간화를 모색할 수 있는 연구결과를 도출함으로써 인간관계론의 기초를 제공했다.** 실험은 조명실험(1924~1927년), 전화계전기 조립실험(1927~1929년), 면접프로그램(1928~1930년), 건반배선 조립 관찰실험(1931~1932년) 등으로 이어졌는데, 그 주요 내용은 다음과 같다(Mayo, 1933; Roethlisberger & Dickson, 1939).

첫째, 조명실험(illumination test)**이다.** 이 실험은 작업현장의 조도와 노동자의 작업능률과의 관계를 분석하기 위한 실험으로서 작업장의 조도를 높이면 작업 능률도 올라갈 것이라는 가설을 검증하는 데 목적이 있었다. 이 실험은 3단계로 실시되었다. 제1단계에서는 세 개 부서의 조도 수준을 일정 간격으로 높이면서 생산량의 차이를 조사하였다. 그 결과 조도의 증가와 생산량의 증가 사이에는 의미 있는 상관이 없었다. 제2단계는 여성 근로자들을 통제집단과 실험집단으로 나누어 통제집단에서는 일정한 조도를 유지하고, 실험집단에서는 계획된 일정에 따라 조도를 점차적으로 높였다. 그 결과도 두 집단의 생산량이 모두 같은 수준으로 증가하여 조명에 의한 차이는 나타나지 않은 것으로 밝혀졌다. 제3단계에서는 실험집단의 조도는 낮추고 통제집단의 조도는 일정하게 유지하였다. 특히 실험집단에서는 일하기 어려울 정도까지 조도를 낮추었는데도 불구하고 생산량은 오히려 증가되는 결과가 나왔다. 조명실험의 결과는 연구가설을 부정하는 것으로 나타났다. 따라서 생산량은 작업장의 조도와는 아무런 상관이 없으며, 조도 이외의 어떤 다른 요인에 의해 좌우되고 있음이 분석되었다.

둘째, 전화계전기 조립실험(relay-assembly test)**이다.** 전화계전기 조립실험은 2차에 걸쳐 실시되었다. 1차 실험에서는 서로 사이가 좋은 두 명의 여공으로 하여금 좋아하는 네 명의 여공을 선정하여 6명 1조로 작업팀을 만들고, 일반 여공들이 일하는 작업현장 옆 별실에서 작업을 하게 했다. 2차 실험에서는 5명의 여공을 선발하여 집단임금제도의 영향을 관찰했다. 이 연구는 1년 6개월에 걸쳐 진행되었다. 실험 초기에는 일정한 작업조건을 유지하다가 그 후에는 주기적인 변화를 도모하였다. 휴식의 빈도와 시간을 조정하고, 주당 근무시간을 줄이고, 간식을 제공하고, 성과급을 제공하는 등 작업조건의 변화를 가하였다. 그러나 여러 가지 작업조건의 변화에도 불구하고 산출량은 계속적으로 증가하였다. 특히 이러한 실험 조작이 있은 후 처음의 실험 때와 동일한 상태로 작업조건을 환원시켰는데도, 작업여건 변화에 따라 산출량이 크게 감소할 것이라는 예상과는 달리, 산출량은 오히려 높아졌다. 이러한 연구결과를 다각도로 분석해 본 결과, 작업능률에 큰 영향을 미치는 것은 휴식이나 간식의 제공, 봉급인상 등과 같은 물리적 작업조건보다는 심리적 만족도, 집단에의 소속감과 참여 등 인간적·사회적 측면이라는 사실이 밝혀졌다. 즉 실험에서 여공들의 작업능률이 높았던 것은 그들이 선택된 사람들이며, 일반작업장이 아닌 별실에서 일한다는 자부심, 마음에 맞는 사람들과 함께 일할 수 있다는 즐거움, 엄격한 감독 없이 자율적으로 일할 수 있다는 것 등에 기인한 것으로 분석되었다. 이 실험을 계기로 작업집단 내의 사회적 관계에 보다 많은 관심이 집중되었다.

셋째, 면접프로그램(interview program)은 종업원들이 자신들의 관심사를 직접 이야기하도록 하여 그들이 무엇을 생각하고 있는가를 파악하기 위한 실험이었다. 이 실험은 호손 공장의 검사부에 근무하는 1,600명부터 시작하여 그 후에는 종업원 21,126명으로 확장하여 그들의 신변상의 문제와 근무환경에 대한 불평불만, 기타 의견 등을 면접을 통해 조사했다. 그 결과 종업원들은 이성보다는 감정에 의해 행동하고, 자신의 의견을 직설적으로 표현하지 않고 우회적으로 표현하며, 주로 자신의 입장에서 사태를 파악하는 경향이 있다는 점이 드러났다. 또한 면접은 종업원의 태도나 생각을 파악하는 수단으로서뿐만 아니라 그를 통해 불만을 해소시켜 회사에 대한 부정적인 태도를 바꾸고, 특히 안정감을 심어주고 대립보다는 협력하려는 태도를 갖게 하는 효과를 가져오는 수단으로써도 중요하다는 사실이 밝혀졌다. 결국 이 실험은 생산성 향상을 위해서는 물리적 조건의 개선보다는 개인적이고 사회적인 감정과 태도 등 인간적인 요인의 중시가 필요하다는 생각을 확산시키는 계기가 되었다.

넷째, 건반배선 조립 관찰실험(bank wiring observation room test)**이다.** 이 실험은 호손 연구의 마지막 실험으로서 작업집단의 사회적 구조를 분석하기 위해 실시되었다. 이 실험에서는 전화교환기에 사용되는 건반배선을 조립하는 14명의 남자 직공(9명의 전선공, 3명의 납땜공, 1명의 검사관)을 건반배선 작업관찰실에 배치하고 1명의 조사원을 함께 배치하여 작업행동을 관찰하였다. 이 실험은 전화계전기 조립실험과 매우 유사하지만, 14명의 남자노동자들의 감정, 태도, 상호관계 등이 아무런 인위적 조작 없이 관찰 및 분석되었다는 점이 다르다. 이 실험의 결과는 생산성이 직공들의 능력과 기술보다는 비공식조직에서 정해 놓은 비공식적 작업표준량에 의해 좌우된다는 것이었다. 14명의 직공들은 실험이 진행되는 동안 상호작용을 통해 자연스럽게 두 개의 비공식집단을 형성하였다. 비공식집단에서는 집단을 유지시키는 비공식적인 규범이 나타났으며, 그 규범이 구성원의 행동을 규제하고 집단을 통합시키는 기능을 수행하였다. 실례를 들면, 일을 너무 많이 하면 '일벌레'로, 너무 안 하면 '뺀질이'로 비난을 받았다. 비공식집단 내에서의 활동은 공식적으로 규정된 역할에 반하는 것들이 많았다. 전선공과 납땜공은 자신의 직무에 충실하지 않았으며, 때때로 일을 바꾸어 하거나 서로 도움을 주고받았다. 또한 생산성도 높지 않았는데, 이는 하루의 적정과업을 낮게 규정한 비공식적 집단규범이 형성되어 있기 때문이었다. 즉 그들은 높은 생산이 가능한데도 불구하고 비공식적으로 자기들이 낮게 정해 놓은 생산수준을 일관되게 유지하였다. 성과급제도의 시행으로 생산량이 많으면 많은 임금을 받을 수 있었는데도 불구하고 생산량을 높이려 하지 않았다. 이는 구성원의 행동이 경제적 유인체제보다는 비공식적 집단규범에 의해 이루어지고 있음을 시사하는 것이다.

호손 실험은 그때까지 공식적 체계와 구조로만 파악했던 조직을 구성원과 그들의 상호작용, 비공식조직 등으로 이루어지는 다원적인 사회체제로 인식하게 하는 계기를 마련하였다. 특히 기계적 합리성보다는 인간적 요인을 중시하는 방향으로 행정관리의 관심을 전환시키는 전기를 마련하였다. **호손 연구를 통해서 얻은 결론과 그 의의**는 다음과 같이 요약될 수 있다(Hoy & Miskel, 1991; Etzioni, 1964).

① **경제적 유인이 유일하게 중요한 동기요인은 아니다.** 실제로는 비경제적인 사회적

제재가 경제적 유인의 효과를 제한한다.
② **노동자들은** 개인으로서가 아니라 **비공식집단의 구성원으로서 관리층에 반응한다.**
③ 생산수준은 생리적 능력보다는 **비공식조직의 사회적 규범에 의해 보다 많은 제한을 받는다.**
④ 전문화는 반드시 작업집단의 가장 효율적인 조직을 만들어내는 것은 아니다.
⑤ **노동자들은** 관리자의 자의적 의사결정으로부터 자신을 보호하기 위하여 **비공식조직을 이용한다.**
⑥ **비공식적인 사회조직은 관리층과 상호작용한다.**
⑦ **좁은 통솔의 범위가 효과적인 감독의 필수요건은 아니다.**
⑧ **비공식적 지도자는 종종 공식적 감독자만큼 중요하다.**
⑨ **인간은 기계의 톱니바퀴와 같은 수동적 존재가 아니라 능동적 존재이다.**
⑩ **집단규범의 설정과 강요에 있어서 지도성이 중요하며, 공식적인 지도자와 비공식적 지도자는 명백하게 구별된다.**

결국 호손 연구는 경제적·물리적 여건만을 중시하던 편협한 시각에서 벗어나 인간의 사회적·심리적 여건의 중요성을 확인하고 그에 관심을 갖도록 했다는 점에서 큰 의의를 찾을 수 있다. 하지만 호손 연구는 근본적으로 조직운영의 문제를 보다 진지하게 다루는 데 실패했다는 지적도 많다.

인간관계론에 대한 비판점은 다음과 같다.

① 경영자와 노동자 간의 갈등문제를 정확하게 파악하지 못하고, 추상적이고 사소한 문제들에 치중하여 조직운영과 관련된 주요문제점들은 제대로 파악하지 못하였다.
② 조직 내의 인간적 측면에만 지나치게 집착하여 조직의 구조적 측면과 생산성 문제는 등한시하였다.
③ 호손 실험은 처음부터 경영자의 입장에서 연구되었고, 결론을 도출하는 과정에서 임상적 편견이 작용하는 등 엄밀한 연구라고 볼 수 없는 측면을 가지고 있다.
④ 조직을 개방체제보다는 폐쇄체제로 간주하고 연구하였고, 조직과 환경과의 상호작용 관계를 명백히 다루지 못하였다.
⑤ 지나치게 인간적 가치만을 중시하여 조직의 생산성이나 효과성 문제를 도외시하였다.
⑥ 노동자 개개인에 대한 배려를 강화하도록 처방하고 민주적 지도방식을 처방하였

으나, 선량주의적 관리방식을 포기하지 않았다. 따라서 조직 참여자들은 비윤리적 조종(unethical manipulation)의 대상으로 삼게 하고 노동자들의 개인 생활에 대한 기업주의 가부장적 지배(paternalistic domination)를 결과적으로 초래하였다.

3. 행동과학적 접근론

고전적 조직이론가들이 갖고 있는 합리적·경제적 관점과 인간관계론자들이 갖고 있는 사회·심리적 관점은 조직 내의 인간행동을 설명하는 데 특정 관점에 치우친 견해였다. 그래서 고전적 조직이론과 인간관계론이 갖고 있는 장점을 살려 조직과 인간을 화합할 수 있는 이론을 개발하고자 노력하였다. 이러한 시도를 최초로 실현한 학자가 버나드(Barnard, 1938)였다. 그는 조직연구에 있어 최초로 행동과학적 입장을 취한 사람으로 '조직의 행정가는 조직의 공통적인 목적이 성취되는 정도인 효과성(effectiveness)과 조직구성원 개인의 동기가 충족되느냐와 관계하는 효율성(efficiency)을 강조해야 한다'고 주장했다. 이와 같이 버나드는 조직의 목적과 구성원 개인의 목적이 조직을 위하여 합치되고 평형 상태에 이를 때 그 조직은 제대로 운영될 수 있다고 하여 개인과 조직의 균형을 강조하였다. 또한 사이몬(Simon, 1947)은 행정을 조직구성원 개인에 영향을 미치는 합리적 의사결정과정으로 보고 각 개인은 의사결정을 내리는 주체인 동시에 의사결정에 의해 구속되는 객체이므로, 조직 내에서 개인과 조직 간의 평형상태를 유지하는 것이 중요하다고 밝혔다. 그리고 그는 조직의 정의에 대해 '개인은 조직을 위하여 노동을 제공하는 조직은 개인에게 노동에 대한 대가를 제시함으로써 유지되는 일종의 교환체제'라 하여 개인이 조직에 기여하는 것보다 조직으로부터 받는 보상이 많다고 지각하는 한 그 사람은 조직의 구성원으로서 남아 있게 된다고 주장했다.

버나드와 사이몬에 의해 시작된 초기의 행동과학적 접근에 의한 행정이론은 1950년대 들어 행동과학의 연구방법이 조직과 행정연구에 도입되면서 본격화되기 시작하였다. 명확하게 구분되는 것은 아니지만 행동과학적 접근의 발달을 교육행정의 이론화 운동, 상황 적합론 등으로 나누어 살펴보기로 한다.

첫째, 교육행정의 이론화 운동(theory movement)은 처음에는 교육행정가와 교육행정학자들 사이에서 이루어지다가 미국에서의 지역사회개발 운동에 힘입어 교육행정학자와 사회과학자들 간의 협동적 연구계획이 추진되면서 본격화되었다. **신운동**(New Movement)**으로도 불리는 이론화 운동**은 다음과 같은 과정을 통해 촉진되었다(윤정일 외, 2009).

① 1946년과 1947년에 **미국교육행정가연합회**(AASA) **기획위원회**가 주장한 교육행정의 전문화 활동
② 1947년에 결성된 **미국교육행정학교수협의회**(NCPEA)의 활동
③ 1950년 켈로그(Kellogg) 재단의 후원을 받아 하버드 대학을 비롯한 다섯 개 대학이 중심이 되어 수행한 **교육행정 협동프로그램**(CPEA)
④ 1956년에 교육행정학 분야 박사과정을 개설한 32개 대학으로 구성된 교육행정학 연구를 위한 **대학협의회**(UCEA)의 활동 등을 통해 교육행정의 이론화 운동이 추진되었다.

이론화 운동은 실제적 처방 중심의 교육행정학을 다른 사회과학처럼 이론 중심의 학문으로 발전시키기 위한 노력이었다. 그리하여 그들은 교육행정 연구에 과학적 방법을 적용하고 현장 중심의 사실 그대로의 관찰을 통해 교육행정이론의 개발을 모색하였다.

컬버스턴(Culberston, 1983)은 **이론화 운동의 핵심적 아이디어**를 다음과 같이 제시하고 있다.

① 행정과 조직에 대한 규범적 진술은 과학적 이론에 포함될 수 없다.
② 과학적 이론은 있는 그대로의 현상을 다룬다.
③ 연구는 이론에 기반을 두고 이론에 의해 진행되어야 한다.
④ 가설 연역적 체제가 이론개발의 가장 좋은 모델이다.
⑤ 이론개발과 교육을 위해 사회과학을 적극적으로 활용해야 한다.
⑥ 행정은 어떤 조직 형태에서나 적용할 수 있는 일반적인 개념으로 이해해야 한다.

1950~1960년대 행동과학적 접근은 교육조직의 이론과 연구를 강조하는 이론화 운동의 선도적 역할을 했다고 볼 수 있다. 하지만 이론화 운동은 폐쇄적 체제관에 입각한 것이었기 때문에 제한적이었다. 행동과학적 접근은 행정가들이

조직생활의 복잡성을 이해하려고 할 때 그들을 도와주는 일련의 개념적 지침을 제공한다고 할 수 있다. 그러나 행동과학적 접근에서 나오는 이론적 지식을 응용하는 데 있어서 한 가지 위험한 측면은 그것을 모든 상황에 지나치게 일반화하는 경향이 있다는 것이다.

결국 **교육행정의 이론화 운동**은 ① 교육행정을 연구하는 데 이론의 역할이 중요함을 인정하고, 이론에 근거한 가설 연역적 연구방법을 통해 교육행정을 연구해야 하며, ② 교육행정을 일반 행정이나 기업경영 등과 다르게 보는 편협한 관점을 버리고, 행정 앞의 형용사와는 관계없이 행정은 행정 자체로서 연구되어야 하다. 아울러 ③ 교육은 사회체제로서 가장 잘 이해될 수 있는 것이므로 교육행정 연구는 행동과학적인 접근방법에 크게 의존하지 않을 수 없다는 것으로 요약된다(Halpin, 1970). 이러한 관점에서 이론화 운동은 교육행정학을 실제적 기술의 상태로부터 이론적 학문의 수준으로 전환시키는 데 결정적인 공헌을 한 것으로 평가될 수 있을 것이다(Culberston, 1988).

둘째, 상황 적합론(contingency theory)은 학교조직의 연구에서 새로운 토대를 마련하였다. 행동과학적 접근에서 연구자들은 모든 조건에서 사용될 수 있는 최선의 이론을 발견하고 개발하는 데 초점을 두었다. 이에 반해 상황 적합론은 모든 상황에서 적용 가능한 하나의 최선의 이론은 없다고 가정하고 상황 조건에 따라 가장 효과적인 조직설계와 관리방식이 있다고 본다. 조직행위를 효과적으로 이해하고 다루기 위해 중요한 것은 일련의 상황에서 핵심적인 요인들을 분석하는 데 있다. 효과적인 행위는 보편적인 고정된 형태로 특징지어지는 것이 아니라, 상황에 적응할 수 있는 방식으로 접근한다(Fiedler, 1973).

학교경영자들의 상황 적합론적 접근은 다음과 같은 세 가지 기본전제에 따른다(박병량 외, 1999). ① 학교를 조직관리하기 위한 한 가지 최선의 보편적 방법은 없다. ② 조직을 관리하는 모든 방법들이 주어진 일련의 상황에 똑같이 효과적인 것은 아니다. 효과성은 조직 상황에의 설계 또는 형태의 적절성에 따른 것이다. ③ 조직설계와 관리형태의 선택은 상황적인 요소들에 대한 분석에 근거해야 한다.

상황 적합론은 역시 지도성이론 분야에서 두각을 나타냈다. 피들러(Fiedler, 1973)는 그의 삼차원 지도성이론에서 상황에 따라 적합한 효과적 지도성이 달라질 수 있다는 사실을 경험적 연구를 통해 최초로 밝혀내고 있다. 그의 연구에서 리더와 부하와의 관계(leader-member relations), 과업구조(task structure), 지위 권력(position power) 등 세 개의 상황 구성변인을 제시하고 이들 변인의 조합에 따라 여덟 가지의 상황 조건이 형성될 수 있으며, 이들 상황에 따라 효과적인 지도자 유형이 다를 수 있다고 주장했다. 이외에도 ① 브룸(Vroom)의 기대이론을 삼차원적 지도성이론에 융합시킨 **House**(1971)**의 경로-목표이론**(path-goal theory), ② 의사결정의 형태가 문제 상황의 결합에 따라 다르게 제시될 수 있다고 주장한 **브룸과 예턴**(Vroom & Yetton, 1973)**의 규범적 의사결정이론**(normative decision making theory), ③ **아지리스**(Argyris, 1957)의 성숙 개념을 조직의 상황 결정요인으로 활용하여 부하들의 성숙 정도에 따라 효과적인 지도자의 행동 유형이 다를 수 있다고 제시한 **허쉬와 브랜차드**(Hersey & Blanchard, 1988)**의 상황적 지도성이론**(situational leadership theory) 등이 상황 적합론의 관점에서 개발된 대표적인 지도성이론이다.

4. 이론의 정글기

이론의 정글기에는 체제이론, 비판론, 포스트모더니즘, 페미니즘 등을 고찰하기로 한다.

1) 체제이론

체제이론(system theory)은 체제분석(systems analysis), 체제관리(systems management), 과학적 조사연구(OR: operations research) 등 다양한 명칭으로 불리며 1940년대부터 사회과학과 자연과학의 연구방법으로 광범위하게 도입되었다. 교육행정의 영역에서 1950년대 이후에 학교조직을 이해하기 위한 방법으로 활용되기 시작했으며, 이후 계량적 및 분석적 도구와 기법들의 활용을 통해 학교 교육의 혁신을 모색했던 1960년대와 1970년대에 크게 각광을 받아, 현재는 제도교육의 현상적 이해라는 차원을 넘어 그 관리와 운영을 계획하고 이해하는 접근방법으로 광범하게 활용되고 있다.

체제란 복잡하지만 하나의 전체를 이루고 있는 상호 관련된 부분들의 집합으로 보고 있다. 체제는 단순히 상호 관련된 부분으로 구성되는 것만을 의미하는 것이 아니라 부분들이 전체적인 목적을 달성하기 위하여 적극적으로 협동한다. 조직은 환경으로부터 혹은 산출의 결과로서 환류된 투입요소를 받아 일련의 기술적·행정적 과정을 거쳐 결과를 생산하기 위하여 투입요소를 산출로 전환시킨다. 전환과정을 통해 생산된 산출은 다시 투입이나 전환과정으로 재투입되거나 환경으로 배출되어 진다.

이러한 **체제는 기본적으로 다음과 같은 속성**을 지니고 있다(Hoy & Miskel, 1996).

① **목적 지향적인 행동이다.** 체제는 목표 지향적이다. 체제는 여러 가지 목적을 가지고 있어 일련의 가치 기준을 근거로 하여 우선순위를 결정해야 한다.

② **전체성이다.** 전체는 체제 각 부분의 총화보다 더 크다는 생각에 기초를 둔 개념이다.

③ **개방성이다.** 체제는 보다 큰 체제인 환경과 상호작용한다.

④ **전환이다.** 체제는 목적달성을 위하여 여러 자원을 활용하여 산출로 전환시킴으로써 가치를 창조한다. 전환과정은 보통 투입-산출이란 모형의 틀로써 표시된다.

⑤ **상호 관련성이다.** 체제의 각 부분은 내적으로 상호작용과 상호의존성을 지니며, 체제와 체제의 환경과는 상호작용한다.

⑥ **통제기제이다.** 체제는 그 환경과 그 내부와 외부환경의 변화가 일어났을 때 체제의 내적 상태와 체제 목표에 관련된 환경 상태에 관한 환류 정보를 활용하여 각 부분 간의 균형을 유지한다.

체제이론이 교육조직에 응용된 대표적인 이론으로는 사회체제이론이 있다. 사회체제이론에서는 인간의 사회적 행동이 유발되는 경로를 규범적 차원과 개인적 차원으로 제시하고, 두 차원의 구성요소인 조직 내 역할과 개인의 인성이 상호 결합되어 인간의 행동이 발생된다고 설명했다(Getzel & Guba, 1957). 이후에 인간의 행동은 단순히 조직과 개인의 차원에서만 이루어지는 것이 아니라 전체 사회, 조직의 문화와 풍토, 인간의 생리적인 상태 등 보다 복잡한 차원과 관련된 사회적 상호작용에 의해 이루어진다고 보았다(Getzel & Thelen, 1960). 그리고 수정된 사회체제모형에서는 규범적 차원과 개인적 차원에 인류학적 차원, 조직풍토 차원, 생물학적 차원을 추가하여 보다 다양한 사회적 행동을 설명한다.

체제이론은 1970년대부터 본격적으로 교육행정에 도입되어 활용되었다. 특히 이는 이론모형의 구축, 기획체제의 개발을 비롯하여 체제의 분석과 경영기법의 개발 등에 활용되었다. 하지만 이 이론은 교육행정의 모든 문제를 해결해 주는 열쇠가 아니기 때문에 그것을 교육행정에 적용하는 데는 다음과 같은 **한계점**이 있는 것으로 밝혀지고 있다(정태범, 2000).

① **체제접근이론은 교육행정의 문제를 해결해 주는 만병통치약은 결코 아니라는 것이다.** 오히려 교육행정가가 일을 용이하게 수정해 나갈 수 있도록 촉진작용을 해주는 것뿐이라는 것이다.
② **만들어진 체제모형이나 절차가 교육행정가들이 다루어야 할 역동적이고 다양한 변인들을 포함하고 있는가에 대한 적정 여부를 따져 보아야 한다는 것이다.** 체제모형을 원용할 때 행정가는 조심성 있게 그 모형이 바로 구하고 있는 절차나 전략인지를 평가해야 한다는 것이다.
③ **지나치게 계량적인 측면을 강조한 나머지 다른 정성적 측면의 중요성을 보지 못할 수도 있다는 것이다.** 즉 지나치게 계량적 요소를 강조한다면 인간적 요소를 중시하는 교육조직에서는 그 적용에 상당한 주의를 요한다는 것이다.
④ **체제접근과 체제분석에서 나온 정보와 지식은 행정의 의사결정에 그 한계가 있다는 것이다.** 교육행정가들은 체제이론과 그 방법에 관한 충분한 지식과 기능을 갖고 교육의 각 부분에 적절하게 활용해야 한다는 것이다.

2) 해석이론

해석이론(interpretive theory)은 현상학과 해석학을 철학적 배경으로 하여 성립된 인문·사회과학의 제 학문영역 연구에서 유용한 접근방식으로 통용되는 하나의 학문 연구 흐름이다. 오늘날 사회과학 연구에 있어서 해석론적 관점은 구조 기능적 패러다임에 대응하는 하나의 연구 패러다임으로 자리 잡고 있다. **해석론적 관점은 인간 사회생활의 특별한 형식이 갖는 의미에 대해 특정 상황에서 특정 개인의 행동하는 방식을 지배하고 있는 주관적 의미구조를 체계적으로 상세화한다.** 따라서 해석론적 관점에서 중요한 것은 외부로 표현된 행동 그 자체이기보다는 행동이 담고 있는 배후의 의미를 그 행동의 발생한 상황에서 간주관적으로 어떻게 해석하느냐이다. 고전적 조직관리론이나 인간관계론이 보여주었던 실제 중심적·규범적 논의로 국한된 한계를 극복하여 자연과학의 엄격한 방법을 토대로 행정연구를 과학적이고 체계적으로 이끌었다면, 행정연구에 있어서 해석론적 관점은 자연과학적 연구방법이 갖고 있는 현상 인식의 문제를 비판하면서 새로운 학문 탐구의 방식을 제시했다는 데 그 의의가 있다. 교육행정학 분야에서 해석론에 대한 논의가 시작된 것은 1974년 그린필드(Greenfield)가 「학교조직이론에 있어 논리실증주의의 연구의 비판」이라는 논문을 발표하면서 비롯되었다. 그는 종래에 행동과학적 탐구 논리를 중시하는 교육행정학 이론의 논리실증주의적 연구 경향은 인위적으로 조작·정의된 구성변인들 간의 관계를 토대로 교육 현상의 외형적 측면만을 설명하고 예측하는 것으로 보았고, 반면에 현상학적 접근방법은 교육 현상을 인위적 체계 혹은 의미 현상으로 보고 자연과학의 대상과는 달리 개별성과 특수성에 의해서 이해되고 파악되어야 한다고 주장했다(Greenfield, 1975).

이러한 그린필드의 견해는 민속방법론, 현상학, 해석학, 상징적 상호작용론자의 생각을 반영한다. 따라서 해석적 관점은 조직의 구조와 역동성을 설명하거나 예측하려 하지 않으며, 질적 연구방법을 통해 특수한 상황을 해석하고 이해하려고 노력한다. 즉 해석학적 관점은 과학적 방법을 통해 법칙을 정립하기보다는 합리적인 사고와 간(間) 주관적 해석(inter-subjective)을 통해 현상을 '이해'하는 데 초점이 있다. 결국 **해석학적 관점에서 보면, 학교장은 교육적 가치, 감정과 직관을 중요하게 여기는 '인본주의자로서의 행정가'로 역할을 수행하려고 한다. 아울러 '대화(talk)가 곧 직무(work)'라는 인식하에 대화를 통해 의도와 의미를 파악하려고 노력한다.** 나아가 조직은 개인들에 의해 공동으로 형성된 사회적 망으로 규정된다고 할 수 있다(주삼환 외, 2009).

3) 비판이론

비판이론(critical theory)은 오늘날 사회과학 연구에 있어서 구조 기능적 패러다임, 해석적 패러다임과 더불어 주류 패러다임을 형성하고 있는 하나의 학문 탐구의 경향이다. 비판이론의 관점은 특히 사회학 분야에서 갈등이론의 효시로서 나름대로 학문적 전통을 이어온 맑시즘(Marxism)을 배경으로 하여 20세기 초에 형성된 독일의 프랑크푸르트 학파를 중심으로 한 사회비판이론(critical theory of society)에 그 뿌리를 두고 오늘날 전 학문영역에 걸쳐 하나의 학풍으로 자리 잡게 되었다.

교육행정학 분야에서 그린필드와 그리피스(Greenfield & Griffiths) 간의 논쟁으로 해석적 토대하의 교육행정학 연구가 하나의 연구 경향으로 그 위치를 자리 잡아갈 즈음에 1970년대 말에 이르러 일반행정학 및 조직론 분야에서 비판 이론적 접근이 소개되면서 소수의 연구자들이 교육행정 현상에 대한 비판적 접근에 관심을 갖기 시작했다.

비판이론의 관점의 특징을 클라크 등(Clark et al., 1994)은 다음과 같이 요약하고 있다.

① 인간은 자신의 세계를 스스로 구성하는 적극적인 행위자이다.
② 지식과 권력은 필연적으로 관련되어 있다.
③ 사실(fact)은 사회적 맥락에 구속되어 있다. 따라서 사실은 사회적이고 가치 개입적인 과정을 통해서만 해석될 수 있다.
④ 사회구조와 공식적인 위계는 노출되는 것만큼 또한 은폐되어 있다.

비판이론은 비판을 통해 신비화된 허위의식을 파헤치고 새로운 변화를 모색하려는 경향이다. 조직이론에 있어서 이 이론은 현대 조직이 지배계급의 이익을 위해 어떠한 기능을 수행하는지를 드러냄으로써 사회적 실재를 해체하려는 관점을 표방하고 있다.

상기에서 고찰한 바와 같이, 비판론적 관점은 과거와 현재의 실제가 사회적 정의와 권력 현상을 어떻게 포함하고 있는지, 그리고 그러한 실제가 인간의 속박과 해방에 어떻게 관여하는지에 관해 기본적으로 관심이 있다. 따라서 교육행정가는 과거 당연시되어왔던 학교 교육의 상황과 기본 가정에 대해 비판적으로 검토하고 행정 실제가 진리, 자유 혹은 정의로 표현되는 조직구성원의 삶의 질을 얼마나 개선할 수 있고 이를 위하여 어떤 변화를 기할 수 있는지에 초점을 맞추어야 한다는 것이다(Foster, 1986). 이러한 접근에서 학교 교육의 현상을 학교조직 외부의 환경을 구성하는 거시적인 역사적, 정치적, 경제적, 사회적 맥락에서 분석하는 것은 매우 자연스러운 것이다. 1980년대에 교육행정연구의 한 경향으로 자리 잡은 비판 이론적 접근은 교육행정학이 갖고 있는 기존의 체제 유지적 연구풍토와 탐구대상으로서 행정 현상의 성격상 많은 호응을 얻지 못하고 있지만 일단의 연구자들 사이에서 그 맥이 지금까지 이어져 오고 있다.

4) 포스트모더니즘

포스트모더니즘(postmodernism)은 현대 사회과학의 기본적인 가정들을 반대하고 기존 조직이론의 지식을 거절한다. 포스트모더니즘은 문화적인 비판을 띠며 논리적인 경험주의에 대항하여 고도로 지식에 대한 개인적, 비일반화, 감정적인 형태를 지닌다. 포스트모더니즘주의자들은 해체와 해석을 도구로 사용한다. 이들의 목적은 모든 설명들을 풀어 가는 것이다. 해체는 본문 내용의 모순과 비일관성을 밝혀냄으로써 조각을 낼 수 있다. 그러나 그 의도는 이를 수정하거나 개선하거나 보다 나은 비전을 제시하는 것이 아니다. 어떤 해석도 옳지 않지만 여기에는 다원적인 해석이 있다. 포스트모더니즘주의자들은 사실, 정확성, 타당성과 명료성의 문제들은 제기될 수 없고 또한 과학에 의해 해답이 주어질 수 없다고 주장한다. 포스트모더니즘주의자들의 목표는 현대 사회과학 지식을 해체하는 것이다. 조직학에서 이들은 지식의 기초, 즉 현대의 조직이론 자체를 공격한다(신재흡, 2020).

포스트모더니즘의 논리가 교육의 영역에 등장한 것은 1980년대 후반으로 포스트모더니즘 논리의 교육적 적용은 다민족으로 구성된 교육대상자들에게 다문화 교육이 필수적인 과제로 등장한 미국에서 특히 많은 관심 속에서 진행되어 오고 있다. 포스트모더니즘의 교육적 함의는 교육철학과 교육과정의 영역에서 두드러지게 나타나고 있는 데 교육이론의 성격과 교육 활동과 관련하여, 그리고 담론의 의미와 성격, 페미니즘과 권력, 교육 간의 관계와 의미 등이 포스트모더니즘의 관점에서 주로 논의되었다.

이러한 포스트모더니즘은 탈이데올로기 사회, 후기 자본주의 소비사회, 디지털 영상정보화 사회, 신과학 사회로 지칭되는 20세기 후반기의 인간 생활양식의 변화를 설명하고 정당화하기 위해 등장한 사상체계로 이해될 수 있다. **포스트모더니즘의 특징**을 고찰하면 다음과 같다(주삼환 외, 2009).

① **절대적인 진리의 존재 부정을 들 수 있다.** 인간사회를 지배하는 보편적이고 절대적인 법칙이 있다는 근대 자연과학과 계몽사상의 입장을 비판하고 인간사회의 다양

성을 강조한다.

② **대서사보다는 소서사 지향이다.** 모든 사람, 모든 사회에 적용될 수 있는 대서사를 거부하고, 개인이나 소집단에 초점을 맞춘 소서사에 관심을 둔다.

③ **거대이론보다 국지이론 지향이다.** 거대이론보다는 개인과 소집단에 현실적으로 적용될 수 있는 국지이론을 지향한다.

④ **이론과 실제의 결합지향이다.** 실제 생활을 추상화시켜 현실과는 거리가 먼 이론보다는 현실에 적용될 수 있는 이론을 더 강조한다.

⑤ **인간의 유한성과 다양성 존중이다.** 보편적이고 객관적인 이성을 추구하는 계몽사상에서 벗어나, 인간은 현실세계라는 한계 속에서 살고 있으며, 자신의 가치에 따라 현실을 다르게 인식하고 행동하는 다양성을 지닌 존재라고 본다.

⑥ **지식의 보편성과 객관성 부정이다.** 인간의 인식을 통해 형성되는 지식이 보편적이고 객관적인 것이 아니라 상대적이라는 인식을 가진다.

이러한 포스트모더니즘의 특징에 비추어 대안학교, 홈스쿨링의 출현, 수요자 중심의 교육과정 등은 포스트모더니즘을 반영한 것으로 해석될 수 있을 것이다. 아울러 중앙집권적 교육행정 구조에서 벗어나 지방교육자치제를 강화하고, 학교별로 학교운영위원회를 설치하여 자율적으로 의사결정을 하게 하는 것도 포스트모더니즘의 한 표현이라 할 수 있다(박세훈 외, 2008). 그러나 현재 포스트모더니즘의 문화적, 철학적 논리가 얼마나 교육적으로 적용될 수 있는지, 그리고 포스트모더니즘의 시대적 상황 속에서 교육의 방향과 역할은 무엇인지에 대해서는 아직까지 합일점을 찾지 못하고 있다(신재흡, 2019).

5) 페미니즘

페미니즘(feminism)의 관점에서 조직은 남성문화에 의해 지배되고 있다고 주장한다. 이러한 남성문화에서 강조되는 것으로서 순응, 권위에 대한 존중, 충성, 경쟁, 공격성을 들 수 있다. 개인들은 조직의 성공을 위해 각자가 기여하는 정도에 따라 가치를 인정받는다. 인간관계에 대한 페미니스트의 측면들은 관료적인 조직 내에서 가치를 인정받지 못한다. 전통적으로 여성적인 역할에 연관된 개인이나 집단의 특성(지원적, 비주장적, 정서적, 의존적, 경청하고, 표현적)은 관습적으로 남성적인 특성(분석적, 공격적, 합리적, 독자적, 비개인적, 수단적)들에 종속된다. 일부 페미니스트들은 조직연구와 이론이 남성에 치우쳐 있다고 주장한다. 즉 남성적인 탐구방식으로 경도되어 있다고 본다(신재흡, 2020).

페미니즘은 두 가지 다른 입장으로 나누어진다(박세훈 외, 2008). **자유주의적인 페미니스트**들은 기존의 조직사회를 주어진 것으로 보고 여성들을 이 사회로 통합시키려고 하는 데 비해, **급진적인 페미니스트**들은 관료적인 구조를 대체함으로써 사회를 변화시키고자 한다. 두 집단 모두 여성들이 조직에 의해 억압되고 있다고 보지만 자유주의 페미니스트들은 관료적인 구조 안에서 작용하는 전략을 채택하기를 옹호하는 반면에 급진적인 페미니스트들은 현대 조직에 저항하기 위한 담론을 가지며 그 대신 관료적인 조직에 반대되는 새로운 형태의 조직을 창출하기를 바란다. 이러한 반 관료적인 조직에서는 집단이 분권화되고, 공식적인 기술보다는 개인적이며 서로 마주 대하는 관계에 의존하며, 계서적이기보다는 평등한 관계, 그리고 자원을 혼자 사용하는 것이 아니라 서로 공유한다(Ferguson, 1984).

제2절 의사소통 및 의사결정이론

2절에서는 의사소통 및 의사결정이론에 대해서 고찰하고자 한다.

1. 의사소통이론

의사소통은 영유아 교육조직 효과성을 좌우하고 있다. 즉 교사들은 다양한 의사소통 매체를 사용하여 가르치며, 영유아들도 같은 방식으로 교육 활동을 전개한다. 영유아 교육행정가 역시 교직원 및 영유아와 학부모 및 지역사회와 다양한 방식으로 의사소통을 하며 영유아 교육조직을 경영한다. 이와 같이 교사·영유아·행정가들은 의사소통을 하면서 그들의 영유아 교육기관 생활을 영위하고 있다.

한마디로 의사소통 없는 조직이란 생각할 수 없다. 조직을 우리 인체에 비유하면 의사소통은 신경계통의 기능과 같다. 신경계통이 없는 인체를 생각할 수 없고 신경계통이 마비되면 인체의 기능이 마비되는 것과 같이 의사소통 없는 조직이란 존재할 수도 없고 의사소통 없이는 조직의 협동과 조정이 불가능하다.

한편 의사소통은 의사결정과도 밀접한 관계가 있다. 의사결정을 신중하게 하려면 여러 가지 대안과 그 대안들을 비교 및 평가할 수 있는 근거자료 또는 정보가 필요하다. 의사소통은 이러한 자료나 정보를 의사결정자에게 전달하는 중요한 수단이 된다.

이와 같이 의사소통은 영유아 조직과 교육행정의 중요한 기능으로서 그 의의가 매우 크다. 여기에서는 의사소통의 개념 및 발전과정, 의사소통의 유형과 기법 등에 대해서 고찰하기로 한다.

1) 의사소통의 개념과 발전과정

의사소통은 사람들 간 감정, 태도, 사실, 신념, 생각 등을 전달하는 과정이다. 일반적으로 이러한 의사소통은 양방향적 과정이다. 다시 말해 의사소통은 어느 한 사람이 타인에게 영향을 주고 타인을 이해하는 데 사용되는 모든 수단을 포함한다. 의사소통에서 야기되는 많은 문제점들은 사람들이 의사소통이 양방향적 과정이라는 사실을 망각하는 데서 유래한다고 볼 수 있다. 그러면 의사소통에 대한 어원적 의미를 살펴본 후에 여러 학자들의 견해를 고찰하기로 한다.

의사소통(communication)**의 어원**은 라틴어의 'communis'에서 온 말로서 '공통' 또는 '공유'라는 뜻을 가지고 있다. 따라서 의사소통이란 말을 문자 그대로 해석하면 하나 또는 그 이상의 유기체가 다른 유기체(들)와 지식, 정보, 신념, 감정들을 '공유' 또는 '공동화'하는 행동이라 하겠다. 그러므로 의사소통은 집단행동에 있어서 집단구성원들 사이를 연결해 주고 상호작용에 가장 중심적인 역할을 하는 중요한 요소이다(송화섭, 1994).

버나드(Barnard, 1938)는 조직의 세 가지 구성요소를 의사소통, 봉사하려는 의지, 공동목적이라고 규정하고, 공동목적을 달성하기 위해 기꺼이 활동하려는 사람들이 상호 간에 의사소통을 할 수 있을 때 조직은 탄생한다고 규정함으로써 의사소통을 조직의 핵심적 요소로 부각시켰다. 또한 **호이와 미스켈**(Hoy & Miskel, 1982)은 조직 내에서 의사소통을 분석하고 **의사소통의 여섯 가지 특징**을 다음과 같이 제시했는데, 이것은 의사소통의 개념을 정의하는 데 매우 유용한 준거를 제공해주고 있다. ① 의사소통은 유목적적이다. ② 전언의 의미는 반드시 의도된 바대로 되는 것은 아니며 사람마다 다르게 해석된다. ③ 상호이해의 수준을 높이기 위해서는 피드백이 필수적이다. ④ 모든 조직에는 공식적 의사소통 경로뿐만 아니라 비공식적 의사소통 경로도 존재한다. ⑤ 공식적 의사소통 경로와 비공식적 의사소통 경로는 대개 상호보완적 관계에 있다. ⑥ 의사소통의 효과는 언어적(verbal) 의사소통과 비언어적(nonverbal) 의사소통방법이 상호 일치할 때 높다.

그리고 **의사소통은 조직에서 다음과 같은 주요 기능을 갖게 된다**(박연호, 1994). ① 의사소통은 조직구성원의 행동을 통제(control)하는 기능을 한다. 조직에서는 각 구성원들의 의무를 명확히 하고 권한과 책임에 관한 기준을 설정하기 위하여 의사소통을 한다. ② 의사소통은 개인과 집단에 정보(information)를 전달해 주는 기능을 한다. 의사소통을 통하여 구성원들에게 의사결정의 기준이 제공되고 명령과 지시 등이 수행된다. ③ 의사소통은 구성원들의 감정과 정서를 표출할 수 있는 기능을 수행한다. 즉 의사소통을 통하여 자신의 감정을 표출하고 다른 사람들과의 교류를 넓혀 나간다. ④ 의사소통은 구성원들의 동기를 유발시키는 작용을 한다. 조직은 다양한 목적과 목표를 위한 구성원들 간의 협동과 열심을 불러일으키기 위해 의사소통을 이용한다.

상기 학자들의 견해를 정리하면, **의사소통이란** 교육행정에 있어서 조직의 목표와 관련하여 어떤 목적을 가진 조직구성원이 그 목적을 성취하기 위하여 다른 사람에게 무엇인가를 하도록 시도하는 역동적인 과정으로 볼 수 있다. 즉 의사소통은 상대방에게 지각되는 언어적 또는 비언어적 행동이라고 할 수 있다. 의사소통은 말의 교환 그 이상이다. 결국 우리의 모든 행동은 나름대로 어떤 의사를 전달하며, 의사소통의 한 형태가 되는 것이다.

한편 **의사소통의 발전 과정을 과학적 관리론 시대, 인간관계론 시대, 체제이론 시대로 구분**해서 살펴보기로 한다(한공우, 2003).

① **과학적 관리론 시대의 의사소통**을 살펴보면 다음과 같다. 테일러(Taylor, 1947)는 저서 『과학적 관리』에서 의사소통에 대하여 실제적으로 언급하고 있지 않다. 그는 조직의 구조와 개인의 행동에 대해 강조하고 있다. 의사소통은 공식적이고, 위계적이고, 계획적인 것으로, 의사소통의 목적은 과업을 수행하도록 하는 데 있다.

따라서 의사소통은 일방적이며 수직적이고 과업지향적이다. 과학적 관리론에서는 어떤 경영원리에 정확하게 따르지 않을 때에는 조직에서 의사소통 문제가 야기된다는 점을 인식하고 있다. 예를 들면, 경영자가 5, 6명 이상의 부하직원을 데리고 있다면 그의 통제범위가 너무 넓어지므로 하부층과 효과적으로 의사소통할 수 없는 능력으로 괴로워하게 된다. 이러한 문제해결은 통제범위를 축소하여 위계상의 하층 경영자에게 권위를 양도한다. 과학적 관리는 계선(line)과 막료(staff)로 의사소통기능을 구분하였다. 막료들은 인사, 회계 및 용도에 대한 전문가들이며, 이들의 의사소통기능을 구분하였다. 막료들은 인사, 회계, 용도에 대한 전문가들이며, 이들의 의사소통기능은 그들의 상관에게 그들의 충고를 받아들이도록 설득하는 것이다. 계선 조직은 명령계통이 톱니바퀴와 같은 것이며, 상관으로부터의 명령을 부하에게 전달하고 지시가 적절히 수행되고 있는가를 평가하는 것이다. 결국 과학적 관리론은 의사소통에 중요한 역할을 부여하지 않고 의사소통을 수직적·공식적 통로를 통한 명령과 통제로 제한하여 생각하였다. 이러한 견해는 상층부는 적절한 정보를 가지고 있고, 의사소통의 기능은 그들의 지식을 전파하는 데 있다고 보는 것이다.

② **인간관계론 시대의 의사소통**을 살펴보면 다음과 같다. 메이요, 뢰슬리스버거 및 딕슨(Mayo, Roethlisberger & Dickson, 1939) 등은 호손 연구를 했는데, 이들은 비공식 사회적 관계에서 근로자들의 동기에 대하여 고찰했다. 카츠와 라자스펠드(Katz & Lazarsfeld, 1955)는 호손 연구는 "일차집단, 즉 가족이나 우정 집단과 같은 밀접한 관계에 있는 개인들의 아주 작은 집단의 재발견이 중요하다"고 했다. 이것은 고도로 형식적이고 정형화되어 있는 상황에서 비공식적이고 내적인 관계에 중요성을 인식한 것이라 하겠다. 특히 호손 연구는 조직 내의 인간 행위에 대한 가정을 재조정하는 데 기여함으로써 조직행위의 개념에 대한 중요한 지적 분수령이 되었다. 이와 같은 결과로 생산성 결정요인으로 구성원들의 관계를 강조하게 되어 '인간관계학파'로 만들게 되었다. 이 학파에서는 조직 중심적인 것보다 개인 중심적인 것을 강조하여 조직구성원의 만족도, 사기와 같은 개념이 중요시되었다. 과학적 관리론에서는 재정적인 유인에 직접적으로 반응하는 경제적 인간을 중요하게 보는 반면에, 인간관계론에서는 비공식적 작업집단의 상호 영향에 반응하는 사회적 인간으로서 조직구성원을 중요하게 보았다. 따라서 조직행위에서 감정적이고, 비계획적인 요소들이 강박감을 준다고 한다. 조직에서 생산성은 감독자나 시간·동작 전문가 등에 의하여 결정되는 것이 아니고 집단으로서의 그들 자신들에 의하여 결정된다고 보아야 한다.

③ **체제이론 시대의 의사소통**을 살펴보면 다음과 같다. 1960년대 이후에 과학적 관리론과 인간관계론의 종합이 시도되었는데 이것은 어떤 조직에서는 과학적 관리론이 맞고, 또 다른 조직에서는 인간관계론이 더 맞기 때문이었다. 이것이 곧 체제론의 대두라고 하겠다. 체제이론은 부분, 요소 혹은 하위체제들의 상호관계를 체제로 보았으며, 이들 부분들이 고도의 조화를 이루는 것이 곧 생산의 극대화에 기여한다고 강조하였다. 버틀란피(Bertalanffy, 1968)는 "체제를 상호 의존관계가 있는 부분들의 총체"라고 했다. 따라서 의사소통은 체제의 한 요소인 것이며, 다른 요소들과 상호작용하게 된다. 의사소통의 체제 내에서 역할은 상호의존성을 조장하는 것이다. 체제이론에서는 체제 내의 하위체제요소 간의 상호의존성을 강조한다. 모든 조직은 생산 하위체제, 유지 하위체제 그리고 적응 혹은 혁신 하위체제로 구성되어 있다. 각 하부체제는 어떤 목적을 가지고 있으며, 각 체제의 전체목적을 추구하여 하위체제 간의 내적 의존성을 증진하는 것이다. 여기에서 의사소통은 내적 의존성을 활발하게 하도록 하는 기능을 하는 것이다.

체제 내에서 각 요소들은 상호 간에 비슷한 양의 의사소통을 하는 것은 아니기 때문에 체제 내의 하위요소 간에 의사소통은 중요한 것이다. 따라서 하위체제 간 의사소통의 정도에 따라 또 다른 체제 내의 동질적이고 좀 더 큰 하위체제군을 형성하게 되는 것이다.

체제론자들은 조직에서 하위체제들의 상호작용 연구의 필요성이 대두되기 때문에 사회체제로서 조직을 분석하고 이해하는 데 그 핵심요소로서 의사소통을 중요시하였다. 따라서 의사소통론이 체제이론 발전에 중심이 되었다. 의사소통은 전체 체제요소들의 상호의존성을 수행하는 기초과정이며, 조정기능을 하게 된다. 의사소통의 역할은 조직의 조화로운 조정자와 같은 것이다.

앞에서 의사소통의 발전과정을 과학적 관리론, 인간관계론 및 체제이론으로 보고 그 특성을 제시했는데, 이들의 특성을 중요성, 의사소통의 목적, 의사소통의 흐름, 주요 의사소통 문제로 구분하면 〈표 2-1〉과 같다.

〈표 2-1〉 세 학파에 의한 의사소통의 본질 비교

내용	과학적 관리론	인간관계론	체제이론
중요성	• 상대적으로 중요하지 않음 • 하향적 의사소통으로 제한됨	• 상대적으로 중요시 • 주로 동료집단 간의 의사소통에 관심이 있으며, 약간의 상향식 의사소통에 관심이 있음	• 매우 중요 • 조직의 결속력이 중대한 영향을 미침
의사소통의 목적	• 명령과 복종을 성취	• 직원의 욕구 만족, 구성원의 의사결정에 참여	• 의사결정자에게 정보를 제공하고 조직이 환경의 변화에 적응하도록 통제하고 조정함
의사소통 흐름의 방향	• 지시를 따르도록 설득하기 위하여 경영자로부터 직원들에게 하향식 방법	• 동료집단 간의 수평적 관계, 경영자와 직원 간의 쌍방적 방법	• 전체 체제 안의 모든 방향으로 하향식과 상향식이 병용
주요 의사소통 문제	• 위계질서를 파괴하거나 너무 넓은 통제의 범위에 의한 의사소통의 붕괴	• 유머, 비공식 의사소통에 의한 공식적 의사소통이 비효과성	• 과중한 과업, 왜곡 및 태만 부정적 환류에 대한 무책임성

출처: Rogers, E. M., & Agarwala-Rogers, R.(1976). *Communication in Organizations*. New York: The Free Press, p. 56.

〈표 2-1〉과 같이 **과학적 관리론**에서는 하향적 의사소통이며, 명령과 복종을 성취하기 위해서 의사소통을 했으며, **인간관계론 측면**은 주로 동료집단 간이나 경영자와 직원 간의 수평적 및 쌍방향적 의사소통에 관심을 가졌으며, 주로 비공식적 의사소통을 했다. 이에 반해 **체제이론 측면**은 의사소통이 조직의 결속력에 중대한 영향을 미쳤으며, 전체체제에서 모든 방향으로 하향식 또는 상향식으로 병용했다.

2) 의사소통의 유형

의사소통의 유형은 보는 관점에 따라 다음과 같이 여러 가지로 분류할 수 있다. 일반적으로 의사소통의 수단을 중심으로 할 때 언어적 의사소통(verbal communication)과 비언어적 의사소통(nonverbal communication)으로 구분하고, 조직의 성격에 따라 공식적 의사소통(formal communication)과 비공식적 의사소통(informal communication)으로 구분하며, 의사소통의 방향에 따라 일방적 의사소통

(one-way communication)과 쌍방적 의사소통(two-way communication) 그리고 수직적 의사소통(vertical communication), 수평적 의사소통(horizontal communication)과 대각적 의사소통(diagonal communication) 등으로 구분할 수 있다(신재흡, 2007; 조성일 외, 2004; 박수연 외, 2000; 박병량 외, 1999; 이군현, 1999; 박성식, 1998; 한국교육행정학회, 1995).

① **언어적 의사소통과 비언어적 의사소통**이다. **언어적 의사소통은 언어를 매개체로 하여 의사소통이 이루어지는 것**으로서, 이는 다시 **구두 의사소통**(oral communication)과 문서 의사소통(written communication)으로 나뉜다. **구두 의사소통**은 직접적인 말을 수단으로 하여 정보의 교환이나 메시지를 전달하는 것을 의미한다. 대면적 의사소통이 대부분 여기에 속한다. 구두 의사소통은 대면적인 의사소통이므로 대면성이 갖는 즉시성과 신축성, 융통성, 비밀 보장성 등의 장점이 있으나 전달대상이 제한되며, 전달내용이 중요하고 복잡할 때는 사용하기가 어렵다. 이에 비해 **문서 의사소통**은 문서를 통한 의사소통으로서 공문서, 보고서, 지침, 메모, 편지, 회람, 안내서 등이 여기에 포함된다. 문서 의사소통은 장기적으로 보존할 필요가 있을 때(보존성), 중요하고 복잡한 내용을 정확하고 획일적으로 전달할 필요가 있을 때(정확성 · 획일성), 구성원이 지리적으로 분산되어 있을 때 효과적이나, 수신자의 반응을 확인하기 어렵고, 수신자의 다양한 욕구를 고려하지 못하여, 비밀이 누설되기 쉽다는 등의 단점이 있다.

비언어적 의사소통은 구두나 문서 언어를 사용하지 않고 메시지를 전달하는 의사소통이다. 예를 들면, 물리적 언어인 교통신호, 사이렌, 도로표지판 등은 비언어적 의사소통 수단이 된다. 그리고 상징적 언어(symbolic language)인 사무실의 크기, 의자의 크기, 자동차의 크기와 색깔 등도 효과적인 비언어적 의사소통의 수단이 된다. 아울러 신체적 언어(body language)라 할 수 있는 자세, 얼굴, 표정, 몸짓, 목소리, 눈동자, 하품 등도 상대에게 메시지를 전달할 수 있는 비언어적 의사소통의 수단이 된다. 이러한 비언어적 의사소통은 때로는 언어적 의사소통보다 더 효과적일 수도 있다.

② **공식적 의사소통**(formal communication)**과 비공식적 의사소통**(informal communication)으로 구분된다. **공식적 의사소통**은 공식적 조직 내에서 공식적인 의사소통의 경로와 수단을 통해서 정보가 유통되는 것으로, 보통 계서제의 명령계통을 따라 공문서 또는 서면이나 구두의 명령, 보고 등의 방법으로 이루어진다. 공식적 의사소통의 목적은 조직구성원에게 조직의 목표 방침 및 지시사항 등을 알리고 직원들의 의견과 보고 내용을 관리자와 모든 직원에게 알리는 데 있다. 하

지만 **비공식적 의사소통은 비공식적 조직, 즉 자생적 집단 내에서 비공식적인 방법으로 이루어지는 의사소통**으로 풍문, 유언, 전화, 접촉 등의 형태로 나타나므로 통제하기도 어렵고 추궁하기도 어렵다. 이것은 공식적 직책을 떠나 친분, 상호신뢰 등 인간관계를 기초로 하여 의사소통을 하는 것으로, 극히 제약된 조직이나 사회에서는 많은 의사소통이 발생한다. 이러한 비공식적 의사소통은 구성원들의 여론 감정 등을 그대로 나타내므로 유익한 정보를 전달하는 수단이 되기도 한다.

③ **일방적 의사소통**(one-way communication)**과 쌍방적 의사소통**(two-way communication)이다. 의사소통은 송신자와 수신자의 의사소통의 흐름이 일방적인가 아니면 쌍방적인가에 따라 일방적 의사소통 또는 쌍방적 의사소통으로 구분이 된다. **일방적인 의사소통은 발신자가 의사소통을 주도하고, 수신자는 듣는 입장에 있으며,** 연설, 강연, 설교, 강의 발표, 공식적인 인사와 같은 형태가 있다. **쌍방적인 의사소통은 최소한 두 사람이 서로 전달내용을 주고받는 의사소통의 형태를 의미**하며, 대화, 인사, 상담, 면담, 토론 등과 같은 형식이다.

④ **수직적 의사소통**(vertical communication)**, 수평적 의사소통**(horizontal communication)**과 대각적 의사소통**(diagonal communication)이다. **수직적 의사소통은 하향적 의사소통(상의하달)과 상향적 의사소통(하의상달)으로 나누어지며,** 하향적 의사소통(downward communication)은 조직 내의 지휘, 명령계통을 따라서 상사가 부하에게 메시지를 전달하는 상의하달식 의사소통방식이다. 따라서 여기서는 명령, 지시, 방침, 규칙, 업무 정보 등의 전달이 포함된다. 반면에 상향적 의사소통(upward communication)은 부하가 상사에게 메시지를 전달하는 하의상달식 의사소통방식이다. 여기에는 보고, 의견조사, 제안 등이 포함된다.

수평적(횡적) **의사소통은 조직 내에서 같은 계층에 있는 개인 또는 부서 간에 이루어지는 상호작용적 의사소통**으로써 회람, 통지, 회의 등이 포함된다. 수평적 의사소통은 구성원 또는 부서 간의 활동을 조정하거나 갈등을 해소하는 데 매우 중요한 기능을 한다.

대각적(사선적) **의사소통은 상향적, 하향적, 수평적 의사소통의 경로가 비효과적일 때 발생되며, 조직 내의 여러 기능과 기준들을 가로질러 이루어지는 의사소통이다.** 특히 이것은 조직구성원들이 다른 채널을 통해서 효과적으로 의사소통을 할 수 없는 상황에서 중요하다. 조직의 구조가 복잡하고 다원적인 경우에는 의사소통의 경로가 다양해진다. 그리고 사선적 의사소통방식은 필요한 자료를 확보하는 과정에서 시간의 지연을 최소화한다.

3) 의사소통망의 종류

의사소통망(communication net)**이란 수신자로부터 수신자에게로 메시지가 흐르는 경로의 구조를 의미한다.** 일반적으로 조직에서 흔히 볼 수 있는 대표적인 의사소통망을 제시하면 [그림 2-1]과 같다.

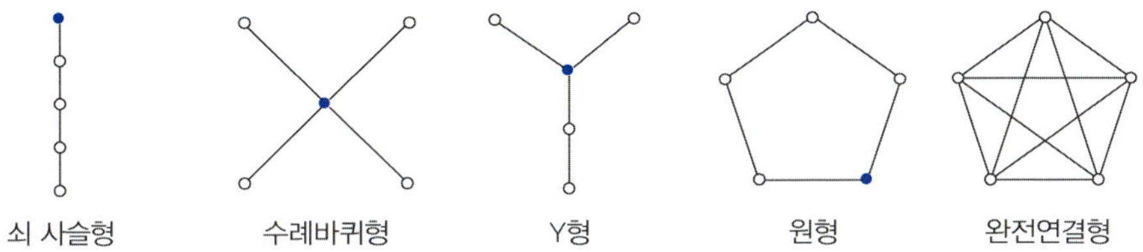

[그림 2-1] 의사소통망의 형태

출처: Lunenburg, Fred C., & Ornstein, Allen C.(1996). Educational Administration: Concepts and Practice 2nd ed. Belmont: Wadworth Publishing Company, p. 186.

[그림 2-1]에서 살펴본 **의사소통망의 형태**에 대해서 구체적으로 설명하면 다음과 같다.

① **쇠사슬형(chain):** 이는 공식적인 명령계통에 따라 의사소통이 상위계층에서 하위계층으로만 흐르는 경우이다. 구성원들 간에 엄격한 권한의 계층관계가 존재하며, 상위계층의 중심인물이 정보를 종합하고 문제를 해결함으로써 의사결정의 속도가 빠르나, 조직구성원들의 만족도는 일반적으로 낮다. 또한 정보가 계층의 단계를 따라 아래로 전달되는 과정에서 왜곡될 소지를 내포하고 있다.

② **수레바퀴형(wheel):** 수레바퀴형은 구성원들 간에 중심인물이 있어 모든 정보가 그에게 집중되는 의사소통망이다. 이와 같은 형태의 의사소통망을 가지고 있는 경우에는 중심인물이 신속하게 정보를 획득할 수 있고, 문제해결을 위한 상황도 정확하게 판단할 수 있으며, 문제에 대해서도 신속하게 대응할 수 있으나, 업무가 복잡한 경우에는 그 효과를 기대하기가 어렵고 조직구성원들의 만족도 측면은 대체로 낮다.

③ **Y형:** Y형은 구성원이 상관에게 보고하면 상관은 조직의 장에게 보고하는 의사소통망이다. Y형은 매우 관료적이고 위계적인 조직에서 전형적으로 발견되는데, 조직의 최하층에서 최고층까지 정보가 도달하는 유일한 방법은 채널, 즉 모든 위계

의 수준을 통해서만 가능하다는 점에서 쇠사슬형과 거의 유사하다(김창걸, 2003).

④ **원형(circle):** 원형은 권한의 계층관계가 형성되어 있지 않고 중심인물도 없는 상황에서 나타날 수 있는 의사소통망이다. 위원회의 의사소통망이 전형적으로 여기에 속한다. 위원회에는 공식적인 리더가 있기는 하지만, 리더에게 정보가 집중되지 않으며 구성원 상호 간에 상호작용이 왕성하게 이루어진다. 권한이 어느 한쪽에 집중되어 있지 않아서 문제해결이 느린 편이지만 조직구성원의 만족도 측면은 일반적으로 높은 편이다.

⑤ **상호연결형(star):** 상호연결형은 비공식적 의사소통에서 형성되는 의사소통망이다. 여기에는 특정한 중심인물이 없고 조직구성원 개개인이 서로 의사소통을 주도한다. 구성원들 상호 간에 정보교환이 왕성하게 이루어짐으로써 상황의 파악과 문제해결에 시간이 많이 소요되는 단점을 가진다. 그러나 구성원들의 참여를 통하여 창의적으로 문제를 해결하고자 할 때는 효과적일 수 있으며 조직구성원들의 만족도 측면은 대체로 높다.

4) 의사소통의 장애 요인과 극복방안

의사소통의 장애는 의사소통 과정을 간섭, 훼방, 왜곡, 변화시키는 모든 것을 말한다. 이러한 장애의 해석은 장애 요인의 소재지나 의사소통을 파악하는 관점에 따라 달라진다. 의사소통을 기계론적 관점에서 파악하려는 입장에서 장애는 전달과정을 방해하는 전달체제의 물리적 또는 기술적 문제, 곧 잡음으로 간주된다. 심리학적 관점에서 장애는 전달의 장애물이라고 보기보다는 정보를 선택적으로 지각하고 해석하고 기억하는 것과 같은 개념적 여과과정에서 발생하는 선택적 노출 형태로 보고, 노출 형태에 영향을 주는 심리적 요인과 관련된다고 본다. 상징-해석적 관점에서의 장애는 의미해석의 불일치와 관련된 역할 담당과 문화적 요소와 관련된다. 체제-상호작용 관점에서 장애는 의사소통 행동의 형성과 관련된 사회적 관계에서 찾는다(박병량, 1997).

첫째, 의사소통의 장애 요인은 다음과 같다(박성식, 2011; 윤정일 외, 2007)**.**

① **의사소통에 있어서 전달자와 피전달자에 의한 장애 요인으로는 다음과 같은 것이 있다.**

i) 가치관·사고기준의 차이 때문에 같은 의사소통 내용에 대하여 서로 다른 해석을 가하는 경우
ii) 지위상의 격차 때문에 의사소통이 여러 단계를 거치는 동안 의사소통 내용이 왜곡되는 경우
iii) 전달자의 의식적 제한으로, 예를 들어 보안상의 문제로 의사소통의 비밀을 유지하는 경우
iv) 전달자의 자기 방어기제로서 의사소통에 있어서 전달자가 자기 스스로에게 불리한 사실은 은폐하고 소통시키지 않는 경우
v) 전달자에 대한 불신이나 편견 때문에 의사소통을 막아 버리는 경우
vi) 원만하지 못한 인간관계나 능력 부족 때문에 의사소통이 이루어지지 않는 경우

② 의사소통의 수단 및 매개체에 기인하는 장애 요인은 다음과 같다.

i) 의사소통의 내용이 양적으로 과다하여 내용파악이 곤란한 경우
ii) 의사소통의 내용이 정보의 유실과 불충분한 보존 때문에 내용파악이 곤란한 경우
iii) 언어와 문자가 자체의 한계로 의사소통이 불완전한 경우

③ 의사소통이 이루어지는 조직구조에 기인하는 장애 요인은 다음과 같다.

i) 집권적 계층구조로서 수직적인 의사전달이 제한받는 경우
ii) 조직 간의 할거주의 때문에 수평적 의사전달을 저해받는 경우
iii) 비공식조직의 역기능으로 소문·풍문 등에 의하여 의사소통이 왜곡되는 경우
iv) 의사소통 채널의 부족으로 개방도가 미흡한 경우
v) 의사소통의 집권화(집중도) 때문에 의사소통의 권한이 특정인에게 집중되어 의사소통의 흐름이 저하되는 경우

둘째, 개인의 수준에서 의사소통의 장애를 극복하는 기술로는 반복, 감정이입, 이해, 피드백, 경청이 강조된다.

① **반복**(Repetition): 같은 내용의 메시지를 여러 경로(전화, 면담, 메모, 편지, 전자우편)

를 통해서 반복하여 전달함으로써 의사소통의 장애를 피할 수 있다. 같은 내용을 다양한 채널을 이용하여 전달하는 반복방법은 가장 흔히 사용하는 효과적인 의사소통방법이다.

② **감정이입**(Empathy): 수신자가 메시지를 받고 어떻게 반응을 할 것인지 발신자가 예견하는 것을 의미한다. 이를 위해서 수신자가 메시지를 받고 그것을 해석하는 심리적 기제를 이해해야 한다. 달리 말하면, 상대방의 입장에서 그가 메시지를 기호화하고 해석하는 것을 알아야 한다는 뜻이다. 타인의 의사소통의 심리적 기제를 이해하는 것을 감정이입이라 하며, 이것은 의사소통의 장애를 극복하는 효과적인 방법이다.

③ **이해**(Understanding): 효과적인 의사소통이 되기 위해서 반드시 달성되어야 하는 것이다. 즉 효과적인 의사소통이란 단순히 메시지의 전달에 그치는 것이 아니라 그 메시지가 무엇을 담고 있는가를 이해하는 것이다. 따라서 메시지가 담고 있는 내용을 상대방이 이해할 수 있는 언어(문장과 말)로 전달하는 것이 중요하다.

④ **피드백**(Feedback): 수신자의 메시지 이해 정도를 확인하는 과정으로, 이는 수신자와 발신자 사이에 메시지에 대한 상호이해를 증진시키는 역할을 한다. 특히 양방향적 의사소통에서는 일방적 의사소통보다 피드백이 활발히 이루어진다. 일방적 소통에서도 상호이해의 증진을 위해서 피드백의 기회는 주어져야 한다. 예컨대, 하향적 의사소통에서 메시지의 전달을 확인하고 수신자에게서 피드백을 받는 노력이나 상향적 의사소통에서 하부구성원의 참여를 확대하는 것은 피드백을 촉진할 수 있는 방법이다. 문자에 의한 의사소통보다는 면대면 의사소통에서 피드백이 활발히 이루어지므로 두 가지 의사소통방법을 함께 사용하는 것이 효과적이다.

⑤ **경청**(Listening): 상대방의 말을 잘 듣는 것은 성공적인 의사소통의 열쇠가 된다. 효과적인 의사소통은 이해시키는 것과 마찬가지로 이해하는 것이다. 이러한 이해는 경청을 통해서 가능하다. 듣기를 통해서 수신자는 발신자의 메시지를 이해할 수 있고, 발신자는 수신자의 피드백을 이해할 수 있는 것이다. 영유아 교육기관의 장은 구성원들의 말을 경청함으로써 경영하는 데 필요한 정보를 얻을 수 있고, 다른 사람의 존경과 신뢰감을 획득할 수 있으며, 보다 현명한 의사결정을 하는 데 필요한 정보를 얻고, 정확한 정보를 공유하며, 직무수행을 향상시킬 수 있게 된다. 즉 경청은 대인관계를 향상시키고, 지원적 분위기를 조성하고, 다른 사람에 대한 존중을 높이고, 생산적인 환경을 조성하며, 유능한 영유아 교육기관의 장이 될 수 있도록 돕는다.

2. 의사결정이론

삶은 의사결정의 연속이라고 한다. 결정은 여러 가지 대안 중에서 선택하는 것을 말한다. 우리들이 평소에 행하는 수많은 선택들은 어떤 목적에 비추어서 행해진다. 그러므로 결정의 기본적인 성격은 어떤 목적을 달성하기 위하여 두 개 이상의 대안 중에서 하나를 선택하는 것이다.

의사결정이란 조직의 중요한 활동으로 조직의 목표달성을 위해서 여러 대안들 중에서 최선으로 생각되는 대안을 선택하고 이를 실행하도록 한다. 학교 경영활동을 수행할 때 의사결정은 지속적으로 이루어질 수밖에 없다. 학교 내 수준별로 구성원들은 의사결정 활동에 참여한다.

따라서 여기에서는 의사결정의 개념과 의의, 의사결정의 유형과 과정, 의사결정의 이론 모형-합리모형, 만족모형, 점증모형, 혼합모형, 쓰레기통모형-, 의사결정의 영향요인 등에 대해서 고찰하기로 한다.

1) 의사결정의 개념과 유형

영유아 교육행정가들의 의사결정들은 궁극적으로 교육조직뿐만 아니라, 조직 구성원들의 직무성과에도 어느 정도 영향력을 미치게 된다. 더욱이 교육행정가들은 그들이 내린 의사결정의 결과에 의해 평가되기 때문에 의사결정의 질은 행정가의 효과성을 판단하는 하나의 준거로서 작용한다.

의사결정에 대한 제 학자의 견해를 살펴보면 다음과 같다. ① **그리피스**(D. E. Griffiths, 1959)는 의사결정을 심사숙고한 후에 도달된 결론이라고 정의했다. ② **그레그**(R. T. Gregg, 1957)는 의사결정을 행정의 본질로 보고, 다른 모든 행정의 기능들을 의사결정과 관련될 수 있을 뿐만 아니라 의사결정이라고 해석될 수 있다고 보았다. ③ **오웬스**(R. G. Owens, 1970)는 의사결정을 다른 모든 활동을 종속시킬 수 있는 행정의 중핵과정(core process) 혹은 행정과 동의어로 보았다. ④ **버나드**(Chester I. Barnard, 1978)는 의사결정이란 조직이 목표달성을 위해 여러 대안 중에서 최적의 것을 선택하는 논리적 과정이다. ⑤ **사이몬**(Herbert A. Simon, 1945)은 행정과정을 의사결정과정이라고 말했다. 의사결정이란 어떤 목적을 달성하기 위해 가장 적절한 대안을 선택하는 연속적인 과정이다. ⑥ **김종철**(1999)

은 의사결정을 보통 행동에 선행되는 과정으로서 목표의 수립, 수단의 선택 및 결과의 판정 등 합리적 행동의 여러 단계에 있어서 불가결한 요소로 보았다. ⑦ **이군현**(1999)은 의사결정이란 조직의 목표달성을 위해서 여러 대안들 가운데 최선으로 여겨지는 대안을 선택하고 실행하는 과정이라고 했다.

의사결정에 대한 상기의 제 학자의 견해를 종합하면, **의사결정**(decision making)이란 조직이나 개인이 장래의 행동방향을 결정하고 그에 대한 결정을 내리는 과정이며, 다시 말해서 어떤 행위를 취하기 전에 어떠한 선택을 할 것인가를 신중하게 고려한 뒤에 그 가운데 한 가지를 선택하는 것을 의미한다. 우리 인간들은 의사결정을 하지 않고서는 행위를 할 수 없는 것이다.

여기서 의사결정은 흔히 '결정'이라는 원래의 의미로 볼 때 정책결정(policy-making)과 동일한 의미로 사용되기도 한다. 의사결정과 정책결정을 엄격히 구분하기는 힘들지만, 굳이 구분하자면 특별히 다른 결정보다 더 중요한 결정 또는 그 결정이 다른 사람의 결정이나 차후의 결정에 지침이 될 수 있는 중대한 결정을 정책결정이라 볼 수 있다. 의사결정(A)과 정책결정(B)의 차이를 하나의 예시문을 통해 소개하면 다음과 같다(이군현, 1999).

(A) 어떤 부모가 가정이 빈곤하다는 이유로 자기 자녀의 등록금을 면제해 달라는 요청을 교육부 장관에게 하였는바 장관이 이를 수락한 경우

(B) 장관이 이를 수락하면서 이와 유사한 상황에 처해 있는 모든 어린이들에게 등록금을 면제해 주도록 지시한 경우

이와 같이 의사결정은 공공기관과 관계가 없는 개인이나 집단에게도 있을 수 있으나 정책결정은 국가의 공권력을 배경으로 한 정부나 공공기관에서 하는 것이며, 일단 결정된 정책은 국민생활에 지대한 영향력과 강제성을 수반하게 된다. 결론적으로, **의사결정에는 개인이나 집단이 어떤 특수한 목적이나 동기에 의해서 장차 행동진로를 선택하는 단순한 결정을 포함**할 수 있으나, 이에 반해 **정책결정은 행정의 방향을 제시해주는 기본지침으로써 경제적 및 정치적 특징을 함축하고 있는 것으로 볼 수 있다.**

따라서 교육행정가는 단위학교 수준에서 교육부 최고책임자 수준에 이르기까지 여러 계층이 있는데 고위직에 속하는 행정가일수록 자신의 결정이 정책이

될 가능성이 높음을 깊이 인식해야 할 것이다. 항상 지도자는 의사결정을 내리거나 정책결정을 할 경우에 신중하게 결정해야 될 것으로 생각된다.

2) 의사결정의 유형과 과정

첫째, 의사결정의 유형이다. 의사결정은 상황 중심적이다. 의사결정을 함에 있어서 하나의 올바른 방법은 전제하지 않으며, 최선의 의사결정 방법은 상황에 의해서 결정된다. 따라서 교육적 지도자는 환경, 사람 및 우선순위에 대한 이해에 근거해서 의사결정을 언제, 어떠한 방식으로 해야 하는지를 알고 있어야 한다. 일반적으로 다음과 같은 의사결정의 유형이 있다(한국교육행정학회, 1995; 이균현, 1999). 각각의 방법은 그 나름대로 정당성을 가지고 있다. 원숙한 교육행정가는 이러한 스타일을 잘 활용할 줄 알뿐만 아니라, 각 스타일을 언제 사용할 것인가를 알고 있어야 한다.

① **단독결정**(individual decision)**과 집단결정**(group decision)**이다.** 단독결정은 행정가 개인이 대안을 선택, 결정하는 것이다. 단독 의사결정은 신속한 결정을 필요로 하는 경우나 행정가가 다른 관계자를 불신하는 경우, 결정에 대해 별다른 논쟁의 여지가 없는 경우에 이루어진다. 그러나 현대의 조직에서 단독결정은 별로 없다. 왜냐하면 최고 행정가가 최종 의사결정 권한을 가지고 있더라도 실제로는 참모조직에서 제공된 지식이나 정보 하위계층으로부터 올라온 각종 자료 등을 통해 최고 행정가가 의사결정을 하기 때문이다. 이에 반해, 집단적 결정은 결정의 내용과 관련된 사람과 전문가들을 참여시켜 결정하는 것이다. 이것은 구성원에게 참여의식을 부여하고 그들의 결정능력을 향상시키고자 하는 경우나 문제가 높은 수준의 전문성을 요하는 경우에 이루어진다. 집단적 결정은 단독결정보다 신속하지는 못하지만 신중성을 띠고 있으며, 질적인 측면과 관계자들의 수용성 측면에서 장점을 지닌다. 학교에 각종 위원회가 있는데, 만약 이 위원회가 의결기관일 때는 집단결정의 성격을 지닐 것이며, 만약 자문기관일 때는 최고 행정가에 의한 단독결정의 성격을 띤다.

② **사적 결정**(personal decision)**과 조직적 결정**(organizational decision)**이다.** 사적 결정은 개인 자신의 목표달성을 위한 결정인 반면, 조직적 결정은 조직의 목표를 달성하기 위한 결정이다. 개인적 결정은 어디까지나 개인의 목표달성을 위한 결정이므

로 이것이 조직의 목표와 부합될 수도 있지만 그렇지 않을 때도 있다. 물론 조직적 결정은 개인의 목표와 부합되지 않는 경우가 있을 수 있는데 이 경우 저항이나 방해가 나타나기도 한다.

③ **정형적 결정**(programmed decision)**과 비정형적 결정**(nonprogrammed decision)**이다.** 사이몬(H. A. Simon, 1960)은 의사결정의 양극단의 유형으로 정형적 결정과 비정형적 결정을 언급했다. 사이몬(H. A. Simon)은 [그림 2-2]와 같이 연속선(continuum)의 개념을 제시했다.

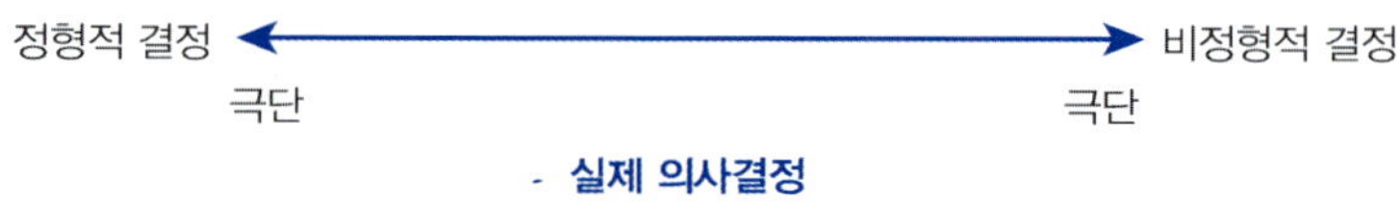

[그림 2-2] 정형적 결정과 비정형적 결정의 연속체

정형적 결정은 반복적이며 일상화된 결정으로 명확한 절차가 이미 만들어져 있기도 한 정형화된 것들이다. **정형적 의사결정의 특징**으로 i) 대안이 모두 파악되어 있으며, ii) 각 대안의 선택결과가 분명하고, iii) 선택의 결과에 우선순위를 매길 평가 기준도 부여되어 있다는 것이다. 따라서 이러한 유형의 결정들은 심사숙고할 필요가 없다. 예를 들면, 일상적인 교육, 입학식, 졸업식 등에 관한 것은 법규나 선례에 따라 결정하면 되므로 새로운 창의성이 요구되지 않는다.

한편, 비정형적 결정은 새롭거나 구조와 성격이 복잡한 문제 또는 매우 중요한 문제를 해결하기 위한 결정으로 명확한 절차가 있거나 일상화된 것이 없다. **비정형적 결정과정의 특징**으로는 i) 대안이 부여되어 있지 않아 따로 파악이 필요하며, ii) 대안의 선택결과가 분명하지 않은 경우, iii) 선택결과에 우선순위를 매길 평가 기준 조차도 없다는 것이다. 예를 들어, 교육예산 삭감으로 교원의 수를 감축해야 하는 경우, 학교건물의 노후화로 시급한 보수가 필요하거나 학교 이전이 불가피한 경우 등은 어렵고 복잡한 결정들이다. 정형적 의사결정에 있어서는 인간의 합리성의 한계가 별로 문제되지 않는 반면, 비정형적 의사결정은 이것이 매우 중요한 문제가 된다. 결국 정형적 의사결정과 비정형적 의사결정은 모두 중요하나 교육조직에서는 비정형적 결정을 할 때, 특히 교육행정가의 판단력, 창의성 등이 필요하게 된다.

④ **전략적 결정**(strategic decision)**과 전술적 결정**(tactical decision)**이다.** 전략적 결정은 보다 상위수준의 결정을 말하며, 전술적 결정은 보다 하위수준의 결정을 의미한다. 전략적 결정이 조직의 생존, 발전과 관련된 중요한 문제를 다루는 반면, 전술

적 결정은 이에 따른 세부적이고 구체적인 방법에 대한 결정과 관련된다. 따라서 전술적 결정은 전략적 결정에 영향을 받는다.

둘째, 의사결정의 과정은 의사결정이 어떤 단계와 절차를 거쳐서 수립되는가에 대한 문제이다. 의사결정의 과정에 대하여 제 학자마다 다양한 견해를 나타내고 있다. 여기서는 사이몬(H. A. Simon, 1960), 그리피스(D. E. Griffiths, 1959), 드러커(Peter F. Drucker, 1993), 민쯔버그(Henry Mintzberg, 1990), 딜(William R. Dill, 1964), 호이와 미스켈(W. K. Hoy & C. G. Miskel, 1991) 등의 의사결정의 과정에 대해서 살펴보기로 한다.

① **사이몬**(H. A. Simon, 1960)**은 의사결정의 과정을 3단계**로 보았다. ⅰ) 결정을 요하는 상황을 확인하기 위해 환경을 조사하는 정보활동(intelligence activity), ⅱ) 가능성 있는 행동의 방향을 발견 및 개발하여 분석하는 기획활동(design activity), ⅲ) 여러 행동 노선 중에서 활용 가능한 것을 실제로 하나 고르는 선택활동(choice activity) 등이 있다.

② **그리피스**(D. E. Griffiths, 1959)**는 의사결정의 과정을 6단계**로 보았다. ⅰ) 문제를 인식하고 정의하며 한정한다. ii) 문제를 분석하고 평가한다. iii) 해결책이 수락할 만하고 필요에 적절한지의 여부를 평가하거나 판단할 기준 또는 표준을 설정한다. vi) 자료를 수집한다. v) 우선권이 있는 대안을 만들어서 선택하여 미리 검토한다. vi) 해결책을 실행한다. 즉 해결책의 세부계획을 수립하고 세부활동을 통제하며 결과와 과정을 평가한다.

③ **드러커**(Peter F. Drucker, 1993)**는 의사결정과정**이 문제의 정의, 문제의 분석, 문제에 대한 대안적 해결방안들의 개발, 최선의 해결방안 선택, 의사결정을 효과적인 행동으로 전환, 결과들에 대한 감시(monitor)와 평가라는 6단계로 구분된다고 주장한다.

④ **민쯔버그**(H. Mintzberg)는 의사결정과정을 간단히 문제 정의, 개발, 선택의 3단계로 보았다(Fred Luthans, 1995). ⅰ) 1단계(문제 정의단계)는 문제를 인지하고 진단한다. ⅱ) 2단계(개발단계)는 대안을 탐색하고 구성 및 설계를 하는 단계이다. 그리고 ⅲ) 3단계(선택단계)는 대안 가운데서 판단하고 선택한다. 이를 도표로 나타내면 [그림 2-3]과 같다.

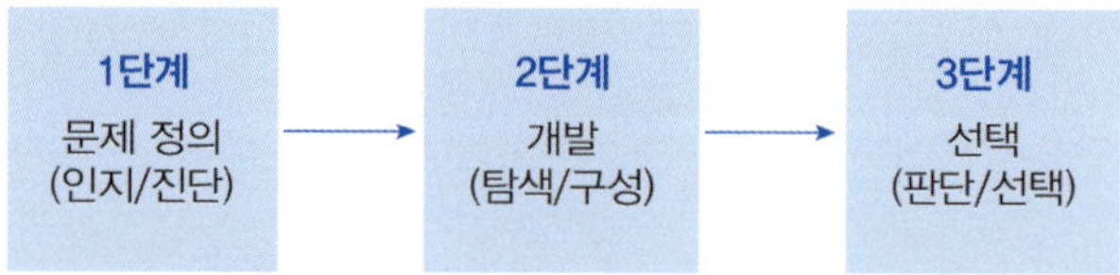

[그림 2-3] H. Mintzberg의 의사결정과정의 모형

출처: Luthans, Fred(1995). *Organizational Behavior*. 7th ed. Singapore: McGraw-Hill International Editions, p. 441.

⑤ **딜**(William R. Dill, 1964)**은 의사결정과정**으로 i) 의제의 작성단계(agenda building), ii) 탐색단계(search phase), iii) 관여단계(commitment phase), iv) 실행단계(implementation), v) 평가단계(evaluation phase)를 제시했다.

⑥ **호이와 미스켈**(W. K. Hoy & C. G. Miskel, 1991)**은 리치필드**(Litchfield, 1956)**와 사이몬**(H. A. Simon, 1957)**의 연구논문에서 의사결정에 대한 다음과 같은 기본 가정**을 이끌어냈다. i) 의사결정과정은 문제의 확인과 진단, 그 문제를 해결하기 위한 계획의 수립과 시행, 그리고 성공의 평가를 포함하는 일련의 순환적 과정이다. ii) 행정은 조직 내의 개인이나 집단에 의해 행해진 의사결정의 구체적인 수행이다. iii) 의사결정에 있어서 완전한 합리성은 사실상 불가능하다. 즉 행정가들은 사실상 의사결정과정을 극대화할 수 있는 지식, 능력, 역량을 가지고 있지 않기 때문에 만족화를 추구한다. iv) 행정의 기본적인 기능은 하급자들이 개인적인 관점과 조직적인 관점에서 합리적인 행동을 할 수 있도록 의사결정의 내적 환경을 조성해 주는 것이다. v) 의사결정과정은 모든 주요한 행정기능과 과업에서 나타나는 일반적인 행동양식이다. vi) 의사결정과정은 사실상 대부분의 복잡한 조직 속에서 유사한 형태로 나타난다.

호이와 미스켈(W. K. Hoy & C. G. Miskel, 1991)**은 이와 같은 6개의 가정에 근거하여 의사결정의 만족화 모형을 5단계의 순환과정**으로 [그림 2-4]와 같이 제시했다.

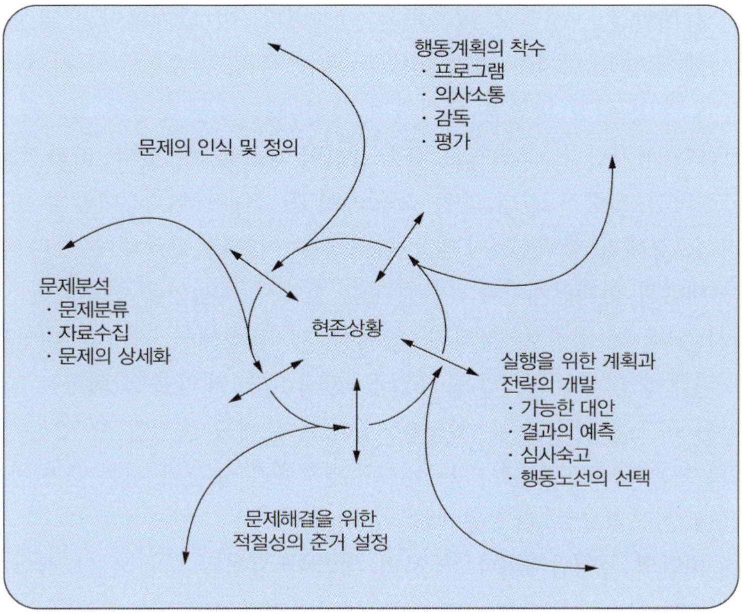

[그림 2-4] 의사결정과정의 순환모형

출처: Hoy, W. K., & Miskel, C. G.(1991). *Educational Administration: Theory, Research and Practice*. 4rd ed. New York: Random House, p. 306.

① **1단계는 문제의 인식단계이다.** 의사결정을 하려면 의사결정자는 결정대상의 문제에 대한 내용과 성질을 명백히 인식해야 한다. 그러므로 그 문제 분야에 대한 지식이 필요하게 된다. 그러나 문제의 인식은 객관적인 사건이 발생하였다고 곧 의사결정자에 의하여 인식되는 것은 아니며, 사건의 중요성·명확성 이외에도 의사결정자의 인성, 사회적 배경과 경험, 가치관 등에 따라 문제의 인식 여부, 인지의 속도 등도 달라진다.

② **2단계는 자료의 수집과 분석단계이다.** 문제를 인식하고 그것에 대한 대책을 강구하려면 우선 자료·정보·지식을 수집하여 과학적으로 분석해야 한다. 자료를 수집하는 데는 공식적인 통로뿐만 아니라 비공식적 통로 등을 이용해서 관련된 자료를 모두 수집해야 한다. 물론 자료의 정확성과 신빙성이 전제되어야 한다. 오늘날에는 정보처리체제(MIS: Management Information System)나 전산자료 처리체제(EDPS: Electronic Data Processing System) 등을 활용하여 정보를 수집하고 분석함으로써 신속성과 정확성을 기할 수 있고 능률적이며 자료 전체의 관리통제를 용이하게 할 수 있다.

③ **3단계는 대안의 작성 및 평가단계이다.** 수집·분석된 자료에 입각한 문제에 대한

해결책 및 대안을 작성하고 평가하는 단계이다. 이 단계에서는 달성하고자 하는 목표달성에 영향을 미치는 여러 변인과 그 관계 및 상호작용의 결과를 예측·평가해야 한다. 우선 각종 대안을 모색하여 작성하고 이들 대안의 결과를 미래 상황에서 추정하여 평가한다. 그러므로 불확실성이 내포될 수 있다. 따라서 관련된 변인 등을 고려하여 계량적 기법 등을 사용하여 평가해야 한다. 대안의 평가에는 교육적 합리성, 경제적 합리성, 사회적 합리성을 아울러 고려해야 한다.

④ **4단계는 대안의 선택단계이다.** 여러 대안 중에서 최선안을 선택하는 단계이다. 전 단계에서 교육적·정치적·사회적·경제적 제 관점에서 평가된 대안들 가운데서 현재나 미래에 최선일 수 있는 대안을 선택한다. 대안을 선택하는 데는 그 대안이 설정된 목표를 달성할 수 있으며, 실제로 문제를 해결할 수 있는가, 실천 가능성이 있는가, 그리고 장점보다는 더 큰 부작용은 없는가 하는 측면에서 재검토를 한 다음에 최종적으로 결정을 내려야 한다.

⑤ **5단계는 대안의 실행단계이다.** 최선의 대안이 선택된 다음에 그 대안을 실행하는 단계이다. 일반적으로 제4단계까지를 의사결정과정으로 고려하나 넓은 개념으로는 대안의 실행까지 포함한다. 대안의 실행에는 먼저 활동계획(programming)을 작성하고, 그 집행을 관리(control)하며 결과를 평가(evaluation)하는 것이 포함된다. 활동계획은 대안이 요구하는 것을 행하기 위한 세부방침을 작성하고, 이것을 실행하기 위한 기구나 이용하는 절차를 설정하는 것을 말한다. 관리란 계획에 일치되게 대안이 이행될 수 있도록 보장하는 절차이다. 평가란 실시된 대안이 얼마만큼 의도한 대로 실현되었는가를 알아봄으로써 각 단계에 피드백(feedback)하고 다음의 의사결정을 하는 자료로 삼는 데 공헌하는 단계이다.

3) 의사결정의 이론의 모형

의사결정의 모형은 학자에 따라 다양하게 분류하고 있다. 일반적으로 규범적·이상적 접근(합리적 모형, 최적화 모형), 현실적·실증적 접근(만족화 모형, 점증적 모형), 혼합적 모형(혼합관조적 모형) 등으로 분류하고 있다.

① **규범적·이상적 모형**은 의사결정에 고도의 합리성을 주장하는 이론으로써 합리적인 결정을 하기 위하여 수학적·계량적 분석이나 논리적 추리에 의하여 합리성을 확보하려는 접근법이다. 그리고 ② **현실적·실증적 접근**은 의도적 혹은 제약된 합리성에서 현실을 인정하고, 비합리성의 개연성을 인정하며, 행동과학적, 정치적, 사회적 합리성을 수용하고 의사결정을 하자는 접근법이다. 또한

③ 혼합적 접근법은 규범적·이상적 접근과 현실적·실증적 접근을 혼합한 형태이다.

여기에서는 가장 보편적인 합리성의 제약이라는 측면에서 합리모형, 만족모형, 점증모형, 혼합모형(만족모형 + 점증모형), 쓰레기통모형 등으로 분류하여 설명하고자 한다(한국교육행정학회, 1995; 박성식, 1998; 박병량 · 주철안, 1999; 이군현, 1999; 이상기 · 옥장흠, 2000).

(1) 합리모형

합리모형(rational model)은 규범적·이상적 방법으로 인간의 전능성을 전제로 인간은 이성과 타산에 의해 결정한다는 합리적 결정이론으로서, 인간은 필요한 모든 지식과 정보를 동원할 수 있다는 것이다. 이 모형은 경제학 혹은 경영학에서 다루어지며, 선형계획(linear programming), 운영조사(operation research), 게임이론(game theory), 비용-편익 분석(cost-benefit analysis) 등이 여기에 속한다.

합리모형의 결정과정은 문제해결과정과 같은 절차를 밟게 된다. 즉 ① 목표설정, ② 자료수집, ③ 자료 분석 및 종합, ④ 다양한 대안 제시, ⑤ 각 대안에 대한 평가, ⑥ 최적 대안선택의 절차를 따라 결정이 이루어진다면 완전히 객관적이며 합리적인 선택이 이루어진다고 본다. 곧 목표를 달성하기 위한 최적 대안의 선정을 위한 분석과정이 모든 요소들을 고려하고 있는 종합성을 띠고 있으며, 전 단계를 전제로 다음 단계가 전개되며 분석방법으로는 계량적 방법이 동원된다.

하지만 결정에는 비합리성도 크게 작용하고 있는데, 곧 합리성의 제약으로 인하여 현실과는 다르다. 아울러 정책결정에서 활용될 수 있는 단순한 기법들만 생각했을 뿐, 인간의 복잡한 심리적 요소 등은 고려하지 않고 이론의 전개에만 노력하다 보니 현실에 대한 설명보다는 논리적인 당위성만을 강조하게 되었다. 이러한 문제점에도 불구하고 정책 결정상황에서 가장 먼저 고려되는 것이 이 모형이라고 할 수 있고, 합리모형의 제약성으로 인하여 후술하는 모형들이 제시되기에 이르렀다.

결국 이 모형은 의사결정자가 가지고 있지 않은 정보처리능력, 합리성, 지식을 가정하고 있기 때문에 행정가들의 의사결정 실제에 크게 도움이 되지 않는다.

(2) 만족모형

만족모형(satisfying model)**은 제한적 합리화의 모형이라고 한다.** 이를 최초로 소개한 학자는 사이몬(H. A. Simon, 1960)이다. 이 모형은 행동과학적 접근으로 의사결정자의 사회적 및 심리적 측면을 중요시하는 현실적인 것이다. 사이몬은 의사결정의 객관적 상황보다는 오히려 주관적인 입장에 서서 의사결정자가 어떻게 행동하는가를 중요시한다. 다시 말하면, 실증적으로 조사된 의사결정자의 비합리성을 반영하고 있다. 이것은 우리의 현실을 상당히 잘 반영하고 있다.

인간은 완전히 합리적인 결정을 할 수 없다. 곧 인간은 몇 개의 대안을 알고 있으며 대안의 선택결과에 대해서도 일부만 예상할 수 있다. 아울러 대안의 평가 기준도 불명확하다. 따라서 현실의 인간은 이러한 능력의 한계로 말미암아 최적의 대안을 선택할 수 없다고 가정한다. 그리고 현실에서는 모든 대안을 탐색할 시간이 주어져 있지 않기 때문에 최적의 선택을 항상 이룰 수는 없다. 즉 현실적인 여러 제약 때문에 만족스러운 수준을 정해 두고 대안을 탐색해 가면서 어떤 대안이 이 수준을 넘을 때 그 대안을 선택하고 탐색을 멈추는 방법을 많이 사용한다. 이 모형을 만족모형이라고 부르는 이유도 여기에 있다.

그리고 **만족모형의 문제점은 다음과 같다.** ① 대안의 탐색에 있어서 대안의 선택문제이다. 실제로 실제 가능하며 효율적으로 보이는 대안이 얼마든지 있을 수 있다. 그러나 실제로는 한 가지 대안을 선택하여야 하는데, 이 경우 비슷하게 보이는 대안들 중 가장 효율적인 것이 어떤 것인가를 선택하는 문제는 그리 쉬운 것이 아니며, 더군다나 만족모형에서처럼 나열된 대안의 생성에서는 그것이 상당한 어려움을 줄 수도 있다. ② 문제가 복합적이며 여러 단계에 걸쳐 있어서 대안의 영향이 매우 오래 간다면 행정가는 당연히 그 중 가장 부작용이 적은 대안들을 선택하여야 하겠지만 각 단계의 대안은 많이 있고 그것들의 조합은 매우 많아지므로 선택에 어려움이 따르고 비능률적일 수도 있다. ③ 만족의 정도에 대한 한계영역의 설정 문제이다. 한계영역의 설정은 한계영역의 정당성이 어떻게 할 수 있는가 하는 점과 설령 적절한 수준의 한계가 설정되었으나 한계 수준 밖의 영역이 크게 영향을 미칠 수 있다는 점에서 두 가지 난점이 있다(이상기 · 옥장흠, 2000).

(3) 점증모형

점증모형(incremental model)**은 현실적·정치적 방법으로 린드블롬**(Chales E. Lindblom, 1965), **윌다브스키**(Aaron Wildavsky, 1966) **등에 의해서 제시되었다.** 이 모형에서 선택되는 대안은 기존의 정책이나 결정을 점진적으로 수정해 나가는 것이므로 의사결정의 과정에서 대안의 선택과 분석의 범위가 큰 제약을 받는다. 여기에서 의사결정은 계속적으로 일어나는 한정된 비교(limited comparison)이며 부분적인 상호조절 현상(partial mutual adjustment)이므로, 점진적으로 조금씩 변화하며 나타나는 것이지 갑자기 비약적으로 이루어지는 것이 아니다. 따라서 의사결정은 바람직한 목적에 대한 접근이지 목적의 달성은 아니다. 린드블롬(1965)은 이 모형을 '요행히 헤쳐 나가는 모형(the science of muddling through)'이라고 한다.

특히 학교행정에서 많은 문제를 다루는 데 만족화 전략을 사용해도 무리는 없지만 때때로 어떤 상황에서는 점증적 전략이 요구된다. 만일 일련의 적합한 대안들을 정의할 수 없고 특정 대안의 결과를 예측할 수 없다면 만족화 전략을 활용하기가 어렵게 된다. 이러한 경우에는 기존의 상황과 다소 다른 대안을 검토할 수 있다. 점증적인 모형을 점증적인 작은 변화는 조직에 예상치 못한 부정적인 결과를 가져오지 않을 것이라는 점을 가정한다. 점증적 모형은 일반적으로 문제가 복잡하고 불확실하며 갈등이 높을 때 활용될 수 있는 접근법이다. 점증적 모형에 따른 의사결정은 대안의 결과에 대한 철저한 분석을 필요로 하지 않는다. 그 대신에 기존 상황과 유사한 소수의 대안을 각각의 결과와 계속해서 비교함으로써 의사결정자들은 행동방안을 결정한다. 구체적으로 **점증모형의 특징을 다음과 같이 제시하면 다음과 같다**(Chales E. Lindblom, 1965).

① 의사결정자는 모든 대안을 전체적으로 검토하고 평가하기보다는 다소 향상된 정책에만 관심을 표명한다. ② 의사결정자는 비교적 한정된 수의 대안만을 평가한다. ③ 각 대안에 대해서도 한정된 수의 중요한 결과만을 평가한다. ④ 의사결정자는 현실의 당면한 문제를 끊임없이 재정의하고 변화시킨다. ⑤ 옳은 해결안이 나오지 않으면 계속적인 분석 및 평가를 통하여 당면한 문제를 검토한다.

결국 점증모형은 의사결정에 항상 조직의 기본적인 목표와 일치되는 대안만을 구상하는 것이 아니라 현행 대안과 크게 다르지 않은 대안만을 검토하며, 더욱이 극히 소수의 대안만을 검토하여 현실을 긍정하고, 이것보다 다소 향상된 대안에 만족하여 결정하는 것을 말한다. 곧 기존의 결정보다 약간 개선된 대안을 택하는 것이다. 이러한 점증모형은 경제적 합리성뿐만 아니라 정치적 합리성도 고려하여 결정된다. 이 모형은 의지성이 결핍되어 보수주의에 빠지기 쉽고, 기본적인 쇄신과 혁신을 설명하기가 곤란하다는 평을 받고 있다.

(4) 혼합모형

점증모형은 널리 사용되고 있지만 보수적인 특성을 지니고 목표가 불분명하다는 제약점이 있다. 행정가들은 일반적으로 시간적 제약 아래서 부분적인 정보를 가지고 의사결정을 내린다. 복잡하고 불확실한 상황에 실용적으로 접근해 가는 의사결정 방식은 혼합모형이다. 혼합모형은 모든 정보를 조사함으로써 어려움에 직면하거나 정보가 거의 없이 맹목적으로 결정하는 문제를 피하고 만족할 만한 결정을 내리기 위해 부분적인 정보를 사용한다. 혼합모형은 광범한 영역의 사실들을 일반적으로 검토하여 선택한 후에 초점을 맞추어 부분적인 사실들을 세밀하게 분석하여 선택한다. 고위수준의 기본적인 결정과 하위단계의 실제적으로 처리하는 결정이 결합된다. **혼합모형은 행정가모형의 합리성과 점증모형의 실용성을 결합하였다**(A. Etzioni, 1989).

대안을 구분하기가 어렵고 결과의 예측이 어려운 경우 행정가들은 대개 점증주의적으로 처리해 나간다. 점증적 의사결정은 한시적이거나 치료적이며, 현 상황으로부터 멀리 벗어나지 않는다. 하지만 이러한 의사결정은 종종 보수적이며 방향감이 없다. 의사결정자가 기본적인 정책에 의해 이와 같은 점증적 결정을 평가하지 않는다면 조직은 표류할 수 있다. 혼합모형은 효과적인 의사의 진료방식과 유사하다. 점증주의자들과 달리 의사들은 관심의 초점을 두어야 할 부분과 그들이 해야 할 임무를 인식한다. 또한 최적화를 추구하는 의사결정자와는 달리 의사들은 초기 증상에 대한 모든 자료를 요구하지도 않는다. 의사들은 환자의 증상을 조사하고, 문제를 분석하여 대증적 치료(對症的 治療)를 시작한다.

혼합모형은 다음과 같은 특징을 지니고 있다(A. Etzioni, 1989). ① 초점을 맞추어 시행착오의 과정을 거친다. 부분적인 정보에 기초하여 결정을 내리고 추후에 새로운 자료에 의하여 수정된다. ② 가설적이며 신중하게 추진한다. 필요에 따라 방안을 수정한다. ③ 불확실할 때 더 많은 정보를 수집하고 분석하기 위해 연기한다. ④ 의사결정의 각 단계에서 결과에 대해 평가한다. ⑤ 불확실할 때 결정들을 분산시킨다. 결과가 만족스러울 때까지 자원을 부분적으로 활용한다. ⑥ 여러 경우의 수를 고려한다. 각 대안이 만족할 만한 결과를 가지고 있을 때 여러 대안들을 실행한다. ⑦ 특정한 대안을 지나치게 따르는 것을 피한다.

(5) 쓰레기통모형

코헨과 매치(M. D. Cohen & J. G. March, 1974)는 42개 미국대학 총장의 역할에 관한 연구에서 대학은 그들이 명명한 조직화된 무정부(organized anarchy) 조직 군에 속한다고 제의하였다. 코헨과 매치(M. D. Cohen & J. G. March)는 문제스러운 목적, 불분명한 기술 그리고 유동적 참여가 조직화된 무정부조직의 중요한 속성이라고 주장하였다. 코헨과 매치(M. D. Cohen & J. G. March)는 무정부 상태의 조직 속에서 일어나는 의사결정과정을 다음과 같이 기술함으로써, 의사결정에 관한 이전의 많은 기술들은 실제로 발생하고 있는 것을 왜곡하지 않았다면 심각하게 단순화시켰다는 것을 명백히 하고 있다.

“조직의 참여자들은 의사결정을 하는 과정에서 그들이 과거에 했던 일과 현재하고 있는 일에 대한 해석을 통해 의사결정 절차들을 설정한다. 이와 같은 관점에서 볼 때, 조직은 문제해결을 위한 선택대안들, 그들이 추론하는 결정상황을 해결하기 위한 문제와 감정, 그들이 해결해야 할 문제에 대한 해결방안들 그리고 해결을 모색하는 의사결정자들의 집합체이다(M. D. Cohen & J. G. March, 1974).”

이와 같은 상황들은 의사결정에 대한 어떠한 합리적 관점에서도 쉽게 적합하지는 않다. 왜냐하면 목적과 기술과 참여가 모호한 상황에서의 의사결정은 고도로 상황 의존적이기 때문이다(Suanne E. Estler, 1988). 조직화된 무정부조직에서는 의사결정을 오로지 목적달성을 초점을 둔 기법이라기보다는 결정의 산출물과는 관련이 없는 많은 효과를 가지고 있는 하나의 과정으로 본다. 따라서 이 관점은 과정 자체의 중요성에 초점을 두면서 이완결합과 심지어 목적과 수단 간의 전치현상을 인정함으로써 목적에 근거한 의사결정의 합리적 가정들을 초월한다(Suanne E. Estler, 1988).

이러한 일반적인 생각들이 목적과 기술, 참여가 모호한 조건하에서 의사결정을 기술하기 위한 상황적 선택모형인 쓰레기통모형(garbage-can model)의 배경을 구성한다(M. D. Cohen & J. G. March, 1974). 이 모형은 교육조직에서의 의사결정에 특별히 초점을 두고 있다. 이 모형은 의사결정에 대한 합리적 접근방법의 요소들로 잘 알려진 표준운용 절차, 참여자, 목적과 같은 많은 요소들을 포함하고 있다. 그러나 이 모형은 의사결정이 목적을 달성하기 위한 하나의 과정이라는 가정에서 의사결정은 종종 조직산출물 또는 개인의 의도와는 단지 느슨하게 결합된 하나의 과정이라는 가정으로 개념적 도약을 함으로써 그와 같은 요소들을 다른 방법으로 결합한다(Suanne E. Estler, 1988).

쓰레기통모형의 구성요소는 상대적으로 서로 독립적인 문제, 해결책, 참여자 및 선택기회 등 네 가지이다. 이러한 요소들이 서로 다른 시간에 통(can) 안에 들어와서 우연히 동시에 한데 모일 때 비로소 결정이 이루어진다. 이들 네 가지 구성요소들의 특징은 다음과 같다(M. D. Cohen & J. G. March, 1974).

① **문제**(problem)**이다.** 문제는 조직 내·외에 있는 사람들의 관심을 의미하는 것으로서, 일상생활에서 발견되는 사람들의 관심을 끄는 무수한 사건들(예: 가정문제, 대인관계 갈등, 경력과 지위 등)이 쓰레기통모형에서의 문제들이다.

② **해결책**(solution)**이다.** 해결책은 어떤 사람의 산출물 또는 대답을 의미하는 것으로서, 문제가 발생할 경우에 그 해결을 위한 해답을 필요로 하게 되지만, 현실사회에서는 해답이 먼저 발견되고 이것이 오히려 해결해야 할 문제를 찾으려고 하는 경우도 있다.

③ **참여자**(participants)**이다.** 참여자는 조직의 구조, 규범, 이해관계 및 의무에 의해 참여의 권리를 인정받아 상충되는 요구들을 가지고 결정하는 장소에 들어오고 나가는 사람을 의미한다. 참여자는 문제발생에서부터 특정한 결정이 내려질 때까지 계속적으로 참여하는 것이 아니라, 자신의 시간 사정이나 관심 그리고 문제의 성격에 따라 참여하므로 결정의 전 과정을 통해 유동적이다.

④ **선택기회**(choice opportunities)**이다.** 선택기회는 조직이 결정을 하도록 기대되는 때를 의미한다. 선택기회들은 상충하는 선택기회들 중에서 이용 가능성, 현존성 그리고 매력에 따라 이용 가능한 문제, 해결책 그리고 참여자를 끌어들이는 은유적인 쓰레기통을 의미한다.

따라서 이 모형에 의하면, 의사결정은 상대적으로 독립적인 네 가지 요소들이 특정 시점에 한 곳에서 우연히 만나게 될 때 이루어진다. 쓰레기통모형은 목표가 불분명하고 불확실한 기술과 유동적 참여를 특징으로 하는 조직화된 무정부상태의 조직에서 일어나고 있는 의사결정과정을 설명하는 모형이다. 조직화된 무정부 상태에서는 합리적인 의사결정과정이 존재하지 않는다. 오히려 참여자, 해결책 그리고 문제들이 혼란스러운 조직구조 속에서 서로 뒤엉켜져 있으며 때로는 거의 우연적인 사건에 의해 결합되는 의사결정의 쓰레기통 과정이 만연되어 있다. 따라서 의사결정은 문제와 해결책과 의사결정자가 혼합되어 이루어지거나 연기된다.

쓰레기통모형은 여러 가지 측면에서 의외로 강력한 설득력을 가지고 있다. 이 관점은 전통적인 모형들이 설명하지 않고 남겨두었던 의사결정과정의 실체(reality)에 초점을 둠으로써 목적 지향적 행동의 가정들을 극복하도록 만들었다. 특히 이 관점은 비합리적인 의사결정 행위에 강조점을 두고 있다는 점에서 전통적인 모형과는 구별된다(박성식, 1998).

4) 의사결정과정의 영향요인

의사결정을 할 때 창의성이 영향을 주며, 개인·집단·조직에 진보와 혁신이 일어나는 것을 알 수 있다. 의사결정 오류의 주요 원인은 성급하게 의사결정을 하거나 규칙 혹은 주먹구구식, 무의미한 행동 뒤에 금전을 바라는 인간의 경향 등을 지적할 수 있다.

창의성은 새롭고 유용한 아이디어를 내는 의사결정과정이며, 생각하는 방법이 새로워서 개인과 집단, 조직의 복지에 기여를 하는 것을 의미한다. 조직에서는 창의성이 발휘됨으로써 혁신이 일어난다. 개인과 집단의 의사결정에 창의적인 생각이 작용하는 경우에는 발생한 문제에 새롭고 유용한 대처를 할 수 있게 된다. 창의적인 생각이 성공적으로 수행되는 경우에는 우수한 진보와 혁신이 일어난다(W. Taylor, 1990; Joseph A. Anderson, 1992; W. Kiechel, 1993).

의사결정자의 개인적 특성은 개인적인 차이, 업무와 관련된 지식, 내재적인 동기 등을 들을 수 있다. 이러한 개인적인 특성은 개별적인 의사결정이나 집단의사결정에서 창의력을 발휘하는 데 도움을 준다. 창의성은 이러한 요소가 상호작용을 할 때 가능하다.

여기서는 우선 의사결정자의 특성을 살펴본 후에 창의성에 대해서 고찰하기로 한다.

첫째, 의사결정자의 특성으로

① **개인적인 차이이다.** 행정가가 의사결정을 수행하는 데에 영향을 주는 요인들은 자발적 경험 추구성, 통제력, 자아 존중감, 개성, 지능, 수 개념 등을 들 수 있다.

i) **자발적 경험 추구성**: 다양한 자극에 대한 개방성, 신속한 변화와 혁신 요구, 위험을 감수하는 태도, 새로운 아이디어나 방법의 개발, 아이디어의 제안 등을 들을 수 있다.

ii) **내재적인 통제력과 외재적인 통제력**: 내재적 통제력을 갖는 지도자는 자신의 행동이 장래에 발생하는 결과에 많은 영향을 미친다고 고려하는 의사결정자이며, 외재적인 통제력을 갖는 지도자는 외부의 힘이 장래에 발생하는 결과에 영향을 미친다고 생각을 하는 의사결정자이다.

iii) **자아 존중심**: 자아 존중심이 강한 의사결정자는 창조적인 생각을 할 수 있는 자신감이 있다.

iv) **개성**: 다른 조직구성원과 구별이 되는 개성이 있는 의사결정자는 창의력을 발휘하는 가능성이 많다.

v) **지능**: 사건 간의 관계를 보고 다른 관점으로 생각을 할 수 있게 하는 능력으로서 새로운 아이디어를 창출하게 한다.

vi) **수 능력**: 제조과정의 다양한 변화를 고려하여 비용의 문제를 정확하게 해결할 수 있다.

② **업무와 관련된 지식이다.** 의사결정자는 의사결정에 필요한 모든 정보, 기술, 전문적인 지식을 포함하는 지식을 모두 알아야 한다. 교육행정가에게 업무와 관련된 지식이 없으면 새로운 교육프로그램의 개발, 성공적인 운영, 평가 등을 할 수가 없다. 창조적인 사고를 하려면, 교육행정가는 교육프로그램에 관한 지식이 있어야 하고, 운영에 필요한 비용의 산정 및 교육프로그램을 평가할 수 있어야 한다.

③ **내재적인 동기이다.** 동기는 내재적인 동기와 외재적인 동기로 구분할 수 있다. 내재적인 동기가 있는 의사결정자는 일 자체를 사랑하고 창조적인 아이디어가 생각나거나 직무를 원활하게 수행했을 때 만족을 느낀다. 외재적인 의사결정자는 승

진이나 보너스 등에 의하여 만족을 느낀다. 내재적인 동기를 갖는 조직구성원은 외재적인 동기를 갖는 조직구성원에 비하여 창의성을 발휘하는 빈도가 많다.

둘째, 창의성에 영향을 주는 상황적인 특성은 자율성의 수준, 평가의 형식, 보상의 체계 및 결정의 중요성 등을 들고 있다.

① **자율성의 수준**: 창의성은 의사결정을 하는 자유 혹은 자립을 의미한다. 내재적으로 동기가 부여되면 창의성이 높아지고, 자율성이 높으면 창의력이 좋아진다. 창의성의 연구에 참여한 과학자의 70% 이상이 자율성은 조직의 창의성을 높이는 중요한 요소라고 하였다.

② **평가의 형식**: 창의적인 조직구성원과 의사결정자들은 자신이 일을 하고, 환류를 받고, 격려를 받고 싶어 한다. 평가적인 환류와 비판은 의사결정자들이 모험을 격려하도록 하기 때문에 창의성을 발휘하는 것을 방해한다.

③ **보상의 체계**: 조직구성원들은 보상을 받고 싶어 한다. 창의성을 발휘하도록 하려면 조직의 보상체계가 창의적인 직무수행에 대한 보상을 해주고 인정을 하는 체제가 마련되어 있어야 하고, 보너스와 승진 등의 보상이 있어야 한다. 보상이 행동을 통제하여서는 되지 않으며, 창의적인 아이디어는 성공하지 않는 경우에는 처벌되지 않아야 조직구성원들이 창의적인 모험을 하게 한다.

④ **결정의 중요성**: 교육행정가는 조직구성원 모두는 내재적으로 동기가 부여될 때 열심히 작업을 수행할 수 있으며, 창의성도 높아진다. 창의성을 발휘하기 위한 단계는 i) 문제 인식의 단계, ii) 정보수집 및 잠재적인 반응 고려 단계, iii) 창의적인 생각의 단계, iv) 창의적인 생각의 선택단계, v) 아이디어 실행의 단계로 구분된다(박정애·박수연, 2000).

제3절 조직행위이론

여기에서는 매슬로우(Maslow)의 욕구계층이론, 아지리스(Argyris)의 미성숙-성숙이론, 맥그리거(McGregor) X-Y이론, 허즈버그(Herzberg) 동기-위생이론 등에 관해서 고찰하기로 한다.

1. 매슬로우의 욕구계층이론

조직을 구성하는 개인의 동기부여와 리더십에 관한 이론의 전개에 있어 개인이 가지고 있는 욕구의 내용을 조직이론으로 전개한 학자가 매슬로우이다. 1950년대 이후 행동과학적 접근이 시도되면서부터 인간은 자기 자신의 자질이나 역량 등을 생산적으로 활용하려는 욕구를 지닌 존재라고 가정하고, 이러한 내재적인 욕구가 이들의 동기부여의 수단이라고 주장한 자기실현적 인간관이 나타났다. 인본주의 심리학의 아버지라고 할 수 있는 매슬로우는 동기를 이해하는 데 유용하다고 판명된 인간의 욕구계층이론으로 발전시켰다. 매슬로우는 저서 『동기부여와 인성(Motivation and Personality)』과 『우정신적 관리(Eupsychian Management)』를 각각 출간함으로써 인간의 동기를 이해하는 데 긴요한 욕구계층을 제시했다.

욕구계층이론의 기본 전제는 다음과 같다. ① 인간은 항상 무엇인가를 필요로 하는 존재다. 인간은 충족되지 못한 어떤 욕구를 충족시키기 위해서 동기가 유발된다. ② 인간의 욕구는 다섯 가지 계층을 이루는데, 생리적 욕구, 안전의 욕구, 사회적 욕구, 존경의 욕구, 자아실현 욕구의 순서대로 충족된다. ③ 일단 충족된 욕구는 약해져 동기유발 요인으로서 작용하지 않고, 그 다음의 욕구가 지배적인 동기요인으로 부각한다. ④ 인간은 궁극적으로 자아를 실현하는 존재이다.

매슬로우(Maslow, 1970)**가 제시한 욕구의 5단계**는 다음과 같다.

① **1수준의 욕구: 생리적 욕구**(physiological needs)

1수준의 욕구는 인간의 가장 기본적인 욕구로 음식, 물, 공기, 의복, 거처, 수면, 성 등과 같은 생리적 욕구이다. 이 욕구는 동기의 최초 시발점이며 모든 욕구 가운데 가장 강력하다. 이 욕구가 충족되기 전에는 어떠한 더 높은 수준의 욕구도 인간을 동기부여시킬 수 없다. 생리적 욕구는 가장 강하게 인간의 활동을 지배하지만 일단 이 욕구가 충족되면 인간은 이보다 더 높은 수준의 욕구의 지배를 받게 된다.

② **2수준의 욕구: 안전의 욕구**(safety needs)

1수준의 생리적 욕구가 충족되면 2수준의 욕구인 안전의 욕구가 나타난다. 안전의 욕구는 위험과 위협으로부터의 보호, 불안과 공포로부터의 자유와 같은 정서적·육체적인 안전을 요구하는 것들이다. 2수준의 욕구인 안전의 욕구가 충족되면 다음 수준의 욕구를 추구하게 된다.

③ 3수준의 욕구: 사회적 욕구(social needs)

3수준의 욕구를 소속감과 애정의 욕구라고도 한다. 일단 생리적 욕구와 안전의 욕구가 어느 정도 충족되면 3수준의 욕구인 소속감과 애정의 욕구가 지배적인 것으로 나타나게 된다. 인간은 집단에 소속되고 싶고 동료들과 만족스러운 관계를 갖기를 좋아하고, 우정과 애정을 서로 나누고 함께 지내기를 좋아한다. 이와 같은 대인관계는 우정을 확인하는 것뿐만 아니라 같은 신념을 가진 사람들끼리 서로를 인정하는 면이 더욱 강렬하게 작용된다. 사회적 욕구가 어느 정도 충족되면 다음 수준의 욕구를 찾게 된다.

④ 4수준의 욕구: 존경의 욕구(esteem needs)

3수준의 욕구가 어느 정도 충족되면 4수준의 욕구인 존경의 욕구가 지배적이 된다. 존경의 욕구는 타인으로부터 자신을 높게 평가받고, 자신을 존중하며 자존심을 지니고 다른 사람으로부터 존경받기를 바라는 욕구이다. 존경의 욕구에는 위신(prestige)이나 명성 그리고 권력이나 지배력이 포함되어 있다. 자신의 위신이나 명성, 권력 또는 지배력이 타인에 대한 자신의 신분, 지위, 능력, 자신감, 인정감, 존엄성 등을 표시하는 지표가 될 수도 있다. 존경의 욕구가 어느 정도 충족되면 자아실현적 욕구가 지배적이 된다.

⑤ 5수준의 욕구: 자아실현의 욕구(self-actualization needs)

4수준의 존경의 욕구가 어느 정도 충족되면 5수준의 욕구인 자아실현적 욕구가 강력하게 나타난다. 이 욕구는 자기완성에 대한 욕구이며 실제로 잠재력을 발휘하여 최선의 존재가 되려는 욕구이다. 이 욕구에는 능력(competence)과 성취(achievement)가 포함된다.

매슬로우는 생리적 욕구, 안정의 욕구, 소속감과 애정의 욕구 그리고 존경의 욕구는 무엇인가가 결핍되어 있기 때문에 느끼는 욕구로 여겨 결핍욕구(deficiency needs)로, 자기실현의 욕구는 보다 더 성장하려는 욕구로 보아 성장욕구(growth needs)로 구분하였다.

매슬로우의 욕구계층은 **[그림 2-5]**와 같다.

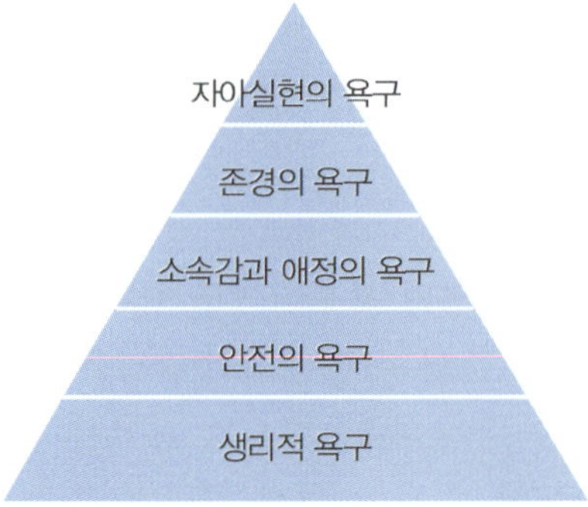

[그림 2-5] 매슬로우의 욕구계층

2. 미성숙-성숙이론

아지리스(C. Argyris, 1957)는 인간의 성장과정을 유아특성에서부터 성인특성 단계로 이어지는 연속과정으로 파악하고, 그 시발이 되는 유아적 성향과 종착점인 성인성향을 각각 네 가지로 지적하며, **[그림 2-6]**과 같이 나타냈다.

유아성향(미성숙)	성인성향(성숙)
• 수동적 행동	• 능동적 행동
• 부모 또는 다른 어른에 의존하고 복종함(의존성)	• 자신과 인접한 세계와 비교적 독립성, 자율성을 견지함
• 거의 무능함	• 여러 가지 능력이 개발됨
• 피상적이고 얕은 능력만 지님	• 몇 가지 깊은 능력을 개발하게 됨
• 매우 가까운 미래만 전망	• 먼 장래를 내다볼 수 있는 안목이 생김
• 자아의식의 결여	• 자아의식과 자기통제

[그림 2-6] Argyris의 발달과정

아지리스(Argyris)는 **[그림 2-6]**을 근거로 미성숙-성숙이론을 제시하였다. 그리고 **인간이 미성숙된 상태에서 성숙된 상태로 발달하려면, 개인의 성격에서 여섯 가지 요소로 변화**하여야 한다고 지적하였다.

① 유아와 같이 수동적으로 활동하는 상태에서 성인과 같이 능동적으로 활동할 수 있는 상태로 변화하고,
② 유아와 같이 타인에 의존하는 상태에서 성인과 같이 독립적으로 활동하는 상태로 변화하고,
③ 유아와 같이 소수의 방법으로만 행동할 수 있는 존재에서 다양한 방식으로 행동할 수 있는 능력의 소유자로 발달하며,
④ 사물에 대한 관심이 유아처럼 변덕스럽고, 우연적이고 피상적이며 흥미를 쉽게 잃어버리는 상태에서 성인처럼 보다 깊고 강한 관심을 갖는 상태로 변화하며,
⑤ 시간적 관점이 유아처럼 현재만을 포함한 아주 단기적인 관점에서 어른처럼 현재는 물론 과거와 미래도 포함하는 상태로 변화하며,
⑥ 유아와 같이 자아의식이 부족한 상태에서 성인과 같이 자아의식을 갖고 자아를 통제할 수 있는 상태로 변화한다.

이상과 같은 인간의 성격변화는 일반적인 경향성이며, 인간 성숙의 문제에 많은 **시사점**을 제공하였다(권기욱 외, 2000).

아지리스는 구성원은 조직 자체의 관리방식 등에 의하여 성숙이 제한된다고 했다. 그리고 조직의 환경에 대한 통제를 조금밖에 할 수 없고, 조직과 행정가의 명령에 수동적이고 의존적이며 복종하도록 장려되고, 성숙된 성인보다는 미성숙된 방법으로 행동하도록 기대되고 있다. 따라서 조직구성원의 나태함은 본인보다는 조직 자체의 운영에 그 원인이 있다.

조직구성원을 미성숙되게 하는 것이 공식조직의 본질적 특성이다. 공식조직은 목적을 집단적으로 성취하기 위하여 구성되기 때문에, 구성원의 발달을 촉진하는 방법보다는 조직의 목적을 효과적으로 성취할 수 있는 방법으로 구성원을 활용하는 경향이 있다. 본질적으로 공식조직은 인간 성격에 적절한 발달을 조장할 수 없는 여건을 제공한다. 그것은 조직에서 적용되고 있는 고전적인 관리행태가 구성원에게 어린이와 같은 역할을 요구하여 자연적인 발달을 저해하기 때문이다.

아지리스(Argyris)에 의하면, 조직에서 실시되는 관리의 실제에 적용되는 인간관계론적 접근은 구성원을 성숙하게 하고, 과업을 효과적으로 성취하도록 한다. 그는 이상과 같은 분석을 토대로 하여 다음과 같은 **명제**를 제시한다.

① 성숙한 인간이 갖는 욕구와 공식조직의 요구 사이에는 부조화가 야기된다.
② 이러한 부조화는 구성원에게 좌절감, 실패감, 갈등을 야기한다.
③ 공식조직은 본질적으로 구성원들 사이에 경쟁심 및 적대감 등을 갖게 하여 전인적으로 발달되게 하기보다는 발달을 제한한다. 이러한 문제를 해결하기 위해서는 조직구성원의 대인관계 능력을 높이고, 참여적이고 종업원 중심적인 리더십을 적용하여야 한다.

3. 맥그리거의 X-Y이론

맥그리거(Douglas McGregor, 1960)는 저서 『기업의 인간적 측면(The Human Side of Enterprise)』에서 관리자가 조직 내의 인간에 대하여 X-Y라는 두 가지 이론적 가정 중에서 하나를 선호할 수 있다고 보고, 그것에 입각해서 조직의 관리전략 및 조직구성원에 대한 동기부여 방법이 달라진다고 주장했다. 이 두 가지 이론을 설명하면 다음과 같다.

첫째, X이론은 인간은 지시되기를 바라고, 책임을 회피하고, 안전을 원하는 존재로 보며, 이로 인하여 인간은 돈이나 벌의 위협 등에 의하여 동기화된다. 이러한 인간관을 믿는 관리자는 부하를 통제하고, 엄격하게 감독하며 과업을 구조화한다. 외적인 통제는 믿을 수 없고 책임을 회피하며, 미성숙된 인간을 다루는 데 매우 적절하다. **X이론은 부하의 인간적 본질에 대해 다음과 같이 가정**하고 있다.

① 인간은 태만하고, 가능한 한 일을 적게 하려고 한다.
② 인간은 야망을 갖고 있지 않으며, 책임지기를 싫어하고, 지시되기를 원한다.
③ 인간은 조직의 문제해결에 필요한 창의력이 부족하다.
④ 동기는 생리적 욕구와 안정욕구에 의해 야기된다.
⑤ 인간은 엄격하게 통제되고, 조직의 목적을 성취하기 위하여 강요되어야 한다.
⑥ 인간은 조직의 요구에 무관심하고, 오직 자신만을 생각한다.
⑦ 인간은 지적이지 못하고 어리석으며, 선동에 쉽게 따른다.
⑧ 인간은 변화에 저항한다.

이와 같이 X이론은 때때로 부정확하고, 이 이론에 근거하여 관리를 실시하면, 부하가 조직의 목적을 성취하도록 하는 동기화에 실패하는 경우도 있다. 이에 반해 Y이론은 인간은 적절하게 동기가 주어지면, 과업의 수행에 자아 지시적이고 창의적인 존재로 본다. 따라서 개인의 잠재력이 최대로 발휘될 수 있도록 하는 것이 관리자의 중요한 과업이라고 본다. X이론의 대안으로 제시된 Y이론은 근로자의 관심과 능력에 긍정적인 관점을 나타낸다.

둘째, Y이론의 기본 가정은 다음과 같다.

① 인간은 과업조건이 양호하면 과업수행을 놀이만큼 자연스러운 것으로 본다.
② 인간은 조직의 목적을 성취하기 위하여 스스로를 통제할 수 있는 자율적인 존재이다.
③ 인간은 조직의 문제를 창의적으로 해결할 수 있다.
④ 인간은 스스로 통제할 수 있고, 동기화가 되면 과업을 창의적으로 해결할 수 있다.
⑤ 인간은 본질적으로 조직의 요구에 수동적이지도 저항하지도 않는다. 그러한 행위가 나타나는 것은 과거의 경험이 그러한 행위를 하도록 작용했기 때문이다.
⑥ 인간은 책임을 가질 능력, 인간적 성장과 발달의 잠재적인 능력을 갖고 있다. 관리자는 구성원의 동기를 극대화할 수 있는 환경을 제공하고, 자신의 운명뿐만 아니라 조직의 운명에도 책임을 가질 수 있도록 해야 한다.

X-Y 이론의 기본 가정과 경영전략 비교표는 〈표 2-2〉와 같다.

〈표 2-2〉 X-Y 이론의 기본 가정과 경영전략 비교표

구분	X이론	Y이론
기본 가정	• 보통의 인간은 선천적으로 일하기를 싫어하며, 가능한 한 일을 회피하려 할 것이다. • 일을 싫어하는 이러한 인간의 특성 때문에 조직목표달성을 위하여 적절한 노력을 발휘하도록 하기 위해서는 대부분의 인간은 벌을 주고 강압, 통제, 지시, 위협하여야만 한다. • 보통의 인간은 지시받기를 좋아하고 책임을 회피하려 하고, 야망이 없고 무엇보다도 안전을 원한다.	• 신체적·정신적 노력을 경주하는 것은 놀거나 휴식을 갖는 것처럼 자연스러운 것이다. • 외적 통제와 벌로 위협하는 것만이 조직목표달성을 위한 노력을 유발하는 유일한 수단은 아니다. 인간은 자기가 맡은 일을 수행하기 위하여 자기 지시와 자기 통제를 행사할 수 있다. • 목표에 대한 헌신의 정도는 성취에 대한 보상과의 함수관계에 있다. • 적절한 조건이 부여되면 보통의 인간은 책임을 수용할 뿐만 아니라 책임을 얻으려고 하는 것을 배운다. • 조직문제를 해결하는 데 있어 비교적 높은

구분	X이론	Y이론
		수준의 상상력, 독창력, 창의성을 발휘할 수 있는 능력은 모든 사람에게 광범위하게 배분되어 있다.
경영전략	• 경영은 경제적 목적을 위하여 생산요소인 자금, 자재, 장비, 인력을 조직해야 한다. • 경영은 조직목적에 부합하도록 구성원 행동을 지시하고, 그들에게 동기를 부여하며, 그들의 행동을 통제, 수정하는 과정이다. • 경영자는 구성원을 설득하고, 보상을 주며, 처벌하고 통제하여야 한다. • 강제, 명령, 통제, 금지에 의한 유인, 위협, 벌칙 등을 사용해야 한다. • 과학적 관리론, 권위주의적 리더십이론과 일치한다.	• 조직의 요구에 대하여 구성원이 수동적·저항적인 것은 조직 내에서 얻은 경험의 소산이다. • 구성원이 가지고 있는 잠재력, 작업동기, 책임수행능력 등을 발전시키는 것은 경영의 책임이다. • 경영자는 조직의 제반 여건과 운영방법을 개선하여 구성원으로 하여금 조직목표를 위해 스스로 노력하도록 유도해야 한다. • 명령이나 통제를 줄이고 개개인의 자발적 근무의욕과 동기가 발생하도록 유인해야 하며, 사회심리적 욕구의 충족을 중시해야 한다. • 인간관계론, 민주적 리더십이론과 일치한다.

출처: McGregor, D.(1960). The Human Side of Enterprise. New York: McGraw-Hill.

〈표 2-2〉와 같이 Y이론은 인간가정과 동기부여 방법은 전술한 매슬로우의 사회적 존경과 자아실현의 욕구단계와 유사하고, 허즈버그(Herzberg)의 동기요인의 가정과 비슷하다. X이론과 비교할 때 Y이론은 인간에 대한 동태적 견해를 대표하고 있다. 인간을 본성적으로 성장과 발전의 잠재력을 가진 행동 주체로 인식한다. 따라서 관리자는 인간에 대한 X이론의 가정과 사고를 반성하고 관리방식을 재조정하여 조직과 개인의 목표를 통합해야 한다는 것이다.

4. 허즈버그의 동기-위생이론

허즈버그(Herzberg, 1964)는 그의 동료들과 피츠버그 지역의 여러 회사에서 일하는 203명의 기술자를 대상으로 면접을 통하여 연구를 수행했다. 이 연구의 결과로부터 인간은 조직 속에서 직무만족도를 높이는 요인과 직무불만을 느끼는 요인은 서로 다르며, 직무불만을 느끼는 요인을 아무리 개선해도 직무만족도를 높이거나 동기가 유발되지 않는다고 했다. 다만 직무불만이 해소될 따름이다. 반대로 직무만족도를 높이는 요인들은 비록 그것들이 충족되지 않아도

별로 직무에 대한 불만족을 느끼지는 않으나, 그 요인들이 충족되면 동기를 유발하게 된다.

만족 요인은 개인이 하는 일과 관련된 것들로써 하는 일의 종류, 성격, 작업성과, 책임, 일을 통한 자아실현 가능성 등이다. 허즈버그(Herzberg)는 이들을 동기요인(motivators or motivational factors)이라고 하였다.

불만요인은 주로 직무를 수행하는 환경과 관련된 것으로써, 경영 및 지도방식, 수직적 또는 수평적 인간관계, 작업조건, 보수 등이다. 허즈버그는 이 요인들을 위생요인(hygiene factor) 또는 유지요인(maintenance factors)이라고 하였다. 위생요인은 인간의 낮은 수준의 기본욕구와 관련된 것으로써 충족되지 않으면 커다란 불만을 야기할 수 있으나, 충족되어도 직접적으로 작업성과나 능률에 작용하는 동기유발요인은 안 된다. 하지만 불만요인도 충족되어야 동기요인이 제 기능을 발휘한다. 한편 동기요인은 충족되면 인간의 심리적 만족이 크고 직무의욕을 크게 고취시킬 수 있으므로 동기요인을 충족시키는 데 힘써야 한다.

허즈버그는 동기-위생이론을 2 요인 이론(two-factor theory)이라고도 하였다. 그의 초기 연구에서 밝힌 동기요인의 내용과 강도를 나타내면 [그림 2-7]과 같다.

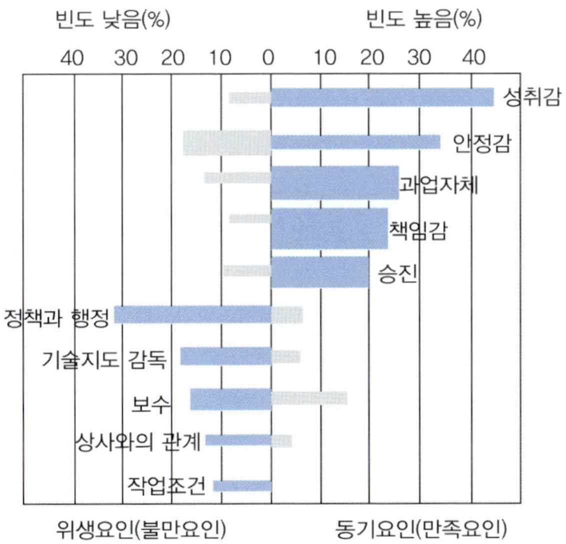

[그림 2-7] 만족 요인과 불만족 요인의 비교

허즈버그의 이론을 정리하면 다음과 같다.

① 인간은 이원적인 욕구 구조를 가지고 있다.
② 조직생활에 있어서의 불만족과 만족은 서로 별개의 차원에 있으며, 불만족의 개념은 만족이 아니다.
③ 조직생활에서 만족을 주는 요인과 불만족을 일으키는 요인은 서로 다르며, 만족 요인은 성취, 인정, 작업 자체, 책임, 발전 등이고, 불만족 요인은 회사의 정책, 감독, 임금, 대인관계, 작업조건 등 직무 외적인 요인들이다.
④ 불만족 요인의 제거는 불만을 줄여주는 소극적이고 단기적인 효과를 가져오는 데 반해서, 만족 요인을 크게 하는 것은 인간의 자아실현 욕구에 자극을 주어 적극적인 만족을 가져다준다. 즉 불만족 요인(위생요인)의 제거는 단지 불만을 방지하는 데 기여할 뿐이지만, 만족 요인(동기 요인)의 개선은 직무수행의 동기를 유발한다.

이러한 허즈버그의 2 요인 이론은 조직이론인데, 특히 동기이론의 접근에 크게 기여함은 물론 조직의 실제 현장에서도 널리 활용되고 있으나 다음과 같은 **비판**을 받기도 한다(박성식, 1998; 윤정일 외, 2001; 신재흡, 2006).

① **허즈버그의 이론은 방법적인 측면에서 문제점을 가지고 있다.** 즉 공개적인 면담을 통해서 질문에 대한 반응을 얻었기 때문에 응답자들은 사회적으로 수용될 수 있는 응답을, 즉 면담자가 듣기를 원한다고 생각하는 바를 응답할 가능성이 높다. 면접조사 방법이 아닌 다른 연구방법을 사용하였을 때는 연구결과가 달리 나타났다. 따라서 허즈버그가 적용한 연구방법은 보편적이고 과학적인 연구방법이 될 수 없으며, 그의 이론은 보편타당성이 없다는 것이다.
② **만족 차원과 불만족 차원의 상호배타성에 대한 오류이다.** 일부 연구에서 동기 요인은 만족 요인임과 동시에 불만족 요인으로 빈번하게 나타나기도 한다(bockman, 1971). 결국 어떤 요인을 전적으로 불만에만 작용하는 혹은 만족에만 적용하는 요인으로 구분할 수 없다는 점이다.
③ **허즈버그의 연구는 피고용자의 실제적인 동기와 성과에 초점을 주지 않고 피고용자의 만족에 초점을 두었다.** 즉 만족스러운 직무경험과 높은 성과수준 간의 연계나 불만족한 경험과 낮은 성과수준 간의 연계성에 대한 연구가 부족하였다.
④ 2 요인 이론이 개인차를 전혀 무시하고 있다는 점이다.
⑤ 2 요인 이론이 범하고 있는 논리적 오류로서 만족과 동기를 같은 것으로 다루고

있다는 점이며, 만족한 근로자가 반드시 열심히 일하고 성과를 올리라는 보장은 없다.

허즈버그의 2 요인 이론은 우리나라에서도 주삼환(1974)**에 의해서 검증**된 바 있다. 주삼환이 서울 시내 초·중등교사들을 대상으로 검증한 결과 다음과 같은 결론이 도출되었다.

① 교사의 만족 요인과 불만족 요인은 상호 배타적이고, 만족 요인은 직무 자체에, 불만족 요인은 직무환경과 관련되어 있다. 직무만족 요인으로는 성취감, 과업수행에 대한 인정, 과업 자체, 책임감 등이고, 불만족 요인은 근무조건, 학교방침과 행정, 보수, 장학, 상사와의 인간관계 등이다.

② 교직에 만족하는 요인과 직무에 충실하게 하는 동기 요인은 일치하며, 직무에 만족하면 직무에 충실하다고 할 수 있다.

③ 허즈버그의 동기 - 위생이론은 한국의 학교에서도 검증된 셈이다.

5. 앨더퍼의 ERG 이론

앨더퍼(Alderfer, 1969)는 매슬로우(Maslow)의 욕구계층이론의 5단계를 3단계로 통합·발전시켜 ERG 이론을 제시했다. 그가 제시한 수준의 욕구는 ERG 이론의 각 영문을 구성하는 생존(Existence)의 욕구, 관계(Relatedness)의 욕구, 성장(Growth)의 욕구이다.

① **생존의 욕구**(existence needs)**이다.** 인간이 존재하기 위해서 필요로 하는 욕구이다. 이러한 욕구에는 굶주림, 갈증 등과 같은 생리적 욕구와 봉급, 부가급부, 근무조건 등과 같은 욕구가 포함된다. 이러한 욕구는 대체로 매슬로우(A. H. Maslow)의 생리적 욕구와 안전의 욕구에 해당된다.

② **관계의 욕구**(relatedness needs)**이다.** 인간이 사회적 존재로서 타인과 관계를 맺으려는 욕구이다. 이러한 욕구는 가족, 친구, 동료, 상사, 부하 등과의 대인관계를 모두 포함한다. 이러한 욕구는 매슬로우의 안전 욕구의 일부, 소속 및 애정의 욕구, 존경의 욕구의 일부에 해당된다.

③ **성장의 욕구(growth needs)이다.** 인간이 성장하고 발전하면서 자신의 잠재능력을

최대한 발휘하고자 하는 욕구이다. 이러한 욕구는 매슬로우의 존경의 욕구 일부와 자아실현의 욕구에 해당한다.

앨더퍼(Clayton P. Alderfer)**의 ERG 이론이 매슬로우의 욕구계층이론과의 다른 점**을 정리하면 다음과 같다.

① 매슬로우의 욕구계층이론은 만족-진행접근법(satisfaction-progression approach)인 데 반해, ERG 이론은 좌절-퇴행(frustration-regression)요소가 가미되어 있다. 좌절-퇴행이란 고차원의 욕구가 만족되지 않을 때 혹은 좌절될 때 그보다 낮은 저차원 욕구의 중요성이 커지는 상황을 말한다.

② ERG 이론은 매슬로우의 욕구계층이론과 달리 한 가지 이상의 욕구가 동시에 작용할 수 있다는 점이다.

③ ERG 이론은 고차원의 욕구가 행위에 영향력을 행사하기 전에 반드시 하위욕구가 충족되어야 한다는 가정을 배제한다.

④ 매슬로우(A. H. Maslow)의 이론은 하위계층의 욕구가 만족되어야 다음 단계의 욕구가 발생한다고 한 데 비하여 ERG 이론은 여러 가지 욕구를 동시에 경험할 수 있다고 하였다. 예를 들면 사람들이 관계나 혹은 성장욕구 충족에 관심을 갖기 이전에 생존욕구가 충족되어야 할 필요가 없다는 것이다.

⑤ 매슬로우(A. H. Maslow)의 욕구계층이론은 충족된 욕구는 더 이상 동기 요인이 될 수 없다고 하였다. 그러나 앨더퍼(Clayton P. Alderfer)는 상위욕구의 계속적인 좌절은 낮은 수준의 욕구로 귀환토록 한다고 주장했다. 즉 상위욕구를 충족시킬 수 없는 대신 하위욕구를 집중적으로 충족시키게 된다는 것이다.

앨더퍼(1969)의 이론을 매슬로우의 욕구계층이론과 비교하면 〈표 2-3〉과 같다.

〈표 2-3〉 매슬로우의 이론과 앨더퍼의 이론의 관계

욕구 / 이론	저차원의 욕구 ◀——▶ 고차원의 욕구		
Maslow	생리적 욕구, 물리적 측면의 안전욕구	대인관계 측면의 안전욕구, 소속 및 애정욕구, 존경욕구	자아실현의 욕구
Alderfer	존재(E)	관계(R)	성장(G)

앨더퍼의 ERG 이론은 인간 행위를 설명하는 데 있어 매슬로우의 이론보다 탄력적이며 욕구 구조에 있어 개인적인 차이가 많을 수 있다는 것을 인정하고 있다. ERG 이론은 비교적 최근에 발전을 본 이론이기 때문에 이 이론을 검증한 실증적 연구들이 별로 없다. 즉 이 이론이 어떤 조직에서는 들어맞지만 어떤 조직에서는 맞지 않는다는 증거가 있다는 것이다. 그러나 어떤 연구자들은 이 이론이 욕구개념에 근거를 둔 동기이론으로서는 가장 타당성이 있고, 연구조사가 가능한 이론이라는 평가를 내리고 있다. ERG 이론이 경영에 있어 지니는 의미는 매슬로우의 이론과 달리 두 가지 욕구가 동시에 작용할 수 있다고 하였다는 점이다. 즉 존재욕구가 완전히 충족되지 않았다고 하더라도 일 자체를 흥미롭고 도전감이 유발되게 만들어 성장욕구가 충족될 수 있는 기회를 마련함으로써 동기부여가 가능하다는 것이다. 또 존재욕구나 관계욕구를 충족시켜 줄 수 있는 요인들이 성장욕구를 대처할 수 있다(윤종건, 1999).

6. 맥클리랜드의 성취동기이론

성취동기이론(achievement motivation theory)은 맥클리랜드(McClelland, 1985)가 매슬로우(Maslow) 이론과 같이 인간의 욕구를 기초로 주장한 동기부여이론이다. 그에 의하면, 한 개인의 퍼스낼러티는 인간 행위를 동기 부여시킬 수 있는 잠재력을 지닌 세 가지 욕구로 구성된다고 하였다.

① **성취욕구**(need for achievement)**이다.** 사람들로 하여금 성공을 위해 강력한 노력을 하고 실패의 가능성을 줄이도록 노력한다. 성취동기를 지닌 사람은 경제적이고 목표지향적이며 책임감이 있고 열심히 일하는 경향이 있다.

② **권력욕구**(need for power)**이다.** 이는 타인의 행동에 영향을 미쳐 변화를 일으키고 싶어 하는 욕구이다. 권력욕구가 높은 사람은 리더가 되어 남을 통제하는 위치에 서는 것을 선호하며 타인들로 하여금 자기가 바라는 대로 행동하도록 강요하는 경향이 크다. 이들은 책임을 맡는 것을 즐기고 권력 쟁탈전이 심한 상황에 기꺼이 참여하며 실제적인 업무성과보다는 높은 지위에 올라서 타인에 영향을 미치는 것에 관심을 가진다. 또한 논쟁에서 이기는 것을 원하고 다른 사람의 생각이나 행태를 바꾸려는 시도를 하며, 권위와 지위를 가지는 자리를 획득하려고 노력한다.

③ **친화욕구**(need for affiliation)**이다.** 친화욕구가 높은 사람들은 타인과 친근한 관계

를 가지려고 하며 사회집단으로 소외되는 아픔을 피하고자 하는 경향이 강하다. 또한 친절하고 동정심이 많고 기꺼이 다른 사람에게 도움을 주며 다른 사람과 즐겁게 지내는 경향이 있다.

이러한 욕구를 매슬로우 이론과 비교해 보면, 성취욕구와 권력욕구는 매슬로우의 자존과 자아실현의 욕구와 일맥상통하며, 친화욕구는 사회적 욕구와 유사하다고 할 수 있으나 욕구에 대한 개념상의 차이가 있다. 맥클리랜드(McClelland)는 인간의 욕구는 학습된 것이며, 행동에 영향을 미칠 수 있는 잠재력을 지닌 욕구단계는 개인에 따라 차이가 있다고 주장하고 있으나, 매슬로우는 인간은 누구에게나 공통의 욕구단계가 있다고 주장하고 있으나, 매슬로우는 인간은 누구에게나 공통의 욕구단계가 있다고 주장하고 있다.

상기에서 매슬로우의 욕구계층이론, 허즈버그의 동기·위생이론, 앨더퍼의 ERG 이론, 맥그리거의 X-Y이론, 아지리스의 미성숙·성숙이론, 맥클리랜드의 성취동기이론 등을 고찰하였다. 이들을 비교해 보면 [그림 2-8]과 같다.

허즈버그 · 매슬로우 · 앨더퍼 · 맥클리랜드 · 아지리스 · 맥그리거의 이론의 비교

허즈버그	매슬로우	앨더퍼	맥클리랜드	아지리스	맥그리거
2요인이론	욕구단계설	ERG이론	성취동기이론	성숙 · 미성숙이론	X · Y이론
동기요인	자아실현욕구	성장	성취욕구	성숙인	Y론적 문제
위생요인	존경욕구	관계	권력욕구	미성숙인	X론적 문제
	사회적욕구	존재	친화욕구		
	안정욕구				
	생리적욕구				

[그림 2-8] 동기의 내용이론의 비교

출처: 신재흡(2020). 교육행정 및 교육경영 -학교경영 탐색-. 서울: 동문사, p. 98.

제4절 갈등관리

1. 갈등의 정의와 갈등관

조직 내에서 복잡한 대인관계는 매일매일의 생활 속에서 갈등을 피할 수 없게 된다. 이와 같이 갈등 생성의 불가피성에도 불구하고, 우리는 갈등은 나쁜 것이고 또 피해야만 된다는 생각을 가지고 있다. 즉 대부분의 사람들 간에 갈등이 없으면 좋은 관계라고 믿고 있다. 그러나 갈등이 없다는 것이 건강한 관계가 아니라 무관심과 불개입의 징표로 나타날 수도 있음에 유의할 필요가 있다. 사실상 다소 간의 의견 차이는 창의적 사고와 진정한 혁신을 위해서 얼마간 필요함을 우리는 일상의 경험을 통해서 알고 있다. 그러므로 갈등은 적절하게 다룰 수만 있다면 매우 가치 있는 요소가 될 수 있기 때문에, 갈등을 전적으로 부정적인 현상으로 간주할 필요는 없다. 그러면 구체적으로 갈등이란 무엇인가? **갈등에 대한 제 학자의 견해를 살펴보면 다음과 같다.**

햄프톤(David R. Hampton, 1987)은 갈등이란 경쟁, 반대, 모순, 비타협, 불화, 충돌, 싸움, 투쟁 등과 같은 다양한 의미로 사용되는 것이 일반적이라고 했다. **헤리겔**(Don Hellriegel et al, 1992) 외는 갈등은 반대 성향을 지닌 개인이나 집단 내부 또는 개인 간, 집단 간, 조직 간에 일치하지 않는 목표나 사상, 감정 등이 존재하는 상황이라고 정의했다. 또한 **리커트**(Rensis Likert et al, 1976)는 자신들이 선호하는 결과를 얻기 위해서 타인이 선호하는 것을 방해하거나 희생시키려는 노력이라고 했다. 그리고 **더취**(Morton Deutsch, 1973)는 모순되는 일이 있을 때에는 언제나 나타나는 것이라고 말했다. **토마스**(Kenneth Thomas, 1976)는 갈등이란 어떤 사람이 자기의 관심사를 좌절시켰거나 좌절시키려고 지각함으로써 비로소 나타난다고 하여 갈등에서 양 당사자의 존재와 지각을 강조하고 있다. 그리고 **로빈스**(S. P. Robbins, 1983)는 갈등이란 목적을 달성하고 이익을 계속적으로 추구함에 있어서 B에게 좌절을 초래하는 방해 행동을 취함으로써, B의 노력을 상쇄하기 위해 A에게 의도적으로 이루어지고 있는 노력의 과정이라고 정의했다. 로빈스(S. P. Robbins)가 제시한 갈등에 대한 정의는 지각, 반대 입장, 자원의 희소성, 방해 등의 개념을 포괄하고 있으며, 의도적인 결심에 의해 행해진 내재적

· 외현적 행동을 가정하고 있다.

폰디(Louis R. Pondy, 1982)는 하나의 갈등현상은 서로 맞물려 있는 4개의 갈등 단계(갈등의 조건, 당사자의 감정 상태, 인지 상태, 갈등 행동)로 구성되어 있다고 전제하면서 갈등은 이 모든 것을 포함하는 개념이어야 한다고 진술하고 있다. 특히 **폰디**(Louis R. Pondy)**는 갈등의 조건은 잠재적 갈등으로 작용하며, 잠재적 갈등은 다음과 같이 세 가지 원천을 가진다.**

① 부족한 자원에 대한 경쟁이다. 자원에 대한 요구는 많은 데 반해서 가용자원이 부족할 때 자원획득을 위한 경쟁은 갈등을 일으키게 된다.
② 자율성의 행사이다. 상대방의 영역에 해당되는 어떤 활동에 대해서 통제를 가하거나, 이러한 통제로부터 그 활동을 격리시키려 할 때 자율성에 대한 요구가 갈등 유발의 기초가 된다.
③ 하위단위 목표의 다양성이다. 서로 협동을 해야 하는 쌍방이 통일된 행동에 대한 합의가 이루어지지 않을 때 목표의 다양성은 갈등의 원천이 된다.

레이쯔(H. J. Reitz)는 갈등은 관련된 개인이나 집단이 함께 일하는 데 겪는 형태로, 정상적인 활동이 방해되거나 파괴되는 상태라 하였다. 그리고 **보울딩**(K. B. Boulding)은 잠재적인 모호성을 의식하고 각 당사자가 다른 당사자의 희망과 상반되는 지위를 획득하기를 바라는 경쟁상태를 갈등이라 정의했다. **마렉**(J. G. Marek)은 갈등이란 협력에 대한 위협으로 보는가 하면, 상대방의 뜻에 역행하면서까지 상대방의 권리를 박탈하고 통제하려 한다든가 방해하거나 제어하려는 의도에서 야기되는 교호작용이라고 정의했다(박기동, 1987: 재인용).

갈등에 대한 여러 학자들의 견해를 종합하면 다음과 같은 공통점을 도출할 수 있다.

① 갈등이란 대부분 불유쾌한 상황으로 인식된다.
② 갈등이란 지각되지 않으면 나타나지 않는다.
③ 갈등은 대립, 결핍, 방해의 개념을 포함하며, 당사자, 곧 양자 간에 나타난다.
④ 지각된 갈등은 불안·초조·긴장감·적개심 등과 같은 감정을 유발한다.

결국 **갈등이란** 희소 자원이나 업무의 불균형 배분 또는 처치, 목표, 가치, 인지 등이 존재할 때 조직 내의 둘 또는 그 이상의 개인적이거나 집단 내에 일어나는 대립적인 작용으로 정의할 수 있다.

조직에서 갈등의 역할이나 기능에 대한 견해도 상반되거나 그 자체가 갈등을 일으키고 있는 실정이다. **로빈스**(Robbins)**는 행정적 관점에서 갈등에 대한 견해를 역사적으로 보아 전통적 관점, 행동과학적 관점, 상호작용적 관점** 등으로 정리했다.

① **전통적 관점이다.** 1890년에서 1940년에 이르기까지 과학적 관리론과 인간공학은 갈등관리를 합법적 권한과 권한의 위양이라는 개념에 입각하였다. 그리하여 적절한 기능을 소유하고 권한을 수용하려는 사람을 조직에 충원하기 때문에 갈등은 극복할 수 있다고 믿었다. 조직은 명령계통을 분명히 하고 직무기술(job description)을 세밀히 하여 구조화하였으며, 상사의 결정에 따르도록 상벌체제를 이용하기 때문에 갈등을 야기하는 사태는 피할 수 있다는 것이다. 갈등은 제거되어야 하며, 모든 갈등은 역기능적인 것이므로 조직에서 모든 반대 세력을 제거하는 것이야말로 행정가의 역할이라는 것이 전통적 견해이다.

② **행동과학적 관점이다.** 전통적 견해는 1940년대 후기와 1950년대 초에 행동과학적 접근으로 대치되었다. 조직연구론자들은 모든 조직은 불가피하게 갈등 속에 존재한다는 사실을 인정하게 되었고, 행동과학자들은 갈등을 수락하여야 한다고 생각했다. 갈등관리란 갈등을 해결해야 한다고 한 점에서 전통론자들과 행동과학자들의 공통적 결함은 기능적 갈등의 필요성이나 조직건강에 대한 가치를 충분히 이해하지 못했다는 점이다. 따라서 제3의 견해, 즉 상호작용적 접근(interactionist approach)이 출현하게 되었다.

③ **상호작용적 관점이다.** 상호작용적 견해는 갈등이 궁극적으로 사회에 이롭다는 것이다. 갈등은 일상적인 것과 싸워서 혁신에 불을 붙이기 때문이다. 예를 들면, 갈등이 몇 개의 조직을 망하게 할 수도 있으나, 진화론적으로 보면 전체 산업에 유익하고, 더 강하고 새로운 조직을 일으키게 된다는 것이다. 이러한 견해는 다음과 같은 측면에서 행동과학적 입장과는 다르다. ① 기능적 갈등의 절대적 필요성을 인정한다. ② 기능적 반대를 분명하게 격려한다. ③ 갈등관리에는 갈등의 해결방법뿐만 아니라 갈등을 자극하는 것까지 포함시킨다고 규정한다. ④ 모든 행정가의 주된 책임을 갈등의 관리라고 본다.

이와 같이 갈등에 대한 상호작용적 관점은 변화란 불만에서, 개선하려는 욕구에서 그리고 창의적 대안의 개발에서 오는 것, 즉 갈등에서 변화가 일어나는 것이지 결코 우연적으로 이루어지는 것이 아니라는 것이다. 전통적 관점의 기본적 약점은 갈등의 기능적 형태와 역기능적 형태를 구별하지 못한 것이다. 행동과학적 관점도 별로 다르지 않다. 행동과학자들은 조직 내의 갈등이 불가피하다는 사실을 받아들이지만 갈등해결의 기법개발에는 무관심했다. 상호작용적 관점은 조직에서 갈등을 제거할 수 없을 뿐만 아니라 반대세력이 전혀 없는 조직을 원하지도 않는다. 왜냐하면, 조직이 계속 유지, 존속하는 데 중요한 결정 요인이 갈등이기 때문이다. 로빈스(S. P. Robbins, 1983)는 이와 같은 관계를 [그림 2-9]와 같이 제시했다.

[그림 2-9] 갈등·존속 모형

모든 조직의 기본목표가 존속이라면 조직은 환경 속에서 끊임없는 변화에 적응할 수 있어야 하고, 변화는 갈등에 의해서 자극된다. 즉 갈등은 변화를 유발하고, 변화는 적응을 가져오며, 오직 적응을 통해서만 조직은 살아남는다.

상호작용론적 관점의 신념은 갈등의 수준이 너무 높게 되면 해결이 요구되고, 너무 낮으면 자극이 필요하다는 것이다. **로빈스(Robbins, 1983)는 저서 『조직이론』에서 갈등 수준과 조직효과의 관계**를 [그림 2-10]과 같이 나타내고 있다.

[그림 2-10]과 같이 갈등 수준이 너무 높거나 낮으면 조직의 효과성이 저하되어 역기능적이다. A에서 B까지의 영역에서는 갈등을 자극하고, B의 오른쪽 영역에서는 갈등수준을 감소시키는 해결 노력을 통해 갈등을 기능적으로 작용케 함으로써 이익을 충분히 얻도록 관리자는 노력해야 될 것이다.

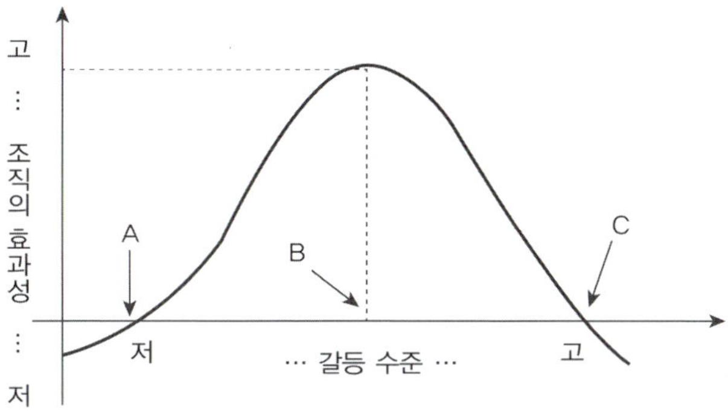

상황	갈등 수준	갈등의 유형	조직의 내부적 특성	조직의 효과성
A	낮거나 전혀 없음	역기능적	냉담하고 침체적 변화에 무반응 새로운 아이디어의 결여	낮음
B	적절	기능적	생동적·혁신적·자체 비판적	높음
C	높음	역기능적	파괴적·혼돈·비협조적	낮음

[그림 2-10] 갈등과 조직효과

2. 갈등의 요인

조직 내 갈등이 발생하는 데는 다양한 요인들이 작용한다. 몇 가지 중요한 **갈등의 요인**을 살펴보면 다음과 같다(김지은, 2013: 192-194).

① **자원의 부족이다.** 한정된 자원에 대한 경쟁이 개인이나 집단 간 갈등을 유발시키는 중요한 원인이 된다. 즉 자원에 대한 수요는 많은 데 반해 가용자원이 부족할 때 자원획득을 위한 경쟁이 갈등을 유발한다. 예를 들면, 한정된 예산, 승진할 직위의 제한, 부족한 행정지원에 대한 경쟁으로 갈등이 일어난다.

② **목표의 차이이다.** 집단 간 목표의 차이가 집단 간 갈등의 원인이 될 수 있다. 각 집단은 같은 조직의 한 부분으로서 전체 조직의 목표달성에 공헌하고 있지만, 그 과정에서 쌍방이 통일된 행동에 대한 합의가 이루어지지 않을 때 목표의 다양성은 갈등의 원천이 된다.

③ **지각의 차이이다.** 집단 간 목표의 차이는 목표달성과정에서 나타나는 행동의 차이뿐만 아니라 집단 상호 간의 지각에도 차이를 유발하여 집단 간 마찰이 일어난다. 집단들은 다른 집단의 특성을 실제보다 과대·과소평가하여 지각하는 경향이 있

는데, 이러한 지각의 차이가 갈등을 발생시키며, 이러한 갈등은 대부분 소통의 문제에 기인한다. 즉 원활하지 못한 의사소통으로 인하여 자주 발생하는 오해와 곡해가 집단들이 서로 다르게 지각하도록 하는 요인으로 작용할 수 있다.

④ **역할 모호성이다.** 집단이나 개인의 역할을 수행할 때 자신에게 요구되는 역할기대(role expectation)가 무엇인지 분명하지 못하고 목표나 과업이 명료하지 못할 때 갈등이 생기기 쉽다. 이 경우에는 일을 미루거나 영역 및 권할권의 분쟁사태가 발생하기 쉽고, 권한과 책임의 범위가 모호해질 수 있으며, 일관성 없는 승진·보상 등으로 인해 갈등이 심화되기도 한다. 역할모호성은 관리자의 변화에 대해 저항하고, 의구심을 가지고 조직의 정책과 절차에 대하여 비판을 함으로써 팀워크를 파괴할 수 있다.

⑤ **가치관의 대립이다.** 세대, 남녀, 직위, 교육 수준, 종교 등의 차이에서 비롯되는 가치관의 상이성은 갈등을 일으키는 요인으로 작용할 수 있다.

⑥ **의사소통의 왜곡이다.** 갈등의 원천으로서 빈번하게 인용되고 있는 것 중의 하나가 바로 의사소통의 왜곡 또는 의사소통의 곤란성이다. 보통 의사소통의 왜곡현상은 수직적 의사소통에서 두드러지는데, 정보가 계층을 따라 위아래로 흐르는 과정에서 모호해지거나 왜곡되는 경향이 있다. 그러나 의사소통의 왜곡은 수평적 의사소통에서도 종종 발생한다.

⑦ **급격한 변화, 경제적 침체 등의 외적 요인이다.** 새로운 기술의 도입, 급격한 사회변화, 경제 사정의 악화가 구성원의 안정을 위협하여 갈등의 원인으로 작용할 수 있다.

⑧ **이외에도 조직의 지나친 수평적 분화, 평가 기준 및 보상체제의 차이, 구성원들의 이질성, 인성의 차이, 전제적 관리체제** 등에 의해서도 갈등이 발생할 수 있다.

3. 갈등의 관리

조직에서 발생되는 갈등을 다루는 방법에는 여러 가지가 있다. 이러한 갈등관리방법에는 상황적응 갈등관리모형과 원리에 기초한 협상모형 등이 있다(박병량·주철안, 1999).

1) 상황적응관리

학교행정가는 조직의 목표달성과 조직구성원의 필요를 충족시키는 것 사이에서 갈등을 느낀다. 학교행정가는 이러한 갈등을 다루는 데 많은 시간을 소모할 수 있다.

토마스(K. Thomas, 1976)는 이와 같은 갈등을 다루는 **갈등관리방식을 다섯 가지로 분류**하였다. 그는 갈등이 발생될 수 있는 두 가지 기본적인 차원을 구분하였다. 행정가들이 조직의 필요를 충족시키려는 노력과 조직구성원의 개인적 관심사를 충족하려는 노력으로 구분된다. [그림 2-11]과 같이 조직의 필요를 충족시키려는 시도는 주장-비주장의 연속선으로 나타나고, 개인의 필요를 채우려는 시도는 협동-비협동으로 나타내었다.

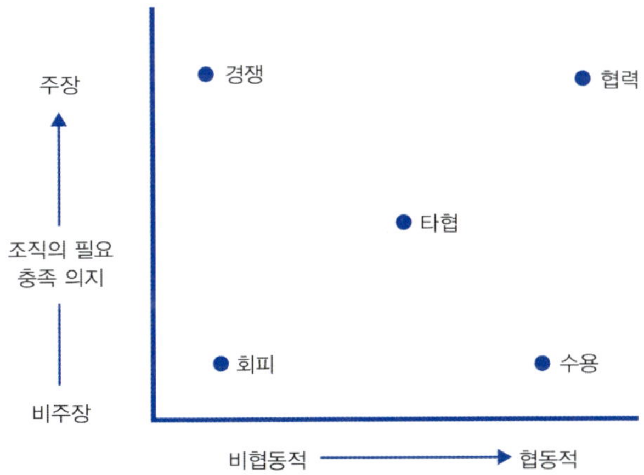

[그림 2-11] 갈등관리 유형

출처: 박병량·주철안(1999). 학교·학급경영. 서울: 학지사, p. 158.

① **경쟁:** 행정가는 조직의 목표달성을 강조하며 조직구성원들의 개인적인 필요에 대해서는 협력하지 않는다. 이는 승패의 접근방법이다. 필요하다면 다른 사람을 희생시켜서 자신의 관심을 충족하고자 한다.

② **회피:** 조직의 목표를 강조하지도 않고 구성원들의 관심 사항에 대해 협력하지도 않는다. 행정가는 갈등을 무시함으로써 저절로 해결되기를 바란다. 갈등이 있는 것을 알고 있지만 갈등이 표면화되는 것을 억제하는 행동이다. 조직에 발생된 갈등이 실제 해결되기 어렵거나 해결하기 위해 소요되는 자원이 과다하여 비경제적인 경우에 활용될 수 있다. 그러나 갈등이 유발된 문제가 그대로 남아있어 더욱 심각한 갈등으로 발전될 수 있다.

③ **수용:** 주장하지 않는 대신에 협력하는 방법이다. 행정가는 조직구성원의 필요에

양보한다. 쌍방 간에 관계가 계속 유지되도록 하기 위해 한쪽 당사자가 기꺼이 자기를 희생하는 행동이다.

④ **협력:** 주장하면서 협력하는 문제해결 접근방식이다. 갈등당사자들 각자가 모두 목적을 달성할 수 있도록 하는 행동이다. 승승접근의 사고를 가진 갈등관리방법이다. 서로의 차이점을 확인하고 정보를 서로 공유한다. 양쪽의 필요를 동시에 만족시키는 통합적인 해결책을 찾으려고 노력한다.

⑤ **타협:** 조직의 목표와 개인의 필요 간에 균형을 찾는 방법이다. 양쪽에 어느 정도 수용할 수 있는 해결책을 찾는다. 조금씩 양보함으로써 절충안을 얻으려는 방법이다. 이 경우에 승자와 패자가 명백하지 않다. 노사 간의 협상 등에서 현실적으로 많이 활용하는 갈등관리방법이다.

토마스(1977)는 다섯 가지 갈등관리방식은 상황에 따라 효과적이라고 보았다. 그는 **다섯 가지 갈등관리전략이 유용한 상황**을 다음과 같이 제시했다.

① 경쟁에 적절한 상황

- 신속한 결정이 요구되는 긴급상황
- 중요한 사항이지만 인기 없는 조치가 요구되는 경우
- 조직의 성장에 매우 중요한 문제일 때
- 타인을 부당하게 이용하는 사람에게 대항할 때

② 회피에 적절한 상황

- 쟁점이 사소한 것일 때
- 해결책의 비용이 효과보다 훨씬 클 때
- 사태를 진정시키고자 할 때
- 더 많은 정보를 얻는 것이 꼭 필요할 때
- 다른 사람들이 문제해결을 더 효과적으로 해결할 수 있을 때
- 해당 문제가 다른 문제의 해결로부터 자연스럽게 해결될 수 있는 하위갈등일 때

③ 수용에 적절한 상황

- 자기가 잘못한 것을 알았을 경우
- 다른 사람에게 더 중요한 사항일 때

- 보다 중요한 문제를 위해 좋은 관계를 유지해야 할 때
- 패배가 불가피할 때 손실을 극소화하기 위해
- 조화와 안정이 특히 중요할 때

④ 협력에 적절한 상황

- 양자의 관심사가 매우 중요하여 통합적인 해결책만이 수용될 때
- 목표가 학습하는 것일 때
- 다른 관점을 지닌 사람들로부터 통찰력을 통합하기 위해서
- 합의와 헌신이 중요할 때
- 관계증진에 장애가 되는 감정을 다루기 위해서

⑤ 타협에 적절한 상황

- 목표가 중요하지만 잠재적인 문제가 클 때
- 당사자들의 주장이 서로 대치되었을 때
- 복잡한 문제에 대한 일시적인 해결책을 얻기 위해
- 시간 부족으로 신속한 행동이 요구될 때
- 협력이나 경쟁의 방법이 실패할 때

여러 가지 상황에서 발생되는 모든 갈등을 관리할 수 있는 최선의 방법을 찾기 어렵다. 다양한 갈등상황에 따라 그 해결책이 달라질 수 있다. 그러므로 갈등관리를 잘하기 위해서는 상황에 적합한 갈등관리방법을 활용해야 한다.

2) 협상원리에 기초한 갈등관리

하버드대학에서 협상 연구 프로젝트를 수행했던 피셔와 유리(R. Fisher & W. Ury, 1981)는 개인 간 및 집단 간 갈등상황에서 일반적으로 활용되는 협상 방법을 자신의 입장을 옹호하는 협상 방법으로 명명하고, 이에 대해서 갈등당사자들의 공동이익을 추구할 수 있는 방법으로서 협상의 원리에 바탕을 둔 협상 방법을 제안하였다.

자신의 입장을 옹호하는 협상 방법은 먼저 자신의 입장 또는 최소한의 양보

선을 결정하고, 이를 기준으로 하여 상대방의 양보를 받아가면서 합의에 이르는 협상 방법이다. 이와 같은 전통적인 협상 방법은 당사자들이 결정한 입장이 불확실한 상황에서 닻과 같은 안정장치의 기능을 하기 때문에 계약 체결에 다소 도움이 되지만 전체적으로 비효율적인 협상 결과를 가져온다.

① 입장을 옹호하는 접근방법은 협상 과정에서 자신들의 입장을 명백하게 제시하고, 이를 옹호할수록 제시한 입장에 고착되어 현명하지 못한 결과를 낳게 된다.
② 입장을 옹호하는 접근방법에서는 협상을 지지부진하게 오래 끌게 되어 합의에 도달하는 데 드는 시간과 비용이 많이 소요되며, 협상이 결렬될 위험이 높아진다.
③ 입장을 옹호하는 접근방법은 당사자들 간의 지속적인 관계를 위태롭게 한다.
④ 협상 당사자가 많을수록 더욱 어려워진다.

피셔와 유리(1981)는 이상과 같은 문제점이 발생하게 되는 전통적인 협상 방법에서 **협상에서 준수해야 할 네 가지 원리**를 제시하고 이 원리에 따르는 협상 방법을 제안하였다.

① **문제를 사람과 분리한다.** 협상 당사자들의 감정, 가치, 관점이 서로 다르기 때문에 서로 예측하기 어렵다. 상대방의 감정을 표출할 수 있도록 허용하며, 표출된 감정에 대응하지 않는다. 그리고 의사전달을 명확히 한다. 이를 위해 상대방이 하는 말을 주의해서 듣고 이해하여 서로 간에 감정을 해치지 않기 위해서 협상 대표자들의 체면과 사안을 분리한다.
② **자신들의 입장이 아니라 협상 당사자들의 이해관계에 초점을 둔다.** 이를 위해 협상 당사자들의 이해관계와 관심사를 파악하는 것이 중요하다. 당사자들이 왜 특정한 입장을 주장하고, 특정한 입장을 수용하지 않고자 하는지를 파악한다. 다음으로, 당사자들이 다양한 이해관계를 가지고 있음을 인식한다. 당사자들의 관심 사항 항목을 만들고, 당사자들의 이해관계에 대해 이야기한다. 또한 자신의 관심 사항을 분명하게 전달한다. 그리고 상대방의 이해관계를 풀어야 할 문제의 일부로서 인정한다.
③ **협상 당사자들에게 모두 이익이 되는 방안을 찾아낸다.** 이를 위해 협상 과정에서 당사자들에게 혜택이 될 수 있는 새로운 대안을 끊임없이 모색해야 한다. 새로운 대안을 개발하기 위한 아이디어를 얻기 위해 동료들과 브레인스토밍하는 시간을 갖는다.

④ **객관적인 준거에 따라 주장한다.** 갈등에 대한 관점은 양측이 이득을 볼 수 있는 승승접근법과 쌍방 중 일방이 손해를 보게 된다는 승패접근법으로 구분된다. 전자는 협상을 통해서 전체 가치를 증진할 수 있는 측면을 강조하고, 후자는 창출된 또는 주어진 가치를 당사자들이 배분하는 측면을 강조한다. 실제로 협상 과정에서 협상 대표자들은 창출된 가치 중에서 더 많이 확보하려고 노력한다. 이때 협상 대표자들은 윤리적인 측면을 고려해야 한다. 이와 마찬가지로 학교행정가들은 교육조직 내에서 발생하는 갈등 문제에 임할 때 협상에 관련된 여러 가지 측면들을 이해하고 이를 적절히 다루어야 한다.

4. 유아 교육기관의 갈등

영유아 교육기관은 교육서비스를 제공하는 조직으로써 조직의 내부구성원 간 갈등이 있을 수 있고, 서비스의 대상인 유아와 그 부모들과도 갈등이 있을 수 있다. 갈등이 어느 수준 이상으로 높으면 교사들은 직무에 대한 만족도가 낮아지고, 업무성과를 올리지 못하고, 부모들과의 갈등이 심할 경우는 서비스 제공 기회를 잃게 된다.

영유아 교육기관의 갈등은 원장과 교사와의 갈등, 동료 교사 간의 갈등, 교사와 학부모와의 갈등, 유아들과의 갈등, 실습생과의 갈등 등이 있다(이인원 외, 2011; 김애자, 2003).

① **원장과 교사와의 갈등이다.** 영유아 교육기관에서 교사는 유아들을 교육하고 돌보는 역할자로서 기관의 주요 서비스를 담당하는 지위에 있다. 원장은 영유아 교육기관 서비스의 질을 관리하고 기관을 총괄하기 때문에 교사에게 여러 가지 업무를 지시하고 교사의 역할을 지도하는 일을 한다. 원장은 기관 행정의 책임자로서 권한을 행사하는 가운데 교사와 많은 상호작용을 하게 되고 이 과정에서 교사와 갈등을 가질 수 있다. 교사 입장에서는 원장의 권위적 지도 스타일, 정보의 차단과 지나친 간섭, 주관적인 평가 등이 갈등의 원인이 될 수 있다. 교사가 느끼는 원장과의 갈등요인으로 처우개선에 대한 무관심이고, 원아 지도와 사무 처리에 대한 능력 의심, 유아교육을 위한 투자 부족 순으로 나타났다. 원장의 입장에서는 교사의 실망스러운 역할 수행과 같은 것으로 인해 교사와 갈등이 생길 수 있다.

② **동료 교사 간의 갈등이다.** 유아 교육기관에서 동료 교사와의 갈등은 업무수행 스타일 차이, 학연, 지연, 경력 차이, 의사소통 단절, 업무 분담의 불공정, 시기, 질투

등이 있다. 교사들 간의 갈등요인으로 교육 활동 및 사무 처리 등의 불협화음이 가장 많고, 학력이나 보직 등의 차이로 인한 자존심의 자극, 교육이론 및 교육방법이 서로 다른 데서 오는 갈등 순으로 나타났다.

③ **교사와 학부모와의 갈등이다.** 학부모들은 서비스의 수혜자로서 개인에 따라 교사에게 기대하는 바가 다를 수 있다. 학부모가 인식하는 교사의 역할기대가 있는데 교사의 역할수행이 그 수준에 못 미치거나 방향이 다를 때 갈등이 발생한다. 교사의 입장에서 학부모와의 갈등요인은 교사를 보모로 보면서 무시하는 것과 부모의 무관심인 것으로 나타났다. 이 밖에도 부모들이 자신의 아이만 특별히 잘 봐줄 것을 요구할 때 갈등이 발생할 수 있다.

④ **유아들과의 갈등이다.** 교사는 유아를 지도하고 돌보는 역할을 하는데, 여러 가지 교육 활동과 생활지도에서 유아와 상호작용 중에 갈등이 발생할 수 있다. 교사들은 담당 유아의 수가 많거나, 문제아 지도, 까다로운 기질의 유아를 지도하는 과정에서 갈등이 있을 수 있다.

⑤ **실습생과의 갈등이다.** 유아 교육기관의 교사들은 유아들에게 제공하는 교육서비스 업무 외에 예비교사들의 실습지도를 하는 업무도 맡고 있다. 실습생이 오면 교사의 잡무를 도와주는 면도 있지만, 실습생에게 지도해야 할 업무가 평소 업무에 가중된다고 볼 수 있다. 지도교사 입장에서는 실습생에 대한 역할기대가 있는데, 실습생이 이를 수행하지 못할 때 갈등이 생길 수 있다. 실습생 입장에서도 지도교사와 갈등이 있을 수 있는데, 지도교사의 역할수행이 낮을 경우 더 많은 갈등이 발생한다(송연숙, 2008).

5. 조직갈등의 해결기법

갈등의 수준이 지나치게 높을 경우에는 조직의 과업수행에 역기능을 초래한다. 따라서 갈등의 강도를 수용될 수 있는 수준으로 낮추는 데 널리 활용되고 있는 다음과 같은 조직의 구조적 기법들(structural techniques)에 관해 살펴보기로 한다(Stephen P. Robbins, 1983).

① **상위목표의 도입**(superordinate goals)**이다.** 상위목표는 두 개 혹은 그 이상의 단위부서에 의해 달성되는 공동 목표로서 어느 한 집단의 자원만으로 달성될 수 없는 매우 매력적이고 협동을 필요로 하는 목표이다. 상위목표를 도입하는 방법은 공동 목표의 규정으로부터 시작하여 그와 같은 공동 목표가 서로 다투고 있는 집단들의 협

동적인 노력 없이는 달성할 수 없다는 것을 인식시키는 것이다. 이와 같은 방법이 효과적이기 위해서는 상위목표가 각 단위부서들이 개별적으로 가지고 있는 목표를 대치할 수 있는 것이어야 한다. 공동적으로 추구하고 있는 목표달성의 과정에서 의견의 불일치는 당사자들의 협동적인 작업을 요구하게 됨으로써 갈등을 감소시킬 수 있게 된다.

② **단위부서 간의 상호의존성 감소**(reduce interdependence between units)**이다.** 상호적인 의존관계나 일방적인 의존관계가 갈등을 야기시킬 때 의존관계의 감소를 고려해볼 수 있다. 상호의존관계를 감소시키는 방법으로 완충물(buffer)을 도입하거나, 조정 직위(coordination positions)를 신설하는 것이 효과적일 수 있다.

③ **자원의 확충**(expending resources)**이다.** 갈등이 제한된 자원에 기인하고 있을 때, 그와 같은 갈등상태를 해결할 수 있는 가장 쉬운 방법으로서, 갈등당사자 모두에게 만족을 가져다주는 한 가지 방법은 활용자원을 확충시키는 방법이다. 그것이 갈등 밖에 있는 다른 당사자들에게 가장 바람직하지 못한 것이 될지라도 가장 강력한 해결방법이 될 수 있는 것은 갈등당사자들에게 승리를 안겨줄 수 있다는 데 있다.

④ **문제의 공동해결**(mutual problem solving)**이다.** 문제의 공동해결은 집단 간의 갈등을 해결하기 위한 가장 건전한 방법이다. 이 갈등 해결방법은 갈등당사자들을 대면시켜 갈등의 저변에 있는 원인을 정면으로 마주 대하게 하여 해결책을 찾는 책임을 분담하는 것이다. 이와 같은 과정을 통해서 불신의 원인과 갈등의 저변에 깔린 오해의 원인이 외면으로 명백히 드러나게 된다. 이 방법의 목적은 상이한 견해차를 단순히 조정하는 데 있지 않고 문제를 해결하려는 데 있다.

⑤ **청원체제**(appeals systems)**이다.** 갈등의 해소는 공식적인 경로를 만들어 고충사항을 제출하고 청문 및 조치를 취하게 함으로써 처리할 수 있을 것이다. 만약 종업원이나 종업원집단이 감독자 및 동료들의 행동에 의해 자기들의 권리가 위태롭게 되었다고 믿게 된다면, 청원체제는 공식적인 구제책 내지는 시정책을 제공하게 된다. 이 경우에 청원은 차상급자, 조직계층상의 높은 직위에 있는 최고경영층 및 제3자인 노동중재인에게 제출될 수 있다.

⑥ **공식적인 권한**(formal authority)**이다.** 조직 내의 개인들은 거의 예외 없이 그들의 상위자들의 권한을 갈등해결을 위해서 사용할 수 있는 하나의 방법으로 인정하고 있다. 비록 갈등당사자들이 상위자들의 결정에 의견을 같이하고 있지 않을지라도 그들은 상위자의 결정을 따르는 것이 보통이다. 그래서 공식적인 권한의 행사는 갈등을 해소하는 데 있어 고도로 성공적인 방법이 되는 것이다.

⑦ **상호작용의 촉진**(increasing interaction)**이다.** 다른 상황이 동일하다면 사람들 간에 상호작용이 많으면 많을수록 협동을 촉진시킬 수 있는 공동관심사와 유대감이 그만큼 더 발전하게 될 가능성이 높아진다. 분명하게 대립적인 가치관을 가진 집단들로 하여금 정규적으로 상호작용하도록 강요하는 경우, 갈등이 발생할 가능성은 그만큼 높아진다고 확실히 말할 수 있다. 그러나 계속적인 상호작용은 갈등을 감소시킬 것이다. 비록 갈등이 관리자가 바라는 수준만큼 낮아질 수는 없겠지만, 방향은 갈등수준이 낮아지는 쪽으로 나아가게 될 것이다.

⑧ **조직 전체에 걸친 평가 기준과 보상체제**(organization wide evaluation criteria and reward systems)**이다.** 평가와 보상을 결합시키지 않는 것이 갈등을 야기시킨다면, 관리자는 협동이 촉진되도록 각 부서를 평가하고 보상할 수 있는 업적평가 기준의 설정을 고려해야 한다. 그리고 평가 기준이 어떤 결점이나 결함을 찾아내는 데 성공하였느냐보다는 오류를 어느 정도 예방하였느냐에 있게 되면 갈등을 많이 감소시킬 수 있다. 그리고 조직 전체에 걸친 이익분배 및 상여금 계획을 수립 및 실시하게 되면, 조직의 기본적인 관심사는 전체체제의 효과성에 있는 것이지 어떤 단일부서의 효과성에 있는 것이 아니라는 것을 모든 구성원이 깨닫게 될 것이다.

⑨ **갈등하고 있는 부서들의 합병**(merging conflicting units)**이다.** 갈등 해결을 위해 마지막으로 제안할 수 있는 것은 갈등하고 있는 단위부서들 중의 하나가 경계영역을 확장하여 갈등의 자극요인이 되고 있는 상대방의 단위부서를 흡수하는 방법이다.

연습 및 탐구문제

1. 교육행정 및 경영의 발전과정에 대하여 기술해 봅시다.

2. 의사소통의 장애 요인과 극복에 대하여 정리할 수 있다.

3. 쓰레기통모형에 대하여 생각해 봅시다.

4. 의사결정과정의 영향요인에 대하여 기술해 봅시다.

5. 조직행위이론을 교육에 적용해 봅시다. 조직 내 갈등이 발생하는 요인에 대하여 생각해 봅시다.

6. 조직갈등의 해결기법에 대하여 생각해 봅시다.

CHAPTER 03

바람직한 조직문화를 위한 인간관계

학습목표

1. 인간관계의 개념과 구조에 대하여 설명할 수 있다.
2. 인간관계의 중요성과 인간관계 맺기의 기본 요소에 대하여 이해할 수 있다.
3. 인간관계의 속성과 원칙을 제시할 수 있다.
4. 유아교사의 인간관계를 열거할 수 있다.

Keyword

인간관계, 신뢰 구성요소, 인간관계 속성, 인간관계 원칙, 인간관계 저해 요인, 유아교사의 인간관계, 신뢰 형성요인

인간은 사회적 존재로 다른 사람과 관계를 맺으며 살아간다. 인간관계란 사람과 사람 사이에서 이루어지는 모든 상호작용을 의미한다. 이러한 인간관계는 개인에게 만족감을 줄 수도 있고 때로는 불만족감을 줄 수도 있다(송준석 외, 2016). 인간관계란 넓은 개념이어서 각기 강조하는 입장과 영역 및 용도에 따라 여러 가지 의미로 사용되고 있다. 가장 일반적 의미의 인간관계는 대부분의 사회현상에서 볼 수 있는 사람 사이의 상호작용을 의미한다. 즉 사람과 사람과의 관계, 부모와 자녀 간, 노사 간, 동료 간의 심리관계나 언행과 태도를 의미하는 대인관계를 의미한다. 이러한 대부분의 인간 상호작용은 조직 속에서 이루어지며 일정한 구조 속에서 함께 일함으로써 형성된다. 따라서 조직구성원의 상호작용 관계는 공식조직과 자연 발생적인 비공식구조의 분석에서 파악하려는 '있는 그대로', '사실'로서의 인간관계를 의미한다.

따라서 교육조직에서도 어느 사회 못지않게 얽히고설킨 복잡한 인간관계의 망을 형성하고 있다. 더구나 교육이라는 과업이 원래 인간이 인간을 다루는 것이기 때문에 학교생활의 전 과정이 인간관계 집약적이라고 할 수 있다. 이러한 측면에서 유치원조직에서도 인간관계는 학습자와의 관계, 교직원과의 관계, 학부모와의 관계, 지역사회와의 관계 등으로 구성되어 있다고 볼 수 있다. 3장에서는 인간관계의 개념 및 구조, 인간관계의 중요성 및 인간관계 맺기의 기본 요소, 바람직한 인간관계, 유아교사의 인간관계, 갈등관리 등을 중심으로 고찰하고자 한다(신재흡, 2020; 최애경 외, 2016; 염지숙 외, 2016; 신재흡, 2016; 송준석 외, 2016; 박은혜, 2016; 권영례 외, 2011; 신재흡, 2008; 신재흡, 2006).

제1절 인간관계의 개념 및 구조

현대사회의 중요한 특징은 조직사회이다. 조직은 인간이 모여 구성하는 사회적 유기체이다. 그러므로 조직 내에는 어떤 형태든 사람과 사람들 사이에서 서로 간의 만남에 의하여 여러 가지 인간관계를 이루며, 이러한 인간관계는 그 조직의 목표달성 여부를 좌우하는 결정적 요인으로 작용하기 때문에 매우 중요하다고 볼 수 있다(최애경 외, 2016). 신재흡(2004)에 의하면, "넓은 의미의 인간관계는 어떤 장소와 상황에서든지 간에 두 사람 이상의 사람들 사이에서 이루어지는 다양한 상호작용을 말하는 것임을 알 수 있다. 그러나 좁은 의미의 인간관계는 의도적으로 만들어진 조직의 구성원들 사이에 이루어지는 상호작용을 말한다."고 했다. 결국 교사들은 자기 자신의 인간관계를 관리해야 하며, 수많은 교사들과의 인간관계도 원만하게 발전시킬 의무가 있다.

한편 유치원의 경우 인간관계는 행정가인 원장·원감과 교사와의 관계, 교사 상호 간의 관계, 교사와 학습자 간의 관계, 유아 상호 간의 관계로 구성된다고 볼 수 있다. 원장·원감과 교사와의 관계와 교사와 유아 간의 관계는 수직적 인간관계이고 교사 상호 간의 관계와 유아 상호 간의 관계는 수평적 인간관계라고 할 수 있다.

보편적인 조직에서의 인간관계는 공식조직의 직제상, 기능상의 업무 관계에서 형성되는 공식적·제도적 인간관계와 비공식조직에서 자연발생적으로 형성되는 비공식적·사적 인간관계로 구성된다고 볼 수 있다. 공식적 인간관계는 조직의 과업이나 역할수행을 인간 자체보다 더 중요시하기 때문에 인간의 내면적 만남이 없는 '스침'의 관계라고도 하고, 게임의 관계라고도 한다. 왜냐하면 어떤 운동경기에서 게임이 끝나면 선수들의 역할과 팀워크가 사라지듯이 조직의 공식적 업무를 떠나면 인간관계는 없어지는 비정한 관계이기 때문이다. 사적인 인간관계는 인간 실존의 끈끈한 친교를 중요시하기 때문에 '만남(encounter)'의 관계라고도 한다. 유아교사들의 인간관계는 양자를 모두 중요시해야 함은 물론이다.

이를테면 교육이 교사와 유아와의 만남으로 시작되고, 교수-학습 과정이 교사와 유아의 인간관계를 통하여 이루어지고, 그 인간관계의 성패에 따라 학습의 효과가 좌우되듯이, 또한 유치원에서의 교육 활동은 원장(감)과 교사와의 만남으로 시작되고, 그 관계의 좋고 나쁨에 따라 유아교육 활동의 효과성이 달라진다고 해도 과언이 아니다. 게다가 유아교육 활동에서 우호적인 인간관계는 교사로 하여금 전문직으로서의 긍지와 정체감을 형성하고, 긍정적인 자아상(self-image)이나 자아개념을 가지고 보람을 느끼면서 교직에 성실히 근무하게 동기를 제공할 수 있다. 이와 같이 교사의 내면적 자세와 외면적 행위는 유아교육 활동에 대한 신뢰를 낳고 교육 활동에 능동적으로 참여하여 협동함으로써 능률적이고 효과적인 교육을 달성할 수 있게 된다(신재흡, 2008).

제2절 인간관계의 중요성 및 인간관계 맺기의 기본 요소

이성태(2006)는 **인간관계의 중요성**을 다음과 같이 제시하고 있다.

① **인간관계는 인간을 인간답게 한다.** 인간을 인간답게 만드는 것은 다른 사람과의 상호작용이다. 인간으로 태어났으면서도 인간과의 상호작용이 전혀 없었던 아베롱(Aveyron) 야생아 이야기, 인도의 늑대아(wolf children) 이야기는 이를 대변한다.
② **인간관계는 인간을 가치 있는 존재가 되게 한다.** 인간관계는 서로를 소중하고 가치 있는 존재로 인정할 때 서로를 수용할 수 있고 가치 있는 인간다운 존재가 될 수 있다.
③ **인간관계 속에서 개인의 정체성과 여러 영역의 발달이 이루어진다.** 정체성 혹은 자아 정체감은 현재 자신의 위치, 능력, 역할 및 책임에 대한 분명한 인식으로서 자기 정의라고 한다. 자아 정체감이 결정적으로 형성되는 시기는 사춘기에서부터 청년기 동안이지만 여기에는 인생 초기부터 경험하는 수많은 인간관계의 경험을 통해서 축적되어 온 자신감을 포함하고 있다.
④ **좋은 인간관계는 성공적인 직장생활과 조직의 효율성을 높이는 중요한 요인이 된다.**
⑤ **인간관계는 신체 건강 및 정신 건강과 매우 밀접하게 관련되어 있다.** 긍정적이고 효율적인 인간관계는 정신 건강과 적응에 밀접한 관계를 가진다. 심리적인 고민의 감소, 스트레스에 효과적인 대처와 회복, 자기 신뢰와 자율성, 일관되고 균형 있는 자아 정체감, 보다 큰 심리적인 안정감, 보다 높은 자아 존중감, 나아가서 일반적인 행복감의 증대 등과 관련되어 있다.
⑥ **자율적 인간관계 형성의 능력은 자아실현과 삶의 질에 깊이 관련되어 있다.** 인간의 내면에는 잠재능력과 그 잠재능력을 실현하고자 하는 강한 욕구가 있다. 개인의 잠재능력, 즉 내적 자원들을 발굴·실현하고, 그 성취감과 기쁨을 경험하게 되는 것은 직접적이든 혹은 간접적이든 다른 사람들과의 관계 속에서 가능하다.

조직구성원들 간에 바람직한 인간관계를 맺기 위해서는 먼저 **신뢰가 형성**되어야 한다. 신뢰는 일관성(consistency), 관심(caring), 명확(clarity), 솔직(candor)의 구성요소로 이루어져 있다.

① **일관성**(consistency): 자기가 실행하고자 하는 방향에 따라 말과 행동에 일관성을 보이면서 약속을 이행하는 것

② **관심**(caring): 공감 및 경청, 참여를 통해 정서적 관계를 형성하는 것
③ **명확**(clarity): 질문과 주장의 조화로운 사용을 통해 모호함과 오해를 피하는 것
④ **솔직**(candor): 개방적으로 의사소통하여 서로 간의 이해와 관계를 깊이 하는 것

신뢰는 최상의 환경 속에서도 쌓기가 쉽지 않으며, 사람마다 권한의 정도가 달라 어려움을 겪는 기반 위에 세워져야 하기 때문에 형성에 어려움이 적지 않다. 그러나 다음의 신뢰 형성에 영향을 주는 요소들에 유념하여 부단히 노력한다면 쌓지 못할 것도 아니다. 솔직하게 의사를 표현하고 **신뢰를 형성하는 데 영향을 주는 요인**들은 의사소통, 지원, 존중, 공정, 예측 가능성, 유능함의 여섯 가지로 구분된다(염지숙 외, 2016).

① **의사소통이다.** 이는 동료끼리 계속 정보를 주고받고 정확한 피드백을 하며 결정과 정책을 설명하는 것을 의미한다. 자신의 문제에 대해 솔직하게 말해야 하고 상벌에 사용할 목적으로 정보를 수집하려는 유혹을 뿌리쳐야 한다.
② **지원이다.** 동료들끼리 인간적인 측면에 관심을 보이는 것을 의미한다. 서로 돕고 조언하고 아이디어를 격려하고 서로의 위치를 지켜준다는 의미이기도 하다.
③ **존중이다.** 존중의 가장 중요한 형태는 위임이며, 동료의 말에 귀를 기울이고 그의 의견에 따라 행동하는 것이다.
④ **공정이다.** 마땅히 칭찬해야 할 곳에 칭찬을 하며, 객관적이고 편견 없이 칭찬을 한다는 의미이다. 공정과 반대되는 행위인 편애, 위선, 아이디어와 업적의 횡령, 비윤리적인 행동은 용납되어서는 안 되며 이는 신뢰를 무너뜨리는 주요 원인이 된다.
⑤ **예측 가능성이다.** 이는 일관성 있고 신뢰할 수 있으며, 보이든 안 보이든 한 번 한 약속을 지킨다는 것이다.
⑥ **유능함이다.** 이는 기술적·전문적인 능력과 뛰어난 비즈니스 감각을 나타낸다. 사람들은 무능해 보이는 사람에게 복종하려고 하지 않는다. 신뢰는 물론 올바른 행동에서 싹트기 시작하지만, 능력 있는 사람에게 칭찬과 존경을 바탕으로 신뢰를 보내는 것이다.

신뢰와 솔직함을 쌓는 일은 점진적인 과정으로, 일련의 긍정적인 경험을 하도록 해야 한다. 신뢰를 쌓는 데는 오랜 시간이 걸리지만, 한계에 달하면 아주 짧은 시간에 무너져 버린다는 것을 명심해야 한다.

제3절 바람직한 인간관계

인간은 누구나 좋은 인간관계를 맺기를 원한다. 하지만 실천하기는 매우 어려운 것이 사실이다. 여기서 **바람직한 인간관계를 형성**하기 위하여 인간관계의 속성, 원칙, 저해 요인 등에 대해서 고찰하고자 한다(류동훈, 2004).

첫째, 인간관계의 속성은 다음과 같다.

① **인간관계는 사람에 대한 관심을 의미한다.** 인간은 사회적 동물로서 '나' 아닌 다른 사람과의 관계를 저버리고 생활할 수 없다. 인간이 상대에 어떠한 관심을 보이느냐에 따라 인간관계는 달라진다.

② **인간관계는 상대에 대한 긍정, 곧 인격에 대한 긍정에서 출발한다.** 서로를 인격체로 인정함으로써, 상호신뢰적 인간관계를 형성하게 된다.

③ **인간관계는 형식적 관계가 아닌 상호존중의 진실한 관계이다.**

④ **인간관계는 역동적이다.** 인간관계는 생명력이 넘치고, 살아 움직이는 관계이며, 사랑의 끈으로 이어져 꿈틀거리는 유기체이다.

⑤ **인간관계는 직무의 생산성을 높인다.**

⑥ **인간관계는 강요보다는 이해가 필요하다.** 그렇게 하기 위해서는 상황에 따라 유연한 태도를 취해야 한다.

⑦ **인간관계는 상호성의 관계이지, 분리나 차별의 관계가 아니다.**

둘째, 인간관계의 원칙은 다음과 같다.

① **인간관계는 서로 열려 있어야 한다.** 내가 상대에게 열려 있다는 것은 서로가 잘 알고 있다는 것을 의미하며, 잘 알기 때문에 문제에 직면하기 전에 문제를 풀어갈 수 있다.

② **인간관계는 상대를 중요한 존재로 인정해야 한다.** 상대가 '나'를 진심으로 소중하다고 생각하고 있다는 것을 느낄 때, 인간관계는 매우 급속히 가까워진다.

③ **인간관계는 믿음 가운데 쌓아야 한다.** 서로 간에 진심으로 신뢰가 싹틀 때, 인간관계는 더욱더 돈독해진다.

④ **인간관계는 억지로 떠밀려 할 수 없이 하는 것이 아니라, 능동적이고 적극적인 태도**

로 자발적으로 하는 것이다.

⑤ **인간관계는 정직해야 한다.** 자신의 실수나 잘못을 인정할 때 오히려 인간관계는 더욱 돈독해진다.

⑥ **인간관계는 성실하고 겸손해야 한다.** 상대에 대한 변하지 않는 마음으로 진실을 대할 때 인간관계는 더욱 빛나고, 자기 자신을 낮출 때 인간관계는 높아진다.

⑦ **인간관계는 역지사지(易地思之)의 자세로 바라보아야 한다.** 나의 입장이 아닌 상대의 입장에서 바라볼 때, 서로가 자신을 더 잘 알게 되고, 상대를 더 깊이 이해할 수 있다.

⑧ **인간관계는 일관성이 있어야 한다.** 상황에 따라 쉽게 변하는 태도는 서로 간의 불신감을 낳게 되어 인간관계가 불편해진다.

⑨ **작은 친절이라도 먼저 실천하는 솔선수범의 원칙, 취미나 생각, 성격이 유사한 사람끼리 인간관계가 더 발전하는 유사성의 원칙, 나보다는 타인을 먼저 생각하는 이타성의 원칙, 상대에 대한 진심 어린 친절과 관심으로 인간관계를 더욱 조화롭게 끌어가는 친절, 관심, 조화의 원칙 등이 있다.**

셋째, 인간관계의 저해 요인은 다음과 같다.

① **자기중심적 사고와 태도이다.** 우리 주위에는 자기주장만 앞세우고, 자기만 인정받아야 직성이 풀리는 사람이 많다. 이런 사람과는 바람직한 인간관계가 성립될 수 없다. 인간관계의 시작은 자기 욕심을 버리고 가장 낮아지는 것이다. 우리들이 진정으로 두려워하는 것은 자기중심적이고 교만한 사람이 아니라 남을 사랑하고 겸손한 사람이다.

② **편견과 차별적 태도이다.** 자기 능력보다 지연, 학연, 혈연으로 인하여 승진이나 경쟁에서 누락되었다고 할 때, 개인이나 조직, 집단에서의 상호 인간관계에 부정적 영향을 미친다. 아울러 성(性)이나 지역, 출신, 외모, 성적 등과 같은 것에 편견을 가지고 차별을 한다는 것도 올바른 인간관계를 정립할 수 없는 요인이다. 서로가 나의 가족, 나의 친구, 나의 형제로 바라볼 때, 편견과 편애와 차별이 사라질 것이다.

③ **거짓과 형식이다.** 인간관계에 있어 진실성이 결여되어 있고 형식적이라면, 그것은 올바른 인간관계를 맺었다고 말할 수 없다.

따라서 나 아닌 상대방이 먼저 해주기 전에 내가 먼저 해주는 자세가 습관화되어야 한다. 또한 상대를 내가 이용할 대상자라기보다는 진실한 친구로 대해 주어야 한다. 그렇기 위해서는 부지런하고 교만하지 않아야 한다.

제4절 유아교사의 인간관계

4절에서 유아교사의 인간관계는 학습자와의 인간관계, 학부모와의 인간관계, 유치원 교직원과의 인간관계 등으로 구분하여 고찰하기로 한다.

1. 학습자와의 인간관계

유아와 교사의 질 높은 상호작용은 유아의 언어능력, 또래 간의 상호작용, 놀이 수준, 학업성취도 등에 큰 영향을 미친다. 교사와 유아의 상호작용에는 기질이나 장애, 가정환경과 같은 유아의 개인적인 특징, 교사의 교수전략, 유아 교육기관의 맥락 등은 교사와 유아의 상호작용 질에 영향을 주는 주요한 요소들이다. **유아교사가 성공적으로 유아와 상호작용을 하려면 다음과 같은 전략을 적용**하는 것이 필요하다(박은혜, 2016; 송준석 외, 2016).

① **유아를 존중하는 자세와 태도이다.** 교사는 계층, 성별, 신체, 사회·문화적 배경 등에 관계없이 유아들에게 학습과 발달의 기회를 평등하게 제공하려고 노력해야 한다. 유아와 이야기를 나눌 때는 몸을 낮추고 유아의 눈을 바라보며 이야기를 나눈다.

② **부드럽고 따뜻한 상호작용이다.** 교사는 유아가 활동에 대해 흥미와 기대감을 가지고 적극적으로 참여하며, 활동에 집중할 수 있도록 돕는다. 교사는 유아에게 따뜻하고 애정이 담긴 대화 나누기, 미소짓기, 격려하기, 인정하기 등의 언어적, 비언어적인 방법들을 활용해 상호작용을 함으로써 밝고 즐거운 교실 분위기를 만들고자 노력한다.

③ **유아의 정서표현이나 요구 등에 민감한 반응이다.** 교사는 유아들의 개별적인 생각과 느낌을 받아 주고 존중하며 격려함으로써 유아들이 활동에 적극적으로 참여하도록 돕는다.

④ **유아의 성장과 발달지원이다.** 유아가 사물이나 현상에 대해 질문하고 호기심을 보일 때 교사는 유아가 보다 깊이 있게 탐색하도록 언어적으로 상호작용할 수 있어야 한다. 일상생활과 관련된 활동을 통해 유아 스스로 생활할 수 있도록 하고 협동하기, 순서 지키기, 나누기, 양보하기 등의 친사회적 행동을 발달시킬 수 있도록 지원한다. 아울러 교사는 유아가 이전의 경험과 지식을 활용하여 반성적으로 사고하고 다양한 방법으로 문제를 해결하는 기회를 가질 수 있도록 도우며, 필요한 경우 유아가 자신의 생각을 분명하게 표현할 수 있도록 언어적 표현력을 자극하고 사고과정을 돕는다.

⑤ **유아들의 개인차에 민감한 반응이다.** 교사는 유아들의 서로 다른 요구, 흥미, 스타일, 능력 등을 세심하게 관찰하고 개별적으로 대화하는 시간을 갖는다. 특히 영아들은 자신들의 요구를 말로 표현하는 데 한계가 있기 때문에 영아반의 교사들이 필요로 하는 것을 관찰을 통해 민감하게 알아차릴 수 있어야 한다.

⑥ **영아에게 일관되고 긍정적인 반응이다.** 영아들에게 가장 중요한 것은 자신을 돌보는 주 양육자와 신뢰감에 바탕을 둔 애착을 형성하는 것이다. 따라서 영아반 교사는 가능한 변화를 줄이도록 해야 하고 상호작용할 때는 일관적인 반응을 보이는 것이 매우 중요하다.

⑦ **도움이 필요한 유아에게 세심한 관찰과 필요한 협조를 한다.** 나이가 어린 영아일수록 더욱 필요한 행동이다. 어린 영아에게는 생리적인 욕구나 안전에 관해서는 더욱 세심한 관찰과 교사의 협조가 필요하다. 또한 빈번하게 일어나는 영유아들의 다툼에서도 세심한 관찰을 통한 적절한 중재가 필요하다.

⑧ **유아의 관심 분야를 파악한다.** 유아의 관심 분야를 파악한다면 유아가 관심을 가지고 있는 분야를 더욱 깊게 할 수도 있고, 반면 관심이 없는 부분에 관해서는 흥미를 유발할 수 있도록 교수방법을 달리할 수 있다. 이렇듯 관심 분야를 파악하는 것은 유아 각각의 적성에 맞는 개별지도를 할 수 있는 기초가 된다.

⑨ **적절한 스킨십을 한다.** 교사는 진실한 사랑을 바탕으로 유아에게 적절한 스킨십을 할 수 있어야 한다. 안아주기와 같은 따뜻한 스킨십은 유아 스스로 인정받고 있으며 배려받고 있다는 것을 느끼게 해 자신을 가치 있는 존재로 여긴다.

⑩ **공정성을 가져야 한다.** 유아를 대할 때에는 차별 없는 공정성이 필요하다. 유아가 차별받는다는 느낌이 들지 않도록 교사는 항상 공정성을 가져야 한다. 특히 교사는 계층, 성별, 신체, 사회문화적 배경 등에 관계없이 유아들에게 학습과 발달의 기회를 평등하게 제공하여야 한다.

2. 학부모와의 인간관계

유아교사와 학부모와의 관계는 교육을 매개로 교육자와 교육의 수혜자로서 인위적으로 형성되지만 유아들의 교육을 위해 돕고 협력한다는 측면에서 필연적인 관계라 할 수 있다. 유아교사와 학부모는 교육권을 행사하는 데 있어 교육을 위하여 자극과 충동을 줄 수 있는 긍정적인 측면이 있는 반면에 유아교사의 교육권에 대한 침해와 학부모의 교육권 행사가 충돌할 경우 갈등을 빚을 수도 있다.

이러한 관점에서 **유아교사와 학부모의 관계**는 다음과 같은 사항에 유의하여야 한다(신재흡, 2016).

① **유아교사와 학부모의 인간관계는 부분적인 관계이다.** 그들의 상호작용은 유아들의 교육이 목적이므로 유아들의 교육에 관계되는 일에 한정된다. 따라서 유아교사는 학부모에 대하여 널리 그리고 깊이 알지 못하며 학부모 또는 교사에 대하여 같은 입장이다. 이러한 점 때문에 양자 사이에 상호불신이나 오해가 싹틀 수 있으며 학습자지도에 오류를 범할 가능성이 항상 존재한다. 그러므로 서로에 대한 의식적인 이해와 유아교육에 관한 정보 교류 등의 노력이 필요하다.

② **학부모와 유아교사 관계의 특징 중 하나는 비영구적인 관계이다.** 유아교사와 학부모의 관계는 일단 맺어지면 유아들이 졸업한 후에도 그 관계는 지속될 수는 없다. 결국 학부모와 유아교사와의 관계는 유아들이 졸업을 하면 양자의 작용은 중단될 수밖에 없다.

③ **유아교사와 학부모의 관계는 합법적이고 공식적인 결합 관계이다.** 교사와 학습자가 교육자와 피교육자로서 교육의 권리 및 의무를 가짐과 동시에 유아교사와 학부모도 법적 관계를 맺게 되며, 유아교육법에 따라 교사와 학부모는 상호작용을 하게 된다. 이와 같이 교사와 학부모는 합법적이고 공식적인 관계를 맺는 것이 특색이다. 이와 같이 유아교사와 학부모는 학습자의 교육목적을 효율적으로 달성하는 데 있어서 모든 접촉 관계가 떳떳해야 한다.

그리고 **유아교사와 부모가 성공적으로 관계를 맺기 위하여 필요한 것**을 제시하면 다음과 같다(박은혜, 2016; 신재흡, 2016).

① **신뢰 형성이다.** 모든 관계는 신뢰를 바탕으로 시작되어야 한다. 교사는 부모가 유아에 대해 가장 잘 아는 사람이고 누구보다 자녀가 잘 되기를 바라는 사람이라는 것을 인정해야 한다. 부모는 교사가 유아의 학습을 위해 가장 전문가라는 것을 인정하는 것에서부터 관계를 시작해야 한다. 이러한 상호 간의 역할에 대한 기대와 동의는 교사와 부모의 관계를 성공적으로 유지시킬 수 있다.

② **상호 협력체제 구축이다.** 부모와 교사는 유아를 사이에 두고 상호 경쟁하는 관계가 아니라 유아들의 학습에 있어 상호 책임을 가지고 있는 사람이라는 것을 인정해야 한다. 부모는 가정에서의 경험과 기관의 프로그램을 연결시켜 줄 수 있으며, 교사는 부모에게 필요한 여러 가지 자녀 양육과 관련된 지식을 제공할 수 있다. 교사와 부모가 유아의 교육에 대한 동일한 목표를 지닐 때 교육이 가장 효과적으로 이루어질 수 있다.

③ **효과적인 의사소통이다.** 교사는 편지, 메일, 게시판, 전화, 홈페이지 등을 활용하여 양방향 의사소통이 될 수 있도록 많은 노력을 기울여야 한다. 의사소통은 매일, 매주, 매달 그리고 매 학기 이루어져야 한다. 부모들 역시 의사소통의 책임이 전적으로 기관에 있다고 맡기기보다는 좀 더 적극적이고 진솔하게 의사소통할 필요가 있다. 이러한 개방적이고 솔직한 양방향의 의사소통은 교사와 부모 사이에 발생할 수 있는 많은 갈등을 사전에 방지할 수 있다.

④ **상호 존중의 태도이다.** 교사는 부모들이 가지고 있는 자녀 양육에 대한 두려움과 기대, 사회적인 압박에 대한 부담 등을 이해해야 하고, 부모는 교사들이 과도한 책임을 맡고 있는지를 이해하며 각자의 역할을 분명히 하고 이를 존중하는 태도를 가질 필요가 있다.

⑤ **유아교사는 학부모의 의견이나 보호자적 권리를 존중해야 한다.** 교사가 아무리 전문적인 지식과 기술을 가지고 있다 할지라도 학부모의 의견을 경시해서는 안 된다. 교육의 대상인 학습자를 가장 잘 알고 있는 사람은 본인 외에 학부모밖에 없기 때문이다. 유아교사는 학부모로부터 학습자에 대한 정보를 수집하여 학습자 지도에 최대한 활용해야 한다. 학부모의 의견은 영유아 지도를 위한 가장 훌륭한 자료이다.

⑥ **유아교사는 학부모가 부담 없이 유치원을 방문하고 자유롭게 대화할 수 있는 분위기를 조성해야 한다.** 공식적·정기적 모임만을 통해서 학부모를 만나야 한다는 생각을 해서는 안 된다. 학부모의 유치원 방문은 부담 없이 자발적으로 이루어지는 것이 바람직하다. 교사는 학부모의 자발적인 유치원 방문을 고무하고 자유로운 분위기에서 교사와 학생, 그리고 학부모 간에 대화를 나눌 수 있는 기회를 제공하도록 힘써야 한다. 그럼으로써 상호 간의 이해를 증진시킬 수 있고 지도 방향을

선정하는 데도 큰 도움이 된다.

유아교사와 학부모의 원만한 관계를 위한 교사의 행동지침은 〈표 3-1〉과 같다.

〈표 3-1〉 유아교사와 학부모의 원만한 관계를 위한 교사의 행동지침

구분	유형	행동지침
1	자녀에 대한 부적절한 이해와 기대	• 부모의 배경, 생활 수준, 학력, 직업, 생활 경험 등에 따른 개인차를 인식한다. • 일반적인 유아들의 특성에 대한 정보를 제공하여 자신의 자녀의 수준을 객관적으로 인식하게 한다.
2	유아교육에 대한 이해 부족	• 유치원에 전적으로 교육을 맡겨서는 효과적인 교육이 이루어질 수 없다는 것을 알려준다. • 부모들이 자연스럽게 수업에 참여할 기회를 제공하여(일일 교사, 보조교사 등) 유아교육 및 교사를 이해할 수 있도록 한다. • 정기적인 모임뿐만 아니라 부담 없이 자발적으로 방문하고 수업을 관찰할 수 있는 기회를 제공한다.
3	유아지도의 어려움 이해시키기	• 지속적으로 유아를 관찰하고 그 결과를 면담에 활용한다. • 부모에게 유아의 발달 특성을 이해시킨다.
4	교사에 대한 부모의 예의	• 부모를 대하는 교사의 태도를 먼저 생각해 본다. • 부모에 대한 교사 자신의 감정을 분석해보고 부정적인 감정의 원인을 생각해 본다. - '나는 이 부모에 대해서 실제로 어떤 느낌을 가지고 있는가', '부정적인 감정을 가지고 있지는 않는가' • 부모를 직접적으로 만나는 방법 이외에 편지나 이메일 등을 사용해 본다.
5	교사에 대한 불만 표시	• 부모와 유아에 대한 교사 자신의 감정을 분석해보고 부정적인 감정의 원인을 생각해본다. • 교사가 모든 문제에 대한 답을 가질 수 없다는 한계를 솔직히 인정한다. • 부모는 위안이 필요하다는 것을 인식하고 부모에게 생각의 변화가 일어날 시간적 여유를 가지고 기다린다.

출처: 교육인적자원부(2001). 유치원 교사교육프로그램.

한편 유아교사와 학부모와의 공통점은 유아의 성장과 발달을 위해 기여해야 한다는 동일한 목적을 지니고 있다고 하지만, 학부모들은 자기 자녀에 대한 특별한 사랑과 관심을 요구하고 있고 유아교사는 전체 유아들을 지도해야 한다는 차이점이 있다. 이는 학부모와 교사 간에 갈등이 존재하며 이러한 갈등으로 인

해 유치원을 이직하기도 한다.

학부모와의 어려운 점을 살펴보면 다음과 같다(최애경 외, 2016).

> ① 안전사고에 대한 항의가 가장 크게 작용하며, ② 학부모들의 무리한 요구, ③ 학습에 지나친 요구, ④ 동료 교사들과의 비교, ⑤ 유아교육에 대한 인식 부족, ⑥ 교사를 보모로 대하는 경우, ⑦ 학부모의 사적인 일로 장시간 유아를 떠맡기는 경우, ⑧ 학부모의 반말이나 무시하는 언행 등이다.

그러나 학부모로 인해 교사가 어려움을 겪는다 해도 교사의 길을 접을 수는 없을 것이며, 경력교사나 원감으로부터 학부모와의 상담기법과 노하우를 배워 스스로 학부모에 대한 스트레스를 극복하려고 노력할 수밖에 없을 것이다.

3. 유치원 교직원과의 인간관계

여기서 교직원이라 함은 교육 활동을 위해 유치원 전 구성원을 의미한다. 즉 유치원 경영의 총책임자인 원장을 비롯하여 원감, 교사는 물론이며 행정 및 관리업무를 담당한 서무직원, 청소부 및 사환, 운전기사, 식당에 종사하는 모든 사람들을 지칭하며, 유치원에서 원아들을 위해서 활동하는 모든 사람을 의미한다. 이러한 전 구성원의 인간관계는 유치원 조직풍토를 조성하고 그 분위기는 교육 전반에 큰 영향을 줄 수 있다.

교직사회는 전문인들이 모여 활동하는 곳이기에 서로의 인격과 전문성을 인정하고 존중해 주는 풍토가 조성되어야 한다. 화합과 협동을 바탕으로 교직원들 사이에 상호 존중과 상부상조가 이루어질 때 유치원은 명랑하고 활기찬 곳이 될 수 있다. 또한 이러한 분위기가 교육목표달성의 기반이 된다. 상호신뢰와 존중을 기초로 한 참된 인간관계야말로 유치원 조직이 가지는 교육적이며 전문적인 특성을 모두 살릴 수 있는 관건이 된다.

유치원 교직원과의 인간관계는 원장(감)과의 관계, 동료 교사와의 인간관계, 부장교사와의 인간관계, 기타 교직원과의 인간관계 등에 대해 살펴보기로 한다(신재흡, 2016; 박은혜, 2016; 권건일 외, 2006).

1) 원장(감)과의 관계

유치원행정가와의 관계이다. 유치원행정가란 원장, 원감을 말하며, 이들은 모두 교원이다. 교육법에 원장은 교무를 통할하고 소속 교원을 감독하며 원아를 교육한다고 규정하여 유치원행정가의 책임과 권한 등 그 직무를 명시하였다. 유치원행정가는 유치원 경영의 최고책임자로서 제반 업무를 통제 관할해야 하며 소속 교원에 대한 지휘 및 감독뿐만 아니라 원아를 교육해야 할 책임이 있는 것이다. 따라서 유치원행정가는 지도자로서 인격 측면이나 경험 및 식견 등에서 그 역량이 보다 월등한 위치에서 솔선수범하고 자원적 존재로서 손색이 없어야 하며, 동료적인 위치에서 조력하고 봉사하는 자세를 갖추어야 한다. 유치원 경영상의 중요한 사항은 무엇보다도 교직원의 공동협의를 거쳐서 결정하고 전 교직원의 참여 의식을 높여야 한다. 민주적으로 유치원을 경영하기 위해서는 유치원 분위기를 원만하게 하면서 교직원들이 직무에 관한 책임을 자연스럽게 깨닫게 된다. 유치원행정가는 사적 충성이나 무조건 복종을 강요해서는 안 되며 교직원들의 인격을 존중하고 그들 각자의 능력을 인정해야 할 뿐만 아니라, 유치원행정가는 솔선수범해야 한다. 그리고 민주적 유치원행정가는 교직원들의 문제를 발견하여 그 해결을 위해 적극적으로 도와주어야 하고, 교직원들의 사기를 북돋아 주며, 그들로 하여금 지도자로서의 역량을 갖도록 배려하여야 한다. 한편 교직원들은 유치원행정가의 업무 수행에 대하여 함부로 비난이나 비판을 하여서는 안 된다. 유치원행정가로서의 권위와 체면을 인정하는 한편 입장을 바꾸어서 객관적으로 문제를 고려하고 협력과 조언을 통해서 유치원의 교육 발전에 기여하도록 최선을 다해야 한다(권건일 외, 2006).

2) 동료 교사와의 인간관계

교사 상호 간의 관계이다. 어떤 조직에서든지 조직원 상호 간의 돈독한 인간관계의 유지나 조직발전을 위해 무엇보다도 선행되어야 할 기본과제라고 할 수 있다. 대부분의 생활을 함께하며 상호 연관된 업무를 처리함에 있어서 조직원 상호 간의 이해와 협력 없이는 원만한 직무수행에 어려울 것이다. 유치원조직에서도 이와 다를 바가 없으며 교육이란 특수성 때문에 다른 조직보다도 더욱 원만한 교사 상호 간의 인간관계가 원만하게 형성되어야 한다. 만약에 교사 상호 간에 비윤리적으로 학습자들 앞에서 동료 교사를 비판하거나, 자신의 호신책으로 학습자를 분열시키거나, 담당학급이 다르다고 하여 다른 학급을 소홀히 하고 차별하거나, 다른 학급담당자가 자기 담당학급의 학습지도를 하는 것을 권리의 박탈이라고 생각하거나 하는 등은 교육 측면에서 직접적으로 나쁜 영향을 주는 행위로서 지양되어야 한다. 이것은 교직사회의 인화단결을 저해하는 것으로서 결국 교육의 목적달성에 큰 장애 요소가 된다. 그리고 지연, 학연 혹은 전공별로 파벌을 형성하여 공식적 조직을 위협하는 경우나, 사소한 이해관계 때문에 발생하는 동료 간의 갈등이나 반목은 명랑한 교육 풍토의 조성을 저해하는 최대의 문제점으로서 교직사회의 인화와 단결을 해치는 독소이다. 이와 같이 교사 상호 간 불협화음은 결국 유치원 사회 전체의 발전에 크게 영향을 주게 된다. 아울러 교직사회의 문제는 민감한 피교육자에게 직접적으로 영향을 준다는 특성을 감안하여야 한다. 그러므로 교직사회에서의 교사 상호 간의 문제점은 협의와 토론을 통해서 최선책을 모색하여야 하며 인화로 단결된 교직사회 풍토를 피교육자들로 하여금 피부로 느끼게 하여 정서적 안정을 기하도록 해야 한다(권건일 외, 2006).

유아교사들의 동료관계는 비생산적이거나 타율적이 아니라 유아교육현장에서 발생하는 많은 문제들을 해결해 가는 민주적이고 역동적인 관계가 되어야 한다. 이를 위해서 **교사들은 다음과 같은 전략**을 사용할 수 있다(박은혜, 2016 재인용).

① **각 교사의 기여도가 동등하게 존중되는 정기적인 모임 가지기이다.** 유치원에서 교사들은 비슷한 또래와 취미를 가진 교사들이 짝을 이루어 개인적인 모임을 가질 수도 있고, 동일연령을 담당하는 교사들끼리 매일 혹은 매주 모임을 가질 수도 있다. 여기에서 더 나아가면 지역별로 운영되는 자율장학회에 가입하여 새로운 정보를 공유하며 지식을 넓힐 수도 있다.

② **긍정적으로 상호 의존하기이다.** 공동체 생활은 기본적으로 구성원들 간에 상호 의존하는 관계에 기반을 둔다. 교사들은 구성원들 각자가 가지고 있는 관점과 역할, 지식과 기술, 일하는 스타일 등을 고려하여 최대한의 목표를 성취해낼 수 있도록 해야 한다.

③ **대인관계기술 적용하기이다.** 어떠한 인간관계이든 그것이 성공을 하기 위해서는 관계를 맺는 초기에 신뢰감이 형성되어야 하고 의사소통이 원활하게 이루어져야

하며 갈등이 생겼을 때 이를 원만히 처리할 수 있는 능력이 있어야 한다.

④ **개별구성원이 책무성 갖기이다.** 어떤 조직이든 각자에게 주어진 책임과 역할을 분명하게 하면 그 조직은 기본 이상으로 기능한다. 이에 덧붙여 출·퇴근, 외출, 결제, 출장, 결근 등과 같은 기본적인 직장 근무예절을 잘 지킨다면 갈등이 발생할 여지를 상당히 줄일 수 있다.

참고자료 **동료 교사와 인간관계를 맺을 때 지켜야 할 것들**

1. 뒷말하지 말 것
아무 의도 없이 내뱉은 말이라도 잘못 전해지면 소문의 주인공은 상처를 입게 된다.

2. 말할 때는 분별 있고 조리 있게 할 것
두서없이 말하는 횡설수설형은 말을 풀어가는 논리력이 부족한 것이다.

3. 베풀고 생색내지 말 것
상대방이 난처해야 할 정도로 도와준 것을 생색내서는 안 된다.

4. 고마움을 잊지 말 것
베푼 것은 금방 잊고 받은 것은 항상 기억해 두어야 한다.

5. 있는 그대로 말할 것
하지 못할 일이면 못하겠다고 솔직하게 말해야 한다.

6. 남의 비밀을 누설하지 말 것
아는 것은 누설하지 말고 모르는 것은 캐묻지 말자.

7. 겸손함을 배울 것
동료들이나 친구들 앞에서 자신의 실력이나 우월함을 과시해서는 안 된다.

8. 직설적 화법은 삼갈 것
따뜻하고 완곡한 화술은 일을 성사시키는 윤활제 역할을 한다.

9. 베풀고 기쁨으로 삼는 윤리관을 갖출 것
도움이 필요한 이에게 주저하지 말고 손을 내밀어 그들에게 관심을 갖고 도움을 주자

10. 이해심 많고 관용적인 태도를 기를 것
이해하고 포용하는 태도, 묵묵히 감싸주는 어진 마음은 사람들을 당신에게 붙게 하는 자석과 같다.

"빌 게이츠의 청년들에게(성공을 만든 사람)"에서

출처: 염지숙 외(2016). 유아교사론. 경기: 정민사, pp. 270~271.

3) 부장교사와의 인간관계

유치원에서 중간역할로서 부장교사가 있다. 부장교사가 중간역할을 잘 수행하게 되면, 원장, 원감과 교사 모두 만족감을 느낄 수 있다. 교사들은 실질적으로 부장교사의 지시를 많이 받고 있다. 각 학급의 교사는 학급의 일을 분담시키고, 여러 학급교사와 부장교사가 이러한 과정에서 인간관계가 원만하다면 마찰이 없이 업무가 잘 이루어질 것이다. 이때 부장교사는 교사들에게 권위적인 태도로 대하는 일이 없도록 해야 한다. 부장교사가 업무를 분담시킬 때 학연, 지연에 얽매여서 불공정하게 처신한다면 교사들의 신뢰를 받지 못하게 된다. 따라서 부장교사는 공정하고 민주적으로 교사들을 대해야 한다(류동훈, 2004).

4) 기타 교직원과의 인간관계

행정직원과의 관계이다. 유치원에는 교사 이외에 직접 교육을 담당하지는 않으나 교육 활동을 지원 및 조성하기 위한 일반행정이나 관리를 담당하고 있는 직원들이 있다. 즉 행정직원, 사무직원, 기능직원 및 사환, 운전기사, 식당 종사자 등이 있다. 이들은 업무상에 부과된 업무만 수행하면 되겠으나 유치원에서의 업무는 일반 행정업무와 또 다른 특성이 있다. 다시 말하면, 교사들이나 피교육자들과 함께 생활하지 않을 수 없는 환경에 처해 있는 특수성이 있다. 그러므로 이들도 교사들 못지않게 피교육자에게 사표가 되어야 하는 모범적인 생활자세를 갖추지 않으면 안 된다. 왜냐하면 피교육자들은 교사나 행정직원 등 유치원의 모든 인적·물적 환경을 그들의 표본의 대상으로 바라보며 따르고 있기 때문이다. 따라서 유치원의 모든 조직과 환경은 동일한 목표인 바람직한 인간을 육성해야 하는 방향으로 초점화되고 이를 위해 유치원의 모든 구성원이 일치단결해야 한다. 이와 같이 행정직원과의 원만한 인간관계 형성을 위해 교사들은 먼저 그들에게 평등한 동료로서 인격을 존중하며 인간적인 유대관계를 유지해야 한다. 왜냐하면 유치원사회에서는 모든 것이 교사 위주로 이루어지기 때문에 행정직원들에게는 소외감을 느끼게 할 수 있는 특수한 환경이기 때문이다. 그러므로 "사람 위에 사람 없고 사람 밑에 사람 없다"는 평등의식으로 그들을 존중해야 한다. 이렇게 될 때 유치원의 전 조직은 원만한 인간관계가 형성될 것이며, 이는 곧 교육력으로 이어져서 교육효과의 극대화를 기할 수 있을 뿐만 아니라, 피교육자들은 일찍부터 직업에 귀천 없이 모든 인간은 동등하게 상호 존중받아야 한다는 민주주의의 원리를 체득하게 될 것이다.

4. 지역사회와의 관계

유아교사는 유치원과 지역사회를 연결시키고 상호협조하여 지역사회는 물론 국가발전에 선도적 역할을 해야 한다. 교육은 본래 피교육자의 성장 및 발달을 도모함과 동시에 지역사회의 요구를 수용하여 교육에 반영하도록 해야 하며, 또한 지역사회의 개선 및 발전을 위해 공헌하는 데 의의가 있다. 즉 교육을 담당한 유아교사는 지역사회의 일원으로 지역사회의 개선 및 발전을 위해 공헌해야 할 사명감이 있다는 것을 인식하고 지역사회의 전통을 존중하면서도 의식개혁, 생활개선 등 경제·사회·문화·교육 등의 발전을 위해 적극적으로 참여하고 봉사해야 한다. 왜냐하면 오늘날의 유아교사는 전통적인 교직관의 교사상인 유치원 내에 안주하는 사회의 이방인 같은 존재가 아니라 지역사회 활동에 능동적으로 참여하고 지역사회 발전을 위해 선도적인 역할을 담당해야 할 지도자의 위치에 있기 때문이다.

교육이 자아실현을 위해서는 물론, 나아가서는 사회에 공헌하기 위한 것이 목적이라면 사회에서 유리될 수 없으며, 사회 속에서, 사회의 요구와 필요한 것이 교육과정 속에 투영되지 않으면 안 된다. 이러기 위해서는 유치원의 교육 활동을 지역사회에 홍보하고 지역사회의 이해와 협조도 구해야 한다. 이와 같이 유치원과 지역사회는 밀접한 유대관계가 있어야 하므로 교사는 지역사회 인사들과의 관계에서 모범적이고 선도적인 행동을 하여야 한다. 물론 교직자이기 때문에 행동의 제약을 받아야만 하는 경우도 있겠으나, 반면에 지역사회로부터의 존경과 신뢰도 받을 수 있다는 점에 자긍심을 가져야 한다. 어쨌든 교사는 건전한 가치관과 확고한 국가관으로 지역사회 발전의 핵심적 존재로서 변화를 모색하는 선진적인 의식개혁을 위한 선도자가 되어야 한다.

유아교사가 성공적으로 지역사회와 관계를 유지하기 위해서는 무엇보다도 교사의 적극적이고 개방적인 자세가 필요하다. **지역사회와 성공적으로 관계를 맺을 수 있는 전략**을 제시하면 다음과 같다(박은혜, 2016 재인용).

① **지역사회에 존재하는 다양한 자원 찾기이다.** 유아교사는 홈페이지, 지역신문, 지역 소식지 등을 적극 활용하여 지역사회의 공공기관, 행사, 인물 등에 관한 정보를 수집한다.

② **발굴한 자원과 관계 맺기이다.** 지역사회에 존재하는 다양한 자원을 발굴하였으면 방문, 편지, 전화, 안내문, 공문 등을 통하여 최대한 상호이익이 되는 관계를 맺는다. 이 과정에서 교사는 협력의 목적과 방법, 효과 등을 설득력 있게 제시할 수 있어야 한다.

③ **지속적인 협력관계 유지하기이다.** 지역사회의 자원과 관계가 맺어지면 그 자원을 최대한 이용하여 활동기회를 제공한다. 지속적으로 친밀한 관계를 유지하기 위하여 의사소통의 통로가 개방적이고 원활하게 이루어질 수 있도록 노력할 필요가 있다.

④ **지역사회 연계, 확장 및 자원 공유하기이다.** 지역사회의 다양한 자원을 활용하여 활동을 하고 난 후에는 정확한 평가를 통해 차후의 연계를 위한 기반을 마련해야 한다.

〈사례: 현장 활용자료〉

자신의 장점과 단점을 살펴봄으로써 이러한 장단점이 인간관계에 어떤 영향을 미치는지에 대해 생각해 본다.

나의 장점	나의 단점

1) 자신의 장점과 단점에 대해 어떤 생각이 드나요?

2) 단점을 장점으로 변화시킨 것이 있나요?

3) 인간관계 개선을 위해 자신의 단점에 대해서 앞으로 보완해야 할 점은 무엇인가요?

4) 이러한 장점과 단점들이 자신의 생활이나 인간관계에 어떠한 영향을 미치나요?

출처: 최애경 외(2016). 영유아 교사론. 경기: 공동체, p. 317.

연습 및 탐구문제

1. 인간관계의 저해 요인에 대하여 생각해 봅시다.

2. 유아교사가 성공적으로 유아와 상호작용을 하기 위한 전략에 대하여 기술해 봅시다.

3. 유아교사와 학부모의 원만한 관계를 위한 교사의 행동지침에 대하여 생각해 봅시다.

4. 유아교사가 지역사회와 성공적으로 관계를 맺기 위한 전략에 대하여 토론해 봅시다.

CHAPTER 04

영유아 교육기관의 장학행정

학습목표

1. 유치원(어린이집) 장학의 특성을 설명할 수 있다.
2. 장학의 발달과정을 제시할 수 있다.
3. 유치원(어린이집) 장학활동의 영역을 열거할 수 있다.
4. 유치원(어린이집) 장학활동의 기본 형태를 설명할 수 있다.
5. 유치원(어린이집) 장학활동의 원리, 과정에 대하여 파악할 수 있다.
6. 장학담당자의 역할 · 자질 · 리더십에 대해서 설명할 수 있다.
7. 유치원(어린이집)의 장학의 활성화 방안을 이해할 수 있다.

Keyword

장학, 원내장학, 유치원 장학의 특성, 장학의 기능, 장학의 발달과정, 전통적인 통제 중심의 장학, 조건 정비적인 지원중심의 장학, 민주적인 경영 중심의 장학, 장학의 영역, 교사의 전문적 발달, 교사의 개인적 발달, 유치원(어린이집)의 조직적 발달, 장학의 형태, 수업장학, 동료장학, 자기장학, 약식장학, 자체연수, 수업장학의 과정, 동료장학의 특징, 동료장학의 효과, 자기장학의 방법, 자기장학의 특징, 자기장학 평가척도, 자기장학 분석사례, 약식장학의 필요성, 장학의 원리, 장학의 과정, 장학의 모형, 장학담당자의 역할·자질, 장학담당자의 기본태도, 장학담당자의 리더십, 장학의 기본원리

볼린과 파나라이터스(Bolin & Panaritis, 1992)는 "장학의 개념의 변화를 ① 초기 장학의 역사에서 장학은 교사가 배운 대로 수행하는 것에 대해 칭찬하고 개선에 대한 요구를 하는 감독자와 같은 것이었다. ② 이후 장학은 사회적 효율성의 모델에 기초하여 장학이란 교사가 자율성을 갖고 교육과정을 실행하는 것에 대해 과학적 이론을 기초로 하여 평가하는 개념이었다. ③ 최근 들어 장학은 교사가 교육과정의 개발과 실천 과정에 능동적으로 참여하도록 하고 협력하는 민주적 지원 과정이라는 개념으로 변화되었다."고 했다.

하지만 우리나라는 1980년대 초 교육부에 처음으로 유아담당 장학사가 임명되고, 2000년에 진입하면서 장학의 중요성에 대한 공감대가 형성되었을 정도로 아직 역사는 짧다(권영례 외, 2011).

4장에서는 장학의 개념·특성, 장학의 발달과정, 장학의 영역·형태, 장학의 원리·과정·모형, 장학담당자의 역할·자질·리더십, 유치원(어린이집)의 장학의 활성화 방안 등에 대해서 고찰하고자 한다.

제1절 장학의 개념·특성·기능

유치원에서 장학활동이란 단위 유치원에서 교육 활동의 개선을 위하여 자율적으로 원장, 원감을 중심으로 하여 전체 교직원들이 공동으로 노력하는 과정으로 보고 있다(이윤식, 2005). 이와 같은 개념 정의에서 중요한 점은 장학을 "역할(role)"로 보기보다는 "과정(process)"으로 보는 것이다. 장학을 역할로 보면 장학은 단지 장학사(관), 또는 일부 행정가 등 소수의 사람들만이 수행하는 공식적인 활동으로 보여진다. 장학을 과정으로 보면 유치원에서 어떠한 형태로든지 교육 개선과 관련하여 주고받는 공식적 또는 비공식적, 전문적 또는 일상적인 지도, 조언 등의 행위에 관여하게 되는 모든 사람들은 일종의 장학활동을 하게 되는 것으로 이해되며, 유치원에서 장학이라는 용어는 표현상 "유치원 안"이라는 공간적인 의미가 강한 인상을 주어 온 "원내장학"이라는 용어에 단위 유치원의 자율성과 교직원의 자율성을 강조하는 의미가 첨부된 용어라 하겠다. 그리고 서지오바니와 스타래트(Sergiovanni & Starratt, 1983)도 장학을 과정으로 보는 것이 장학을 특정한 역할로 보는 것보다 의미가 크다는 입장을 견지한다.

유치원에서 장학의 일반적인 개념은 원칙적으로 교육행정기관의 지시를 받음이 없이 단위 유치원에서 또는 인접한 유치원들 간, 교원들 간에 교육 활동의 개선을 위하여 자율적으로 수행하는 장학활동이라고 규정할 수 있다. 즉 유치원이 장학의 주체로서 보다 능동적이고 적극적으로 그리고 독립적으로 나름의 독특한 상황과 조건을 고려하여 장학을 실천하려는 노력이 요구된다.

유치원 외부로부터 주어지는 장학이 장학담당자의 인력 부족, 시간 부족, 전문성 부족 등의 문제점, 그리고 유치원 현장에 대한 적합성 부족 등의 문제점을 노출하고 있는 현실을 고려할 때, 원장 중심의 장학활동은 그 중요성이 높다. 외부로부터 주어지는 장학의 유치원 현장에 대한 적합성 부족 문제는 외부장학이 유치원 현장의 인적, 물적, 조직적, 사회·심리적인 조건에 대한 고려에 한계가 있다는 점에 기인한다. 현실적으로 유치원 외부의 장학담당자들이 단위 유치원 내부의 제반 조건, 교육 활동의 실제와 문제점, 그리고 조직풍토 등을 비롯한 여러 가지 복잡한 요인들을 충분히 인식·이해하기에는 많은 어려움이 있다. 장학활동의 효과를 높이기 위해서는 교사들이 생활하고 있는 유치원 현장의 현실을 충분히 고려한 장학활동의 내용과 방법을 구안하려는 노력이 필요하다(Perry, 1980; Joyce & Mckibbin, 1982).

한편 **유치원 장학의 특성**을 제시하면 다음과 같다(이윤식, 2005).

① **자기 발전성이다.** 장학은 그 목적상 단위 유치원의 기관으로서의 자기 발전을 추구할 뿐 아니라, 단위 유치원의 조직원으로서, 원장, 원감, 부장교사, 교사, 그리고 관계 직원 등 모두의 자기 발전을 도모할 수 있는 과정이다. 전통적인 장학의 관점에서 보면 장학담당자는 단지 지도 및 조언을 제공하는 역할만 맡고 있는 것으로 보인다. 그러나 상호작용 관계 속에서 전개되는 장학활동에서는 장학담당자도 자기 발전의 기회를 가질 수 있다. 즉 원장이나 원감 또는 부장교사도 교사들을 도와주는 역할뿐만 아니라 그들과의 협력적 상호작용을 통하여 자신들의 발전을 위한 유익한 자극이나 정보를 얻을 수 있음을 의미한다.

② **자율성이다.** 일반적으로 유치원 내 장학활동은 외부로부터 통제를 받음이 없이 단위 유치원의 구성원들이 스스로 유치원의 교육 활동 개선을 위하여 장학활동을 해 나가고 그 결과에 대하여 스스로 책임지는 것을 중요시한다. 이러한 과정에 있어 단위 유치원의 기관으로서의 자율성이 최대한 존중되어야 한다. 단위 유치원의 기관장으로서 원장은 대외적으로 유치원 장학활동 책임자들의 자율성을 보장할 수 있는 바람직한 지도·조언자가 된다.

③ **협력성이다.** 장학활동은 단위 유치원 내에서 원장·원감을 중심으로 하여 모든 교

직원들이 협력적이고 참여적인 공동 노력을 통하여 이루어지며, 경우에 따라서는 유치원 외부로부터 필요한 협력을 얻을 수도 있다. 효과적인 장학활동의 실천을 위해서는 무엇보다도 교직원들이 장학활동에 적극적으로 참여할 수 있는 분위기와 여건이 조성되어야 한다. 교직원들이 원내 자율장학에 대하여 긍정적인 인식을 갖고 동기유발이 되도록 하며, 필요한 경우에는 외부 교육행정기관이나 유관기관 그리고 인근 유치원으로부터 인적 및 물적 협력을 받을 수도 있다.

④ **다양성이다.** 장학활동은 단위 유치원의 조건, 그리고 교직원들의 필요와 요구에 기초하여 다양한 형태로 운영된다. 효과적인 장학활동의 내용과 방법은 유치원의 종류, 소재 지역, 규모, 그리고 유치원 내의 인적·물적 제반 조건 등의 요인에 따라서 다양하게 나타난다. 또한 교직원들의 교직 경력, 담당 과목 혹은 담당업무, 성별, 연령 등의 요인에 따라서도 장학활동의 내용과 방법은 개별화·다양화되어야 한다. 이는 장학활동의 형태가 반드시 전문적이고 체계적이고 공식적이지 않을 수도 있음을 의미한다.

⑤ **유치원 중심성이다.** 장학활동은 단위 유치원이 주체가 되며, 유치원의 인적·물적 조건 및 조직적·사회 심리적 특성을 기초로 하여 이루어진다. 전통적 장학에서 유치원은 장학의 객체로서 피동적이고 소극적인 입장에 있었다. 따라서 유치원은 장학의 주체로서 능동적이며 적극적이며 독립적으로 나름의 독특한 상황과 조건을 고려하여 장학을 실천함으로써 그 효과를 극대화할 수 있다.

⑥ **계속성이다.** 장학활동은 일시적이고 단기적인 과정이 아니라 계속적이고 장기적인 과정이다. 교육행정기관에서 유치원을 대상으로 실시하는 장학은 일시적이고 단기적인 성격이 강하며, 유치원 측에서는 이에 대비하여 가시적이고 형식적인 준비를 하는 경향이 없지 않으며, 또한 그 효과도 지속적이지 못한 경향이 있다. 교육 활동은 본질적으로 계속적이고 장기적인 과정인 바, 교육 활동의 개선을 위한 유치원의 장학활동도 계속적이고 장기적인 과정이 아닐 수 없다.

유치원(어린이집) 장학의 개념적 특성은 **[그림 4-1]**과 같다.

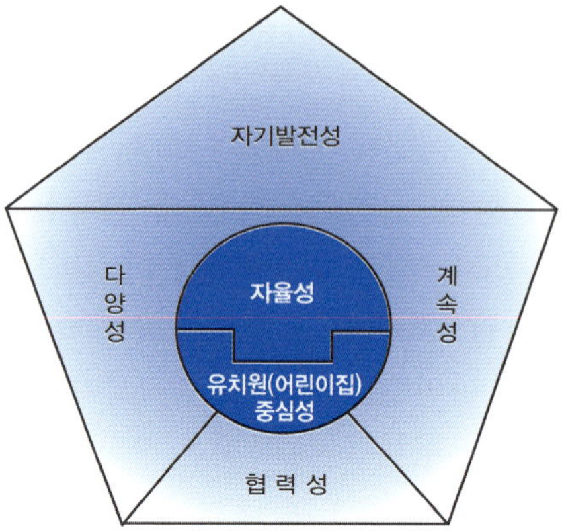

[그림 4-1] 유치원 장학활동의 개념적 특성

출처: 이윤식(2005). 장학론. 서울: 교육과학사, p. 261에서 인용해서 수정함.

그리고 장학의 기능이란 장학의 의미를 나타내며, 장학의 개념 및 역할 정의에 따라 기능을 보는 시야도 달라질 수 있다. 장학의 기능문제는 장학의 개념 및 장학의 발달과 서로 연관되어 있다. 장학의 기능에 대한 여러 학자들의 견해를 제시하면 〈표 4-1〉과 같다.

〈표 4-1〉 장학의 기능

학자	장학의 기능
Dull(1981)	전문직화, 직원발전, 집단을 통한 장학, 교육과정개발, 방문과 관찰, 수업자원, 교사평가, 장학자체평가
Lovel & Wiles(1983)	협동장학, 교육과정개발, 임상장학, 교원직능개발
McNerney(1951)	교수과정에 대한 방향 제시, 교수과정에 대한 효과의 평가
McKean & Mills(1964)	리더십의 발휘, 자원과 봉사의 역할, 평가
강영삼(1994)	교육과정개발, 평가, 현직교육, 인간적 지원, 리더십
정태범(1996)	행위상 분류(감독적 관리기능, 전문적인 관리기능, 전문적인 지도기능) 내용상의 분류(교과 지도기능, 학생 지도기능, 학교 경영기능)
주삼환(2003)	수업개선의 기능, 교육과정개발 기능, 교사의 전문적 성장을 돕는 기능
이윤식(2005)	교원의 성장 및 발달을 돕는 기능, 교육과정 운영의 효율화를 돕는 기능, 경영의 합리화를 돕는 기능

출처: 신재흡(2007). 한국 교육의 질 관리를 위한 장학행정. 서울: 학이당, p. 51에서 수정 및 정리함.

〈표 4-1〉에서 여러 학자의 견해를 종합하면, **장학의 기능에서 가장 근본적인 기능은** ① 수업(교수-학습) 개선과 ② 교육과정개발로 볼 수 있다. ③ 현직교육, 교수자료와 시설제공 및 교직원인사, 홍보에 이르기까지 교사의 전문적 성장을 돕는 모든 교육 활동뿐만 아니라 ④ 유치원 체제 내의 인적, 물적, 재정적 자원을 효과적으로 유지, 통합, 운영하고, 제반 교육 활동 기능을 최적화하도록 도와주는 유치원 경영의 합리화를 돕는 기능, 그리고 ⑤ 유아교사의 신상 및 인간관계에 이르기까지 그 범위가 대단히 넓음을 알 수 있다. 이러한 다섯 가지 영역은 실제적으로 중복되는 부분이 있으며, 상호 보완적인 관계에 있다고 하겠다(신재흡, 2007).

제2절 장학의 발달과정

다양한 여건의 변화 속에서도 장학의 가장 뚜렷한 특징은 초기의 감독적 입장에서 출발하여, 교육 활동을 돕는 기능적 입장을 거쳐, 효율성과 생산성을 높이는 경영적 입장으로 발달되었다는 것이다. 장학의 활동은 시대와 여건에 따라 그 강조점을 달리하고 있는데, 이들의 중요한 특징은 전통적인 통제 중심 장학, 조건 정비적인 지원중심 장학, 민주적인 경영중심 장학 등으로 나누어질 수 있다(정태범, 2003).

① **전통적인 통제 중심 장학이다.** 이는 초기 장학으로서 법규중심 행정에 그 기원을 두고 있다. 법규 중심 행정이란 교육제도 운영에 필요한 법을 만들어 그 법을 근거로 행정을 펴나간다는 것이다. 장학행정의 경우, 행정가들이 법규나 행정 지침에 따라 장학 업무를 감독하는 경우를 들 수 있다. 통제 중심의 장학은 법규에 규정이 있는 대로 교사의 자격과 복무 사항을 감독하며 교육과정에 따른 수업시간 이수 현황을 점검하고 시설설비 현황을 감독하는 경우를 말한다. 이러한 현상은 장학활동이 교육의 자율성을 신장시키기보다는 교육기관을 규제하는 경우에 나타난다. 장학의 기본적 성격으로 볼 때, 전통적인 통제 중심의 장학은 초기의 시학에 의한 장학단계에서 나타났다. 통제 중심 장학의 방법은 시학의 목적을 위한 영유아 교육기관 방문이나 시찰에 국한되었으며, 장학의 관심을 주로 교사의 근

무실태를 점검하고 평가하는 데 두고 있다. 따라서 장학활동이 장학의 전문성을 갖추지 못한 비전문적 인사에 의해서도 가능하게 되는 불합리를 낳았던 것이다. 모든 활동이 법규에 기초하여 운영되어야 하는 것은 당연한 일이지만 교육 활동의 특성과 그 영역을 고려해 볼 때, 특정한 규정에 의존하는 장학활동은 극히 제한적이어서 교육 활동을 위축시켰다. 설령 정해진 규정을 잘 지켜 장학활동을 한다 해도 폭넓은 교육의 자율성을 수용할 수밖에 없었던 것이다.

② **조건 정비적인 지원중심 장학이다.** 교육제도가 어느 정도 정비됨에 따라 전통적 통제 중심 장학에서, 교육의 효과를 높이기 위해 교육제도의 효율적인 운영에 필요한 교육 조건을 지원하는 데 장학활동의 초점을 두게 되었다. 이러한 조건 정비적 지원중심 장학은 1960년대 중반을 거쳐 1970년대 말경에 이르기까지 유행했던 지원중심의 조장행정에 그 기원을 두고 있다. 조건 정비적 장학은 주로 학교의 교육 조건을 정비하는 데 관심이 집중되었다. 학교에서는 구체적으로 조직 구성원의 인화를 강조하며 각종 인적, 물적, 재정적 조건을 정비하는 경우를 들 수 있다. 통제 중심 장학이 권력에 근거한 감시 및 감독에 주력했다면, 지원중심 장학은 학생들의 학습과 성장에 필요한 조건을 마련하는 데 두고 있다. 그리하여 지원중심 장학은 교사의 교육 활동을 능률적으로 수행하도록 도와줌으로써 관료의 통제가 아닌 교육의 전문적 경영에 접근하기 위한 전 단계로서의 장학기능을 수행하게 되었다. 그러나 사회 변화로 학교의 기능이 복잡하고 다양화됨에 따라 지원중심의 장학활동은 한계를 드러내었으며, 또한 그것의 창의적인 융통성보다는 획일적인 지원의 성격을 띰으로써, 적극적이고 바람직한 교육목표달성 활동과는 거리가 있게 되었다.

③ **민주적인 경영 중심 장학이다.** 조건 정비적인 지원중심 장학은 봉사적 기능만을 강조하여 장학활동을 수단적 기능에만 치우치게 함으로써 목적으로서의 기능을 간과했다고 할 수 있다. 교육목표를 설정하여 그것의 달성을 위한 조건을 정비하고, 더 나아가 목표달성 결과를 점검하는 목표관리에 중점을 둔다. 따라서 목표관리 중심에서는 조정행정에 기초를 두고 그 성과를 거양하는 민주적 경영중심 장학이 강조된다. 민주적인 경영중심 장학은 장학목표의 설정, 교사의 전문적 능력 신장, 교수-학습을 위한 지원활동 및 장학활동의 성과 확인 등의 과정이 하나의 체제로 이해된다. 따라서 장학의 전 과정이 체계적으로 통합되고, 교육조직구성원들이 함께 참여함으로써 민주적으로 경영되는 하나의 순환적인 체제형태를 취하게 되는 것이다. 이 장학활동은 민주적인 이념에 바탕을 두고 전문적, 기술적 지도 조언과 집단적, 협동적 연수 과정을 위주로 하는 경영활동의 성격을 띠고 있다.

따라서 장학지도 방법과 기술도 다양화되었으며, 장학활동이 아동, 학생의 활동을 비롯해 주로 교사의 전문적 자질 향상, 교수-학습 방법개선 및 학급 경영 능력 향상에 역점을 두게 되었다. 이와 같이 장학이 전문화됨에 따라 장학담당자에게 장학활동에 필요한 전문적 지식과 기술이 요구되고, 장학 능력을 최대로 발휘하기 위해 리더십이 강조되게 되었다.

제3절 장학의 영역·형태

장학의 영역과 형태에 대해서 고찰하기로 한다.

1. 장학의 영역

유치원(어린이집)에서 교육 활동의 개선을 위하여 자율적으로 원장, 원감을 중심으로 하여 전체 교직원들이 공동으로 노력하는 과정으로 정의하며, "교육 활동의 개선"은 교사들의 교수 행위의 개선에 한정된 좁은 의미가 아니라 전체적인 유치원개선에 관련된 넓은 의미로 쓰인다. 따라서 이윤식(2005)은 **유치원 장학활동의 영역**을 교사의 전문적 발달(professional development) 영역, 교사의 개인적 발달(personal development) 영역, 유치원의 조직적 발달(organizational development) 영역의 세 가지로 정리하고 있다.

첫째, 교사의 전문적 발달(professional development) **영역이다.** 교육과정 운영에 초점을 두어서 교사들이 교과 지도(유아의 놀이지도나 활동)와 교과 외 지도를 포함하는 교육 활동 전반에 있어서 안정, 숙달, 성장을 도모하도록 도와주는 것을 의미하며, 김종철(1985)의 견해는 장학에 대한 기능적 접근에서 장학은 무엇보다도 교사들의 전문적 성장을 돕는 것으로서, 이에는 교사들로 하여금 ① 건전한 교육철학의 수립, ② 교직에 대한 올바른 태도와 감정의 확립, ③ 문제해결의 능력과 기술의 습득(특히 학습지도 방법과 생활지도 방법의 개선), ④ 교육문제에 대한 올바른 인식의 확대 등이 포함된다는 견해를 피력하고 있다. 크놀(Knoll, 1987)은 교수 기술에서의 수월성을 결정하는 구체적인 증거로서, ① 학급환경, ② 수업 준비, ③ 학생들과의 상호작용, ④ 학습환경의 관리, ⑤ 전문직성, ⑥ 학부모·지역사회와의 상호작용 등 여섯 가지를 제시하고 있다. 즉 일반적으로 교사의 전문적 발달과 관련하여 다루어질 수 있는 내용은 다음과 같다. ① 교육철학과 교직관, ② 교육목표 및 교육계획, ③ 교육과정 및 교과 지도, ④ 생활지도, ⑤ 특별활동 지도, ⑥ 교육기자재 활용, ⑦ 학급관리 및 경영, ⑧ 교육정보 및 시사, ⑨ 학부모, 지역사회와의 관계, ⑩ 각종 교육 관련 문제의 이해 등이 있다.

둘째, 교사의 개인적 발달(personal development) **영역이다.** 교사 개인에 초점을 두어서 그들이 심리적, 정서적, 신체적, 가정적 및 사회적 영역에서 안정, 만족, 성장을 도모하도록 도와주는 것을 의미한다. 제 학자들의 견해를 고찰하면 다음과 같다. 호웨이(Howey, 1980)는 종래의 교사의 성장·발달을 도와주는 프로그램들이 교육과정 운영 및 교수 기법 등 너무 좁은 영역에 한정하여 제공되어 왔음을 지적하였다. 글래스버그와 오자(Glassberg & Oja, 1981)는 교사의 전문성 성장은 성인으로서의 개개 교사의 심리·정서적 발달상태와 유치원의 조직적·사회적 환경 등의 다양한 요인들에 의해 영향을 받고 있다. 와일즈와 로벨(Wiles & Lovell, 1975)은 교사의 개인적 문제에 대한 관심의 중요성을 다음과 같이 말하고 있다. "교사들의 개인적 문제의 해결을 위한 도움을 제공하는 것은 장학의 기본 관심사가 된다. 유치원에서 모든 활동은 정신적 건강의 기초 위에 이루어지는 것이다." 장학담당자는 교사들의 마음속에 개인적인 걱정이나 근심거리가 쌓여 있는 한, 교수활동의 개선을 위해서 그들과 일한다고 하는 것이 무의미한 일임을 깨달아야 한다. 교사들은 초인간(superman)이 아니다. 일반 성인들을 괴롭히는 근심, 걱정, 두려움이 똑같이 교사들을 괴롭히고 있는 것이다. 장학담당자들은 근심, 걱정, 두려움에 싸여 있는 교사들에게 훌륭한 교사가 되라고 강요할 수는 없다. 교사들의 문제는 유치원 교육과 직접적인 관련이 적을 수도 있다. 그들은 가정적 문제, 사회적 문제, 혹은 경제적인 문제들일 수도 있다. 그러나 이런 것들은 유치원 교육에 관련된 문제만큼이나 똑 같이 중요하다. 언루흐와 터너(Unruh & Turner, 1970)는 교사 개인의 성격 문제, 자신과 가족의 건강 문제, 거주 환경이나 이웃에 대한 문제, 재정 문제, 자녀양육 및 교육문제 등이 교사들에게 적지 않은 스트레스를 주고 있다고 하였다. 이러한 문제들은 교사들의 개인생활이나 교직생활에서 갈등과 불만족을 야기하는 중요한 요인이 될 수 있다. 한유경(1983)은 여교사의 경우에는 아직도 여자의 역할에 대한 전통적인 가치관이 강한 우리 사회에서 다중 역할을 수행하는 데 오는 적지 않은 심리적,

가정적, 사회적 갈등이 있는 것이다. 교사의 개인적 발달영역의 내용은 ① 교사의 신체, 정서적 건강, ② 교사의 성격, ③ 교사의 가정생활, ④ 교사의 사회생활, ⑤ 교사의 취미와 흥미, ⑥ 교사의 종교 등이 있다. 이러한 교사의 개인적 발달영역의 경향은 장학의 개념이 궁극적으로 교사의 전문적인 성장 및 발달뿐만 아니라 전인적인 능력개발의 개념으로 확대되어 가고 있음을 시사하고 있다. 교사의 개인적 발달을 위한 예시적 활동은 교사의 신체적·정서적 건강, 교사의 성격 및 취향, 교사의 가정생활, 교사의 사회생활, 교사의 취미생활, 교사의 종교활동 등이 있다.

셋째, 영유아 교육기관(유치원, 어린이집)**의 조직적 발달**(organizational development) **영역이다.** 유치원의 조직환경 및 풍토를 궁극적으로 변화시켜 유치원(어린이집) 내에서의 교사들의 삶의 질을 높이고, 유치원(어린이집) 조직의 목표를 효과적으로 달성하도록 하는 것을 볼 수 있다. 제 학자들의 견해를 살펴보면 다음과 같다. **딜론과 페터슨**(Dillon-Peterson, 1981)**의 견해**는 "조직 내 개인들로 하여금 그들의 개인적 그리고 전문적 목표를 달성 가능하도록 하는 동시에, 조직 자체의 개선목표를 규정하고, 이를 충족하기 위하여 조직 전체 또는 조직의 일부분에 추진되는 과정"으로 보고 있다. 그리고 **해리스**(Harris, 1985)는 조직적 발달을 조직의 운영적 기능의 개선과 조직 내의 구성원들 간의 상호작용을 개선하는 데 초점을 두고 설명하고 있다.

따라서 **영유아 교육기관의 조직적 발달과 관련하여 다루어질 수 있는 내용**은 다음과 같다. ① 유치원(어린이집) 경영계획 및 경영평가, ② 유치원(어린이집) 경영조직, ③ 의사소통 및 의사결정, ④ 교직원 간 인간관계, ⑤ 교직원 인사관리, ⑥ 유치원(어린이집)의 재정·사무·시설관리, ⑦ 유치원(어린이집)의 제 규정, ⑧ 유치원(어린이집)의 대외적인 관계 등이다.

유치원의 조직적 발달을 위한 예시적 활동은 유치원 경영계획 및 경영평가, 유치원 경영조직, 의사소통 및 의사결정, 교직원 간 인간관계, 교직원 인사관리, 유치원 재정·사무·시설관리, 유치원 제 규정, 유치원의 대외적인 관계 등이 있다.

유치원(어린이집) **장학활동의 3영역은 교사의 전문적 발달, 교사의 개인적 발달, 유치원**(어린이집)**의 조직적 발달 등 3영역으로 분류되며, 교사의 전문적 발달의 초점**은 교육과정 운영, 즉 교사들이 교과 지도, 특별활동지도, 생활지도를 포함하는 교육 활동 전반에 있어서 안정·숙달·성장을 도모하는 데 관련되는 내용이며, 그리고 **교사의 개인적 발달**은 교사들이 개인적·심리적·신체적·가정적·사회적 영역에서 안정·만족·성장을 도모하는 데 관련된 내용이다. **유치원**(어린이집)**의 조직적 발달**은 유치원의 조직환경 및 조직풍토를 긍정적으로 변화시켜 유치원 내에서 교사들의 삶의 질을 높이고, 유치원조직의 목표를 효과적으로 달성하는 데 관련된 내용으로 볼 수 있다.

따라서 교사가 교사발달 사이클의 각 단계에 따른 교사의 개인적 환경과 유치원(어린이집)의 조직적 환경에 의해 큰 영향을 받는다. 결국 교사의 개인적 환경에서의 개선과 유치원의 조직적 발달을 동시에 도모하지 않고서는 교사가 교과 지도나 특별활동지도 및 생활지도를 포함한 교육 활동 전반에 있어서 전문성을 신장 및 발휘하도록 도와준다고 하는 것이 비효과적일 수밖에 없다. 이는 교사가 교실 안에서 담당한 원아들을 지도하는 교사이기 이전에, 사생활을 영위하는 성인이며 개인이라고 하는 점, 그리고 유치원(어린이집)이라고 하는 공공기관의 조직원이라고 하는 점을 간과해서는 안 됨을 의미한다.

2. 장학의 형태

유치원(어린이집)에서 장학활동이 효과적이기 위해서는 장학의 수혜자인 교사들의 요구와 특성에 맞게 장학의 형태 및 방법이 개별화되어야 한다. 학자들의 견해는 다음과 같다.

글래트혼(Glatthorn, 1984: 2-4)은 교사들의 경험과 능력에 따라서 임상장학, 협동적 동료장학(cooperative professional development), 자기장학(self-directed development) 및 전통적 장학(administrative monitering)의 방법을 선택적으로 사용할 수 있음을 제안하였다.

그리고 **카츠**(Katz, 1972)는 교사의 경력주기를 ① 생존기(survival stage), ② 정착기(consolidation stage), ③ 갱신기(renewal stage), ④ 성숙기(maturity stage)를 들고 있으며, 제1단계는 임상장학, 제2단계는 동료장학, 제3단계는 전문적인 모임, 교실방문, 전문학술지, 교사센터, 비디오에 의한 자기분석을 적용하도록 자극하고, 제4단계는 대학원수강, 자기장학을 선택하도록 하는 것이 좋을 것이라고 제안하고 있다.

여기에서는 유치원(어린이집) 장학활동의 기본 형태를 수업장학, 동료장학, 자기장학, 약식장학, 자체연수 등으로 분류하고자 한다.

1) 수업장학

수업장학(instruction supervision)의 개념은 미국을 중심으로 발달하였으며, 우리나라에서도 그 영향을 받아 최근에는 교육현장에 영향을 미치고 있다.

수업장학에 대한 여러 학자들의 견해는 다음과 같다. ① **강영삼**(1994)은 수업장학을 교육부에서의 문교장학, 지방교육행정기관 수준에서의 학무장학과 비교하여 학교 수준에 교사를 지도 및 조언하는 활동으로 보고 있어 흔히 유치원(학교)에서 말하는 원내(교내)장학과 같은 의미로 수업장학이라는 용어를 사용하고 있다. ② **고영희 외 3인**(1983)은 수업장학을 "직접적으로 교사의 수업기술과 수업방법의 개선을 위한 계획적이고 과학적인 활동"으로 보고 그 구체적인 실례로 임상장학과 마이크로 티칭(micro-teaching)을 들고 있다. ③ **주삼환**(1998)은 수업장학을 교수 행위의 변화에 초점을 두고 있으며, 임상장학을 특수한 절차와 방법에 의한 장학으로서 수업장학에 속하는 한 방법으로 보고 있다. ④ **변영계**(1997)는 수업장학을 교사의 교수 행위에 초점을 두는 점에서 고영희, 주삼환과 같으나 임상장학을 수업장학으로 명명하는 점에서 차이가 있다. ⑤ **이윤식**(1999)은 수업장학을 교사들의 수업기술 향상을 위한 체계적이고 개별적인 과정으로 보고, 교사의 전문적 발달을 위하여 임상장학, 수업연구(원장, 원감 주도), 마이크로 티칭 등의 방법으로 초임교사나 수업기술 향상의 필요성을 느끼는 교사를 대상으로 진행된다고 하였다. ⑥ **조병효**(1995)는 수업장학을 교사의 교수 행위에 직접적으로 영향을 줄 수 있도록 유치원이 공식적으로 제공하는 제반 활동으로서 원내장학과 같은 의미로 보고 있다. 그는 수업장학 방법으로 임상장학, 동료장학, 자기장학, 확인장학(약식장학), 교내연수 등 다섯 가지를 제시하고 있다. 그리고 ⑦ **정태범**(1996)은 수업장학을 유치원의 교육과정에 터한 교수-학습 방법의 개선에 초점을 두고 있는 장학으로 보고 있으며, 유치원 장학의 형태로 임상장학, 동료장학, 자기장학, 약식장학, 자체연수 등 다섯 가지를 들고 있다.

위에서 여러 학자들의 견해를 토대로 정리하면, 수업장학은 두 가지 경우로 사용되고 있는 실정이다. ① 다른 행정기관과 비교하여 볼 때, 유치원에서의 주된 활동이 수업활동이기 때문에 수업장학을 유치원 수준에서 장학활동 즉 원내장학과 같은 의미로 쓰이는 경우(강영삼, 조병효의 경우), ② 유치원 수준에서 교사를 대상으로 이루어지는 제 장학활동 중에서 직접적으로 교사의 수업기술과 방법의 개선을 위하여 제공되는 비교적 체계적인 장학활동을 수업장학으로 보는 경우(고영희, 변영계, 정태범)이다. 이의 구체적인 방법으로 임상장학과 마이크로 티칭을 들고 있다. 여기서 수업장학의 의미는 후자의 입장으로 유치원에서 이루어지는 원내장학활동이 여러 가지가 있는데 그 하나의 형태가 수업장학이며, 그 구체적인 방법으로 임상장학과 마이크로 티칭 등이 있다는 것이다.

따라서 수업장학을 교사들의 수업기술 향상을 위하여 원장·원감(외부 장학 요원 · 전문가 · 자원 인사 포함)이 주도하는 개별적이고 체계적인 성격이 강한 지도·조언활동으로 본다. 단위 유치원에서 자율적으로 실시되는 수업장학은 원칙적으로 원장·원감의 주도하에(필요한 경우 외부장학 요원, 전문가, 자원 인사의 도움을 받아서), 교사들의 수업기술 향상을 위하여, 임상장학, 수업연구(원장 · 원감 주도), 그리고 마이크로 티칭 등의 방법으로, 초임교사나 경력이 짧은 교사, 수업기술 향상의 필요성이 있는 교사를 대상으로 진행된다(이윤식, 2005). 즉 교실 환경에서 장학사와 교사가 일대일의 관계 속에서 교사의 교수 기술 향상과 계속적인 전문적 성장을 위해 계획적으로 사전협의회, 수업 관찰, 사후 협의회의 과정을 거치는 것으로 장학의 범위를 교실로 좁히고 그중에서도 수업에 초점을 맞추고 문제점으로 진단된 부분을 중심으로 개선해 나가는 구체적인 목표를 둔 장학방법이다.

수업장학에서 보편적으로 이루어지는 사전협의회, 수업 관찰, 사후 협의회 과정의 사례를 제시하면 〈표 4-2〉와 같다.

〈표 4-2〉 수업장학의 과정사례

사전 협의회 진행 과정	
매일 새로운 활동을 전개하려니까 힘들죠? - 네, 그래도 아이들이 재미있게 해줘서 다행이에요. **오늘 활동은 무엇이죠?** - 오늘은 허준 동화 속에서 허준이 사람들에게 한약을 처방해 주는 부분을 회상하면서 수학활동으로 연계하려고 합니다. **선생님이 준비한 수학활동의 목표는 무엇이죠?** - 다양한 한약재들을 저울에 달아서 측정해 보기도 하고, 처방전을 보면서 똑같이 한약재를 놓아 보아 수 세기를 해보는 것입니다. **오늘 활동에서 중점을 두는 부분은 무엇인가요?** - 동화 속 일화를 통해서 아이들이 스스로 놀이를 구성해 가도록 지지하고 격려하는 것입니다. **수업계획안을 볼 수 있을까요?** - 네. **수업을 보면서 이 계획안에 평가할 부분들을 기록해 볼게요.** - 네. **수고하시고, 방과 후에 사후 협의회를 가져 봅시다.** - 네.	협의회 분위기 형성 수업목표 확인 장학 영역의 목표 확인 평가방법 확인 사후 협의회 결정
사후 협의회 진행 과정	
계획했던 것처럼 잘 된 것 같나요? - 모르겠어요. 잘해야 한다는 욕심에 아이들을 고생시키는 건 아닌지…. **계획했던 것처럼 수업목표가 이루어진 것 같나요?** - 처방전을 보고 한약재의 종류와 수를 이야기하면서 담아 보고, 저울을 사용해서 무게를 달아 보는 것도 아이들이 흥미로워하며 적극적으로 해주었어요. - 제가 보기에도 아이들이 무척 재미있어 하더라고요. **허준 이야기로부터 색다른 놀이를 구성해 가는 점은 어땠나요?** - 아이들이 상품화된 교구들을 가지고 정해진 방법으로 놀이하는 것이 아니고, 동화를 들려주면서 사용했던 자료들을 이용해서 놀이를 해보는 것에 만족하는 것 같았어요. - 네, 이렇게 자연물 등을 이용해서 놀이를 구성하다 보면, 아이들이 주변에서 보는 모든 것들을 놀잇감화 하고, 놀이로 구성해 갈 수 있을 것 같아요. **다음 번 장학활동은 어떤 것에 대해서 하고 싶으세요?** - 우리나라 명화 감상을 통한 이야기 꾸미기 활동을 구성해 보고 싶습니다.	

출처: 염지숙 외(2016). 유아교사론. 경기: 정민사, p. 156.

2) 동료장학

동료장학(peer supervision)은 동료 교사들 간에 그들의 교육 활동의 개선을 위하여 공동으로 노력하는 과정이라고 할 수 있다. 즉, 동료 교사가 서로 수업을 관찰하고 그 결과를 분석 및 토론, 조언함으로써 서로 간 부담 없이 전문적 성장을 돕는 장학활동 방법이다. 다시 말하면, 소집단의 교사가 자신들의 전문적 성장을 위하여 함께 협동하는 동료적 과정(collegial process)이라 할 수 있다. 둘 이상의 교사가 서로 간의 수업을 관찰하고, 그 결과에 대하여 피드백하고 공통적인 관심사에 대하여 토의함으로써 자신들의 전문적 성장을 위해 함께 일하기를 동의하는 비교적 반 형식화된 과정이라 하겠다(김병두, 1988: 42). 단위 유치원 내에서 실시되는 동료장학은 동료 교사 간의 협조를 토대로 그들의 전문적 발달, 개인적 발달, 그리고 그들이 근무하는 유치원의 조직적 발달에 도모한다. 동 학년 단위 또는 동 교과 단위로 수업 연구과제의 해결이나 수업방법의 개선을 도모하기 위한 수업 연구 활동이나, 공동관심사나 공동과제, 공동 문제해결 및 개선을 위해 협의하는 것들이 동료장학의 전형적인 형태이다. 또한 상호 간에 정보, 아이디어, 도움 또는 충고 및 조언을 주고받는 공식적 및 비공식적인 행위도 넓은 의미의 동료장학으로 볼 수 있다. 그리고 특정한 연구과제나 시범과제를 선정하여 관심 있는 동료 교사들을 중심으로 공동으로 연구를 수행하거나, 연구자료나 작품을 공동으로 제작하는 활동도 중요한 동료장학 활동으로 볼 수 있다.

그리고 이윤식(2005)은 **동료장학의 특징**을 다음과 같이 정리하고 있다.

① 경력교사가 초임교사와 1대 1로 짝을 이루어 서로 수업을 공개하고 의견을 교환하며, 교육 활동 전반에 관하여 도움을 주는 것도 중요한 동료장학 활동이다. ② 동료 교사 상호 간에 교육 활동의 개선에 활용될 수 있는 좋은 지식, 기술, 정보, 아이디어, 경험, 도움 또는 조언 등을 주고받는 여러 가지 형태의 공식적·비공식적 행위도 넓은 의미의 동료장학의 범주에 넣을 수 있다. ③ 교직생활이나 개인생활 및 사회생활에 도움이 될 수 있는 건전한 동호인 활동, 즉 컴퓨터, 외국어 회화, 문학, 서예, 음악, 악기, 미술, 지점토, 탁구, 테니스, 마라톤, 풍란 탐구, 바둑 등에 관한 동호인 활동도 교사의 개인적 발달과 유치원의 조직적 발달을 도모할 수 있다는 점에서 동료장학에 포함할 수 있다.

동료장학의 근본적인 특징을 살펴보면 다음과 같다.

① 관계성은 비교적 반 형식적이고 비 제도적이다. 이것은 친밀한 관계에 있는 교사

들이 우연히 방문하는 단순한 비공식적 교류는 아니다.
② 교사들은 두 번 이상 서로의 수업을 관찰하고 관찰 후에는 협의회를 개최한다.
③ 관계성은 상호 동료적이다. 행정가나 장학사가 이 동료장학의 프로그램에 참여하고, 때때로 감독하지만 관찰과 협의회, 토의에는 단지 교사들만 참여한다.
④ 관계성은 평가적이 아니다. 관찰자료나 협의회 자료는 행정가가 가질 수 없도록 하고, 이것을 평가과정의 일부로 사용하지 못하게 한다.
⑤ 동료장학은 교사들이 조언을 얻기 위해서 동료 교사들을 선호한다는 점, 교사들에게 복잡한 양식이나 훈련 없이 교사들이 서로 유용한 피드백을 제공할 수 있다는 점, 이러한 동료체제는 동료의식의 규범을 근거로 형성되고 유지하게 한다는 점에서 주장되고 있다.

교육인적자원부(2001)에서는 **동료장학의 효과**를 다음과 같이 제시하고 있다.

① 교사들은 동료와 함께 계획, 교수 및 평가하는 과정을 통해 공동체 의식이 형성된다.
② 동료 교사가 처한 다른 상황을 접해 봄으로써 다양한 형태의 수업을 이해하고 활용할 수 있는 기회를 제공받는다.
③ 동료로부터 받는 피드백을 통해 자신의 교수 내용과 과정에 대해 반성적 사고를 불러일으킨다.
④ 사전·사후 협의과정에서 전문적 용어를 사용함으로써 교수에 대한 지식이 향상된다.
⑤ 교사들 간에 상호 도움을 주고받는 코치 역할을 통해 교육자로서의 역할이 확장된다.
⑥ 교사에게 새로운 실천을 실험하고 시도하도록 장려하고 자신감을 높여 준다.

〈표 4-3〉은 어느 교사가 동료장학의 수업연구를 위한 학습지도안 작성 과정에서 협의한 내용이다.

〈표 4-3〉 동료장학의 수업연구를 위한 학습지도안 작성과정에서 협의

- **활동 주제**: 작은 책을 만들어요.
- **학습 목표**: 이야기를 듣고 물의 여행을 작은 책으로 만들 수 있다.

A 교사: 수업내용을 보시고 학습 목표 진술과 잘 맞는지 검토 좀 해주세요. 수업 전체에서 아무것이라도 좋으니 의견을 말씀해 주시면 좋겠습니다.
B 교사: 수업내용이 "방울이의 여행" 동화를 듣고 모둠별로 나뉘어 물이 여행하는 과정을 책으로 만들어 보는 활동이죠?

A 교사: 네, 맞습니다.
B 교사: 그렇다면 학습 목표를 "<방울이의 여행> 동화를 듣고 물의 여행을 작은 책으로 만들 수 있다" 라고 하면 어떨까요.
C 교사: 학습 목표의 '이야기를 듣고'를 구체적으로 "<방울이의 여행 동화>를 듣고"로 바꾸자는 말이죠. 그거나이거나 마찬가지만 조금 더 구체적인 것이 좋을 것 같습니다.
A 교사: 그게 좋을 것 같습니다. 그러면 구체적으로 동화 제목을 넣어서 선생님들이 지적해 주신대로 고치도록 하겠습니다.

출처: 송준석 외(2016). 예비교사를 위한 영유아 교사론. 서울: 신정, p. 268.

동료장학에서 수업 사례분석의 사례는 **〈표 4-4〉**와 같다.

〈표 4-4〉 동료장학에서 수업 사례분석의 사례

캠코더를 이용하여 단위 수업을 녹화한다. 방과 후 동료 교사들이 함께 모여 녹화된 장면을 보면서 문제점은 무엇인지, 본받을 점은 무엇인지, 본받을 점은 무엇인지에 대하여 이야기를 나누었다.

김교사: 이 교사가 이야기 나누기 활동을 하는 모습을 보면서 지적할 만한 것들을 찾아보기로 해요. 여러분도 똑같은 실수를 할 수 있고, 이 교사의 모습으로부터 배울 점도 많다고 생각해요.
권교사: 선생님이 컴퓨터로 자료를 제시해 줄 때, 아이들과 거리가 너무 가까워서 아이들이 고개를 들고 보느라 힘겨워 보였어요.
이교사: 저도 그 점이 좀 걸렸는데, 모니터가 작아서 잘 보이게 하려다 보니….
김교사: 아이들도 잘 볼 수 있으면서 목이 아프지도 않게 하려면 어떻게 하는 것이 좋을까요?
황교사: 몇 명씩 나와서 보고 들어가거나, 차라리 인쇄를 해서 보여 주는 것도 좋을 것 같아요.

…(중략)…

김교사: 새로운 단어를 만들기 위해서 나온 아이가 똑같은 단어를 반복해서 만들지 않도록 하기 위해서는 교사가 미리 어떻게 하면 좋을까요?
권교사: 이미 사용했던 단어 카드를 빼놓으면요?
이교사: 아! 맞다. 안 그래도 똑같은 단어만 만들려고 해서 얼마나 당황했던지….

출처: 염지숙 외(2016), 유아교사론. 경기: 정민사, p. 148.

3) 자기장학

자기장학(self-directed supervision)이란 한 교사가 혼자 독립적으로 자신의 전문적 성장을 위하여 일하는 과정으로, 혼자 일하기를 좋아하는 경험 및 능력이 있는 교사들에게 가장 적합하고 유용한 방법이다. 즉 자율성과 독립성에 높은 가치를 둔다. 자세하게 언급하면 다음과 같다.

① 교사 개인이 자신의 전문적 발달을 위하여 스스로 체계적인 계획을 세우고 이를 실천하는 활동이다.
② 교사는 전문직 종사자로서 자기 성장과 자기 발전·자기 계발을 위해 끊임없이 노력해야 한다는 당위성에도 자기장학의 의미가 크다.
③ 유치원 현장에서 자기장학 활동은 자기수업 분석 및 연구, 자기평가, 원아를 통한 수업 반성, 1인 1과제 연구 혹은 개인연구, 전문서적 및 자료 탐독, 대학원 수강, 전문기관·전문가 방문·상담, 현장방문·견학, 교과연구회·학술회·강연회 참석 등을 포함한 각종 자기 연찬 활동이 있다.

그리고 이윤식(1999)은 유치원 현장(어린이집)에서 **자기장학의 구체적인 방법**은 다음과 같이 소개하고 있다.

① 스스로 자신의 수업을 녹음 또는 녹화하고 이를 분석하여 자기 반성·자기 발전의 자료로 삼는 방법
② 스스로 교사평가 체크리스트를 이용하여 자신의 교육 활동을 평가·분석하여 자기 반성·자기 발전의 자료로 삼는 방법
③ 자신의 수업이나 특별활동지도, 생활지도, 학급경영 등에 관련하여 원아들과의 면담이나 원아를 대상으로 한 의견조사를 통하여 자기 반성·자기 발전의 자료를 수집하는 방법
④ 1인 1 과제연구 혹은 개인(현장)연구 등을 통하여 자기 발전을 도모하는 방법
⑤ 교직활동 전반에 관련된 전문서적이나 전문자료를 탐독·활용하여 자기 발전의 자료로 삼는 방법
⑥ 전공 교과 영역, 교육학 영역, 관련 영역에서의 대학원과정(4년제 대학과정, 방송통신대 과정 등 포함) 수강을 통하여 자기 발전을 도모하는 방법
⑦ 교직 전문단체, 연구기관, 학술단체, 대학 또는 관련 사회기관이나 단체 등 전문

기관을 방문하거나 전문가와의 면담을 통하여 자기 발전의 자료를 수집하는 방법

⑧ 교육 활동에 관련이 되는 현장에 대한 방문이나 견학 등을 통하여 자기 발전의 자료를 수집하는 방법

⑨ 각종 연수회, 교과연구회, 학술발표회, 강연회, 시범수업 공개회 등에 참석하거나 유치원 상호 방문 프로그램에 참여하여 자기 발전을 도모하는 방법

⑩ TV와 라디오 등의 방송매체가 제공하는 교원연수 프로그램이나 교원연수와 관련된 비디오테이프 등의 시청을 통하여 자기 발전을 도모하는 방법 등이 있다.

따라서, 선택적 장학체제 속에서 하나의 대안으로서 **자기장학은 다음과 같은 특징**을 지닌다(주삼환, 1993). ① 전문적 성장의 프로그램에 의해서 개인이 독립적으로 일한다. ② 개인 교사는 목표지향적인 전문적인 개선 프로그램을 개발하고 추구한다. ③ 교사 개인은 이러한 목표를 달성하기 위하여 일하는 데 있어서 다양한 자원에 접근한다. ④ 자기장학 프로그램의 결과를 교사의 업적평가에 사용하지 않는다.

〈표 4-5〉는 자기장학을 마친 후에 전체적인 수업을 제시된 평가표를 활용하여 평가해 볼 수 있다.

〈표 4-5〉 자기장학 평가척도

※ 다음은 유아교사의 자기장학 평가척도를 알아볼 수 있는 체크리스트이다. 문항을 읽고 자신의 상황에 해당한다고 생각하는 번호에 표시(∨)해 보자.

① 전혀 그렇지 않다 ② 별로 그렇지 않다 ③ 보통이다 ④ 비교적 그렇다 ⑤ 매우 그렇다

영역	평가항목	①	②	③	④	⑤
효과적인 의사소통하기	• 동료와 효과적으로 의사소통을 하는가?					
	• 외부전문가와 효과적으로 의사소통을 하는가?					
	• 학부모와 효과적으로 의사소통을 하는가?					
	• 아동과 효과적으로 의사소통을 하는가?					
	• 장학담당자와 효과적으로 의사소통을 하는가?					
자신감 찾기	• 아동과 활동할 때 편안함을 느끼는가?					
	• 부모와 대화할 때 편안함을 느끼는가?					
	• 자신이 아동을 보호할 능력이 있다고 생각하는가?					
	• 교직원 회의 시 활발히 참여하는가?					
	• 유치원에 갈등이 있다면, 이를 해결하고자 노력하는가?					

	• 쉽게 다른 전문가와 상호작용하는가?					
	• 독립성과 적극성을 보이는가?					
	• 자신의 판단을 존중하는가?					
	• 변화에 대처할 능력이 있는가?					
아동 이해하기	• 아동에 대하여 적절한 기대를 하고 있는가?					
	• 아동의 다양한 발달 단계를 이해하는가?					
	• 아동의 개인적 요구에 민감한가?					
	• 훌륭한 관찰기술을 가지고 있는가?					
	• 사회성, 인지, 정서, 신체발달 간의 연관성을 이해하는가?					
	• 아동의 성장발달에 여러 요인이 영향을 미친다는 것을 이해하는가?					
자기 자신 이해하기	• 자신에 대하여 반성적이며 분석적인가?					
	• 자신이 학습자로서의 입장에도 있음을 이해하는가?					
	• 아동의 개인적 요구에 민감한가?					
	• 아동의 위기에 대처하고 그 위기를 해결할 수 있는가?					
	• 자아 존중감을 가지고 있으며, 자신을 유치원 운영의 중요한 부분으로 생각하고 있는가?					
다른 사람 존중하기	• 출신, 성장 배경 및 사회적·경제적 배경이 다른 사람(아동, 부모 및 동료)들을 잘 이해하는가?					
	• 동료의 입장을 잘 이해하고 지지하는가?					
	• 다른 사람의 의견과 느낌을 존중하는가?					
전문적 성장에서의 만족	• 어려운 일을 성취하고 만족감을 느끼는가?					
	• 전문가단체와 협의 등에 참석하는가?					
	• 동료 간에 협동적인 활동을 하는가?					
	• 새로운 프로그램을 계획하고 추진하기를 좋아하는가?					
	• 새로운 역할과 책임을 기꺼이 맡고자 하는가?					
학습관 갖기	• 장학담당자나 동료와 구별되는 자기 나름의 학습관을 가지고 있는가?					
	• 확고하고 발전된 교육관을 가지고 있는가?					
적절한 장학 평가하기	• 적절한 지도 및 조언이 주어지지 않을 때 장학활동에 관련하여 자신의 생각을 표현할 수 있는가?					
	• 장학담당자가 가져야 하는 자질에 대하여 적절한 의견을 가지고 있는가?					
	• 장학활동에 대하여 높은 기대를 가지고 있는가?					

출처: 이은화·배소연·조부경(1995). 유아교사론. 서울: 양서원.

또한 자기장학에서의 수업 분석사례는 〈표 4-6〉과 같다.

〈표 4-6〉 자기장학에서의 수업 분석사례

자기장학이 한 형태로 교사가 자신의 수업을 녹화하거나 전사한 것을 수업 후에 분석하는데 이러한 반성적 사고과정을 통해서 교사는 자신의 수업내용을 좀 더 객관적이고, 전문적 시각으로 바라보며 앞으로의 수업 개선을 위해 더욱더 노력할 수 있다. 다음은 한 유치원 교사의 반성적 사고과정의 한 예이다.

교사: (봉숭아를 보이며) 봉선화(鳳仙花, 봉숭아) 꽃을 두 명이 가져왔거든, 상연이가 먼저 소개해 볼까?
(상연이가 앞에 나와 앉는다.)
유아1: 근데 왜 가시가 있어?
상연: 당연히 꽃에는 가시가 있잖아.
유아2: 봉숭아 꽃에도 가시가 있어?
상연: 응, 장미꽃에도 있어.
교사: 가시가 어디 있어?
상연: 가시, 여기 있잖아요!
유아들: 가시 없어!
유아4: 나 봉숭아 심어 봤는데 가시 없었어.
교사: 그럼 한 번 만져봐.
유아6: 어? 부드럽잖아! 안 아파.
교사: 그럼 상연아, 이거 가시니?
상연: 이건 가시 맞아요.
유아2: 선생님 우리 선인장에는 가시 없어요.
교사: 이게 가시일까, 나뭇잎 옆에 붙어 있는 게 정말 가시일까?
유아들: 아니요!
교사: 어제 장미꽃을 관찰했을 때 가시는 어디에 붙어 있었지?
유아: 줄기요.
교사: 그럼 지금 가시 같은 게 봉숭아에는 어디에 붙어 있니?
유아: 잎이요!
교사: 상연이는 어떤 걸 가시라고 생각했었지?
(상연이가 머뭇거린다.)
유아들: 몰랐는데 가시라고 말했나 봐요.

교사의 반응: 여기까지의 내용이 모두 '봉숭아 잎의 삐죽빼죽한 부분이 가시인가 아닌가, 봉숭아에도 가시가 있나 없나'에 대한 내용이다. 내가 계속 '이게 가시일까? 만져보자, 정말 이게 가시일까?' 하는 식으로 '가시가 아니다'라는 생각을 유도하려고만 하느라 시간을 많이 낭비한 것 같다.
유아들이 사실이 아닌 것을 사실이라고 믿고 있을 때는 그 개념부터 따져 묻는 것이 효율적이라는 생각이 들었다.
예를 들어 이 수업에서 "상연이가 봉숭아에 가시가 있다고 이야기했는데, '가시가 뭘까?' 하며 잎 모양을 더 정확히 말한다면 '가시'리고 하기보다는 '가시처럼 뾰족하다'는 등의 적당한 표현 방법을 알려줄 수도 있었겠다. 떠 교실에 있는 장미의 가시와 직접 비교해 보면 더 확실했을 것 같다. 아직 순간적인 자료 제공 능력이 부족한 것 같다.

출처: 곽현주(2004). 수업 반성 과정과 유치원 교사의 교수 행동. 중앙대학교 대학원 박사학위논문.

4) 약식장학

약식장학이란 원장·원감이 간헐적으로 짧은 시간 동안 학급 순시나 수업 참관을 통하여 교사들의 수업활동과 학급 경영활동을 관찰하고 이에 대하여 교사들에게 지도 및 조언을 제공하는 활동을 의미한다. 이러한 약식장학은 원장·원감의 계획과 주도하에 전개되는 비공식적인 성격이 강한 활동으로서 다른 형태의 장학에 대하여 보완적이고 대안적인 성격을 갖는다.

그리고 **약식장학의 필요성**은 다음과 같다.

① 원장과 원감이 수행하는 수업 참관이나 학급 순시를 중심으로 한 약식장학은 교사들의 수업활동과 학급 경영활동을 포함하여 유치원 교육 및 유치원 경영의 전반에 관련하여 이의 개선을 위한 원장과 원감의 적극적인 의지와 노력, 그리고 지도성의 좋은 표현방식이 된다.

② 약식장학을 통하여 원장이나 원감은 교사들의 수업활동이나 학급 경영활동이 아닌 평상시 자연스러운 수업활동이나 학급 경영활동을 관찰할 수 있으며, 이에 대하여 의미 있는 지도·조언을 제공할 수 있다.

③ 약식장학을 통하여 원장과 원감은 유치원 교육, 유치원 경영, 그리고 유치원 풍토 등 전반 영역에 걸쳐 유치원을 전체적으로 파악하는 데 필요한 정보를 수집할 수 있다.

약식장학은 유치원의 교육 발전을 위해 중요한 의미를 지닌다. 그러나 현실적으로 원장과 원감이 실시하는 수업 참관이나 학급 순시에 대하여 교사들의 거부반응이 있다. 그러나 분명한 것은 유치원을 대표하는 위치에 있는 원장·원감은 단위 유치원 내의 최종적인 교육책임자 또는 장학책임자로서 교사들을 대상으로 적절히 약식장학을 수행할 책무성과 당위성이 있다는 것이다. 그러나 합리적인 수업지도성의 발휘 및 약식장학의 수행을 위해 원장·원감은 법적인 권위(legal authority) 또는 지위의 권위(status authority)보다는 전문적인 권위(professional authority) 그리고 인간적인 권위(personal authority)를 교사들로부터 획득하도록 끊임없이 연구 및 노력하여야 할 것이다.

5) 자체연수

자체연수는 교육 활동의 개선을 위하여 교직원들의 필요와 요구에 터해 원내·원외의 인적·물적 자원을 활용하여 유치원 자체에서 실시하는 연수활동이다. 그리고 자체연수에는 원장, 원감, 교사뿐만 아니라 행정직원이나 관리직원들도 참여할 수 있을 것이다. 교사들과 행정·관리직원들 간의 공동관심사나 공동과제에 대한 연수, 또는 교사들의 이해와 협조가 요구되는 행정·관리의 특정 업무(예: 공문서 작성, 물품 구매절차, 예산운영, 연말정산 등)와 관련된 소개와 연수는 교사들과 행정·관리직원들 간의 상호이해와 협조를 높일 수 있다는 점에서 의미가 있다. 자체연수는 교직원들의 전문적 발달, 개인적 발달, 유치원의 조직적 발달을 지향하여, 원장, 원감, 부장교사, 교사, 행정·관리직원을 포함하여 원내·외의 교직원, 또는 외부전문가나 장학 요원들이 연수담당자가 되어 진행된다. 유치원 교육에 대한 학부모의 참여를 높이기 위해 전문적 지식이나 경험이 있는 학부모, 교육과 관련하여 좋은 지식·정보·경험을 교직원들에게 나누어 줄 수 있는 학부모, 특정 분야에 종사하고 있는 학부모를 강사로 초대하여 자체연수를 진행할 수도 있다.

자체연수는 유치원이 주도하는 연수로서 연수의 장소가 유치원 내에 한정되는 듯한 느낌이 강하나, 야외 연수, 현장 견학, 탐방 연수 등과 같은 교외에서도 다양하게 이루어질 수 있다.

〈사례: 현장 활용자료〉

1. 현재 근무하고 있는 유치원의 원장이라고 가정하고, 학년 초에 2명의 초임교사가 왔다고 가정하여 그들이 교직생활에 보다 효과적으로 적응하도록 도와주기 위하여 어떠한 원내 자율장학 활동을 할 것인지 구체적인 계획을 세워보십시오.

〈초임교사 대상 자율장학 활동계획〉

일정	자율장학 활동			초임교사의 활동	관련 조치 및 준비사항
	활동내용	담당자	장소		

2. 현재 재직하고 있는 유치원 교원들을 대상으로 하여 다양하고 활발한 동료장학 활동을 추진하고자 합니다. 1학기 기간의 구체적인 동료장학 활동계획을 세워보십시오.

〈동료장학 활동계획〉

활동내용	참가대상	일정	장소	관련 조치 및 준비사항
1. 2. 3. 4.				

3. 이번 학기 동안에 자기 발전을 위하여 자기장학을 한다고 가정하고, 자기장학 활동의 구체적인 계획을 세워보십시오.

〈자기장학 활동계획〉

자기장학의 방법	월별·주별 활동계획		필요 자료 및 기자재	요구되는 지원사항
	일정	활동내용		

4. 현재 재직하고 있는 유치원에서 교원들의 능동적인 참여를 유도할 수 있는 방향으로 1학기 기간의 자체연수 프로그램을 편성해 보십시오.

〈자체연수 활동계획〉

일정	연수주제	연수 담당자	연수방법	연수 장소	필요자료 및 기자재	관련 조치 및 준비사항

5. 현재 재직하고 있는 유치원 교사들을 대상으로 1시간 정도 「원내 자율장학」에 대하여 연수를 한다고 가정하고, 1시간 분량의 연수자료를 작성해 보십시오.

<원내 자율장학에 대한 연수자료>

Ⅰ.
Ⅱ.
Ⅲ.
Ⅳ.
Ⅴ.
Ⅵ.

출처: 이윤식(1999). 장학론. 서울: 교육과학사, p. 367.

제4절 장학의 원리·과정·모형

4절에서는 유치원 장학활동의 원리와 과정, 모형에 대해서 고찰하기로 한다.

1. 장학의 원리

장학의 원리란 유치원 장학활동을 수행하는 데 있어서 반드시 응용 또는 적용되어야 할 당위의 기준, 또는 이론적 지침을 의미하는 것이며, 경험과 이론을 바탕으로 유치원 현장에 적용되어야 할 기본적 지침이라고 할 수 있다.

멜코어(Melchoir)는 장학을 수행하는 데 어느 면에서나 적용할 수 있는 새로운 장학지도의 원리로서 **장학담당자가 교사들에게 장학활동을 할 때 원리**를 살펴보면 다음과 같다(김민숙, 1995: 22 재인용). ① **태도의 원리**이다. 장학담당자가 장학지도를 수행할 때 정당하고 건설적이며 진취적인 태도를 견지해야 한다. ② **창조의 원리이다.** 구태의연한 장학지도를 개선하여 창조적인 것에 도전을 해야 할 것이다. ③ **협력의 원리이다.** 민주사회에서 행해지는 교육의 기능을 이해하고 집단의 과정을 거치는 것을 존중해야 하며, 집단의 과정을 통한 문제점을 해결해 나가야 한다. ④ **과학성의 원리이다.** 문제 파악이나 필요한 사실을 수집하고 분류하여 분석하고 해결방법을 모색하는 등 일련의 과학적인 방법을 택해야 한다.

이러한 바람직한 장학지도의 원리는 새로운 장학지도를 위해서 일관성을 가진 것이며, 상호균형을 유지하고 더욱 발전시키는 기초가 된다.

멜코어가 제시한 **장학의 원리**를 고찰하면 다음과 같다(김민숙, 1995: 23 재인용).

① **계획의 원리이다.** 이 원리는 유치원 교육을 실천하고 운영하는 수단으로서의 유치원 경영에 있어서 계획성이 요구된다.

② **필요성의 원리이다.** 장학은 교수-학습 개선에 초점을 두면서 상호신뢰하는 분위기에서 교사의 문제해결 및 필요에 부응해야 한다. 그러기 위해서는 장학담당자는 교사 개개인의 필요한 사항을 파악하고 사전에 준비를 많이 해야 한다.

③ **협력의 원리이다.** 교사는 자아발전을 위해서 전문성을 고취시키고 보다 능동적으로 참여해야 하며 장학담당자는 감독적 위치가 아니라 조언자적 입장에서 지도에 임해야 할 것이다.

④ **전문성의 원리이다.** 유치원에서 장학활동은 교사의 전문성이 요청되며, 교사의 교수-학습 향상에 대한 전문적 지식과 기술을 토대로 장학활동이 전개될 때 권위와 신뢰가 뒤따르고 장학의 목적을 달성할 수 있을 것이다.

⑤ **효과의 원리이다.** 장학활동의 평가는 제 방법을 활용하고 적용하여 그 목적에 어느 정도 기여했는지 알아보아야 한다. 이는 장학활동에 참여하는 교사들에게 기대와 효과 개선의 좋은 자료가 되는 것이다.

⑥ **지역화의 원리이다.** 지역의 특수성에 맞추어서 유치원을 경영해야 한다. 유치원이 공공시설로서 지역사회 주민의 생활을 개선하는 구실을 하려면 지역사회가 상호 협조적 관계에서 문제해결을 위한 교육계획 수립과 동시에 유치원 교육이 사회발전에 직결될 수 있도록 되어야 한다.

⑦ **민주적 지도성의 원리이다.** 유치원 경영의 성패는 원장이 민주적 지도성을 어떻게 발휘하느냐에 따라 좌우될 것이다.

원장이 아무리 유능하더라도 상기의 제 원리를 무시하고 독재적으로 유치원을 운영한다면 유치원 조직사회는 건강치 못할 것이고 교사와 경영자의 갈등은 물론 교사와 학부모 간의 상호갈등이 지속될 것이다. 따라서 유치원 경영상 복잡한 문제를 해결 짓기 위해서는 전 교직원들의 적극적인 협조의 토대 위에 가능할 것이다.

2. 장학의 과정

유치원 현장에서 장학활동이 구체적인 활동으로서 수행될 때 어떠한 과정을 밟아 계획·실천되어야 하는가에 관한 지침은 성공적인 장학활동을 위하여 중요한 의미를 지닌다. 해리스(Harris, 1985)는 장학활동을 설계하는 데 체제모형(systems model)이 유용함을 시사하고 있다.

그는 크게 투입(input) → 과정(process) → 산출(product)의 3단계로 장학활동의 계획·실천·평가가 이루어질 수 있음을 주장하였다. 그 좋은 실례로 [그림 4-2]와 같은 장학의 개략적인 과정을 제시하고 있는바 장학의 전체 과정을 이해하는 데 유용한 아이디어를 주고 있다.

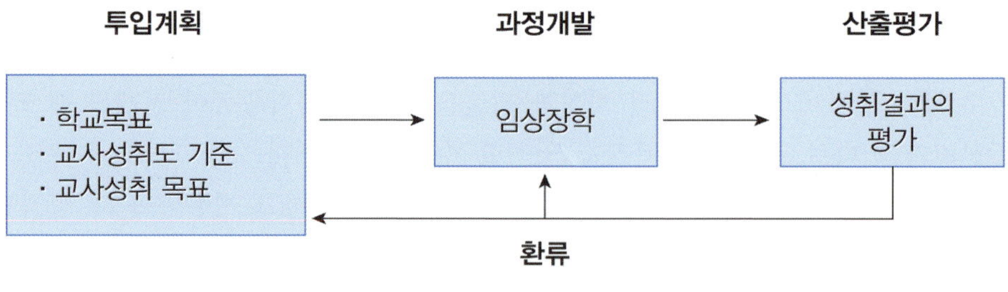

[그림 4-2] 장학과정의 한 예

출처: Harris, B. M.(1985). Supervisory Behavior in Education(3rd ed). Englewood Cliffs. New Jersey: Prentice-Hall, p. 46.

[그림 4-2]에서 살펴본 바와 같이, ① **투입계획**(input planning)은 장학활동을 계획하는 데 있어서 고려해야 할 여러 가지 요소들을 포함한다. 여기에서는 장학활동이 전개되고 있는 단위 유치원이 추구하는 교육 활동의 총체적인 목표가 무엇이며, 이와 관련하여 교사가 수업 현장에서 어떤 성취기준에 의하여, 어떠한 목표를 성취해야 하는가에 대하여 충분한 체계적인 연구 및 분석이 이루어져야 한다는 것이다. 이러한 연구 및 분석의 결과는 구체적인 장학활동의 출발점이 된다. 여기에 제시된 내용 이외에도 장학의 투입과정에 있어서는 보다 넓은 범위에서 보면, 효과적인 장학활동의 실천을 위하여 필요한 심리적·인적·물적·시간적 여건과 자원의 확인·검토와 이를 확보하기 위한 노력이 포함된다.

② **과정개발**(process developing)에서는 구체적이고 실질적인 장학활동이 실천된다. [그림 4-2]에서는 임상장학이 장학담당자와 교사 간의 1 : 1 대면적인 관계속에서 어떻게 전개되느냐에 관한 구체적인 절차가 제시되어야 한다. 임상장학의 구체적인 절차는 학자에 따라 다양하게 제시된다. 골드해머(R. Goldhammer, 1969)는 임상장학의 과정으로 사전협의회 수업 관찰분석과 전략 사후 협의회 분석 등의 5단계를 제시하였다. 코건(M. L. Cogan, 1973)은 이보다 복잡한 8개 단계를 제시하였다. 일반적으로는 계획협의회 → 수업 관찰 → 환류 협의회 등의 과정을 거치면서 각 과정마다 보다 구체적인 활동이 전개된다고 볼 수 있다.

③ **산출평가**(product assessing)에서는 교사에 대한 장학활동의 결과, 교사의 수업기술과 방법에 있어서 어느 정도의 향상 및 발전이 있었는가를 분석해 보는 활동이 이루어진다. 대체로 임상장학이 교사들의 수업 행동의 변화를 통하여 궁극적으로는 영유아들의 전인 발달을 높이고자 하는 데 그 의의가 있다고 볼 때, 좁게는 교사의 수업 행동 발전 정도를 평가해 보는 활동에서, 넓게는 그 교사로부터 수업을 받은 학생들의 학업성취를 평가해 보는 활동까지 확대될 수 있다. 그 밖에도 산출평가에서는 산출평가 이전 단계인 투입계획과 과정개발에 대하여 그 적합성과 효율성에 관한 평가도 이루어질 수 있는바, 이를 통하여 차후에 보다 충실하고 발전적인 투입계획과 과정개발을 위한 정보와 아이디어를 수집할 수 있는 것이다.

유사하게 체제모형을 근간으로 하여 한국교육개발원에서도 원내 경영체제를 계획 → 실천 → 평가의 3요소를 중심으로 하여 구성하였다(정태범, 김세기, 서정화,

1979). 이 체제의 계획단계에서는 주어진 교육목표를 근거로 하여 유치원(어린이집) 나름의 실천 가능한 경영목표를 수립하고 이의 달성을 위한 활동과정을 계획하는 일이 있게 된다. 실천단계에서는 계획된 활동과정에 따라서 유치원(어린이집)의 인적·물적·재정적 자원을 활용하고 교육 활동을 전개하게 된다. 평가단계에서는 이루어진 활동의 결과에 대하여 목표달성 여부 및 정도를 확인하는 일이 이루어진다. 이와 같은 유치원(어린이집) 경영절차에 관한 아이디어는 원(교)내 자율장학에도 그대로 적용될 수 있을 것이다.

유치원(어린이집) 장학의 과정을 구체화하는 데 있어 스터플빔 등(Stufflebeam et al., 1971)에 의하여 개발된 프로그램 평가모델인 CIPP(Context, Input, Process, Product) 모델은 위에 제시된 투입(계획) → 과정(개발)(실천) → 산출(평가) 이외에도 투입(계획) 이전 단계로서 상황(여건, context)에 관한 고려가 있어야 함을 시사한다.

CIPP 모델은 합리적인 의사결정에 필요한 적절한 정보를 수집하기 위하여 교육프로그램이나 활동을 평가하는 데는 상황 → 투입 → 과정 → 산출의 각 단계에 대한 평가가 있어야 한다는 것이다. **상황평가**는 어떤 프로그램이나 활동이 현재 전개되고 있는, 또는 앞으로 전개될 환경을 명료화하고, 그 환경의 바람직한 조건과 실제적인 조건을 기술하고, 요구(needs)를 확인하며, 이 요구가 충족되는 것을 저해하는 문제점을 진단하는 작업을 통하여 프로그램이나 활동의 목표를 결정하는 데 근거를 제시한다.

투입평가는 관련된 요원들이나 단체 및 기관의 능력을 평가하고 상황평가를 통하여 추출된 프로그램이나 활동의 목표를 달성하기 위한 전략을 확인한다. **과정평가**는 계획과 절차를 실행하는 요원들에게 환류(feedback)를 제공함으로써 그들이 프로그램이나 활동의 설계와 실행에 있어서 오류를 발견하고 이에 대해 필요한 수정 및 보완을 하도록 도와준다.

산출평가는 프로그램이나 활동의 효과를 평가한다. 즉 상황평가에 의해서 확인된 요구를 충족시키기 위하여, 투입평가를 통하여 추출된 전략의 효과를 평가하는 것이다. 이때 이러한 평가는 과정평가에서 얻어진 정보와 자료를 기초로 하여 이루어진다. 이와 같은 CIPP 모델은 기본적으로는 체제모형의 투입(계획) → 과정(실행) → 산출(평가)을 근간으로 하면서, 추가적으로 프로그램이나 활동이 전개되는 "환경과 여건의 조성"에 대한 관심을 고려한 보다 유용한 모델로 볼 수 있다.

이러한 논의를 기초로 하여 단위 유치원에서 장학활동을 계획 및 실천할 때 밟아야 할 과정으로써 [그림 4-3]에 나타난 바와 같이, 여건 조성 → 계획 → 실행 → 평가 등의 4단계를 설정한다.

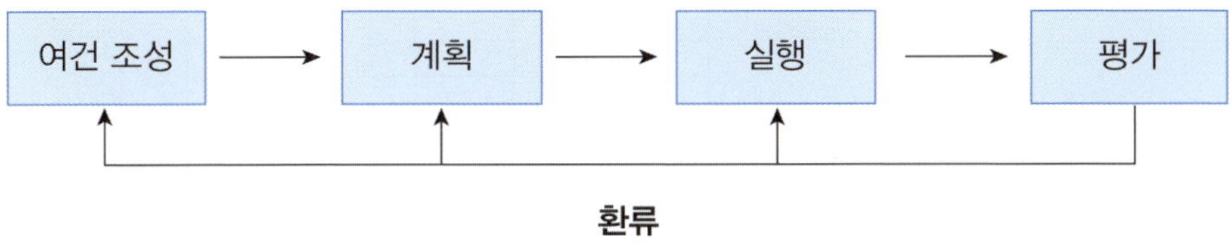

[그림 4-3] 유치원 수준에서의 장학의 과정

출처: 신재흡·권건일(2006). 유아교사론. 경기: 양서원, p. 333.

3. 장학의 모형

지금까지 장학의 영역, 장학의 형태, 장학의 과정에 대한 분석이 있었다. 이러한 세 가지 분야에서의 분석결과를 종합해 보면, [그림 4-4]와 같은 장학활동의 모형을 도출할 수 있다. 이 모형은 단위 유치원 현장의 실정 및 교직원들의 필요와 요구에 기초하여 구체적이고 실천적인 유치원(어린이집) 장학활동의 내용과 방법을 개발하는 데 기본이 된다.

수업장학, 자기장학, 약식장학은 교사의 전문적 발달에 보다 직접적으로 관련이 있으며, 교사의 개인적 발달이나 학교의 조직적 발달과는 간접적으로 관련이 있다. 반면에 상대적으로 동료장학과 자체연수는 교사의 전문적 발달뿐만 아니라 교사의 개인적 발달과 유치원의 조직적 발달을 포함하는 모든 영역에 직접적으로 관련이 있다고 볼 수 있다. 수업장학, 자기장학, 약식장학이 주로 교사의 전문적 발달을 다룰 수 있으며, [그림 4-4]에서는 교사의 전문적 발달뿐만 아니라 교사의 개인적 발달과 유치원의 조직적 발달도 다룰 수 있는 것처럼 보이는 것에 의문이 제기될 수 있다. 이는 수업장학, 자기장학, 약식장학이 직접적으로는 주로 교사의 전문적 발달을 도모하지만, 이들 장학을 실천하는 과정과 결과에 있어서 교사의 개인적 발달과 학교의 조직적 발달도 동시에 이룰 수 있는 효과가 있다는 것으로 이해하면 될 것이다.

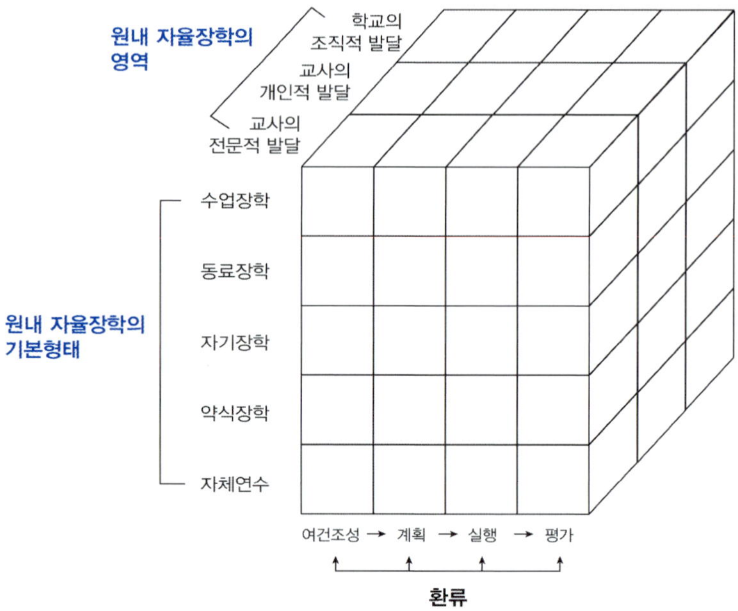

[그림 4-4] 장학의 모형

출처: 신재흡·권건일(2006). 유아교사론. 경기: 양서원, p. 334.

[그림 4-4]는 학기 초에 장학활동을 설계할 때, ① "어떤 영역의 발달을 도모할 것인가?", ② "이를 위해 어떤 형태의 장학방법을 활용할 것인가?", ③ "선정된 장학방법을 어떤 과정을 거쳐 실시할 것인가?" 하는 물음에 대한 답을 구체화하는 작업이 필요함을 시사한다.

장학활동은 '교사의 전문적 발달', '교사의 개인적 발달', '유치원의 조직적 발달' 등 3영역이 조화롭게 다루어져야 한다. 각 영역에서의 발달은 다른 영역에서의 발달에 영향을 미칠 뿐만 아니라, 동시에 다른 영역에서의 발달에 의하여 영향을 받기 때문이다. 원장 및 원감은 장학활동의 세 가지 영역이 조화롭게 발달하도록 적절한 리더십을 발휘해야 할 것이다.

단위 유치원(어린이집)에서 세 가지 영역의 조화로운 발달은 궁극적으로 교직원들에게 즐거운 직장으로서 '즐거운 유치원'(어린이집)을 조성하는 데 기여하게 될 것이다. 이를 위하여 수업장학, 동료장학, 자기장학, 약식장학, 자체연수 등 장학활동의 기본 형태를 교사들의 발달단계와 요구 그리고 유치원의 실정을 고려하여 개별적으로, 복합적으로, 그리고 선택적으로 활용해야 할 것이다.

제5절 장학 담당자의 역할·자질·리더십

5절에서는 장학담당자의 역할 및 자질, 장학담당자의 리더십 등에 대해서 살펴보기로 한다.

1. 장학담당자의 역할·자질

교육전문직은 전문가집단인 교사의 교직 전문성을 지원·조장하며, 교육행정에 관련된 독자적이고 특수한 직무를 수행하고, 직무수행에 있어 고도의 지식을 토대로 하는 지적·기술적 수월성을 필요로 한다.

교육전문직 즉 장학담당자의 역할은 장학담당자가 행정기관의 수준상 어떤 위치에서 어떤 일을 하고 있느냐에 따라 여러 가지 형태로 제시될 수 있다. 주삼환(1996)은 장학담당자의 일반적인 역할로서, ① 지도자의 역할, ② 촉진자와 조력자의 역할, ③ 변화대리자의 역할(change agent), ④ 코치의 역할, ⑤ 상담자의 역할, ⑥ 조정자의 역할, ⑦ 전문가의 역할, ⑧ 자문자의 역할, ⑨ 자원의 역할, ⑩ 연구자의 역할, ⑪ 모범자의 역할, ⑫ 관리자의 역할, ⑬ 평가자의 역할 등 다양한 역할을 수행해야 한다고 제시했다.

서울특별시 교육연구원(1995)은 교육전문직의 역할에 대한 연구를 추진하여, 〈표 4-7〉에서 보는 바와 같이 직무 영역별로 기대되는 역할과 자질을 제시했다.

〈표 4-7〉 교육전문직의 역할과 자질

직무 영역	역할	요구되는 자질
교육정책 영역	최고관리층(교육감·부교육감·국장 등)의 정책 기조 논리 구성과 운영을 공식화시키고 이를 위한 참모 기능을 수행한다.	• 교육과 교육정책의 본질, 학교·학생·교사의 제 특성에 대한 깊은 이해가 있어야 한다. • 세계화·정보화의 특성을 갖춘 미래사회가 요구하는 새로운 교육행정 철학과 이념을 갖추어야 한다. • 의사결정, 기획, 평가 및 갈등 해소 등을 위한 제 기법과 관리능력을 갖추어야 한다. • 조직구성원의 능력과 특성을 활용할 수 있는 리더십을 갖추어야 한다. • 교육혁신을 주도하고 변화를 수용할 수 있어야 한다.

직무 영역	역할	요구되는 자질
교과 지도 영역	교과교육과정 편성·운영에 대하여 지도·조언, 안내·시범을 보이며, 교사의 교수-학습 활동을 평가한다.	• 교육과정의 구성원리와 구현방법의 일반론에 대한 지식과 각 교과별 교육과정의 구성원리 및 구현방법에 대한 이론적·실천적 지식을 갖추어야 한다. • 교재의 편성에 관한 이론과 실제에 조예가 깊어야 하고, 교과서를 포함한 교재에 대한 평가능력이 있어야 한다. • 교육의 목표와 내용에 정통하며, 교수-학습 활동의 문제점 및 해결방안을 설명·시범을 할 수 있어야 한다. • 교육목표 분석과 목표달성도 측정에 관한 이론과 실제에 능통하며, 교사·학생·환경의 상호작용을 이해하고, 상관연구와 원인·비교연구의 방법을 교육평가에 적용할 수 있어야 한다.
생활지도 영역	학생 이해, 생활지도, 진로·상담, 수련활동 지도 등의 지식과 기법을 개발 및 보급하고 지도·조언·협조한다.	• 자신을 포함한 모든 인간을 긍정적으로 수용할 수 있어야 한다. • 내면의 생각이나 감정을 정직하게 상대방에게 표현할 수 있어야 한다. • 자신의 일에 대하여 전문성과 소명의식을 가져야 한다. • 생활지도의 주요 영역에 대하여 전문적 지식을 갖추어야 한다. • 연구 활동에 대한 전문적 지식을 갖추어야 한다. • 생활지도 영역에 대한 정책 수립능력과 행정 능력을 갖추어야 한다.
학교경영 관리영역	학교 교육계획 수립을 지도·조언하고, 학교경영·관리평가를 하며, 학교운영위원회 활동에 관한 협의 및 조언과 학교 및 학부모의 건의사항을 수렴·해결한다.	• 학교 교육조직의 자율성을 존중하며 상급 교육기관의 지도 방침을 원활하게 적용해 나갈 수 있는 리더십이 요구된다. • 학교 교육조직의 특성을 잘 이해하며, 학교조직의 제 관리기법에 능통해야 한다. • 교육현장에서의 각종 교육사태에 잘 대처할 수 있기 위해 융통성 있고 창의적이어야 한다. • 학교가 사회변화의 본질을 이해하고 교육적으로 수용할 수 있도록 지도하는 데 필요한 교육행정철학을 갖추어야 한다.
교육연구 영역	교수-학습 방법 및 평가, 생활지도, 진로·상담 등에 관하여 연구하고 자료를 개발 및 보급한다.	• 과학적으로 연구를 추진하고, 교원들의 연구활동을 지도할 수 있는 전문적 지식, 의사소통능력, 인간관계기술을 갖추어야 한다. • 모든 교육 현안의 개선과 발전은 교육연구에 기초를 두고 있다는 인식을 가져야 한다. • 전공학위(박사)를 소지하고 연구의 질을 높일 수 있는 능력을 갖추어야 한다. • 긍정적 미래지향적 사고를 가지고, 교육 발전에 헌신하겠다는 사명감을 가져야 한다.
교원연수 영역	유·초·중등 교원 및 교육전문직의 전문성 제고와 직무수행 능력의 향상을 위한 연수업무를 담당한다.	• 연수대상자와 좋은 인간관계를 형성하고, 각종 교육정보를 효과적으로 제공할 수 있도록 인간관계 기법과 대화기법을 갖추어야 한다. • 요구조사와 직무분석을 통해 합리적인 연수계획을 수립할 수 있어야 한다. • 다양한 교수기법과 각종 수업매체를 제작 및 활용할 수 있어야 한다. • 과정별 연수목표설정과 교수요목 작성을 통해 연수과정을 편성 및 운영하고, 연수결과를 분석 및 평가하여 재투입하는 능력이 있어야 한다.

출처: 신재흡·권건일(2006). 유아교사론. 경기: 양서원, pp. 336-337에서 인용함.

그리고 민주주의를 지향하는 장학행정에서 **장학담당자가 가져야 할 기본태도**에 대해 교육부는 다음과 같이 제시하고 있다(조병효, 1981).

① 우리는 투철한 국가관과 민주적인 교육관을 확립한다.
② 우리는 더욱 바람직한 인간관계를 형성하는 것을 생명으로 한다.
③ 우리는 지도에 앞서 자기 성장을 꾀한다.
④ 우리는 항상 건설적이며 창의적인 장학활동을 한다.
⑤ 우리는 현실적이고 구체적이며 시범적인 활동으로 문제를 해결한다.
⑥ 우리는 점진적이며 계속적인 활동을 통한 꾸준한 노력에 의하여 소기의 성과를 기약한다.
⑦ 우리는 교사와 학생의 성장 및 발달을 조장하는 데 사명이 있음을 자각한다.
⑧ 우리는 장학활동에 있어서 집단적인 과정을 존중한다.
⑨ 우리는 최대의 시간을 교사와 학생을 위하여 봉사한다.
⑩ 우리는 객관적인 방법에 의하여 장학평가를 한다.

그리고 장학의 성공은 교직원의 이해와 태도를 변화시켜 그것이 곧 행동의 변화를 가져오도록 하는 데 있다. 따라서 장학지도성의 본질은 상호 간에 기꺼이 수용할 수 있는 교육목표의 달성을 위하여 개인이나 집단이 공동노력을 하도록 유도하는 행동이라고 말할 수 있다. 성공적인 장학담당자는 그와 같은 민주적 지도성의 개념에 적합한 인성적 자질과 전문적 자질을 겸비하지 않으면 안 될 것이다. **장학담당자로서의 역할기대를 충족시킬 수 있는 사람을 선정함에 있어서는 다음과 같은 인성적 자질**이 중요하다(McKean & Mills, 1964).

① **존경과 신뢰를 얻는 능력**(ability to win respect and confidence)**이다.** 뛰어난 능력·성실성, 그리고 타인의 개성을 존중하는 일이 같이 일하는 사람들의 존경과 신뢰를 얻을 것이다.
② **감정이입과 감수성**(empathy and sensitivity)**이다.** 타인의 기분과 반응에 대한 뛰어난 감수성과 성공적인 지도성에 매우 중요한 역할을 한다.
③ **정열**(enthusiasm)**이다.** 정열의 특성은 전염성이 있어 타인들에게 전파되어 업무를 완수하는 데 큰 활력이 된다.
④ **문제 대처력**(feeling of adequacy)**이다.** 성공적인 장학담당자는 역경에 직면하여도 낙관적이며 자신이 있고, 꾸준히 노력하여 생산적인 업무처리방법을 찾아낸다.

⑤ **창의성**(originality)**이다.** 창의적인 장학담당자는 교사들 속에 파고들어 그들을 기존의 편한 방법에서 해방시켜, 보다 바람직한 것이 남아 있고 보다 생산적인 선택의 여지가 있음을 알려 준다.

⑥ **유머**(sense of humor)**이다.** 대부분의 인간관계는 딱딱한 분위기에서보다는 따뜻하고 스스럼없는 분위기에서 잘 이루어지는 것 같다. 따라서 장학담당자는 이러한 특성을 신장해야 한다.

⑦ **상대성 가치관**(sense of relative value)**이다.** 장학담당자는 균형이 잡힌, 그리고 멀리 전체적으로 바라보는 감각을 지녀야 한다. 그는 교육목표와 활동방법의 상대적 가치를 평가할 수 있어야 하고, 항상 장기적 발전을 전체적으로 바라보아야 한다.

⑧ **성실성**(sincerity)**이다.** 한 집단이 성공적으로 그 목적을 달성하려면 지도자는 물론 구성원 모두가 성실하게, 그리고 헌신적으로 일하지 않으면 안 된다. 장학담당자가 불성실하면 그의 집단은 분명히 생산적 능력이 약화된다.

⑨ **풍부한 자원**(resourcefulness)**이다.** 장학담당자는 지성과 훈련, 그리고 경험이 풍부하고 뛰어나야 한다. 교직원이 문제해결을 못할 때, 그는 새로운 방법을 찾아내고, 새로운 도움의 자료를 개발하며, 시도해 볼 대안을 제시할 줄 아는 자원 인사가 되어야 한다.

교육행정기관이나 학교(영유아 교육기관)**에서 근무하는 장학담당자가 그의 직위에 요구되는 제 능력을 계발**하려고 하면 다음과 같은 전문적 훈련과 경험, 그리고 기술과 능력을 갖추어야 할 것이다(McKean & Mills, 1964).

① **폭넓은 교양교육**(broad general education)**이다.** 교양교육을 폭넓게 받으면 도량이 넓은 교양인, 곧 여러 교과 분야를 탐구하여 이에 대한 식견을 갖는 사람, 광범위한 취미를 갖는 사람, 그리고 학교나 지역사회에서 여러 사람들을 이해하고 그들과 의사소통을 원활히 할 소양을 갖는 사람이 되는 데 도움이 된다. 교양교육은 일을 추진하는 데 기본도구가 되는 건전한 의사소통의 기술을 제공해 준다.

② **전문성 교육**(professional education)**이다.** 장학담당자의 전문성 교육은 직전 교육인 대학 시절부터 그 기초교육을 다져야 한다. 그리고 현직에서도 끊임없는 연수를 통하여 장학행정의 핵심분야인 장학의 기초이론은 물론 교육과정에 관한 이론과 실제를 터득해야 한다. 또한 장학담당자는 자신의 전문분야에서 특수한 기능을 신장시켜야 하며, 홍보업무, 교수-학습의 평가, 연구기술 등 특수분야에서도 높은 수준의 훈련이 바람직하다.

③ **교수 기술**(skill in teaching)**이다.** 전통적으로 장학담당자는 수년간의 성공적인 교수-학습 경험을 가져야 한다. 그것은 자기 자신이 직접 교수 경험이 있어야만 교사의 역할을 이해할 수 있고, 또 강조할 수 있으며, 학생의 반응과 특성을 본질적으로 통찰할 수 있기 때문이다. 그리고 교원들은 장학담당자의 시범적 교수 기술이 그들의 교수 문제해결에 도움이 되므로 그의 지도방법을 따르려고 하는 경향이 있다.

④ **교육과정 역할에 관한 명확한 인식**(clear perception of roles in the educative process) **이다.** 장학담당자는 자기 업무의 진정한 초점이며 바람직한 목적의 하나가 교수-학습의 양과 질을 높이는 일이라는 것을 항상 마음속에 간직해야 한다. 학교는 오직 교수-학습 과정을 위한 환경을 마련해 주기 위해 존재하는 것이다. 장학행정의 궁극적인 목적은 교수-학습 과정을 향상 및 발전시키는 것이며, 장학담당자는 이 일이 교사의 사고와 태도, 그리고 기술의 변화에서 일어난다는 것을 알아야 하며, 교사들 스스로가 변화하도록 도와주어야 한다.

⑤ **리더십 기술**(skill in leadership)**이다.** 장학담당자는 시범에 의해, 또는 논리와 지성을 문제에 적용하는 능력에 의해 타인을 지도한다. 또한 그는 어떤 상황에서 집단이 의지하는 사람이 누구이건 그 안에 잠재해 있는 리더십을 알아내고 나타내게 하며 지원해 준다.

⑥ **학습 자료와 교수방법에 관한 지식**(knowledge of instructional materials and method) **이다.** 장학담당자는 학습 자료의 사용법에 관해서도 많이 알아야 하고, 이러한 학습 자료의 활용을 통해서 교수-학습 향상이 되도록 연구를 해야 한다. 그리고 새로운 교수방법에 관한 정보에 밝아야 하며, 각종 연구회에서 만들어 낸 새로운 교수방법과 학습 자료에 관해서도 알아두는 것이 바람직하다.

⑦ **생산적 교수-학습 요소를 평가하고 해석할 수 있는 능력**(ability to evaluate and interpret factors in productive learning and teaching)**이다.** 유능한 장학담당자는 교수-학습 요소의 평가를 위한 주요 항목을 찾아낸다. 또는 그는 각 교사 및 교사집단과 교수-학습의 기본 요소에 관해 토론할 능력을 가져야 하며, 교사의 취약점을 다룸에 있어 도움이 되도록, 그리고 생산적으로 지도해야만 한다.

⑧ **과정과 결과의 중요성에 관한 인식**(awareness of the importance of process and product)**이다.** 장학담당자는 바람직한 변화를 조속히 성취하기 위하여 과정에서 크게 압력을 가하거나, 속임수를 쓰거나, 행정적 권위에 힘입으려는 생각을 해서는 안 된다. 그리고 과정에 사용된 그릇된 수단은 비록 그것이 값진 결과를 가져왔을지라도 결코 정당화될 수는 없는 것이다. 또한 장학행정에 있어서 결과는 매우 중요하다. 왜냐하면 결과로서의 바람직한 변화나 발전은 장학적 노력을 기울

이게 하는 방향이 되기 때문이다.

⑨ **실험과 연구에 관한 숙달**(proficiency in experimentation and research)**이다.** 장학담당자는 교수-학습의 질을 향상하기 위한 교육실험과 교육연구에 직접적으로 관여하는 경우가 많다. 그는 학교 내에서 공식적이건 비공식적이건 간에 직접적으로 실험이나 연구에 관여하거나 자문역으로 참여하게 된다. 유능한 장학담당자는 다양한 자원을 개발하여 연구와 실험에 관심이 있는 교원들이 마음대로 활용할 수 있도록 하고 그와 같은 노력에 자기 스스로가 활용이 되도록 한다.

⑩ **인성 및 전문성 성장을 계속할 의욕과 능력**(willingness and ability to continue personal and professional growth)**이다.** 장학담당자는 필연적으로 전문성의 성장을 계속하지 않으면 안 된다. 그는 전문성을 신장하기 위하여 각종 연수회, 연구협의회, 세미나 등에 참석하기도 하고, 교직·교양·전공과목과 관련된 문헌연구를 하며, 대학원과정을 수강하기도 한다. 또한 장학담당자는 인성 측면에서도 계속 성장하고 발전하지 않으면 안 된다. 완숙하고도 세련된 인간으로서 발전하는 일을 결코 등한시해서는 안 된다.

상기에서 교육전문직으로서의 장학담당자의 자질에 대하여 제 학자들의 견해를 살펴보았다. **교육전문직으로서의 역할을 효과적으로 수행하기 위해 다음과 같은 자세가 요구**된다고 할 수 있겠다.

① **최고의 전문성을 구비한 교육적 봉사자로서의 자세를 갖추어야 할 것이다.** 즉 폭넓은 교양교육, 새로운 교수 기술의 도입, 교수-학습의 양과 질의 고양, 풍부한 학습자료와 교수방법에 대한 지식의 소유, 교육현장의 당면한 문제를 창의적으로 해결할 수 있는 조언자의 역할, 교육 정보와 아이디어를 제공할 수 있는 최고의 전문성을 갖춘 봉사자라는 의식과 자부심을 가져야 한다.

② **신뢰할 수 있는 인간관계 조성자로서의 자세가 필요하다.** 교사들이 항상 장학담당자에게 조언과 지도를 받을 수 있도록 인간관계를 원만하게 해야 할 것이며, 또는 교사들이 문제점의 해결을 요청할 수 있는 풍토를 조성하는 인간관계가 중요하다. 이를 위해 권위적인 사고에서 탈피하여 평등하고 민주적으로 상담할 수 있도록 하고, 이를 위해 충실한 현직연수와 부단한 자기 연찬의 자세가 요구된다.

③ **교육적 정보의 제공자 및 교육현장 문제해결을 위한 협력자로서의 자세이다.** 교육현장의 교사들이 느끼는 문제점과 애로점을 찾아내고, 사전에 감지하여, 그들이 필요로 하는 교육자료와 교육정보를 신속히 제공하여 고민을 풀어 주는 교육 정

보의 제공자 및 중개자가 되어야 한다. 또한 학교현장의 교육 자료물을 정리 및 수집해서 노하우(know-how)를 간직해야 한다.

④ **수업장학 전문가로서의 인식을 해야 한다.** 담당전공 교과 지도의 전문가로서 교사들에게 수업 리더십을 발휘하고 시범을 보일 수 있어야 한다. 담당 교과의 교육목표를 설정하는 능력을 기르고, 수업계획, 수업 진행, 수업평가를 추진할 수 있어 수업지도 측면에서 장학수요자들에게 실질적인 도움을 주고 그들의 문제점을 해결해 주는 데 앞장서는 전문가가 되어야 한다.

⑤ **교육체제의 발전 및 교육의 질 관리를 위한 지도자로서의 자질 향상이다.** 교육에 대한 높은 안목과 사명감을 갖고, 지속적인 자기 연찬을 통하여 자질을 향상시켜야 한다. 교육적 문제를 정확히 진단하고 정책적 대안을 제시할 수 있으며, 현장교육 개선에 이바지할 수 있는 변혁적 리더십(카리스마, 지적 자극, 개인적 배려)을 발휘할 수 있어야 한다.

결국 장학담당자는 현장교사들이 학교 수업 현장에서 당면하는 문제들을 전문적인 지식과 기술로써 해결해 주어야만 한다. 따라서 장학담당자들은 항상 새로운 지식과 교수방법의 자질을 갖추고 이를 교실 현장에 제공하여 줌으로써 교육의 효과성을 극대화시켜 줄 수 있는 철학적 자질을 갖추고 있어야 할 것이다.

한편 장학기능을 수행하기 위한 장학담당자의 신분상 지위와 법적 자격을 살펴보면 다음과 같다. 장학관은 교육부의 학교정책실에서 장학방침의 수립을 비롯하여 교육연구·정신교육·교과 지도·생활지도 등에 관한 주요 기획 및 정책개발, 그리고 전문적 지도 및 조언을 통한 참모 기능을 수행하는 위치에 있으며, 지방 교육 행정조직에서는 학무행정 계통의 국·과장 또는 담당관으로서 교육부에서와 같은 막료적 기능을 수행하되 계선 기능을 주로 담당하고 있다(조성일, 신재흡, 2004).

2. 장학담당자의 리더십

오늘날 장학담당자는 과거의 권위주의적 지도에서 과감히 탈피하여 내부에서 자연적으로 발생되는 집단중심의 리더십을 바탕으로 민주주의적 협동을 본질로 하는 리더십을 발휘하여야 한다. 여기서는 리더십의 의미, 기능, 역할 등에 대해서 고찰하기로 한다(정태범, 1996).

첫째, 유치원(어린이집) **조직이 활성화되고 만족할 만한 효과성을 이루기 위해서는 이에 상응하는 장학담당자의 리더십이 요구된다.** 리더십이란 집단이나 조직의 목적을 달성하기 위하여 지도자가 집단에 영향력을 행사하는 과정으로 집약할 수 있다. 이러한 영향력의 행사는 파워를 소유함으로써 가능한 것으로 볼 수 있으며, 유치원(학교) 행정가의 바람직한 리더십은 유치원(학교) 조직의 목적을 효율적으로 달성하기 위하여 교육이념 및 다양한 학문적 식견과 전문성에 근거하여 조직구성원들의 민주적인 참여와 적극적이며 창의적인 의견을 수렴하여 조직구성원들을 위해서 변화 촉진자 및 안정유지자로서의 역할을 슬기롭게 수행하는 것으로 볼 수 있다(신재흡, 2002). 결국 리더십이란 모든 상황에서 조직을 운영하는 데 작용하는 중요한 변인으로 볼 수 있다.

둘째, 리더십의 기능과 역할은 다음과 같다. 장학담당자가 어떠한 리더십을 갖느냐가 실제 장학활동에서 중요한 부분을 차지한다. 장학은 교원의 전문적 자질을 향상시키고 교수-학습 방법을 개선하며, 유치원(학교)경영을 합리화하는 역할을 수행하는 데 도움을 주기 때문에 교육행정에서는 가장 핵심적인 기능이라 할 수 있다. 특히 그로스(Gross, 1961: 213-218)는 리더십의 기능으로써 목표설정, 목표를 명백히 하면서 관리하기, 목표달성을 위한 적합한 수단을 선택하기, 과업을 할당하고 조정하기, 동기를 부여하기, 충성심을 창조하기, 동지애를 불러일으키기 등을 제시하고 있다.

또한 장학담당자들을 포함한 **유치원**(어린이집) **경영자의 리더십 발휘에서 유의해야 할 몇 가지 시사점**을 제시하면 다음과 같다.

① 리더는 종합적 기술과 사무적인 기술이 필요하기도 하지만, 조직의 목적달성을 위해 구성원의 직무 의욕을 높이기 위해 인화를 중시하는 리더십이 요청된다(서정화, 1989).

② 경영관리적인 역할수행보다 수업지도자(instruction leader)로서 역할을 중시하는 리더십 발휘가 요청된다.

③ 민주적인 의사결정과정에서 구성원의 적극적인 참여를 유도하는 리더십 발휘가 요청된다.

④ 조직의 목적달성을 위해서는 기계적인 합법성에 얽매이기보다는 교원과 학생(원

아)의 전문성과 교육환경에 초점을 둔 합리적이고 소신을 지닌 리더십 발휘가 요청된다.

⑤ 리더는 일의 만족과 관련된 환경적인 조건의 개선을 위한 노력이 요청된다.

⑥ 리더는 긍정적인 인간관을 가지고 구성원 개개인에게 권한과 책임을 위임하여 그들의 능력을 개발 및 활용하는 것이 요청된다.

그리고 캠벨(Campbell, 1968)은 리더십에 대한 기존의 연구결과를 종합하여 **교육행정가를 위한 리더십의 책임**을 다음과 같이 제시하고 있다.

① 교육의 목적과 학교경영의 목표를 규정하고 결정하는 데 목적과 목표를 명료화하는 리더십이 요구된다.

② 효과적인 수업을 위해 "유능한 교사(effective teacher)"를 확보하고 이와 관련된 수업 리더십이 요구된다.

③ 유치원(학교) 조직의 여러 다양한 구성원들의 노력을 하나의 완전한 생산적인 단위로 통합시키는 노력이 요구된다.

④ 교사들과 다른 구성원의 능력 효과성을 제고하기 위한 조직풍토를 마련하는 노력이 요구된다.

⑤ 교수-학습을 촉진시키기 위해서 적정한 인적·물적 요건을 확보하고 활용도의 제고를 위한 노력이 요구된다.

장학담당자가 갖추어야 할 일반적인 리더십을 기르기 위하여 멜코어(Melchor)가 제시한 **장학의 기본원리**를 소개하면 다음과 같다(Wiles, 1961).

① **문제 파악의 태도이다.** 장학담당자는 장학지도에 관한 올바르고 건설적이며 진취적인 태도를 가져야 한다는 것이다. 장학담당자가 이런 태도를 가질 때 교사들도 건설적이고 진취적인 태도를 갖게 된다.

② **창조성이다.** 새로운 것을 창조하고 기존의 것을 개선하여 보다 새로운 것에 도전하려는 창조의 원리가 필요하다. 장학담당자는 교사들이 보다 효과적인 지도안과 기술을 발휘하도록 격려하며, 장학지도 계획을 변천하는 사회에 맞도록 창안한다. 창조적 장학지도자는 교사들이 자유롭게 교육목표, 교육과정, 학습지도, 교육평가 등에 관하여 현실로부터 사고하여 시작하게 하며, 다른 직원이나 전문가들과 함께 일을 분담하게 하며, 교사 자신이 자율적으로 일을 하게 한다.

③ **협력성이다.** 장학담당자는 교육의 기능을 이해하고 '더불어 함께 일하는' 집단과정을 존중한다. 집단은 하나라는 감정이 작용하는 집단과정을 통해서 문제점을 해결한다.

④ **과학성이다.** 장학담당자는 문제를 선택하고 파악해서, 필요한 사실을 수집하고 분류하고, 각종 해결방안을 모색하여 적절한 방법을 선정한 다음 문제해결의 기준을 설정하고 가설을 설정 및 검증하면서 해석한 뒤에 추후연구를 계속하는 등 일련의 과학적 방법을 택한다.

⑤ **효과성이다.** 효과는 기대했던 것에 대한 정도를 측정하는 문제이므로 평가를 전제로 하여 발전한다.

제6절 유치원(어린이집)의 장학의 활성화 방안

유치원(어린이집)의 장학지도를 활성화하기 위한 방안을 살펴보면 다음과 같다(이윤식, 2005: 604-610).

① **원장·원감이 유치원 교육에 대하여 체계적인 교육 및 연수를 받아 전문성을 갖추도록 해야 한다.** 아직도 무자격 원장 및 원감이 적지 않아 유치원 교육을 하는 데 교사로부터 전문적인 권위를 충분히 인정받지 못하는 경향이 있다. 병설 유치원의 경우 초등학교 교장 및 교감이 원장 및 원감을 겸임하고 있어, 유치원 교육에 대한 전문성이 부족한 실정이다. 전문성이 부족하고 충분히 권위를 인정받지 못하면 장학활동을 주도하기가 어려운 것은 당연한 것이다.

② **원장·원감을 대상으로 원내 자율장학에 대한 전문적인 태도, 지식, 기술 등을 함양하기 위한 구체적이고 체계적인 연수활동을 강화한다.** 원장·원감이 원내 자율장학에 대하여 어떠한 태도나 의지를 가지고 있느냐, 그리고 필요한 전문적 지식과 기술을 가지고 있느냐 하는 것은 원내 자율장학의 성공과 실패를 결정하는 가장 중요한 요인이다.

③ **주임교사와 일반교사들을 대상으로 원내 자율장학에 대한 전문적인 태도, 지식, 기술 등을 함양하기 위한 구체적이고 체계적인 연수활동을 강화한다.** 주임교사와 일반교사들의 원내 지율장학에 대한 올바른 인식과 태도, 그리고 적절한 지식과 기술의 함양을 위한 노력이 요구된다.

④ **원감이나 전문적 자질과 신망을 갖춘 교사 중에서 원내 자율장학 전문요원을 선정하여, 원내 자율장학의 계획, 실행, 평가, 연구의 전반적인 영역에 관하여 전문적인 리더십을 발휘할 수 있도록 한다.**

⑤ **교사들의 업무 부담을 경감시켜, 교사들이 원내 자율장학에 적극적이고 자발적으로 참여할 수 있는 여건을 조성한다.** 원내 자율장학이 소기의 성과를 거두기 위해서는 교사들의 적극적이고 자발적인 참여 의지와 노력이 있어야 한다. 이러한 참여 의지와 노력의 유발은 교사들의 유치원 생활에서 심적인 여유와 시간적인 여유를 가질 수 있을 때 비로소 가능하다. 원장이나 원감은 가능한 범위 내에서 사무 처리의 자동화 및 전산화, 사무보조원의 증원 등을 통하여 교사들의 업무부담을 경감시켜야 한다.

⑥ **원내 자율장학의 효과적인 수행을 위하여 필요한 자료, 도구, 시설, 장소 등의 물적 여건을 마련하고, 이를 적극적으로 활용한다.** 유치원에서 가능한 한 원내 자율장학과 관련하여 회의 및 협의, 연구를 할 수 있는 별도의 쾌적하고 안락한 장소를 마련하도록 노력한다. 이 장소에는 관련 도서와 자료, 각종 기자재, 녹화 및 녹음테이프 등을 비치하여 교사들이 자유로이 활용할 수 있도록 한다.

⑦ **유치원 내에 형성되어 있는 여러 가지 비공식조직을 활용하여 동료 교사들 간에 협조적이고 허용적이며, 상호 간에 전문적, 개인적 발달을 위하여 자연스럽게 도움을 주고받을 수 있는 분위기를 조성한다.** 원장이나 원감은 유치원 내에 형성되어 있는 여러 가지 비공식조직들의 성격, 구성원, 활동, 기능 등을 파악하고 이러한 비공식조직들의 순기능을 높이도록 리더십을 발휘한다. 아울러 원장이나 원감은 비공식조직을 활용하여 동료 교사 간에 교직생활 또는 개인생활과 관련한 경험, 정보, 아이디어, 도움, 조언을 교환하거나, 동료 교사 간에 공동과제나 공동관심사를 협의하거나 공동작업의 추진을 유도하는 등 자연스럽게 동료장학의 기능이 수행되도록 리더십을 발휘한다.

⑧ **원내 자율장학의 계획, 실행, 평가에 관한 협의, 조정, 의사결정을 관장하기 위하여, 원장, 원감, 원내 자율장학 전문 요원, 교사 대표가 참여하는 원내 자율장학 위원회를 구성 및 운영한다.** 원장이나 원감 등을 비롯한 소수 인사들만의 의사보다는 가능한 한 많은 유치원 교직원의 의사가 원내 자율장학의 계획과 실천에 적절히 반영될 때, 보다 성공적이고 효과적인 원내 자율장학이 가능할 것이다.

⑨ **유치원의 형편과 교사들의 필요와 요구에 터하여 다양한 형태, 내용, 방법을 활용한 원내 자율장학 프로그램들이 계획 및 제공되어야 한다.** 유치원의 규모나 소재지와 같은 조직적 및 지역적 환경이 유치원에 따라 다양한 점과 이처럼 다양한 유치원에서 근무하는 교사들의 경력, 성장 욕구, 담당 아동과 같은 교직 경험, 그리고 개

인의 성격이나 취향, 가정생활과 같은 개인적 환경에 있어서 차이가 있는 점을 고려할 때, 다양한 형태, 내용, 방법의 장학 프로그램들이 제공되어야 한다.

⑩ **원장 및 원감은 교사들이 자기장학, 자기 연찬에 보다 적극적이고 자발적으로 응할 수 있도록 가능한 한 필요한 편의를 제공한다.** 구체적으로 원장이나 원감은 교사들에게 각종 연수회, 연구회, 발표회, 강연회 등의 프로그램과 전문연구 및 학술기관이나 단체에 관한 여러 가지 유익하고 새로운 정보와 자료를 수집 및 제공하고, 교사들이 이에 참여 및 활용할 수 있도록 편의와 지원을 제공한다.

⑪ **원장 및 원감을 포함한 모든 교직원들이 협동적으로 유치원의 교육 활동, 경영활동에 대하여, 그리고 개인적으로 자신의 교육 활동에 대하여 자체평가를 계획, 실천하여, 원내 자율장학의 발전을 위한 유익한 정보를 수집 및 활용한다.**

⑫ **인근지역 내에 있는 유치원 교사들 간에 혹은 유치원 교사들과 초등학교 저학년 교사들 간의 서로 도움을 주고받을 수 있는 자율장학활동을 추진하도록 한다.** 유치원의 경우 대부분의 유치원이 소규모이기 때문에, 원내 교사들끼리 장학활동을 하는 것이 어려운 실정이다. 따라서 인접 지역의 유치원들 간 및 교사들 간의 상호이해와 협조관계 속에서 서로 정보, 아이디어, 경험을 교환할 수 있는 자율장학활동의 필요성이 대단히 높다. 초등학교 병설 유치원의 경우에는 유치원 교사와 초등학교 저학년 교사들 간에 서로 수업을 공개하거나 필요한 정보, 아이디어, 경험을 교환하는 자율장학 활동을 추진할 수 있을 것이다. 지구 자율장학 활동에 많은 교사들이 활발하게 참여할 수 있도록 하기 위하여, 지구 내의 학교와 유치원이 동시에 월 1~2일 반일제 수업을 실시하는 방안을 강구한다. 이를 통하여 지구 내의 교사들이 시간적 제약을 덜 받고 인근 학교와 유치원의 교사들 간 지구 자율장학 활동을 보다 용이하게 할 수 있을 것이다.

⑬ **교육청별 또는 지구별로 우수한 중견교사를 선정하여 장학활동 자원교사나 협력교사로 지구 내 자율장학 활동에 참여하도록 한다.** 장학활동을 실시하고 각종 협의회 및 연수회를 지도할 장학담당자나 전문적인 인적 자원이 부족하므로 우수한 중견 교사를 발굴하여 도움을 받을 수 있도록 한다. 자원교사나 협력교사는 부족한 장학인력을 도와, 장학활동에 참가 및 협조하고, 교사들에게 친근감을 주면서 각종 교과별 연수회, 교과 서클, 교과연구협의회 등 지구자율장학 활동에 강사 또는 자원 인사로 활동한다.

⑭ **원장 및 원감은 교사들의 원내 자율장학에 대한 의욕과 참여를 높이기 위하여, 원내 자율장학 유공교사와 우수교사의 공로를 인사관리나 표창 추천 등에 반영한다.** 구체적으로 원장 및 원감은 원내 자율장학에 적극적으로 참여하였거나 기여한 바가 큰 유공 교사 또는 우수 교사의 공로와 노고를 확인 및 인정하여 개인적인 성취

감을 높이며, 주임 임명 등의 인사관리나 표창 추천, 그리고 근무평정(공립의 경우)에 그들의 공로와 노고를 반영하도록 한다.

⑮ 교육부, 시·도교육청, 지역교육청 등 교육행정기관은 원내 자율장학에 대한 교직원들의 의욕과 참여를 높이기 위하여, 원내 자율장학에 적극적으로 참여한 교직원들에 대하여 표창이나 인사상의 혜택을 제공하는 방안을 강구한다.

⑯ 교육부, 시·도교육청, 지역교육청 등 교육행정기관은 원내 자율장학의 우수 실천사례와 유치원을 발굴, 전파, 포상, 지원하는 방안을 강구한다.

⑰ 원내 자율장학에 활용할 수 있는 장학모형이나 프로그램, 수업 활동 전반에 관련된 연수내용이나 모범수업 사례에 관한 녹화, 녹음테이프, 그리고 자료와 도서에 관한 활발한 연구, 개발, 보급이 있어야 한다.

⑱ 교육부, 시·도교육청, 지역교육청 등 교육행정기관 차원에서 자체의 유치원장학에 관련된 장학조직, 장학인력, 장학업무, 장학방법 등을 개선하여 장학력을 높이고, 자료 및 정보센터의 설치 및 운영, 그리고 지역자율장학 협력체제의 강화를 통하여 유치원에 대한 인적, 물적 지원과 자료 및 정보지원을 강화하는 방안을 강구한다.

참고자료 수업활동 (자기) 평가도구

수업활동 (자기) 평가도구

1. 수업일: 년 월 일   2. 수업 과목: 3. 수업 대상: 학년 반
4. 수업자: 5. 평가자: (자신, 동료 교사, 장학담당자)

영역	평가내용		평점 5	4	3	2	1	특기사항
Ⅰ. 수업계획	1. 교육과정에 의한 학년 목표에 접근된 지도 계획인가? 2. 학습환경 구성이 잘 짜여 있는가? 3. 학습자 학습결손 내용이 잘 파악되었는가? 4. 교재연구와 학습지도 계획이 개념, 과정, 기능, 정의적 영역 등으로 구성되었는가?							
	5. 자료 수집 및 지도 시기가 적절하게 계획되었는가?	합계						
Ⅱ. 도입단계	6. 선수학습개념의 파악이 유의하고 있는가? 7. 본시 학습 목표를 인식시키고 학습을 전개하는가? 8. 효율적인 학습이 이루어지게 충분한 자료를 준비하였는가? 9. 교사의 발문이 부드럽고 지적 호기심과 학습 동기유발이 효과적으로 이루어지고 있는가?							
	10. 학습 목표를 달성하는데 적절한 자료를 수시로 사용하고 있는가?	합계						
Ⅲ. 전개단계	11. 학습자에게 가설과 이론에 대한 의문을 갖게 하여 자기 생각을 스스로 평가할 수 있도록 하는 수업인가? 12. 소재에 따른 학습 분단 활동이 잘 이루어지는 수업인가? 13. 개별학습 지도에 노력이 엿보이는가? 14. 발표학습을 적극 권장하고 있는 수업인가? 15. 발문 방법이 설득력 있는 수업인가? 16. 학습결손 발견과 결손시정으로 연습하도록 유도하는가? 17. 창조와 발전에 기여할 수 있는 인간 육성에 유의하는가? 18. 균등한 학습기회를 부여하는 수업인가?							
	19. 학습장기록을 잘 활용하는 방법으로 유도하는가? 20. 교사가 단원 내용에 철저한 지식을 가지고 지도에 임하는가?	합계						
Ⅳ. 정리단계	21. 본시학습의 결과정리가 명료하게 유도되었는가? 22. 발전 심화로 본시학습 목표에 접근하였는가? 23. 측정도구의 타당도 및 신뢰도가 이루어졌는가?							
	24. 요약 및 정리, 보충, 심화학습 기회를 부여하였는가? 25. 가정학습 과제 제시와 차시 예고가 적절하였는가?	합계						
• 본시학습에서 잘된 점		총계						

• 본시 학습에서 개선이 요구되는 점	
• 평점계: (　　)/125×100=　　　점 • 자기 평점확인(예시): # 90점~100점: 우 수 # 80~90점 미만: 보통 이상 # 70~80점 미만: 보 통 # 60~70점 미만: 개선 필요 # 60점 미만: 불만족	

출처: 대구광역시 동중학교에서 제작한 평가도구를 일부 수정하였음.

참고자료 수업참관록

수업참관록

1. 수업일: 년 월 일 요일 2. 수업 과목: 3. 수업 대상: 학년 반
4. 수업자: 5. 참관자:

영역	평가내용	평점					특기사항
		5	4	3	2	1	
Ⅰ. 교재연구	• 교재연구의 심도 • 수업안 작성체제 및 내용 • 본시의 전개안						
Ⅱ. 기본교수법	• 교사의 태도 • 교사의 지도력 • 판서의 요령						
Ⅲ. 기본학습법	• 학습 용구 준비 및 사용요령 • 학습자의 자세 및 학습 참여 • 발표력						
Ⅳ. 지도과정	• 출발점 행동 고르기 • 동기유발 및 문제의식 • 교재의 특질에 따른 지도과정						
Ⅴ. 학습형태 및 활동	• 집단화와 개별화의 조화 • 개인차의 고려 • 집단 학습 구성 및 활용						
Ⅵ. 자료활용	• 자료의 준비도 • 자료의 효율성과 활용도 • 학습환경 조성						
Ⅶ. 정리 및 발전	• 본시학습 내용의 환류 및 정리 • 차시학습 계획 및 발전 • 예습과제 및 발전과제 제시						
Ⅷ. 학력 정착	• 형성평가 • 학력의 성취도 및 정착도 • 전이가 높은 지식 및 기능 획득						
종합 의견	합 계						
	# 좋은 점: # 개선할 점:						

출처: 이윤식(1999). 장학론. 서울: 교육과학사, p. 379.

참고자료 교사(성장분야) (자기)평가도구 (유치원 교사용)

교사(성장분야) (자기)평가도구 (유치원 교사용)

1. 수업일: 년 월 일 요일 2. 교사명:
3. 평가자: (자신, 동료 교사, 원장 및 원감)

영역	평가 항목		우수		보통		미흡
1. 효과적인 의사소통하기	1. 동료와 효과적으로 의사소통을 하는가?		5	4	3	2	1
	2. 외부전문가와 효과적으로 의사소통을 하는가?		5	4	3	2	1
	3. 학부모와 효과적으로 의사소통을 하는가?		5	4	3	2	1
	4. 아동과 효과적으로 의사소통을 하는가?		5	4	3	2	1
	5. 장학담당자와 효과적으로 의사소통을 하는가?		5	4	3	2	1
		소계					
2. 자신감 갖기	1. 아동과 활동할 때 편안함을 느끼는가?		5	4	3	2	1
	2. 부모와 대화할 때 편안함을 느끼는가?		5	4	3	2	1
	3. 자신이 아동을 보호할 능력이 있다고 생각하는가?		5	4	3	2	1
	4. 교사 회의 시 회의에 활발히 참여하고 있는가?		5	4	3	2	1
	5. 유치원에 갈등이 있다면, 이를 해결하고자 노력하는가?		5	4	3	2	1
	6. 쉽게 다른 전문가와 상호작용을 하는가?		5	4	3	2	1
	7. 독립적인 적극성을 보이는가?		5	4	3	2	1
	8. 자신의 판단을 존중하는가?		5	4	3	2	1
	9. 변화에 대처할 능력이 있는가?		5	4	3	2	1
		소계					
3. 아동 이해하기	1. 아동에 대하여 적절한 기대를 하고 있는가?		5	4	3	2	1
	2. 아동의 다양한 발달 단계를 이해하는가?		5	4	3	2	1
	3. 아동의 개인적 요구에 민감한가?		5	4	3	2	1
	4. 훌륭한 관찰기술을 가지고 있는가?		5	4	3	2	1
	5. 사회성, 인지, 정서 신체발달 간의 연관성을 이해하는가?		5	4	3	2	1
	6. 아동의 성장발달에 여러 요인이 영향을 미친다는 것을 이해하는가?		5	4	3	2	1
		소계					
4. 자기 자신 이해하기	1. 자신에 대하여 반성적이며 분석적인가?		5	4	3	2	1
	2. 자신이 학습자로서의 입장에도 있음을 이해하는가?		5	4	3	2	1
	3. 개인적인 문제에 스스로 대처하고 해결하려고 노력하는가?		5	4	3	2	1

	4. 아동의 위기에 대처하고 그 위기를 해결할 수 있는가?	5	4	3	2	1
	5. 자아 존중감을 가지고 있으며, 자신을 유치원 운영의 중요한 부분으로 생각하고 있는가?	5	4	3	2	1
	소계					
5. 다른 사람 존중하기	1. 출신 및 성장 배경 및 사회적 및 경제적 배경이 다른 사람(아동, 부모 및 동료)들을 잘 이해하는가?	5	4	3	2	1
	2. 동료의 입장을 잘 이해하고 지지하는가?	5	4	3	2	1
	3. 다른 사람의 의견과 느낌을 존중하는가?	5	4	3	2	1
	소계					
6. 전문적 성장에서의 만족	1. 어려운 일을 성취하고 만족감을 느끼는가?	5	4	3	2	1
	2. 전문가단체와 협회 등에 참석하는가?	5	4	3	2	1
	3. 동료 간에 협동적인 활동을 하는가?	5	4	3	2	1
	4. 새로운 프로그램을 계획하고 추진하기를 좋아하는가?	5	4	3	2	1
	5. 새로운 역할과 책임을 기꺼이 맡고자 하는가?	5	4	3	2	1
	소계					
7. 학습관 갖기	1. 장학담당자나 동료와 구별되는 자기 나름의 학습관을 가지고 있는가?	5	4	3	2	1
	2. 확고하고 발전된 교육관을 가지고 있는가?	5	4	3	2	1
	소계					
8. 적절한 장학 평가하기	1. 적절한 지도 및 조언이 주어지지 않을 때 장학활동에 관련하여 자신의 생각을 표현할 수 있는가?	5	4	3	2	1
	2. 장학담당자가 가져야 하는 자질에 대하여 적절한 의견을 가지고 있는가?	5	4	3	2	1
	3. 장학활동에 대하여 높은 기대를 가지고 있는가?	5	4	3	2	1
	소계					
9. 넓은 관점 갖기	1. 유아교육의 전반적인 프로그램 및 지역사회와의 관계 속에서 자신의 위치와 자신의 하는 일을 파악하고 있는가?	5	4	3	2	1
	2. 자신의 직업에 대하여 충실하며 중요성을 부여하고 있는가?	5	4	3	2	1
	3. 아동, 가족, 지역사회와 유아교육프로그램을 상호 유기적으로 연관된 것으로 보고 있는가?	5	4	3	2	1
	소계					
총 계						

출처: 신재흡·권건일(2006). 유아교사론. pp. 351-352. 서울: 양서원.

연습 및 탐구문제

1. 유치원(어린이집) 장학의 기능에 대하여 생각해 봅시다.

2. 동료장학의 수업연구를 위한 학습지도안 작성에 대하여 정리해 봅시다.

3. 장학담당자의 인성적 자질에 대하여 기술해 봅시다.

4. 유치원(어린이집) 경영자의 리더십 발휘에서 유의점에 대하여 생각해 봅시다.

CHAPTER 05

영유아 교육기관 원장(교사)의 리더십

학습목표

1. 리더십의 역사적 발달과정을 파악할 수 있다.
2. 리더십의 현대적 접근에 대하여 설명할 수 있다.
3. 변혁적 리더십의 하위변인을 이해할 수 있다.
4. 도덕적 리더십의 하위변인을 파악할 수 있다.
5. 서번트 리더십의 하위변인을 설명할 수 있다.
6. 감성적 리더십의 하위변인을 설명할 수 있다.
7. 수퍼 리더십 형성과정을 이해할 수 있다.
8. 영유아 교육기관 원장의 리더십과 직무에 대하여 파악할 수 있다.
9. 영유아 교육기관의 교사 리더십을 이해할 수 있다.

Keyword

리더십, 특성이론, 행동이론, 상황이론, 제4의 리더십이론, 변혁적 리더십, 카리스마 변인, 지적 자극 변인, 개인적 배려 변인, 문화적 리더십, 도덕적 리더십, 청렴성, 사명감, 공정성, 책임감, 비전 제시, 권한 부여, 공동체 규범 확립, 전문 직업적 이상, 내재 만족, 동료의식, 서번트 리더십, 진실성 변인, 존중성 변인, 공정성 변인, 감성적 리더십, 감성 인식능력 변인, 사회적 인식능력 변인, 사회적 인식능력 변인, 관계 관리능력 변인, 수퍼 리더십, 자기 지도력, 자율적 지도성, 셀프-리더, 행태중심 전략, 원장의 리더십, 교사 리더십, 교사 리더십 대상, 교사 리더십 영역, 교시 리더십 원리, 교사 리더십 하위변인

리더십 이론은 교육조직을 포함한 모든 공식적 조직에 대한 사회과학 및 행동과학적 문헌에서 중심적인 위치를 차지해 왔다. 공식조직에 대한 연구에서 리더십 현상이 중요하게 인식되고 연구되어 온 가장 중요한 이유는 리더의 행위가 조직의 전반적인 과업 수행에 큰 영향을 줄 것이라는 가정 때문이라고 할 수 있다(Sara, 1981).

오늘날 리더십은 모든 조직이나 집단에서 필요한 것으로 인식되고 있다. 교육조직에서도 예외는 아니다. 그것은 교육행정가의 리더십은 그의 조직의 성공 여부를 결정하는 중요한 요인이 된다. 따라서 현대 모든 조직들이 훌륭한 리더를 원하고 있다. 교육행정가는 그가 맡은 행정단위의 리더라고 말할 수 있다. 리더십에 관한 지식은 교육행정가가 그의 역할을 효과적으로 수행하는 데 선행적인 요건이 된다.

리더십에 관한 관심은 테일러(Taylor)의 과학적 관리론이 지배하던 시대에는 별로 강조되지 아니하였다. 인간관계론 시대에 들어와서야 비로소 리더십의 중요성이 강조되었으며, 또한 리더십에 대한 본격적 연구는 사회학 및 심리학의 영향을 받아 그 후에 나타나기 시작했다. 그리고 리더십에 대해서 제 학자마다 접근방식이 다르며, 리더십에 대한 정의도 매우 다양하다. 특히 교육행정가가 관심을 두어야 할 교육리더십은 다른 행정가에서 볼 수 없는 특수 리더십이며, 교육행정의 특수성과 핵심을 파악하는 데 있어서 강조해야 할 특수 리더십 요인이라 할 것이다.

이러한 맥락에서 5장에서는 리더십의 개념 및 발달, 리더십의 현대적 접근(제4의 리더십), 영유아 교육기관 원장의 리더십과 직무, 영유아 교육기관의 교사 리더십 등에 대해서 고찰하기로 한다.

제1절 리더십의 개념 및 발달

리더십의 연구는 교육행정학 분야에서 오래전부터 중요한 관심사가 되어왔다. 훌륭한 리더와 함께 일하는 구성원들은 조직의 효과성을 높일 수 있으며, 그렇지 못한 리더와는 불만과 갈등이 커져 조직의 비효과성을 초래할 수 있다. 그러므로 리더십에 관한 연구는 행정가의 효과적인 역할수행을 위한 선결적인 과제가 되는 것이다. 그동안 리더십에 대한 연구는 많은 학자들에 의해서 진행되었기 때문에 리더십의 개념도 다양할 수밖에 없으며, **리더십에 대한 제 학자의 개념**을 살펴보면 다음과 같다.

허쉬와 브랜차드(Hersey & Blanchard, 1972)는 "리더십이란 일정한 상황 속에서 목표달성을 위해 개인 또는 집단의 활동에 영향력을 행사하는 과정이며, 지도자(leader)와 추종자(follower) 및 상황 변수(situations) 간의 함수관계로서 $L = f(l \cdot f \cdot s)$로 나타낼 수 있다."고 하였다. **테리**(Terry, 1960)는 "리더십이란 집단의 목표를 위해 사람들이 스스로 노력하도록 영향력을 행사하는 활동"으로 정의를 했으며, **자고**(Jago, 1982)는 "리더십은 하나의 과정이고 속성이다. 리더십의 과정은 집단목적을 달성하기 위하여 조직화된 집단구성원의 활동을 조정하고, 지휘하기 위한 비강제적인 영향력의 사용이다. 리더십의 속성은 그런 영향력을 성공적으로 이용할 것이라고 지각하는 사람에게 귀속되는 일련의 특질이다."라고 주장했으며, **샤인**(Schein, 1985)은 "리더십을 궁극적으로 지도자의 개인적 특성, 부하의 특성, 과업의 본질 및 과업을 둘러싼 상황을 조화시키는 문제"로 보았다. 다시 말하면, 리더십이란 지속적으로 재평가될 필요가 있는 행동적 상황들의 관계로 본다는 견해이다. **플레시맨**(Fleishman, 1973)은 "어떤 목표나 목표달성을 향하도록 의사소통 과정을 통해서 개인 간의 영향력을 행사하려는 시도"라고 제시했으며, **조성일**(2005)은 "주어진 상황 속에서 조직의 목적을 효율적으로 달성하기 위하여 구성원으로 하여금 협동적인 노력을 다하도록 유도하고 촉진하는 기술 또는 영향력"으로 이해할 수 있다고 제시하고 있다.

상기에서 살펴본 바와 같이 **리더십에 대한 제 학자의 개념 정의를 종합**하면, 집단이나 조직의 목적을 달성하기 위하여 리더가 집단에 영향력을 행사하는 과정으로 집약할 수 있다. 이러한 영향력의 행사는 파워를 소유함으로써 가능한 것으로 볼 수 있으며, 학교행정가의 바람직한 리더십은 학교조직의 목적을 효율적으로 달성하기 위하여 교육이념 및 다양한 학문적 식견과 전문성에 근거하여 조직구성원들의 민주적인 참여와 적극적이며 창의적인 의견을 수렴하여 학교구성원들을 위해서 변화 촉진자 및 안정유지자로서의 역할을 슬기롭게 수행하는 것이라고 볼 수 있다.

그리고 **리더십의 역사적 흐름**은 먼저 '효과적인 리더는 그렇지 못한 리더와 다른 일련의 특성을 지니고 있다'는 가정에서, 리더와 리더가 아닌 사람을 구분하고 효과적인 리더와 비효과적인 리더를 구분하려는 '**특성이론**(特性理論 : 1940~1950년)'이다. 또한 '가장 효과적인 리더의 행동 유형이 있다'는 가정에서 리더의 행동이 부하에게 어떤 반응을 일으키는가를 연구하는 '**행동이론**(行動理論 : 1950~1970년)'은 Michigan 대학의 연구 및 Ohio 주립대학의 연구와 블래이크와 모우튼(Blake & Mouton)의 관리망이론 등이 있다. 그리고 '모든 상황에 적합한 최선의 리더십은 존재하지 않는다'는 가정에서 리더의 행동과 부하의 반응, 그리고 상황의 차이에 따른 리더십의 효과를 연구하는 '**상황이론**(状況理論 : 1970~ 1980

년)'은 피들러(Fiedler)의 상황이론, 하우스(House)의 경로-목표이론, 허쉬와 브랜차드(Hersey & Blanchard)의 이론 등이 있다(주삼환 외, 2009).

그러나 리더십이 과업을 성취하는 과정에서 소집단을 관리하는 능력으로 보거나 단순히 생산을 높이는 수단으로 보는 기존의 관점은 리더십을 관리의 측면에서만 구명하고 과업성취에 초점을 두어 추종자의 요구와 그 요구조건을 다루지 않는다는 측면에서 지도성에 대해 근본적으로 그릇된 접근법을 취하고 있다. 또 상기 세 가지 관점은 리더십을 심리학적 현상에만 국한시켰기 때문에 1980년대에 이들 이론에 대한 비판적인 입장이 제기되었으며, 더욱 복잡하고 동태적인 환경 하에서 리더십의 역할을 보다 철저히 탐색하게 되었다.

따라서 **제4의 리더십이론**으로 불리는 번즈(Burns)와 바스(Bass)에 의해 제시된 변혁적 리더십 이론(transformational leadership theory), 만즈와 심스(Manz & Sims jr.)에 의해 개발된 수퍼 리더십 이론(superleadership theory: 구성원 각자가 스스로를 통제하고 자신의 삶의 진정한 주인이 될 수 있도록 selfleadership을 개발하는 데 중점을 두는 리더십 스타일임) 등이 제시되고 있는 실정이다.

상기의 내용을 정리하면, **특성이론**에서의 리더십은 인성의 특성 차이에 관한 것으로 리더의 선천적인 자질에 초점을 맞추는 것으로 보며, 특성이론의 한계를 인식한 **행동이론**은 리더의 실제 행동을 관찰하고 기술함으로써 리더십 행위의 패턴을 밝혀내고자 한 것이다. 특성이론과 행동이론이 일관성 있는 결과를 나타내지 못함으로써, **상황이론**이 등장하면서 리더십의 효과성은 리더십이 발휘되는 상황과의 적합성에 좌우됨을 제시하였다. **제4의 리더십**의 출현은 과거의 리더십의 연구가 독재적이고, 강력한 리더 지향의 연구에서 상황이나 구성원의 특성을 중시하고 이들과의 역학관계와 상호작용을 강조하는 관점으로 연구의 방향이 이동했음을 알 수 있다.

제2절 리더십의 현대적 접근(제4의 리더십)

리더십의 현대적 접근방법은 변혁적 리더십, 문화적 리더십, 도덕적 리더십, 서번트 리더십, 감성적 리더십, 수퍼 리더십 등에 대해서 기술하고자 한다.

1. 변혁적 리더십

변혁적 리더십은 종래의 전통적인 리더십 이론인 거래적 리더십(transactional leadership)을 넘어 지도자와 피지도자 간에 서로 영향을 주어 지도자와 피지도자가 동시에 변혁을 일으키는 관점에서 출발하고 있다(Owens, 2004; Burns, 1978).

변혁적 리더십에 대한 선행연구자들의 개념 정의를 살펴보면 다음과 같다. **바스와 아볼리오**(Bass & Avolio, 1990)는 리더십의 개념을 명확히 하고, 이를 실증적인 자료로 뒷받침하기 위하여 변혁적 리더십과 거래적 리더십의 하위변인을 설정하고 이 변인들을 포함하는 지도성 측정 도구인 MLQ(Multiple Leadership Questionnaire)를 개발하였다. 또한 이 도구를 통하여 변혁적 리더십에 대한 자료수집을 가능케 함으로써 변혁적 리더십 연구에 중요한 계기를 마련해 주었다. 그는 변혁적 리더십의 하위변인으로 카리스마, 지적 자극, 개인적 배려 등 세 가지로, 거래적 리더십의 하위변인으로 상황적 보상, 예외적 관리 등 두 가지를 제시하였다. **권인탁**(1994)은 교육조직에서 변화 지향적 리더십 측정 도구의 타당한 연구에서 리더십 요인을 카리스마, 개별적 관심, 지적인 자극, 감화적 행위, 협동적 문화조성으로 한 측정 도구인 '변화 지향적 리더십 측정을 위한 질문지'를 제작했다. **노종희**(1996)는 "변혁적 리더십은 지도자와 구성원 상호 간에 동기를 부여하고 조직구성원의 태도와 신념에 중요한 변화를 일으키며 조직의 목표에 높은 헌신성을 가지게 된다."고 했으며, 서울지역 교사 379명을 대상으로 한 연구에서 학교장의 변혁 지향적 리더십의 기본요인을 변화 선도, 인간존중, 솔선수범으로 제시하였다가, 그 후 또 다른 연구(2004)에서 비전 설정 및 공유, 인간존중, 지적 자극, 높은 성과기대, 목표수용, 솔선수범, 학교문화 창조, 집단참여 허용으로 진단목록을 작성하여 학교장의 변혁적 리더십 육성방안을 연구하여 제시했다. 이 연구를 통해 개발된 노종희의 측정 도구는 학교장의 변혁 지향적 리더십 질문지이다. **신재흡**(2002)은 "변혁적 리더십은 학교조직문화와 학교조직 효과성에 영향을 미치며 조직의 효과성을 극대화할 수 있으며, 아울러 그 하위변인을 카리스마, 지적 자극, 개인적 배려" 등으로 제시했다.

상기에서 살펴본 바와 같이, 여러 학자들에 의해 연구된 **변혁적 리더십**은 오늘날 다양한 조직 안에서 리더와 구성원 간의 조화를 이끌어내는 강력한 조직문화를 형성시키는 근원이 되고 있으며 나아가 조직의 효과성을 높이는 리더십으로 평가되고 있다(강경석 · 강경수, 2006). 이와 같이 변혁적 리더십은 연구자에 따라 하위요인별 용어도 다르며, 그 구분기준도 다르다. 이 연구에서는 변혁적 리더의 개념을 적용하여, 이미 초·중·고등학교 교사들을 대상으로 사용해서 검증된 **신재흡**(2002)**의 변혁적 리더십의 하위변인**을 소개하고자 한다. **카리스마 변인**은 교사들에게 비전을 제시하며 자부심과 확신감 및 사명감을 심어주며, 존경과 신뢰감 유발, 과업에 대한 동기부여 등이 있다. 그리고 **개인적 배려 변인**으로는 교사들에게 개별적 조언 및 고충에 대한 관심, 교사들의 입장 고려, 교사들과 함께 하는 시간 할애, 교사들의 능력 발휘에 대한 도움 등이 있다. **지적 자극 변인**은 사려 깊은 사고력, 지적 능력의 활용, 새로운 아이디어를 획득하도록 요구하며, 새로운 방식의 업무처리, 다양한 시각의 요구 등이 있다.

2. 문화적 리더십

"문화란 사회를 구성하고 있는 모든 사람들이 공동으로 소유하고 있는 가치관과 신념, 이념, 관습, 그리고 지식과 기술을 포함한 거시적이고 종합적인 개념"이며(박내희, 1993: 316-317), "조직문화란 한 조직체의 구성원들이 모두 공유하고 있는 가치관, 신념, 이념과 관습, 규범과 전통, 그리고 지식과 기술들을 포함한 종합적인 개념으로서 조직구성원과 조직체 전체의 행동에 영향을 주는 기본요소"라 할 수 있다(이학종, 1986: 134). 그래서 조직구성원들은 자신들이 공유하고 있는 가치, 신념, 이념에 비추어 외부환경을 지각하며, 어떠한 행동을 취해야 할지를 결정한다. 혹은 "우리의 문화는 작업 생활에서 발생하는 사건에 반응하고 인식하는 다양한 방법을 형성하기 때문에 중요하며, 사람들이 작업 세계를 경험하는 방법과 그들 자신의 작업에서 의미를 표현하는 방법을 형성해 준다(Cunningham & Gresso, 1993: 20)." "학교는 구조적 의미에서 이완결합이지만 문화적 의미에서는 확고하게 결합되어 있다"(Sergiovanni, 1990: 10). 그래서 "교사와 학생들은 관료적 규칙과 관리지침, 상황 의존적 교환, 합리적 실체의 이미지보다는 규범, 집단의 관습, 신념의 유형, 가치, 사회화과정, 사회적으로 구조화된 실체의 이미지에 의해 더 잘 움직여진다(Sergiovanni, 1990:10)." **커닝햄과 그레소**(Cunningham & Gresso, 1993)는 미국의 교육개혁에서 수월성 추구는 구조가 아닌 문화를 통해서 접근되어야 한다고 하였다. **이계윤**(1991: 25)도 문화의 중요성을 강조하면서 "인간의 의미 추구 욕구를 만족시킴으로써 그 구성원을 조직의 주인으로 만들고, 조직의 제도적 통합을 가능하게 하는 효과적 리더십이 문화적 리더십이다."라고 하였다.

서지오바니(Sergiovanni, 1987: 117)는 리더십의 유형과 행동, 그리고 고도로 구조화된 관리체제의 개발을 강조함은 낡은 관점이 갖는 중요성을 인정하면서도, 이제는 지도자들이 처신하는 방법들보다는 그들이 지지하고 믿는 것과 타인에게 의미와 의의를 제공할 수 있는 방식으로 이러한 가치와 이상을 전달하는 능력이 더 중요하다고 했다. **커닝햄과 그레소**(Cunningham & Gresso, 1993: 30-35)는 리더십에 대한 접근을 구조적·행동적·통제적 접근과 문화적 접근으로 구분하여 제시했다. 구조적 관점에서 조직구조, 조직 행동, 조직문화, 그리고 조직 내의 직무수행은 서로를 강화시키지만, 그 문화와 직무수행은 구조와 행동으로부터 생겨난다. 그래서 적절한 구조와 행동의 형성을 통해서 효과적인 조직문화가 가능하고, 그 결과로 직무수행이 이루어진다. 그러나 "구조적, 행동적 구성요소들은 효과적인 학교 교육에 필수적이지만, 그러한 요소들의 부재는 비효과성을 초래한다. 그래서 그것들은 학교 교육에서 수월성을 조장하기에 충분치 못하다"(Sergiovanni, 1984). 커닝햄과 그레소(Cunningham & Gresso, 1993)는 리더십에 대한 구조적 접근의 대안으로 문화적 접근을 제시했다. 문화는 교직원 개개인에게 수용될 수 있는 방법을 규정하고 그들이 생활하는 기초가 되어, 사람들의 마음에 영향을 주고, 그들의 관리, 업무, 그리고 자기 자신을 지각하고 결부시키며, 해석하는 모형이 되기 때문에 학교 교육을 개선하기 위해서 반드시 고려되어야 한다.

그리고 지속적으로 조직 효과성을 개선하는 데 있어, 조직문화는 모든 행정적 노력의 구심점이 되어 조직구조, 조직 행동, 그리고 조직의 직무수행에 영향을 주고 직무수행을 개선하기 위한 교정적 행위를 통해 적절한 조직문화를 자연스럽게 발전시키고 지원하게 된다. 이와 반대로 그 행동과 구조를 직접 바꾸는 것은 기껏해야 직무수행에 대한 우연적이고, 일시적이며, 임의적인 영향력만을 가지며, 그에 상응하는 변화에 대한 지원이 그 문화에서 일어나지 않으면 그러한 행동과 구조는 오래 지속될 수 없다. **커닝햄과 그레소**(Cunningham & Gresso, 1993)**가 제시한 리더십에 대한 문화적 접근모형**은 **[그림 5-1]**과 같다.

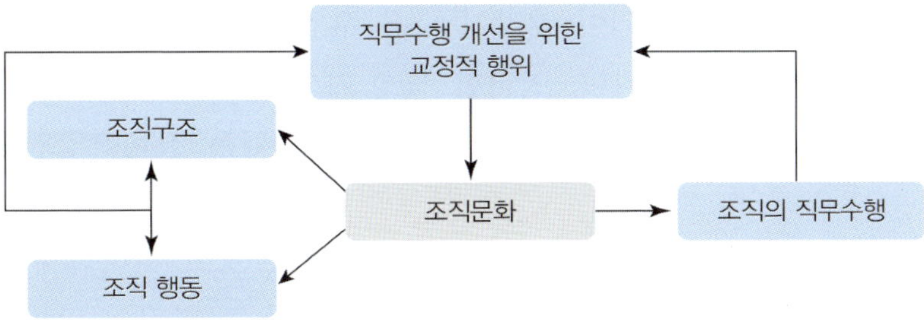

[그림 5-1] 리더십에 대한 문화적 접근

출처: Cunningham, W. G., & Gresso, D. W.(1993). *Cultural leadership: The Culture of Excellence in Education*. Boston: Allyn & Bacon, p.20.

그리고 조직의 문화는 조직의 과업과 특성에 따라 달라지며 이러한 특징들 때문에 학교조직의 리더십과 다른 조직의 그것과는 차이를 나타낸다. 서지오바니(Sergiovanni, 1987: 117)는 "행위와 결정을 안내하는 하나의 근거가 되는 심경(mindscape)의 개념을 제시하고, 리더의 심경은 자신의 실체를 구성하도록 도우며, 실체가 달라지면 결정과 행동도 달라지기 때문에 성공적인 리더의 실제와 평범한 리더의 실제 또한 다르다."고 하면서, 서지오바니(Sergiovanni, 1987: 117-120)는 평범한 리더란 학교가 확고하게 구조화된 형태나 시계와 같이 기계적으로 움직이는 것으로 파악하며, 학교를 관리 지향적 평가체제로 규정하는 시계의 심경을 가지고 교사를 노동자로 본다고 했다. 하지만 학교는 다른 조직들과는 달리 모호한 목적과 넓은 통솔범위를 가진 이완구조의 특성을 갖기 때문에, 관리원칙을 그대로 학교에 적용할 경우 "효과성은 감소되고, 사람들은 혼란을 경험하며, 일은 이루어지지 않는다(Weick, 1982: 673)."

따라서 이러한 학교조직에서 효과적인 문화를 형성할 수 있는 구성요소로서 **커닝햄과 그레소**(Cunningham & Gresso, 1993: 41-51)**는 "버티칼 슬라이스**(vertical slice: 조직에서 각 계층을 대표하는 사람들이 정기적으로 모여 직위에 관계없이 허심탄회하게 조직의 가치와 비전을 토론하고 조정할 수 있는 의사소통의 방법을 의미함), **결핍보다는 비전, 동료관계, 신뢰와 지원, 권력과 지위보다는 가치와 흥미, 폭넓은 참여, 지속적 성장, 장기적 전망에 따른 현재의 생활, 질 높은 정보에 대한 용이한 접근, 개선의 유지와 지속, 그리고 개인적인 권한 부여"를 들고, 이러한 문화의 형성을 통해서 학교조직의 수월성을 높일 수 있다고 보았다.** 성공적인 리더는 학교를 이완된 구조로 파악하며, 교사들은 고립되어 제각기 다른 수업 활동을 함으로써 교사 간의 상호작용이 빈번하지 않게 되며, 이러한 특성 때문에 상당한 자율성을 필요로 한다. 그리고 교사들은 고도의 전문성 신장이 요구되는 전문직업인으로 간주한다.

문성숙(2003)은 조직문화를 리더십의 종속 변인으로 보고 리더십에 대한 문화적 접근법의 한 유형으로 문화적 리더십으로 보았다. 문화적 접근법을 강조하는 학자들의 공통적인 주장은 과거 교육현장의 교육개혁이 실패했던 원인을 대부분 정책결정자들이 구조적 접근법, 인간관계 접근법, 또는 정치적 접근법에만 의존했기 때문이라고 분석하고, 성공적인 리더십을 문화적 접근법을 강조할 때 가능하다고 제안했다. 그리고 **문화적 리더십의 하위요인**을 네 가지 요인으로 분류하고 있다. ① **지원적 배려이다.** 이는 학교장이 가부장적 책임감으로 외부환경으로부터 교사 개개인을 보호하고, 그들의 전문적 성장 및 개인적 발전을 위하여 관심을 가져 주며, 필요한 자원을 제공해 주는 리더십 행위를 반영하는 요인이며, ② **온정적 포용력이다.** 이는 학교장의 염려, 예의, 친절하고 자상함, 너그러움, 격려, 신의 등 교사들에게 보여주는 리더십의 특성을 대표하고 있다. ③ **도덕적 모범이다.** 이 요인은 청렴결백, 일관성, 공평한 기준 적용 등 학교장이 올바르고 합당한 도리를 솔선수범하여 보여주는 윤리적 실천의 정도를 나타내고 있다. ④ **열정적 성실성이다.** 교사와의 관계가 아닌 개인으로서의 학교장이 올바르고 합당한 도리를 솔선수범하여 보여 주는 윤리적 실천의 정도를 나타내는 문항들로 구성되어 있다.

그리고 **샤인**(Schein, 1992)은 문화적 리더십이 조직의 기존문화에 극적인 변화를 일으키거나, 다른 문화를 가진 새로운 조직으로 출발하는 문화적 혁명을 강조하는 반면, **트라이스와 베이어**(Trice & Beyer, 1990)는 문화적 리더십이 문화적 변화뿐만 아니라 유지에 필요한 리더십도 함께 갖추어야 한다고 보고, 기존문화를 유지하는 리더십을 강조했다. 문화를 유지하는 것은 훨씬 덜 적극적이지만, 그러나 문화적 리더십은 상대적으로 안정적인 환경에서 조직의 계속적인 효과성을 위하여 매우 중요하다.

따라서 **문화적 리더십**이란 조직구성원들이 학교현장에서 느끼는 가치체계, 또는 신념체계를 리더가 조직문화를 통해서 구체적으로 학교현장에 나타나도록 하는 리더십으로 볼 수 있다.

3. 도덕적 리더십

도덕적 리더십 연구는 1979년 **에릭슨과 렐러**(Erickson & Reller)에 의해 The Principal in Metropolitan Schools에서 가르치고, 배우고, 학교행정 분야에서 인종, 계급, 성의 중요성에 관심을 기울였으며, 여성이 학교 지도자로서 연구원, 교육행정 분야의 교수로 등장된다는 내용에 초점을 맞추고 있었다. 그러므로 리더로서 인식하고, 학교 개선 의사와 계획에 있어서 중요한 기여자로서 인식함으로써 학교 리더십에 있어서 도덕적·윤리적 차원이 등장하게 되었다(1999: 5). **잉글리시와 스테피**(English & Steffy, 1995)는 "리더들에게 도덕성을 가르치기 위하여 지도력에 대한 문화와 맥락을 담은 필름을 사용해서 가르쳤으며, 도덕과 가치는 교육행정을 연구하는 데 있어서 반드시 필요한 것"이라고 제시했다. 도덕적인 학교의 지도자가 된다는 것에 대한 근본적인 중요성을 이해하는 데 도움을 주었던 학자는 **그린필드**(Greenfield, 1995)였는데, 그는 우리가 학교조직의 인간적인 특성을 이해하고, 조직의 교육적인 목적을 이해하고, 행정가의 도덕적인 본질을 이해하는 데 많은 기여를 했다. **주삼환**(1997)은 "지도자의 도덕성이란 행정행위는 곧 윤리적 행위이고 행정 실제는 윤리적 실천이라고 할 수 있다. 그래서 행정행위는 윤리와 도덕성을 빼놓고는 도저히 설명이 안 된다. 행정인은 개개인의 윤리관과 가치관, 사고방식에 의하여 행정에서의 윤리 구현에 영향을 받는다. 그리고 행정가는 자신의 행정행위에 대하여 윤리성과 책임성을 확보하지 않으면 그 행정행위는 정당화될 수 없다."고 제시했다. 또한 **명제창**(1999)은 "한 조직에 있어서 리더의 도덕성은 그 조직의 정책을 결정하는 리더의 판단으로 나타나며, 리더로서의 도덕적 품성은 조직구성원들로부터 인정받고 그들의 가치를 이끌어내기 위한 중요한 기반과 그들의 윤리적·도덕적 판단은 조직의 정책 결정에 큰 영향을 끼친다."고 제시하면서 리더의 도덕적 리더십을 강조하였다.

명제창(1999)**은 도덕적 리더의 개념을 적용하여 지도자의 기본적 품성**으로 **청렴성, 사명감, 공정성, 책임감, 비전 제시, 권한 부여**를 제시했으며, 조직구성원의 자율성으로 **공동체 규범 확립, 전문직업적 이상, 내재만족, 동료의식**을 제시했다. **청렴성**은 원장이 자신의 공적인 생활은 물론 사적인 생활에 있어 자신의 양심에 따라 떳떳하게 처신해야 하는 행동규범이다. **사명감**은 원장이 자신이 수행하는 직무에 긍지를 갖고, 직무의 중요성을 인식하며, 학생 교육을 위해 전력을 다해야 하는 행동규범이다. **공정성**은 원장이 직무수행 과정에서 직원들에 대한 차별을 배격하여 직원과의 관계에 있어서는 물론 직원 상호 간에 갈등이 유발되지 않도록 하는 행동규범이다. **책임감**은 원장이 자신에게 부과된 직무상의 역할과 직원과 원아들에 대한 약속을 충실하게 이행해야 하는 행동규범이다. **권한 부여**는 원장이 교사들의 능력을 계발하고 신장시켜 그들의 직무 능력을 개선시켜야 하는 행동규범이다. **비전 제시**는 원장이 미래에 대한 통찰력을 갖고 원이 나아가야 할 방향과 목표를 제시하고 그 구성원들이 목표달성에 전념하도록 하는 행동규범이다. 구성원의 자율성인 **공동체 규범의 확립**은 원 구성원 상호 간에 준수해야 할 규범이 효과적으로 수립되도록 보장하는 교직원의 행동규범이다. **전문직업적 이상**은 교사들이 전문직업의 행동규범에 따라 교직을 수행하는 교사들의 행동규범이다. **내재적 만족**은 교사들이 교직생활에서 외적인 보상보다는 교직 그 자체에 흥미를 갖고 몰입하며 보람을 느끼는 교사들의 행동규범이다. **동료의식**은 교직원 상호 간에 지원과 친밀감을 경험하도록 하는 교직원들 간의 행동규범이다.

4. 서번트 리더십

서번트 리더십(servant leadership)은 서로 상반된 개념인 servant와 leader가 합쳐진 것으로 구성원의 성장을 도우며 팀워크와 공동체를 형성하는 리더십으로 경영 관련 교육과 연구를 담당하던 그린리프(Greenleaf, 1970)의 The Servant as Leader에서 소개된 이후 이론적으로 정립되기 시작하였으며, 그동안 경영학계의 별다른 주목을 받지 못하다가 그린리프(Greenleaf, 1996)의 저서 『서번트 리더되기(On Becoming a Servant Leader)』를 출간한 것을 계기로 다수의 경영학자들에게 새롭게 주목을 끌게 되었다.

서번트 리더십에 대한 선행 연구자들의 개념 정의를 살펴보면 다음과 같다. **그린리프**(Greenleaf, 1970)는 "서번트 리더십은 부하를 존중하고, 그들에게 창의성을 발휘할 기회를 제공함으로써 성장을 돕고, 부서 혹은 조직이 진정한 공동체를 이루도록 이끌어 가는 리더십"으로 규정했다. **코베이**(Covey, 1991)는 "서번트 리더십은 자연의 법칙이며, 사회의 가치 시스템을 만들어 가는 리더십"이라고 정의했다. **센지**(Senge, 1995)는 "서번트 리더십을 모든 사람의 존엄성과 가치에 대한 믿음, 리더의 권력은 부하들로부터 기인한다는 민주적인 원칙에 입각한 리더십"이라고 주장했다. **Spears**(1995)는 "서번트 리더십의 특징을 경청(listening), 공감(empathy), 치유(healing), 설득(persuasion), 인지(awareness), 통찰(foresight), 비전의 제시(conceptualizations), 청지기 의식(stewardship), 구성원의 성장(commitment to growth of people), 공동체 형성(community building)"으로 제시했다. **로브**(Laub, 1999)는 "서번트 리더십의 차원으로 사람에 대한 존중, 성장, 도덕성, 공동체 형성, 리더십 발휘, 리더십 공유 등 여섯 가지의 특징"을 제시했다. **보이어**(Boyer, 1999)는 "서번트 리더십을 섬세하며 경청하는 리더, 부하들과 동료들의 발전을 장려하고 권한을 위임하는 리더로 제시하고, 아울러 그는 서번트 지도자를 구분해 내기 위한 기준으로 질문하여 이해하려고 노력하는 사람, 격려하고 보살피며 편안한 분위기를 만들려고 노력하는 사람, 부하를 존중하는 사람, 도덕성을 갖추고 신뢰할 만한 사람, 권한을 위임하고 학습을 장려하는 사람, 관계와 공동체를 형성하는 사람, 부하의 가능성을 신뢰하는 사람"이라는 일곱 가지 특성을 제시했다. **레버링**(Levering, 2000)은 "일하기에 가장 훌륭한 부서와 회사를 구축하기 위한 노력으로 조직구성원들과 상사 및 경영진과의 관계를 서번트 리더십이라고 했으며, 그 하위변인을 진실성, 존중성, 공정성"으로 제시했다.

위에서 여러 학자들이 제시한 **서번트 리더십에 대한 견해를 종합하여 분류하여 보면 다음과 같다.** ① 리더 자신을 서번트 지도자로 인식하는 것이다. 이 견해는 자신이 팔로워들을 위해 어떻게 봉사하고 헌신해야 지도자의 직무수행을 다할 수 있는지 생각한다는 것이다(Spears, 1995; Boyer, 1999). ② 부하를 성공과 성장의 대상으로 인식하는 것이다. 이는 팔로워가 성공하고 성장할 수 있도록 지원해야 할 대상으로 보는 견해이다(Greenleaf, 1970; Covey, 1991; Laub, 1999). ③ 서번트 리더는 지도자와 부하의 관계가 지시나 통제의 관계가 아니라 섬기고 지원하는 관계로 보는 견해이다(Senge, 1995; Levering, 2000).

결국 **원장의 서번트 리더십이란** 인간 존중을 토대로 조직구성원들에 대한 지원을 통해 그들의 잠재적 능력을 발현시키며, 이를 통해 최대의 성과를 얻은 리더십이며 아울러 조직구성원들이 공동의 목표를 이루어 나가는 데 있어 정신적 및 육체적으로 상호 협력과 좋은 환경적 조건을 조성해 주는 리더십으로 보고

자 한다.

따라서 이 연구에서는 리더 자신을 서번트 지도자로 인식하는 견해와 부하를 성공과 성장의 대상으로 보는 입장보다 지도자가 팔로워들을 섬기고 지원하는 관계로 보았다. 이러한 측면에서 **레버링**(Levering, 2000)**이 제시한 척도를 적용하여, 그 하위변인**을 진실성, 존중성, 공정성으로 구분하고자 한다. **진실성 변인**은 교사들이 지각하는 원장과의 커뮤니케이션, 역량, 업무 추진 능력, 비전 추구 능력, 성실성 및 신뢰성 정도를 추구하는 수준의 반영 등을 의미한다. **존중성 변인**은 원장이 교사들에게 존중을 받고 있다고 지각하는 것을 나타내는 것으로 인격적인 대우뿐만 아니라 전문가로서 성장하기 위한 지원 및 협조를 받고 있다고 지각하는 수준을 의미하며, **공정성 변인**은 원장과 영유아 교육기관의 정책에 대한 것으로 평가, 보상, 승진에 대한 공정성, 학력, 학연, 지연 및 성별에 따른 편애가 없다고 교사들이 지각하는 수준을 반영하는 지표 등을 나타낸다.

5. 감성적 리더십

리더십에 대한 학문적 연구는 특성이론에서부터 행동이론과 상황이론을 거쳐 현재의 변혁적 리더십에 관한 연구로 진행되어 왔다. 하지만 조직이 당면한 도전에 적응하기 위한 새로운 사고가 필요하고, 합리적·논리적이고 분석적인 측면의 리더십과는 다른 시각을 요구하고 있다(이석열, 2006: 54-55). 이러한 사고는 코즈와 포즈너(Kouzes & Posner, 1999)의 연구에서 유형화된 리더십이 감성에 초점을 두는 것이다. 이러한 사고의 발전은 리더십에 관한 보다 광범위한 접근의 필요성과 감성 지능과 병행한 리더십에 대한 연구의 필요성을 의미하는 것이다(이화용, 2005).

감성적 리더십에 대한 선행 연구자들의 개념 정의를 고찰하면 다음과 같다. **네프, 시트린, 브라운**(Neff, Citrin & Brown, 1999)은 "미국에서 가장 성공적으로 기업을 이끌고 있는 최고경영자 50명을 분석한 후 밝힌 15가지 공통 자질을 제시한 후에 이러한 자질들 가운데 세 가지 요인만이 지적·기술적 능력과 관련되었을 뿐, 나머지 요인은 감성 지능으로 되어있음을 주목할 필요가 있다."고 제시했다. **골만, 보티아즈와 매키**(Goleman, Boyatzis & McKee, 2002)는 감성적 리더십을 "지도자 스스로 자신의 내면을 이해하고, 구성원의 감성 및 필요를 배려함과 동시에 조직의 구성원들과의 관계를 자연스럽게 형성하여 조직의 감성역량을 높이는 능력"이라고 정의하면서, 또한 이들은 "감성 지능이 리더십 유효성에 중요한 요인이며, 특히 팀을 이끄는 지도자에게 더욱 중요하며, 조직의 상위계층으로 가면 갈수록 감성 지능이 더욱 중요하다."고 제시했다. 한편 **이미라**(2007)는 감성적 리더십을 "지도자가 자신이 가지고 있는 감성적이고 사회적 능력을 개발하고, 구성원들의 감성을 이해하고 배려함과 동시에 비전을 제시하고 자연스럽게 조직구성원들에게 영향력을 행사하는 것"으로 규정했다.

상기에서 살펴본 바와 같이, 여러 학자에 의해 연구된 리더십은 오늘날 다양한 조직 안에서 리더와 구성원 간의 조화를 이끌어내는 강력한 조직 감성을 형성시키는 근원이 되며 나아가 개인적 차원을 넘어서 조직 효과성이나 교사 헌신(몰입)을 높이는 리더십으로 볼 수 있다(Goleman, 2002; Humphery, 2002). 앞으로 점차 네트워크화와 분권화가 되는 조직사회에서는 지도자로 하여금 대인 및 관계 지향적인 행동을 요구하는데 이는 결국 사회적 및 감성적 지능을 필요로 한다. 특히 자율적 성격이 강한 학교조직에서 감성적 리더십이 더욱 필요한 당위성이 있는 것이다(이석열, 2006). 따라서 **이석열**(2006)**의 감성적 리더십의 하위변인**은 다음과 같다. **감성 인식능력 변인**은 자기 인식능력, 자기 평가능력, 자기 확신능력이며, **감정 관리능력 변인**은 혁신성, 성취력, 헌신성, 진취성이다. 이에 반해 **사회적 인식능력 변인**은 감정 이입, 서비스 정신, 다양성 활용이며, **관계 관리능력 변인**은 영향력, 의사소통, 리더십, 변화 촉진, 갈등관리, 유대 형성, 협동능력, 팀 역량 등이 있다.

6. 수퍼 리더십

수퍼 리더십은 만즈와 심스(Mans & Sims Jr., 1991)에 의해 제안된 리더십으로 이들은 조직이 공식화된 권력, 권위, 그리고 직원 통제를 강조하는 지도성의 전통적 모형에 따라 관리되기 때문에 비효과적이며, 오늘날의 조직은 직원들의 자율적 지도성을 개발하여 이용하는 새로운 지도성인 초우량 리더십(super-leadership)을 필요로 한다고 했다.

수퍼 리더십이란 구성원 각자가 스스로를 리드할 수 있도록 만들 수 있는 리더십을 말한다. 따라서 초우량 리더십 이론은 '자기 지도력'(self-leadership) 개념을 반드시 수반한다. 자기 지도력(self-leadership)이란 구성원 각자가 스스로를 리드할 수 있는 능력이다. 다시 말하면, 다른 사람에게 영향력을 준다는 본래의 지도성 개념을 넘어 자기 자신에게 영향력을 발휘할 수 있는 능력이 자기 지도력이다.

수퍼 리더십이 지향하고 있는 추종자들의 자율적 지도성은 다음과 같은 세 가지 신념에 기초하고 있다(Mans & Sims Jr., 1991). ① 모든 사람은 어느 정도의 자율적 지도성을 실천할 수 있다. 그러나 모든 사람이 반드시 효과적인 지도자가 되는 것은 아니다. ② 자율적 지도성은 최고관리자, 관리자, 그리고 관리자가 아닌 사람을 포함한 조직 내에서 일하는 모든 사람들에게 적용할 수 있다. ③ 자율적 리더십은 학습될 수 있다.

그리고 **만즈와 심스**(Mans & Sims Jr., 1991)**는 수퍼 리더십에 이르는 7단계 모형**을 [그림 5-2]와 같이 제시하고 있다.

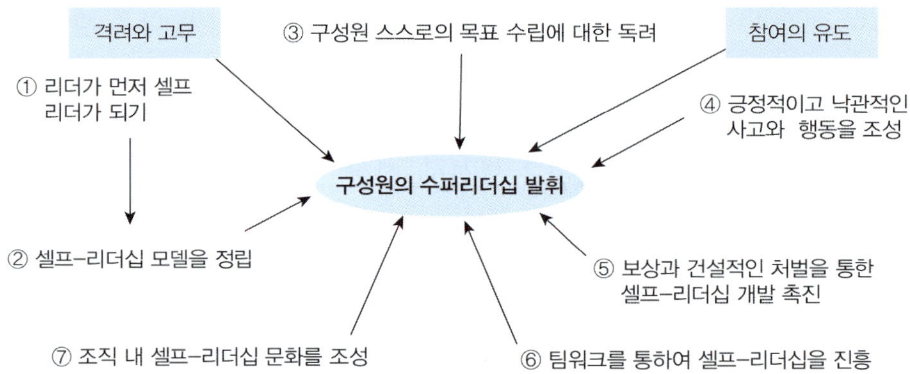

[그림 5-2] 수퍼 리더십에 이르는 7단계 모형

출처: 이군현(1999). 교육행정 및 경영-조직 이론적 접근-. 서울: 형설출판사, p. 170.

[그림 5-2]에서 살펴보았듯이, 수퍼 리더십에 이르기 위한 과정을 형성하는 각 단계를 구체적으로 살펴보면 다음과 같다(이군현, 1999: 170-174).

첫째, 효과적인 셀프-리더(self-leader)**되기**

셀프-리더십은 수행할 필요가 있다고 생각되는 일에 대해서 스스로 동기를 부여하고 방향을 설정하는 능력이며, 자기만의 효과성을 증대할 행태적이고 인지적인 일련의 전략들로 구성된다. 그러나 셀프-리더십은 부하들을 자발적으로 움직이게 하는 데 결정적 요인이기도 하다. 참여 경영을 원칙으로 하는 기업에서 셀프-리더십의 육성은 필수적인 과제이다. 그렇다면 셀프-리더십을 기르기 위한 전략에는 효과적인 행동에 초점을 두는 행태 중심 전략(behavioral focused strategies)과 효과적인 사고와 감성을 중시하는 인지 중심 전략(cognitive focused strategies)이 있다.

① **행태 중심 전략**(behavioral focused strategies): 자신이 변화시키기로 겨냥한 특정한 행동을 관찰하고 그에 대한 정보를 수집(자기 관찰), 자발적인 목표설정, 바람직하다고 생각되는 개인적 행동을 촉발할 수 있도록 근무환경에서 얻는 다양한 암시들(cues)을 활용(암시의 관리), 실제로 행동하기 전에 육체적 혹은 정신적인 활동을 연습(리허설), 바람직한 행동을 완수했을 때 개인적으로 가치를 두고 있는 보상을 스스로에게 제공하며, 바람직하지 않은 방식으로의 행동에 대해서는 스스로에게 처벌을 가함(자기 처벌 혹은 자아비판).

② **인지 중심 전략**(cognitive focused strategies): 유능함, 자기 통제력, 목적의식 등을 가짐으로써 직무를 통해 스스로 내재적인 보상을 부여, 확신과 정신적인 영상 혹은 자기 암시 등을 통해 효과적인 사고패턴을 수립(직면한 어떠한 도전에 대하여 그것을 장애물로 보기보다는 기회로 여기는 탐구 자세)

둘째, 자기 리더십(self-leadership)의 상(image)을 정립하기

이러한 방법들을 통해 리더 스스로가 먼저 셀프-리더십을 정립하였다면, 다음 단계는 그가 그러한 기술들을 조직구성원들에게 시연하는 것이다. 다시 말해 어떤 개인의 셀프-리더십은 다른 사람들에게 학습될 수 있다. 중요한 것은 매일 매일의 효과적인 행동을 통해 구성원들의 셀프-리더십의 개념만 관리자들의 시범에 의해 자리 잡았을 뿐 셀프-리더십이 행동으로 발현되기는 힘들다. 그러나 이러한 행동 패턴의 상이 전수되는 것과 동시에 바람직한 행동에 대해 긍정적인 보상이 주어진다면 셀프-리더십이 구체적인 행동으로 발현될 수 있다. 혁신적인 행동에 부여되는 긍정적 보상은 구성원 사이에 그와 유사한 행동을 잇달아 유발시킬 수 있다는 효과를 지닌다.

셋째, 자발적인 목표설정을 촉진하기

① 목표가 전혀 없는 것보다는 어떤 것이든 있는 편이 낫다.

② 모호하거나 애매한 목표보다는 구체적인 목표가 낫다.
③ 일반적으로 구성원들이 받아들일 수 있는 범위 내에 있지만 좀 더 어렵게 느껴지는 목표가 더 높은 성과를 발휘한다.
④ 목표설정에 참여하는 것은 성과를 촉진한다. 그리고 이 참여 자체가 바로 수퍼 리더십의 본질이며 주요 포인트이고, 중요한 것은 목표설정 활동이 각 개인마다 선천적으로 지니는 것이 아니라 시간의 흐름에 따라 학습되는 행동이라는 점이다. 이러한 측면에서 수퍼 리더는 조직구성원의 효과적인 자발적 목표설정 활동을 촉진하기 위한 모범으로서, 코치로서, 그리고 교사로서의 역할(role of a model, coach, and teacher)을 지닌다.

넷째, 긍정적인 사고패턴을 창출하기

때때로, 특히 어떤 직무의 초기 단계에서 구성원은 자기 자신에 대해 건설적으로 사고하는 습관을 갖기 어렵다. 일반적으로 구성원들이 자신감보다는 두려움이나 의심을 지니고 있는 단계에서는 수퍼 리더들이 구성원들의 건설적인 사고패턴 촉진을 위해 긍정적으로 평가해 주는 것이 매우 중요한 역할이다. 긍정적인 사고패턴을 형성하는 것은 비단 이런 경우뿐만 아니라 업무가 원만히 진행되고 있을 때에도 매우 중요하다. 수퍼 리더들은 구성원들이 현재 보유하고 있는 능력 수준을 향상시키기 위하여 그들 능력에 대한 확신을 주의 깊게 표현해 주고 격려하고 지원함으로써 긍정적이고 생산적인 사고패턴을 창출할 수 있다. 이러한 리더 행동의 효과성에 대한 기대는 자기 암시(self-fulfilling prophecy)에 대한 연구에 근거를 둔 것이다. **자기 암시 효과**란 어떤 사람이 원하는 일이 반드시 성취될 것이라 믿는다면, 그 확신에 의해 성취가 보다 가능해진다는 것을 의미한다. 수퍼 리더의 역할은 구성원의 역량에 대한 확신을 표현함으로써 구성원들 내면에서 이러한 자기암시를 촉진하고, 긍정적이고 건설적인 새로운 사고의 패턴 혹은 습관이 창출되도록 돕는 것이다.

다섯째, 보상과 건설적인 처벌을 통해 자기 리더십(self-leadership)을 개발하기

대부분의 조직의 보상에 대한 전통적인 관점은 행동을 촉진하는 수단으로써 외재적 보상(extrinsic rewards)에 초점을 맞추고 있었다. 그 대표적인 실례가 보수지급 시스템으로서 특정 행동을 유인하는 방법이었다. 하지만 초우량 리더십의 관점에서는 이러한 외재적·금전적 보상만으로는 충분치 않다. 다시 말하면, 수퍼 리더의 목적이 구성원들로 하여금 셀프-리더십을 보유하도록 이끄는 것이므로 수퍼 리더는 구성원 스스로 자신에게 보상하고 자신의 직무를 통해 자연적으로 보상받을 수 있는 방법을 구축할 수 있도록 돕는 데 노력해야 한다. 그러므로 보상의 초점은 종전의 물질적 형태의 보상에만 치중하는 데서부터 직무를 통한 자연적인 보상(자기의 능력에 대한 자신감이나 일의 의미, 자기 통제 등을 느끼게 하는 활동으로부터 우러나오는 동기유발요인), 스스로 관리되는 보상체계로 이동하는 경향이 있다. 이를 위해서는 조직구성원들 스스로가 가장 많은 자연적 보상을 부여받을 수 있다고 생각되는 직무나 작업 스타일, 다시 말해 가장 가치 있고 중요하다고 생각하는 방식으로 직무를 처리할 수 있는 자유가 주어져야 한다. 또한 수퍼 리더십의 개발을 위하여 새로운 개념의 처벌을 적용시켜야 한다. 처벌은 때때로 수퍼 리더의 행동에 필요한 요소가 되기는 하지만, 기억해야 할 가장 중요한 사실은 처벌의 부주의한 사용이 수퍼 리더십으로 이행하는 과정에 있는 구성원에게 매우 부정적인 영향을 줄 수도 있다는 점이다. 처벌은 부주의하거나 고질적인 행동을 수정하는 데에만 국한되어야 하며, 처벌되는 사람이 죄의식이나 자신감 상실 등을 느끼거나 반발감 등이 유발되지 않도록 처벌의 초점은 실수를 저지른 사람이 아니라 실수 그 자체에 주어져야 하고, 학습의 기회로 간주해야 한다.

여섯째, 스스로 리드하는 팀(team)을 조성하고 후원하기

수퍼 리더십의 핵심은 자주적으로 팀을 형성하고 협력적으로 직무를 실행하는 문화를 창조함으로써 구성원들로 하여금 셀프-리더로서 책임감과 만족감을 느낄 수 있도록 하는 것이다.

마지막으로 셀프-리더(self-leader)에 의한 리더십 문화를 활성화하기

수퍼 리더십을 유발하는 주된 요인은 수퍼 리더와 구성원 사이의 일대일 관계에 초점을 두기보다는 시스템 전반에서 수퍼 리더십을 촉진하고 자원하며 강화하도록 의도된 전체적 통합시스템의 개발에 있다. 이를 위해 조직 상층의 지도자들은 조직 내에서 각 개인의 요구와 조직의 목표가 조화되도록 하는 데 지속적인 관심을 기울여야 하며, 직무수행과 수퍼 리더십의 역량을 향상시키기 위한 체계적인 구성원 교육·개발 노력들이 수퍼 리더십 문화를 창출하는 기반이 된다. 또한 구성원 스스로 독특한 문화를 창출하도록 촉진하는 것은 구성원들이 셀프-리더로서 자신의 행동을 조정하고 관리하는 데 밑거름이 된다.

만즈와 심스(Mans & Sims Jr., 1991)의 모형에서는 일곱 가지 단계와 더불어 '격려와 고무(encouragement)' 및 '참여 유도(guided participation)'라는 요인이 등장하고 있다. 격려와 고무는 각 구성원들이 수퍼 리더십을 구비할 수 있도록 만드는 조직의 제도적이고 체계적인 노력을 의미하며, 참여 유도는 기존의 리더십 이론에 따라 지도자에 의존적이던 각 구성원들을 스스로 독립적인 주체로 설 수 있도록 만드는 과정을 말한다.

위에서 수퍼 리더십에 대한 내용을 종합하면, **수퍼 리더십은 조직구성원 각자가 스스로를 통제하고 자신의 삶에 진정한 주인이 될 수 있도록 자율적 지도력을 계발하는 데 중점을 두는 리더십 개념이라고 할 수 있다.** 자율적 리더십은 조직구성원 개개인이 자율성을 발휘하게 되는 것을 의미하고, 수퍼 리더십은 지도자가 조직구성원 개개인을 지도자로 성장시킴으로써 리더가 '추종자들의 지도자'가 아니라, '지도자들의 지도자'가 되게 하여 추종자를 지도자로 변혁시키는 리더십이다. 따라서 수퍼 리더는 세상의 무게를 홀로 떠맡지 말고 추종자들과 더불어 나누는 사람으로 볼 수 있다. 결국 구성원 각자가 스스로를 통제하고 자신의 삶의 진정한 주인이 될 수 있도록 자기 리더십을 개발하는 데 중점을 두는 리더십 스타일이며, 오늘날 가장 이상적인 리더십 모형으로 받아들여지고 있다.

제3절 영유아 교육기관 원장의 리더십과 직무

3절에서는 영유아 교육기관 원장의 리더십과 직무에 대하여 고찰하기로 한다(장선철 외, 2000).

1. 원장의 리더십

영유아 교육기관의 대표자이며 동시에 전문적인 행정가인 원장은 효율적인 교육 리더십을 적극 발휘해야 한다. 무엇보다도 원장은 소비자(원아, 학부모, 지역사회)가 유치원 교육으로부터 무엇을 원하는지를 찾아내어 교육서비스를 효과적으로 제공하는 역할을 담당해야 한다. 그러므로 효과적인 원장은 유아들의 교육성과가 '단순한 시야(no single vision)'로 이루어지지 않고 유아들이 모든 사람들과의 원활한 관계를 형성하여 다원화된 사회 문화 속에서 조화롭게 학습할 수 있도록 자신의 역할을 철저히 수행해야 한다(김주건, 1998).

그리고 리더십을 발휘하는 데 있어 원장은 교사들의 자주성과 자유의 폭을 상황에 맞추어 융통성 있게 조정하여야 한다. 여기서 유의할 사항은 교사의 경험과 지식이 부족하거나 집단으로서 성숙도가 낮을 경우에는 교사들에게 전적으로 모든 문제를 위임할 수 없다는 것이다. 원장의 교사집단에 대한 통제양식은 교사집단의 성숙도에 따라 **[그림 5-3]**과 같이 나타낼 수 있다(Pfeiffer & Dunlap, 1982: 24~26). 교사들의 자주성, 창의성을 존중하여 통제적 운영보다는 자율적 운영을 확대하는 것이 바람직하다.

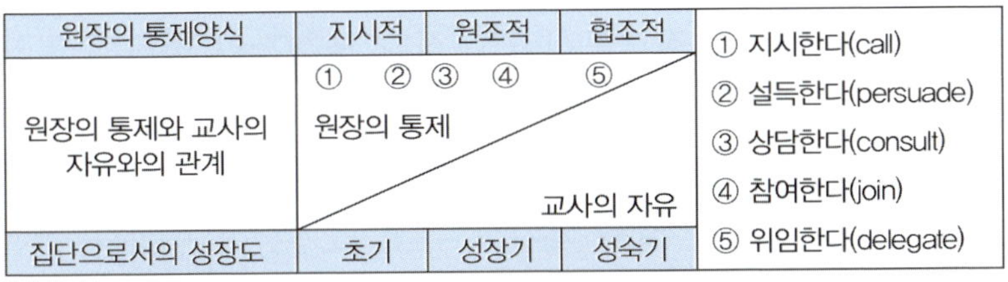

[그림 5-3] 교사집단 성장도에 따른 원장의 통제양식

출처: Pfeiffer, I. L., & Dunlap, J. B.(1982). Supervision of Teachers: A Guide to Improving Instruction. Arizona, Oryx Press, 128.

하지만 교사집단의 성숙도가 높아졌는데도 불구하고 구태의연하게 지시 일변도로 권한을 행사하는 원장들은 현직교사 연수나 다른 기회를 통해서 감수성 훈련(sensitive training)이나 유아들의 사회학습에서도 이용되는 역할 연기법(role playing) 등 기타 방법으로 경영관리의 태도나 행동을 수정하는 것이 좋다.

한편 흥미 있는 연구로서 교육행정가의 역할 지도성이 효과적이냐 비효과적이냐의 기준은 구두 반응으로 알 수 있는 것이 아니라, 비언어적인 행동을 통하여 평가될 수 있다는 것이다.

헬핀(Halpin) 이후 비언어적 상호 인간관계가 주요한 원천이 된다는 점에서 면접 상황이 주로 사용되어 왔는데, **내담자와의 면접상황에서 효과적인 원장의 행동특성**을 소개하면 다음과 같다.

① 내담자가 오면 사무실 문에서 면접자를 만나고 환영한다.
② 면접자에게 유치원시설을 안내하거나 관찰하도록 한다.
③ 면접자의 옷이나 모자를 직접 걸어 주거나 비서로 하여금 그렇게 하도록 한다.
④ 사무실 내에 표창장, 또는 사무용품, 기타 일반 상점에서 구할 수 없는 흥미 있는 물건들을 갖다 놓는다.
⑤ 내담자와의 상담은 사무원, 교사, 또는 원아들 앞에서 얘기하는 대신에 별도의 회의실을 이용한다.
⑥ 면접자를 책상의 중앙 맞은편에 앉히는 대신 책상 옆쪽으로 앉힌다.
⑦ 직접, 또는 전화에 의해 대화가 중단되지 않도록 한다.
⑧ 상담이 끝난 뒤 원장은 자신의 책상에서 인사하지 않고 면접자와 사무실 문까지 함께 걸어가서 인사한다.

원장은 유아 교육기관의 장으로서 전문적인 행정가인 동시에 교육 리더십을 발휘하는 리더이다. 행정전문가는 일반적으로 교육현장에서 무엇을 원하는지를 찾아내어 교육서비스를 전달하는 사람이라고 볼 수 있다. 이에 반해 교육적 리더는 교육목표와 그 방향에 대한 관심이 크고 그것들이 얼마나 적절한가에 중점을 둔다. 교육 리더십의 실질적 업무를 보면, 교육프로그램, 교육과정과 수업, 교수-학습 활동, 장학, 평가가 중점적인 관심사이다. 따라서 영유아 교육기관의 원장은 교육 리더십을 성공적으로 실현하기 위한 노력을 계속해야 한다.

바람직한 원장의 역할을 수행하는 데 필요한 사항을 제시하면 다음과 같다(김주건, 1988).

① 원장은 교사를 동료로서 인정하고 존중해야 한다. 원장과 교사는 모두 어려운 여건에서 유아교육이라는 중요한 과제를 해결하기 위해 노력하는 동료이다. 단지 구체적인 역할이 다를 뿐이다. 결국 인간적으로 상호 존중하고 감싸줄 수 있어야

한다.

② 원장은 항상 자기 계발과 자기 발전에 힘써야 한다. 현대는 정보사회라 할 만큼 수많은 지식이 새로 나타나고 사라지곤 한다. 만약 자신의 경력·학력·재력 등에 너무 의존하여 스스로 새로운 교수방법이나 경영정보 등을 소홀히 한다면 급변하는 시대의 유아 교육기관 경영을 절대로 원만히 해낼 수 없다.

2. 원장의 직무

원장이란 프로그램 운영에 책임을 지는 행정가(program director)이다. 대규모 유아 교육기관의 경우, 원장은 보다 큰 조직체에서 일하게 되지만 조직 전체를 운영할 수는 없다. 대부분 헤드스타트 프로그램의 원장과 공립초등학교 교장이 이 부류에 속하는 데, 왜냐하면 이러한 프로그램이나 학교는 여러 조직체 중의 하나이기 때문이다. 규모가 작은 사립, 또는 비영리단체의 아동보호기관이나 어린이집에서는 원장들이 보다 자율적으로 프로그램을 관리한다. 어떠한 프로그램의 원장들은 하나 이상의 기관을 운영하기도 한다.

원장의 책임은 기관의 운영, 장학, 교육청과 지역사회와의 관계, 수업 등을 포함한다. 그 의무 중에는 관계법 준수, 교직원과 유아 모집, 예산편성과 기금마련, 교내장학, 평가, 부모 및 타 기관과의 협력, 교육과정계획, 교육청과의 협력 및 보고, 시설설비관리, 급식계획 등이 해당된다.

또한 원장은 많은 사람들과 정규적으로 접촉하는데, 이들은 원장이 무엇을 어떻게 해야 하는지에 대하여 많은 기대를 가지고 있다. 원장이 접촉하는 사람은 원장을 지도하는 장학사, 교직원, 그 외의 다른 사람들이다. 이러한 사람들이 모여서 사회학자들이 말하는 '역할 설정(role set)'을 형성하게 된다.

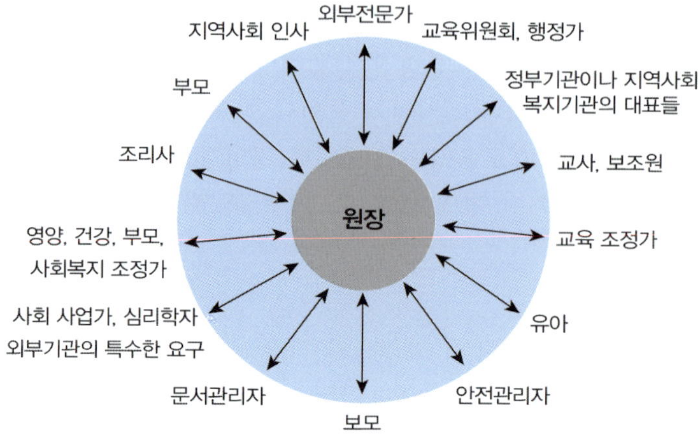

[그림 5-4] 원장의 역할 설정

출처: 경기도 수원교육청(1993). 유치원 운영 실무편람. 경기도 수원교육청, p. 50.

이러한 구성원들은 원장에게 그들의 기대에 대하여 이야기하며, 원장은 전해진 메시지에 대한 지각과 이해를 토대로 반응한다. 예를 들어, 지역사회 복지단체의 대표들은 원장이 심각한 문제가 있는 가족을 지도하는 데 보다 적극적이어야 한다고 생각할지 모른다. 또 행정가는 원장이 조정가나 다른 프로그램의 원장들과 보다 훌륭한 관계를 맺고 정해진 시간에 서류를 완성해야 한다고 생각할지 모른다. 교사들은 원장이 다루기 어려운 유아를 어떻게 지도해야 하는지에 대해 보다 많은 도움을 주어야 한다고 느낄 수 있다. 그리고 조리사는 원장이 주간식단표에 너무 깊이 간섭해서 불행하다고 생각할지 모른다. 이렇게 구성원들은 서로 많은 시간과 주의를 끌고자 하고, 원장을 '밀고 당기는', 이러한 압력은 행정가가 한 가지 역할 이상을 가지고 있는 경우 더욱 강도가 높아진다. 따라서 분명한 우선순위와 교육철학과 목적을 가지고 있는 원장은 일과 장학에 대한 현실적인 기대를 보다 잘 이룰 수 있을 것이다. [그림 5-4]에서 살펴본 바와 같이, 원장, 교사, 유아, 조리사, 그 외의 사람들로 구성된 사람들 중의 한 사람이며 이들에 대한 책임을 갖는다. 그러나 현실적으로 볼 때, 사회사업가나 다른 교원들과의 접촉에 있어서 교사들이 원장보다 더 자주 그리고 때로는 더 가깝게 관계를 맺는다.

원장이 통괄해야 하는 업무는 다음과 같다(장선철 외, 2000).

① **유치원 교육계획 수립**: 해마다 교육계획을 세워 교육청에 제출하고 실시 및 평가한다.
② **재정관리**: 영유아 교육기관 수업료 책정, 예산 및 결산을 한다.
③ **인사관리**: 교직원채용, 업무분담, 감독, 근무평정을 한다.
④ **시설, 교구의 관리**: 시설, 교구의 설치 및 구입과 관리 수선을 한다.
⑤ **부모교육 및 부모와의 인간관계**: 부모교육을 실시하여 유아교육을 이해시키고 참여하게 한다.
⑥ **지역사회와의 관계 유지**: 지역사회 기관들과 친밀한 접촉을 하고 올바른 유아교육관을 갖게 한다.

제4절 영유아 교육기관의 교사 리더십

영유아 교육의 질을 향상시키는 데 있어 원장의 역할이 매우 중요하다는 데는 이론의 여지가 없다. 원장은 영유아 교육기관 교육의 성패를 좌우하는 경영 책임자로서 원 경영과 교육 활동을 선도하는 리더의 역할을 수행하여 영유아 교육기관의 근본 목적인 영유아들의 전인적 성장에 지대한 영향을 미친다. 또한 원장은 교육의 방향을 정립하고 영유아 교육기관의 인적 및 물적 자원들을 잘 관리하여 효과적인 영유아 교육이 이루어지도록 지도할 책임도 있다. 효과적인 영유아 교육이란 결국 영유아의 발달과 전인적 성장을 이끌어주는 교육을 의미하며 이러한 교육이 실현되기 위해 원장의 역할이 매우 중요하다고 할 수 있다. 하지만 원 조직이 원활하게 운용되어 바람직한 결과를 얻기 위해서는 원 조직의 실제적인 구성원인 원장과 교직원의 역할이 모두 중요하다. 왜냐하면 원장의 리더십이 영유아들에게 직접적인 영향을 미치는 경우는 매우 드물기 때문이다. 원장의 리더십은 교사 리더십을 이끌어내어 교실현장에서 영유아들을 대면하는 교사들로 하여금 리더십을 발휘할 수 있게 만들 때 비로소 더 큰 영향력을 나타내게 된다. 단위 영유아 교육기관의 최고경영책임자인 원장의 리더십과 함께 영유아 교사의 리더십이 비중 있게 다루어져야 하는 이유가 바로 여기에 있다(최상균, 2012).

따라서 4절에서는 교사 리더십의 개념, 교사 리더십 대상 및 영역, 교사 리더십의 원리, 교사 리더십의 하위변인 등에 대해서 고찰하기로 한다.

1. 교사 리더십의 개념

1970년대를 기점으로 교사의 리더십은 본격적인 관심의 대상이 되고 있다(Smylie, 1995). 교사 리더십이 1980년대 미국, 영국 등을 중심으로 효과적인 학교 연구를 거쳐 이러한 인식이 강하게 형성되었고, 또 다른 측면에서는 원 조직을 이해하는 다양한 관점이 대두하기 시작했음을 알 수 있다. 그러나 교사 리더십이 영유아 교육의 성패를 좌우하는 중요한 역할을 한다는 데에 지속적인 관심과 연구의 대상이 되고 있으나, 교사 리더십에 대한 합의된 개념에 이르지 못한 상태이다. 이는 교사 리더십의 개념이 매우 복잡하고 맥락과 관점에 따라 다르게 정의되는 경향이 있기 때문이다.

하지만 지금까지 **교사 리더십 개념에 대한 제 선행 연구자들의 견해를 소개하고자 한다.** ① **Andrew**(1974)는 "교사 리더십을 행정적 혹은 계층제적인 리더십이 아니라 영유아 교육의 질을 개선하려는 변화를 촉진하는 교사들의 핵심적인 역할에 관한 것(Suranna & Moss, 2002 재인용)"이라고 주장함으로써 조직에서의 계층제적인 측면보다는 전문성 발휘를 강조하고 있다. ② **김영태**(1998)는 교사 리더십을 "학생의 삶의 변화를 효율적으로 촉진하기 위해 특정한 자질과 능력을 지닌 교사가 학생, 학부모, 동료 교사, 학교행정가, 지역사회를 대상으로 발휘하는 적합한 영향력"이라고 제시했다. ③ **한국교육개발원**(2008)은 "교사 리더십을 학교조직의 발전과 학교공동체 개선에 기여하는 리더십, 학급에서의 수업 및 교육과정 개선을 도모하는 리더십, 학교장 또는 동료 교사들과의 협동적 노력을 통한 전문성 개발의 리더십"으로 정의를 내리고 있다. ④ **류윤석**(2009)은 "교사 리더십을 학교조직의 목표달성을 위한 교육 활동의 추진과정에서 발휘되는 것으로, 교사가 구성원들과 더불어 창의적이고 전문적인 교육 활동을 전개하기 위하여 다양한 역량을 기반으로 조직구성원 활동의 지원자, 조직의 변화 촉진자 역할을 수행하는 활동"으로 개념 정의를 했다. ⑤ **김병찬**(2009)은 "교사 리더십을 학교조직의 목표달성을 위한 교육 활동의 추진과정에서 발휘되는 것으로서 교사가 구성원들과 더불어 창의적이고 전문적인 교육 활동을 전개하기 위하여 다양한 역량을 기반으로 조직구성원 활동의 지원자, 조직의 변화 촉진자 역할을 수행하는 활동"으로 정의하고 있다. ⑥ **정광희 외**(2009)는 "교사 리더십을 실천적 능력을 전제로, 직접적으로는 학생과 학생집단의 교육적 성장을 가져오게 하는 것이며, 동료 교사와 교사집단 등 교육의 상호작용 과정 속에 있는 모든 구성원(동료 교사, 학교관리직, 교육 관련 행정가, 학부모, 지역사회 인사 등)이 질적 성장을 할 수 있도록 작용하는 '영향력'이며, 이런 점에서 교사 리더십은 가장 중요하게는 교육의 질적 수준을 높여 가는 효과를 가지며, 동시에 팔로워(follower)들과의 관계에서 우호적이고 자발적인 관계를 형성함으로써 구성원집단에 활력과 성장을 가져다주는 기능을 가진 동력이라고 할 수 있다"고 제시했다. ⑦ **주현준 외**(2012)는 "교사 리더십의 본질을 교육의 질을 개선하기 위해서 변화를 일으키는 교사의 역할로 보며, 또한 교사가 교육 활동의 추진과정에서 관계 구성원과 더불어 자발적으로 목표를 달성해 갈 수 있도록 작용하는 통합적인 영향력"으로 정의했다.

상기에서 교사 리더십에 대한 다양한 개념 정의를 토대로 정리하면 다음과 같다. **교사 리더십**이란 학교조직의 발전과 학교공동체 개선에 기여하면서, 교사집단과 상호작용을 함으로써 조직구성원들(학생, 학부모, 동료 교사, 학교행정가, 지역사회 인사 등)이 성장할 수 있도록 리더십을 발휘하는 것으로 볼 수 있다. **영유아 교육기관에서 교사 리더십의 다양한 형태를 소개하면 다음과 같다.** 학교의 목적과 정책을 결정하는 것을 돕는 학교 개선팀에 참여하기, 학생들의 학습을 촉진하는 방법을 규명하기 위한 행동연구를 수행하기, 신임교사에게 멘토링으로 기여하기, 신임교사를 지원하는 위원회에 참여하기, 동료장학을 제공하기 위한 업무를 수행하기, 영유아 교육기관의 다양한 교육프로그램을 지역사회주민들에게 설명함으로써 협조를 구하기 등이다. 효과적인 교사 리더십은 동료 교사들의 성공에 기여하는 협력적 영유아 교육기관의 문화에서 매우 유익함과 더불어 원조직을 개선하고 교사들의 자아효능감을 개선하는 중요한 수단이다. 그리고 교사들 사이에서 고립된 감정을 해소하며, 직무만족을 촉진하고, 원 조직의 변화를 촉진하게 한다. 또한 교사 리더십을 발휘하는 교사는 영유아 교육기관에서 주인의식을 가지고 보다 조직에 많은 헌신을 하게 될 것이다.

2. 교사 리더십 대상

원 조직에서 공식적 또는 비공식적인 리더십을 발휘하고 있는 교사들은 동료 교사들을 돕고 지원하는 모습을 보이며, 원 조직 내에서 촉진자, 조력자, 변화 촉매자, 정서적 지원자, 지식 보유자 등의 역할을 한다(Smylie & Denny, 1990). 또한 영유아 생활지도를 비롯하여 공식 및 비공식적으로 원장의 의사결정과정에 참여하고, 자녀교육 및 원 발전을 위한 학부모와 지역사회와의 교류 등을 통해서 다양한 형태의 리더십을 발휘하고 있다. 이처럼 원 조직에서 리더십에 관한 논의는 교사와 원장과의 관계영역을 벗어나 영유아뿐만 아니라 동료 교사, 영유아 행정가, 학부모까지 그 대상을 확대하고 있는데, 교사 리더십의 대상이 확대된 것은 교육목표달성을 위하여 교사와 관련을 맺어야 할 대상은 다양하며, 다양한 대상들과의 상호작용을 통하여 교육 활동의 본질을 추구하고 있기 때문이다(김영태, 1999). 수란나와 모스(Suranna & Moss, 2002)는 예비교사와 초임교사들을 상대로 한 면담과 참여관찰을 통해 리더십이 있는 교사들은 자신의 전문성 개발에 적극 참여하고, 학급경영 및 수업에서 우수한 기술과 솜씨를 발휘하며, 전통에 대한 저항과 목표를 향한 도전 및 학교발전에 대한 확고한 신념을 갖고 있는 것으로 판단했다.

교사 리더십 발휘의 대상은 학생, 동료 교사, 학교행정가, 학부모 및 지역사회로 볼 수 있는 데 대상별 리더십 발휘 내용은 다음과 같다(전용환, 2010; 류윤석, 2009).

① **교사 리더십은 영유아에게 직간접적인 영향을 미친다.** 교사의 주된 교육 활동은 교수-학습 지도, 특별활동지도, 방과 후 활동지도, 생활지도, 진로지도 등 다양하게 전개된다. 이러한 활동 전개 과정에서 교사는 영유아들에게 목표달성을 위해서 언제, 무엇을, 어떻게, 왜 해야 하는가를 인식하고 실천하게 하며, 그러한 행동의 모델이 되기도 한다. 또한 공동체 사회에서 교사는 구성원의 일원으로서 학생들과 동등한 자격으로 의사결정에 참여하고 토론하고, 양보하는 모습을 보이기도 한다. 실제로 학급에서 교사의 일방적인 결정이 아닌 민주적 의사결정을 많이 할수록 학업성취도가 높다는 연구결과도 있다(Barth, 2001). 그리고 교수-학습 방법을 개선하고 실천하며, 영유아 생활지도, 진로지도방법 등을 습득하여 동료 교사들에게 보급함으로써 자신이 직접 지도하고 있는 영유아들뿐만 아니라 타 원아들에게

도 영향을 미치게 할 수 있다.

② **교사 리더십은 동료 교사의 교육 활동에 영향을 미친다.** 원 조직에는 경력 및 연령의 많고 적음, 남녀, 보직의 유무, 대외활동의 다수 여부 등에 관계없이 교과 지도, 생활지도, 특별활동지도, 진로지도, 교사 전문성 향상을 위한 자기 연수, 학급경영 등에 관한 정보를 교환한다. 이 과정에서 관료조직의 상급자로서가 아니라 동료로서, 그리고 수직적인 관계가 아닌 수평적인 관계를 유지하면서 자연스럽게 교직 수행상의 상담역이 되거나 학급경영의 벤치마킹의 대상이 되기도 한다. 그러나 동료 교사에 대한 교사 리더십에 대해서는 긍정적인 효과와 부정적인 효과가 나타날 수 있다(황기우, 2008). 즉 탁월한 능력을 소유한 교사가 멘토의 역할을 수행하여 동료 교사를 지도함으로써 동료 교사의 수업역량뿐만 아니라 학생지도 역량을 향상시킬 수 있고 혁신적인 수업방법과 변화전략을 학교 전체에 확산시켜 교육의 질적 향상은 물론 교육개혁을 성공적으로 유도하는 긍정적인 효과를 낼 수 있다. 그러나 교사 리더십 발휘과정에서 동료 교사와의 부정적인 사회적 관계 형성으로 신뢰성의 저하, 동료 교사 간의 불화와 갈등을 심화시킬 수도 있다.

③ **교사 리더십은 영유아 행정가의 리더십 발휘에 영향을 미친다.** 원장이 모든 영역에서 리더십을 발휘하는 것이 사실상 불가능하므로 교사에게 권한을 위임하게 되고, 따라서 권한을 위임받은 교사들의 결정과 영향을 받지 않을 수 없다. 원아가 교사의 교수행위에 영향을 주듯이, 교사집단이 원장의 학교행정과 경영에 강한 영향을 준다. 교사들의 실제적인 권력은 그들의 공식적 권위에서 비롯되는 것은 어니다. 그것은 학교 내 적용과 변화의 역동성에 공헌하는 리더로서 그들의 비공식적 권력에서 비롯된다. 교사들은 교장이나 학교행정가가 할 수 없는 여러 측면에서 서로 영향을 준다. 즉 교사들은 학교장에게 모든 형태의 의견과 정보를 제공함으로써 영향을 준다.

④ **교사 리더십은 학부모 및 지역사회에 영향을 미친다.** 학부모와의 협력적인 관계 유지는 교육목표달성을 위한 교사의 주요 책무 중의 하나이다. 전통적으로 교육은 가정을 중심으로 이루어져 왔지만 공교육제도의 발달로 전문적이고 체계적인 교육을 학교에서 담당하고 있다. 그러나 교육은 영유아 교육의 프로그램만으로 소기의 목적을 달성할 수 없다. 다원화 사회에서 영유아 교육기관과 가정과 지역사회의 긴밀한 협력관계 유지는 교육의 질적 수준 향상을 위한 필수적인 요인이다. 또한 교사와 학부모와의 긴밀한 관계 유지는 원아 개인의 발전과 지역사회 발전을 위해 꼭 필요한 사항이다. 교사는 원아의 교육 활동 상황을 학부모에게 알리고 바람직한 교육환경조성을 위해 학부모와 지역사회의 협조를 구할 수 있다. 더불

어 교사는 자녀교육에 무관심하거나 비협조적인 학부모에게는 적극적인 지원과 협력을 유도할 뿐만 아니라, 과도하게 부정적인 학부모의 교육열에 대해서는 적절한 교육적인 리더십을 발휘할 수 있는 능력이 요구된다(신상명 외, 2004).

3. 교사 리더십 영역

교사 리더십 영역에 대한 제 학자들의 견해는 다음과 같다. 전용환(2010)은 학교 내의 교사 리더십 발휘 영역은 교사의 직무와 관계 대상과의 상호작용을 중심으로 볼 때, 교육 영역, 조직관리 및 운영 영역, 대인관계 영역, 행정업무수행 영역 등으로 구분하고 있다. **박영숙 외**(1999)는 우리나라에서 교사과업 영역은 대체적으로, 수업, 생활지도, 학급운영, 행정업무, 대외관계, 전문성 개발 등 여섯 영역으로 나누어지기 때문에 교사들은 이 과업영역에 따라 각각의 리더십을 발휘한다고 볼 수 있다.

이처럼 교사 리더십 발휘 영역은 교사의 과업영역과 밀접하게 관련이 있으며, 우리나라에서 교사의 과업영역은 학자에 따라 약간의 차이는 있으나 대체로, 수업, 생활지도, 학급운영, 행정업무, 대외관계(학부모 · 동료 교사 관계), 전문성 개발 등으로 나누는 것이 일반적이다. 하지만 외국학자들의 경우는 교사의 리더십이 발휘되는 범위가 좁게는 수업 또는 학교를 중심으로 한 영역에서 지역사회, 시도지역, 넓게는 국가 수준에까지 걸쳐 있다고 보고 있다.

[그림 5-5]에서 보는 바와 같이, **교사 리더십이 발휘되는 영역에 따라 교사 리더십의 수준도 네 가지로 분류할 수 있다.** 제1수준은 학급담임 또는 교과담임으로서 교실 안에서 발휘되는 교사 리더십으로 이는 학생의 교수-학습 과정을 통제하고 조절하는 수준을 말하고, 제2수준은 학급 수준을 넘어 다른 교사들과 협력하여 일하는 관계를 발전시키는 수준을 의미한다. 제2수준의 교사 리더는 자신이 다른 교사들을 이끌고 지도하는 가운데 본인의 성장도 경험하게 된다. 제3수준은 교사 리더가 관리자와 함께 학교의 비전을 세우고 학교 교육정책을 설정하는 등 학교의 주요활동에 주도적으로 참여하는 수준을 말한다. 끝으로 제4수준은 교사 리더가 자신의 학교를 넘어 이웃 학교의 교사 리더와 네트워크를 형성하여 리더십 발휘 영역을 넓혀가는 것을 말한다. 이 수준의 교사 리더는

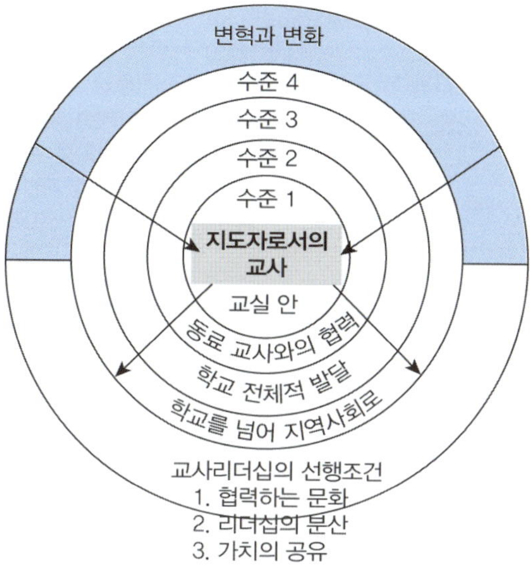

[그림 5-5] 교사 리더십 발휘 수준과 영역

출처: Carolyn, C.(2006). Emerging Voices on Teacher Leadership. *Educational Management Administration & Leadership, 34*(4), 523.

학교뿐만 아니라 지역을 넘어 국가 수준의 교사 공동체에까지 자신의 리더십을 발휘하게 된다.

그리고 **이윤식**(2006)**은 교사와 교장의 직무를 공통적으로 통괄하는 영역을 추출하면, 교원의 교육리더십은 크게 다섯 가지로 구분했다.** 교육과정 및 교수지도성, 인사(학생 및 직원관리) 지도성, 대외(학교와 지역사회)관계 지도성, 전문성 개발 지도성, 행정업무 지도성 등이다. 이를 교원 지도성의 영역과 하위영역, 그리고 중요요소를 정리하면 〈표 5-1〉과 같다.

〈표 5-1〉 교원의 교육 지도성의 영역과 주요요소

영역	하위영역	주요요소
교육과정 및 교수지도성	• 교육프로그램 개선, 평가 • 교수방법 개선 • 교수계획 및 결과평가	• 교육프로그램 개선 및 평가에 구성원의 참여 • 교육프로그램 변화를 위한 아이디어 풍토조성 • 대안적 프로그램의 개발 • 학생의 능력에 맞는 프로그램의 적용
인사(학생 및 직원관리) 지도성	• 학생생활지도 • 학생활동 • 직원관리 • 직원활동	• 학생에 대한 정보수집 및 의사소통 • 학생 문제에 관한 학부모와의 협의 • 학생활동 여건제공 • 각 직원의 역할과 책임 명료화 • 학교 운영에 직원참여 및 직원 간의 의사소통 • 개인적 노력과 집단적 노력의 연계
대외(학교와 지역사회) 관계 지도성	• 지역사회 프로그램 • 지역사회 자원 활용 • 지역사회와의 의사소통	• 지역사회 프로그램 계획, 평가 • 학교 홍보프로그램 조직운영 • 학부모 조직의 활성화 • 학교 및 지역사회 인력, 시설 상호작용 • 학교문제해결에 지역사회의 지원 유도 • 지역사회의 요구분석 및 대응
전문성 개발 지도성	• 정보습득 및 연구기능 • 연구풍토 • 현직교육	• 최신이론 및 동향파악 • 전문적 연구기능 갖고 교육문제해결 • 교육의 변화촉진 위한 연구 실천 • 효과적 연수프로그램 개발, 운영 • 특기 능력 신장
행정업무 지도성	• 사무업무 • 시설 및 재정업무	• 사무분장업무의 수행 • 학교 및 학급경영업무 수행 • 교육시설 유지 및 재구성계획 • 각 프로그램의 목적달성을 위한 대안 및 비용 확인

출처: 이윤식(2006). 교원의 교육지도성 프로그램 개발. 한국교원교육연구, 23(2), 242에서 인용함.

상기에서 살펴본 바와 같이, 교사 리더십의 발휘 영역이 학자마다 다소 차이가 있으나, 교사 리더의 리더십 발휘 수준에 따라 그 양과 질이 달라지며 유능한 교사 리더의 리더십 발휘 영역은 교실과 학교를 넘어 국가 전체에까지 확산되게 된다. 교사 리더십이 효과적으로 발휘되기 위해서는 학교구성원들 사이에 변화에 저항하기보다는 협조적인 조직풍토가 형성되어야 하며, 학교조직에 고른 리더십이 분포되어 이러한 가치와 철학이 구성원 간에 공유되어 있어야 한다(최상균, 2012).

4. 교사 리더십의 원리

교사가 업무를 수행하는 데 있어서 가장 중요한 목적은 학생들의 발달과 학업성취를 극대화하는 것이다. 우수한 수업은 교사가 학습자들의 요구에 효과적으로 반응함을 의미한다. 학생들의 요구에 효과적인 반응은 교사가 학생들의 요구를 충족시키면서 영향을 최대로 미치는 것을 의미한다. 교사가 영향력을 행사하는 것은 리더십을 발휘하는 것을 의미한다. **수업 및 교육과정 측면에서 나타난 교사 리더십의 일반적인 원리는 다음과 같다**(권기욱, 2009).

① **학급경영은 융통성이 있어야 한다.** 교사는 학습 목표를 명확하게 설정하고, 교사와 학생들 모두의 시간, 자료, 교수 형태, 학생들 집단화 방법, 평가방법, 기타 학급경영에 관련된 요소들은 학생들의 학업성취를 증진하는 주요한 수단임을 이해하여야 한다. 교사는 이러한 활동들을 수행하면서 학생들에 대한 긍정적인 영향력을 극대화하기 위하여 융통성을 가져야 한다.

② **교사는 학생들의 요구를 계속적으로 파악하여 수업에 반영한다.** 교사는 수업계획에 학생들의 요구와 차이를 충분히 반영하도록 한다. 그리고 평가의 결과와 수업계획 간에 밀접한 관계를 형성하여야 한다. 교사는 학생들의 학습 요구와 흥미를 수업활동에 반영하여 학습 목표를 효과적으로 성취하여야 한다.

③ **교사는 학생들이 학습활동에 다양한 방법으로 접근하도록 허용해야 한다.** 교사는 수업에서 학생들에게 다양한 학습활동을 배정할 수 있다. 그리고 수업에서 학생들을 전체 집단, 소집단, 개별적인 탐색을 적절하게 활용하여야 한다. 수업에서 학생들의 집단을 융통성 있게 구성하면, 학생들이 자신의 요구에 적절한 학습기회를 갖게 되고, 학생들이 자신을 다양한 상황에서 볼 수 있게 한다. 그리고 광범한 상황에서 학생들에 대한 다양한 정보를 확보할 수 있다.

④ **교사는 학생들이 좋아하는 학습활동과 학습형태로 학습지도를 해야 한다.** 학생들은 흥미 있는 학습활동에 적극적으로 참여할 수 있도록 해야 한다. 교사는 학생들 간에 공정성을 도모하여 불만을 방지하여야 한다. 그리고 학생들이 학습활동에 도전하고, 이해하고, 적용하도록 하여야 한다. 교사는 학생 개인에 따라 학습활동의 복잡성, 학습활동의 배정, 학습형태 등에서 융통성을 허용하여야 한다.

⑤ **학생들과 교사는 학습활동에서 협력하여야 한다.** 교사는 학생들의 요구를 진단하고 처방하며, 학생들의 학습을 촉진하고, 학습 목표에 타당한 교육내용을 제공하여야 한다. 교사는 학생들이 학습에 성공적이도록 동반자가 되어야 한다. 학생들

은 수업상황에서 과업을 수행한 것과 하지 않은 것에 대한 중요한 정보를 갖는다. 그리고 자신이 좋아하는 학습방법을 이해하고, 학습효과를 극대화할 수 있는 것을 선택할 수 있도록 하여야 한다. 교사는 학생들을 학급에 관련된 의사결정에 참여시키도록 한다.

5. 교사 리더십의 하위변인

오늘날 단위학교 자율경영시스템이 강조되는 학교조직에서 교사는 리더십 발휘의 주체로서 학교조직효과성을 향상시키는 데 기여해야 할 것이다. 이에 따라 교사 리더십에 대한 최근 연구를 분석하여 **교사 리더십 하위변인**을 고찰하기로 한다(박종재, 2007).

첫째, 카젠메이어와 몰러(Katzenmeyer & Moller, 2001)**는 교사 리더십**을 ① 학생 및 동료 교사에 대한 리더십으로, 교사는 촉진자, 안내자, 교육과정개발자, 스터디그룹 인도자 등의 역할을 수행하며, ② 과업 수행 리더십으로 교사는 업무 책임자, 실행연구자, 위원회 임원 등의 역할수행하고, ③ 의사결정과정에서의 리더십으로, 교사는 학교발전위원회위원, 지역사회, 학부모단체와의 연계주도자 등의 역할을 수행한다고 했다. 여기에는 미래예측능력, 비전창출능력, 상담 능력, 문제해결능력 등이 포함되어 있음을 알 수 있다.

둘째, 수란나와 모스(Suranna & Moss, 2002)**는 교사 리더십**을 ① 교육과정개발 및 개선에 주체적인 참여, ② 전통에 대한 극복 및 학교발전에 대한 확고한 의지, ③ 교장과의 협력 및 의사결정과정에의 주도적 참여 등으로 구성된다고 보았다. 여기에서는 비전 창출 능력, 상담 능력과 문제해결 능력이 중요한 요소로 작용하고 있다.

셋째, 해리스(Harris, 2002)는 구성원들 사이의 가치 및 비전 공유, 학습 공동체의 형성, 권한 위임 등으로 통한 리더십의 적절한 분산, 협동적 관계 형성 등이 학교에서 교사 리더십 형성의 중요한 요인임을 밝히고 있다. 여기에서 구성원들 간의 비전 공유에는 비전 창출 능력이, 학습 공동체 형성과 협동적 관계 형성에는 상담 능력이 교사 리더십의 중요한 요소로 작용하고 있음을 알 수 있다. 그리고 그는 리더십을 교장 개인의 전유물로 봐서는 안 되며, 학교구성원인 교사들도 리더십 주체로 봐야 한다고 주장했다.

넷째, 데이와 해리스(Day & Harris, 2003)는 교사 리더십을 ① 학교 이념이나 학교발전계획을 각 교육 활동으로 반영하는 능력, ② 외부자원이나 전문가 지원을 이끌어내는 능력, ③ 동료 교사들과 밀접한 관계를 유지하는 능력으로 보았다. 여기에서 학교발전계획을 교육 활동으로 반영하는 데는 비전 창출 능력이, 외부자원이나 전문가 지원을 이끌어내는 데는 문제해결능력이, 동료 교사들과 밀접한 관계를 유지하는 데는 상담 능력이 중요한 요소로 작용한다고 할 수 있다.

상기에서 교사 리더십에 대한 제 연구를 살펴본 바와 같이, 박중재(2007)는 "**교사 리더십의 하위변인**을 미래예측능력, 비전 창출 능력, 상담 능력, 문제해결 능력들로 구성되었다"고 했다. 이를 소개하면 다음과 같다.

① **미래예측능력이다.** 학교조직은 전형적인 개방체제이므로 개연성 중심의 예측은 물론이고, 가능성 중심의 예측을 해야 환경변화에 탄력적으로 대응할 수 있다. 미래예측능력은 팀의 선택적인 미래를 설계하고 추진하는 기초가 된다. 이는 개인과 팀에게 선택적 미래를 성취하기 위한 부단한 노력을 불러일으킨다. 팀원이 다양한 미래를 예측하여 대비한다면 예측된 미래의 범주 내에서 발생하는 위험에 효과적으로 대처할 수 있을 것이다. 따라서 팀원 각자는 미래예측능력을 갖추어야 한다. 이러한 미래예측능력을 통해서 팀원은 리더십을 발휘하게 된다. 결국 미래예측은 팀 과제와 팀 계획을 수립하고 실천하는 기초로 작용하고, 또한 예측경영을 통한 팀의 효율성 창출에 직결되므로, 팀원 각자는 예측 능력을 기르는 데 전력해야 할 것이다.

② **비전 창출 능력이다.** 비전은 조직목표를 설정하는 기준인 동시에 궁극적인 성취기준이 되어 조직을 가동시키는 원동력으로 작용한다. 이에 따라 비전은 변화를 위한 아이디어, 에너지와 자원을 집중시켜 창조적 변화를 위한 추진력으로 작용한다. 비전을 가지고 있는 리더는 "공유된 비전을 개발하기 위하여 비전이나 임무 헌장의 검토, 비전개발을 위해 테스크포스(Task Force) 설치, 아이디어와 제안을 나눌 기회를 제공하는 등 여러 가지 활동을 전개한다. 그리고 비전은 반드시 실현 가능하도록 논리적으로 설계되어야 함과 더불어 모든 구성원의 참여 속에서 과학적 방법을 적용하여 설계되어야 실현 가능성이 크고, 비전의 공유와 확산이 촉진되어 전 조직에 성취동기가 유발될 수 있다. 비전은 팀원이 공동으로 만들어야 실현 가능할 뿐만 아니라 경쟁력이 발휘된다. 팀원 각자는 비전을 만들고 다차원화

하며 성취하는 비전 전문가가 되어야 한다.

③ **상담 능력이다.** 지식사회에서는 환경변화에 따른 기존지식의 개량이나 신지식 창출이 경쟁력의 요체가 된다. 이에 따라 신지식 창출을 위한 협력체제를 구축하는 일이 리더십의 핵심이 되고, 이를 위해 모든 팀원에게 상담 능력 발휘가 요구된다(Judge et al., 1994). 팀원의 리더십은 직급 및 직위에 따른 권력이 아닌, 상담 능력을 통해 발휘된다고 할 수 있다. 상담 능력 개발은 팀원의 리더십을 강화하는 수단이 되는 것이다. 상담 능력은 협상능력과 대화기술의 개발을 통해 효과적으로 발달되므로 협상 능력과 대화 기술의 개발을 통해 상담 능력을 발달시키는 노력이 요구된다. 팀원의 감성 능력을 개발하여 비언어적 의사소통을 촉진시킴으로써 상담 능력을 키우는 노력이 필요하다.

④ **문제해결 능력이다.** 교사들은 직무를 수행하는 과정에서 여러 가지 복잡한 문제사태에 놓이게 된다. 21세기 지식사회에서 필요한 핵심 능력의 하나로 '문제해결 능력'을 들고 있다(이석재, 2003: 18). 문제해결 능력이란 문제사태에 직면하여 적극적인 대처방안을 모색하고 의도하는 결과를 얻어낼 수 있는 능력이라고 할 수 있다. 전통적인 리더십은 경영자나 관리자의 비전을 잘 따르도록 구성원에게 영향력을 행사하는 유형이었다. 하지만 지식사회의 혼돈과 불확실성 속에서 일어나는 문제들은 해결책을 예측하기가 어려우므로, 문제의 핵심을 심층분석하여 계속적인 의문을 제기함으로써 문제의 본질을 규명하는 일이 가장 중요하다. 팀원은 외부로부터 주어지는 문제에 대한 해결책을 찾는 것이 아니라, 불확실성 속에서 스스로 문제를 인식·확인하고 해결책을 강구하여 성과를 창출함으로써 리더십을 발휘해야 한다.

연습 및 탐구문제

1. 리더십의 문화적 접근에 대하여 생각해 봅시다.

2. 유치원(어린이집) 원장의 서번트 리더십에 대하여 생각해 봅시다.

3. 유치원(어린이집) 교사의 교육 리더십의 영역과 주요요소에 대하여 토론해 봅시다.

4. 유치원(어린이집) 교사 리더십 원리에 대하여 정리해 봅시다.

CHAPTER 06

영유아 교육기관 설립 및 원아 모집

학습목표

1. 어린이집과 유치원의 설립과정을 비교 설명할 수 있다.
2. 어린이집 시설·설비기준에 대하여 이해할 수 있다.
3. 유치원 시설·설비의 법적 기준을 파악할 수 있다.
4. 어린이집과 유치원의 원아 모집 절차에 대하여 설명할 수 있다.
5. 처음학교로 운영개요를 설명할 수 있다.
6. 영유아 교육기관의 학부모 오리엔테이션을 파악할 수 있다.

Keyword

어린이집 설립과정, 어린이집 인가신청, 어린이집 시설·설비기준, 비상 재해 대비시설, 어린이집 입지 조건, 보육실, 조리실, 놀이터, 유치원 설립과정, 유치원의 시설설비의 법적 기준, 원아 모집, 유치원 원아 모집, 처음학교로, 어린이집 원아 모집, 어린이집 입소 우선순위 관련 규정, 신입 원아 초기 적응 프로그램, 학부모 오리엔테이션

6장에서는 어린이집 설립과정, 유치원 설립과정, 원아 모집, 입학 준비 및 학부모 오리엔테이션 등에 대해서 고찰하기로 한다.

제1절 어린이집 설립과정

어린이집 설립의 근거가 되는 법령은 「영유아보육법」에 근거하며, 제12조, 제13조, 제14조에 구체적으로 어린이집의 설치에 관한 기준이 명시되어 있다. 이 외에도 「전기사업법」, 「환경보건법」, 「장애인 차별금지 및 권리 구제 등에 관한 법률」, 「도시가스사업법」, 「식품위생법」, 「건축법」 등의 관련 법규를 검토하고 준수해야 한다. 또한 직장어린이집의 경우에는 「남녀고용평등과 일·가정 양립 지원에 관한 법률」, 「고용보험법」의 관계 법령을 검토해야 한다. 어린이집은 종류에 의해 설치 운영에 관한 근거 법령과 준수해야 할 조항에 차이가 있다.

어린이집 인가 절차별 구체적 내용을 살펴보면 다음과 같다(권미량 외, 2021; 홍길회 외, 2021; 홍순옥 외, 2018; 성미영 외, 2017).

첫째, 어린이집의 설치 전 상담이다. 이는 어린이집을 운영할 집을 매매 또는 건축한 뒤에 인가요건이 맞지 않아 재산상의 피해를 보는 일을 없애기 위한 정책이다. 지방자치단체의 장은 어린이집을 설치하고자 하는 자 또는 설치인가 사항을 변경하려는 자가 사전 상담을 요청하는 경우, ① 관할 지역의 보육수요, ② 어린이집 입지조건, ③ 설치기준에 관한 사전고지 등 어린이집 설치에 적극 협조하여야 한다. 관련 업무담당자는 이 세 가지 외에도 인가 관련 법령, 경비의 지급 및 변제능력에 관한 서류, 재산요건 관련 세부사항 등을 안내한다. 이때 어린이집을 설치할 장소 또는 건물, 개략적인 평면도 등을 가지고 방문하여 설치 가능 여부와 담당자 요구사항을 명확히 확인하는 것이 필요하다(보건복지부, 2019).

설치 전 상담은 전화, 팩스 등을 통하여 상담을 접수하면 인가 담당 공무원이 상담 일정을 확정하여 통보한다. 신청인은 관할 시·군·구청의 보육담당 부서를 직접방문하여 인가 담당 공무원과 상담한다.

어린이집 신규(변경) 인가 절차 구성도는 **[그림 6-1]**과 같다.

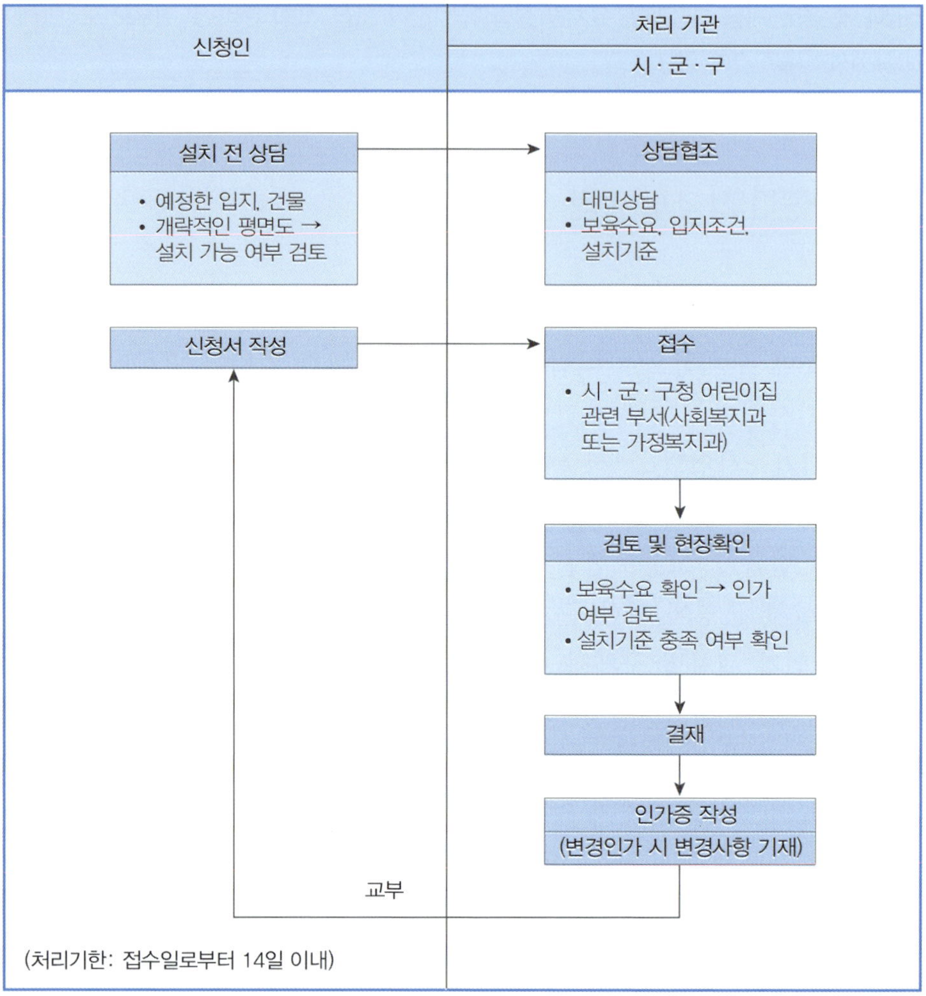

[그림 6-1] 어린이집 신규(변경) 인가절차 구성도

어린이집 설치 전 상담 시 유의하여 고지해야 할 사항은 다음과 같다(홍순옥 외, 2018).

① **어린이집의 인가 관련 법령 준수 여부를 확인한다.** 영유아보육법령 및 건축 관계 법령, 소방 관계 법령, 「장애인 차별금지 및 권리 구제 등에 관한 법률」, 「어린이 놀이시설 안전관리법」, 「실내공기질 관리법」, 「환경보건법」 등 어린이집 인가 관련 법령 및 인가 절차를 고지하고 법령 준수 여부를 확인 후 인가한다.

② **어린이집의 입지 관련 사항을 확인한다.** 옥외놀이터 및 비상재해 대비시설 설치,

건축물의 일부를 어린이집으로 사용하면서 건물의 2층 이상에 어린이집을 설치한 경우(2005.1.30.부터 대표자·정원[증원]·소재지·종류의 변경 등이 제한), 어린이집 입지조건 중 위험시설 등을 확인한다.

③ **경비의 지급 및 변제능력에 관한 서류를 확인한다.**

④ **가정·민간어린이집 설치 또는 대표자 변경 시 재산요건 관련 사항을 확인한다.** 어린이집으로 사용되는 토지·건물에 대한 대표자 변경 시 재산요건 관련 사항을 확인한다. 어린이집으로 사용되는 토지·건물에 대한 대표자의 부채비율이 50% 미만이 되도록 하고 어린이집 자산금액 대비 대표자의 금융기관 부채 중 어린이집 설치·운영과 관련된 부채비율로 계산한다.

둘째, 어린이집 인가신청이다. 모든 준비가 끝나면 어린이집 인가신청서 및 첨부서류를 구비하여 관할 특별자치도지사·시장·군수 또는 구청장에게 제출한다. 제출 전에 누락된 것이 없는지 어린이집 인가신청서(또는 어린이집 변경인가신청서)와 첨부서류를 한 번 더 확인할 필요가 있다. 신청인이 인가신청서를 제출하면 처리기관은 먼저 지역사회 내에 어린이집이 너무 많지 않은지 어린이집 수습현황을 확인 후 인가 여부를 검토한다. 어린이집의 입지조건, 소방 및 안전설비, 보육 가능한 물리적 환경구성 등을 확인하기 위해 현장을 방문한다. 「영유아보육법」에 따른 설치요건의 확인을 통해 인가 여부를 결정한다.

고유번호증이 발급되는 즉시 어린이집 전용 통장을 개설하고, http://childcare.mw.go.kr를 링크하여 e-보육사용자 가입신청을 한 후, 관할 시·군·구 보육담당부서에 전화하여 승인요청을 해야 한다.

어린이집 설립인가신청 시 구비해야 하는 서류는 다음과 같다.

① 법인의 정관 및 출연금 등에 관한 서류(법인인 경우만 해당)
② 단체의 회칙 또는 규약(단체인 경우만 해당)
③ 임대차 계약서(부동산을 임차하는 경우만 해당)
④ 어린이집의 구조별 면적이 표시된 평면도와 어린이집 및 설비목록
⑤ 어린이집 원장의 자격을 증명하는 서류
⑥ 보육교직원 채용계획서

⑦ 어린이집 운영계획서(운영경비와 유지방법을 포함한다)
- 경비의 지급 및 변제능력에 관한 서류는 어린이집을 설치·운영하고자 하는 자의 '자산 및 부채 현황, 어린이집 운영에 따른 연간 세입총액'을 기준으로 보증보험증권을 제출하여야 함

⑧ 설립자가 개인인 경우 경비의 지급 및 변제능력에 관한 서류

⑨ 인근 놀이터 이용계획서(영유아 50명 이상의 어린이집으로서 옥외놀이터나 옥내놀이터를 설치하지 아니하는 경우만 해당한다)

⑩「전기사업법」 제66조의2의 규정에 의한 전기안전점검확인서 및 「도시가스사업법」 제15조 제5항 및 「액화석유가스의 안전관리 및 사업법」 제27조 제2항의 규정에 의한 완성 검사증명서(소재지가 변경되는 경우에만 해당)

⑪「소방용기계·기구의 형식승인 등에 관한 규칙」 제5조에 따른 현장방염처리물품의 방염 성능검사성적서 및 방염성능검사확인표시

⑫ 시설 유형별 특수어린이집으로 지정받으려면 다음과 같은 지정 신청서를 제출한다.
- 특수어린이집 지정신청서(장애아전담, 장애아통합, 시간연장형, 휴일, 방과 후)
- 영아 및 장애아전담어린이집 지정신청서

셋째, 어린이집 인가증 교부이다. 서류접수일로부터 14일 이내에 담당 공무원이 어린이집을 방문하여 확인하는 과정을 거친 후 최종 인가 여부를 결정한다. 인가가 확정되면 인가증을 수령하며, 교부받은 인가증 뒷면에 기록된 최초 인가일부터 어린이집 운영을 시작할 수 있다.

어린이집의 시설·설비에 관한 기준은 「영유아보육법 시행규칙」(2022.2.10 일부개정)과 보건복지부령 제862호 제9조와 관련된 별표 1(2022.2.10. 일부개정)에 명시되어 있다. 어린이집에서 구비해야 할 시설·설비의 법적 기준은 **〈표 6-1〉**과 같다.

〈표 6-1〉 어린이집의 시설·설비기준

구분	시설·설비기준
어린이집 입지조건	• 지방자치단체의 장은 '어린이집은 보육수요·보건·위생·급수·안전·교통·환경 및 교통편의 등을 충분히 고려하여 쾌적한 환경의 부지를 선정'하여야 하므로, 영유아의 신체적·사회적 안전에 위험하다고 판단되는 시설(폐기물처리시설, 유흥업소, 전염병원 등) 인근에 어린이집이 입지하지 않도록 인가를 제한할 수 있으며, 위험시설 또한 어린이집 인근에 입지하지 않도록 노력하여야 한다. • 어린이집은 「주택건설기준 등에 관한 규정」에서 규정하고 있는 위험시설로부터 외곽경계선이 되는 벽(담 또는 벽이 없는 경우 부지경계선)을 기준으로 수평거리 50m 이상 떨어진 곳에 배치하여야 한다. - 어린이집의 범위는 건물뿐만 아니라 전용 부수공간(놀이터·주차장)을 포함하며, 위험시설의 범위는 그 충전·저장설비 등의 시설물만이 아닌 이들 시설이 설치되어 있는 장소를 포함한다. - 위험시설과 어린이집 간의 이격거리 산정은 각각의 장소적 경계가 되는 양 건물의 부지경계선을 기준으로 하는 것을 원칙으로 한다. - 부지경계선에 담(또는 벽)을 설치한 경우, 부지경계선과 담(또는 벽) 중 최단거리를 기준으로 한다. - 공동주택에 설치한 가정어린이집의 경우, 어린이집이 위치한 동 전체건물이 아닌 해당 호실의 외벽을 이격거리 산정의 기준으로 한다. • 지방자치단체의 장은 보육부서와 건축 및 기타 부서 간 긴밀한 협조체제를 구축하여, 어린이집의 인가 또는 위험시설의 신축을 위한 건축 허가 시 어린이집의 입지조건을 충분히 고려하도록 조치하여야 한다.
어린이집 시설	• 어린이집은 1층 또는 건물 전체(5층 이하)에 설치하여야 한다. • 어린이집의 건물구조 및 보육실·화장실·놀이기구 등이 영유아의 안전과 이용에 편리하도록 설계·시공되어 있는지 확인한다. • 어린이집은 하나의 건물에 설치하여야 한다. - 담 또는 울타리로 둘러싸인 동일 대지 안에 여러 개의 건물(모두 5층 이하여야 함)이 있는 경우 모든 건물의 전체가 어린이집으로 사용되고 옥외놀이터가 설치된 경우에는 예외적으로 여러 동 건물에 어린이집 설치를 허용한다.
조리실	• 조리실은 1층 이상에 설치하는 것을 원칙으로 하되, 「식품위생법」에 의하여 집단급식소로 신고한 경우 지하 1층에도 설치를 허용하나, 영유아의 식사를 위한 테이블 등 식당시설을 설치할 수 없다. 조리실을 설치할 수 없는 지하층은 보육교직원 관련 시설 또는 물품창고 등으로 사용하도록 지도한다. • 유치원이 어린이집에 인접한 경우 조리실 공동사용은 위생, 안전 등을 고려하여 지방보육정책위원회의 결정으로 정할 수 있다. • 직장어린이집을 설치한 경우, 설치된 건물에 집단급식소를 운영하는 경우에는 조리실을 별도로 설치할 필요는 없다. 이 경우 영유아를 위한 음식의 조리공간은 분리·구획되어 있어야 한다. 전담 영양사 및 전담 조리원(조리사)이 배치될 수 있도록 행정지도 및 밀폐 가능한 냉온 조절 운반차 등을 사용할 수 있도록 행정지도하여 조리된 음식물의 오염을 방지한다.
보육실	• 보육실은 건축물 1층에 설치하며, 어린이집이 1층에 해당하는지는 「건축법」상의 층수와 관계없이 실제상의 층수를 기준으로 한다.

구분	시설·설비기준
	- 보육실이 위치한 층의 4면의 100분의 80 이상 지상에 노출되어 있고, 어린이집의 주 출입구의 하단이 지표면으로부터 위, 아래 방향으로 1m 이내인 경우 실제상 1층으로 본다. 따라서 건축물대장에 1층으로 기재되어 있어도 실제상 2층인 경우 1층으로 인정할 수 없다. - 건물 전체가 어린이집의 경우 및 사업주가 직장어린이집을 설치하는 경우, 1층부터 5층까지 보육실을 설치할 수 있다. 영아반 보육실은 1층에 우선 배치한다. - 건물 전체를 어린이집으로 사용하는 경우, 건물 전체가 「건축법」상 어린이집 시설로 용도가 지정되어 어린이집으로 전용되어야 한다. - 300세대 이상의 아파트 전체가 「건축법 시행령」에 따른 필로티나 그 밖에 이와 비슷한 구조의 경우 그 위층에 설치가 가능하나, 비상시 양방향 대피가 가능하도록 반드시 비상계단 등을 설치한다.
화장실 및 기타시설	• 화장실은 보육실과 동일한 층의 인접한 공간에 설치하며, 목욕실은 보육실과 인접한 공간에 설치한다. 영유아용 수세식 변기는 10~15인당 1개 이상을 설치하는 것이 바람직하다. 다만 20인 이하 어린이집의 경우 성인용 변기에 디딤판 및 탈부착식 유아용 변기를 설치하고 이동식 어린이용 변기를 갖춘 경우 유아용 변기를 설치하지 않아도 된다. • 만 3세 이상의 유아가 등원하는 어린이집은 남자용과 여자용이 구분되도록 따로 설치하는 것을 권장 • 남아용 소변기가 복수인 경우 소변기 간 가림막을 설치하는 것을 권장 • 시설 규모에 따라 사무실, 양호실, 식당, 자료실, 상담실, 강당, 놀이터 등 설치 가능하다. • 보육정원이 21명 이상인 어린이집은 교사가 교육 활동을 계획 및 준비하고 자료제작 등을 할 수 있도록 구획된 교사실을 설치해야 하며, 교사실에는 교육 활동준비와 행정사무, 휴식 등에 필요한 설비를 갖추어야 한다. • 어린이집 내에 사적 용도를 위한 시설 등 영유아의 보육목적에 부합하지 않는 시설은 설치 불가 • 어린이집 내에 다함께돌봄센터 또는 지역아동센터 설치 시 다음의 기준 준수 필요 - 어린이집이 설치된 건물의 최상층부터 설치하되, 어린이집과 다른 층에 설치할 것 - 시설에서 건물 외부로 통하는 출입구를 어린이집과 별도로 설치하는 등 공간을 분리할 것 - 아동시설에 비상재해 대비시설 또는 전기·가스·수도·계량기를 설치·사용하는 경우에는 어린이집의 시설과 분리하여 설치·사용할 것
놀이터	• 정원 50인 이상의 어린이집은 영유아 1인당 3.5㎡ 이상 규모의 옥외놀이터 설치를 원칙으로 하되, 정원 규모별 면적 기준은 달리 적용할 수 있다. - 어린이집 자체 부지가 있는 경우, 옥외놀이터를 설치하여야 한다. - 신축, 증·개축, 소재지 변경으로 면적 확보가 가능한 경우, 옥외놀이터를 확보해야 함 - 어린이집의 지하층(1층 아래에 있는 층)에는 놀이터 설치가 불가하다. • 어린이집의 2층 이상에 놀이터를 설치하는 경우, 영유아보육법령에서 정하는 비상재해 대비시설을 설치해야 한다. • 직장어린이집은 옥외·대체놀이터(옥내·인근 놀이터) 중 자유롭게 설치 가능하며, 대체놀이터 활용 시 주 3회, 매회 30분 이상 실외활동을 실시할 수 있도록 행정지도 한다. • 놀이터 면적 및 바닥 설치기준은 실내놀이터를 제외하고, 놀이터의 바닥은 모래밭, 천연 및 인공 잔디, 고무매트, 폐타이어 블록으로 설치한다. • 놀이터의 면적은 '놀이터 설치의 기본원칙'에 따라 설치한 바닥면적에 한하여 인정하며,

구분	시설·설비기준
	고정식 놀이기구가 설치된 부분에 대하여는 「어린이놀이시설 안전관리법」의 설치검사로 인정받은 면적을 인정한다.
비상재해 대비시설	• 어린이집이 1층인 경우 - 비상시 양방향 대피가 가능해야 한다. - 양방향 대피를 위하여 주 출입구 외에 안전한 지상과 바로 연결되는 비상구 또는 출구를 설치해야 한다. - 출구는 비상구 또는 유사시 사람의 출입이 가능한 창 등의 개구부로서 규격은 유효폭 0.75m 이상, 유효높이 1.75m 이상 설치해야 한다. - 출구의 하단은 안전한 외부지표면으로부터 1.2m 이내여야 하며, 건물 외부의 도로 또는 대지 등에 안전하게 직접 연결되어야 한다. - 출구는 어린이집 주출입구의 반대 방향 또는 당해 층 장변 길이의 1/2 이상 이격해야 한다. - 출구까지의 경로상에는 주방 등 화기시설을 설치할 수 없으며, 출구 접근 및 개방에 방해되는 장애물을 적치할 수 없다. • 어린이집이 2층과 3층인 경우 - 비상시 각 층별로 양방향 대피가 가능해야 한다. - 양방향 대피를 위하여 주 계단 외에 각 층별로 건물 내부를 경유하지 않고 직접 지상으로 바로 연결되는 비상계단 또는 미끄럼대를 당해 건물의 외부에 설치해야 한다. - 다만, "건물 전체"를 어린이집으로 사용하는 건물에서 내부 직통 계단을 2개 이상 설치하거나, 주 계단 외에 피난층 또는 지상으로 통하는 직통 계단을 설치한 경우 비상계단을 설치한 것으로 인정한다. • 2층, 3층의 경우 「화재예방, 소방시설 설치·유지 및 안전관리에 관한 법률 시행령」에서 규정하는 스프링클러(간이형 스프링클러 포함)가 "건물 전체"에 걸쳐 유효하게 설치되고, 피난기구의 화재안전기준(NFSC)에서 정한 피난기구를 설치한 경우, 비상계단 및 미끄럼대를 설치하지 않을 수 있다. • 어린이집이 4층과 5층인 경우 - 「소방시설 설치유지 및 안전관리에 관한 법률 시행령」에 따른 스프링클러 설비 및 자동화재탐지설비를 "건물 전체"에 설치해야 함 - 건물 내 양방향 대피가 가능한 2개소 이상의 직통 계단을 설치해야 함 - 보육실의 주 출입구는 직통 계단 또는 비상계단까지의 보행거리가 30미터 이내가 되도록 설치해야 함 - 건물의 천장·바닥과 벽체 등의 내부마감재는 불연재로 설치해야 하고, 벽체 등에는 가연성 장식물을 부착하지 아니해야 함 - 조리실은 내화구조로 된 바닥, 벽 및 「건축법 시행령」 제64조에 따른 방화문으로 외부와 구획되어야 함 - 「소방시설 설치유지 및 안전관리에 관한 법률 시행규칙」 제7조에 따른 연소 우려가 있는 건물의 구조가 아니어야 함 - 2급 이상의 소방안전관리자를 고용(직원 중 방화관리자 자격증을 가진 자가 있을 경우에는 제외)하여 방화관리를 해야 함

출처: 보건복지부(2022). 보육사업안내. 보건복지부, pp. 39-64.

제2절 유치원 설립과정

유치원 설립은 「유아교육법」, 「유아교육법 시행령」, 「유아교육법 시행규칙」에 근거하고 있으며, 그 외에도 「고등학교 이하 각급학교 설립·운영규칙」과 「학교보건법」, 「식품위생법」, 「건축법」의 관련 법규를 검토하고 준수해야 한다. 유치원은 설립 주체에 따라 국립유치원, 공립유치원, 사립유치원으로 구분하고 있다(유아교육법 제2장 제7조). 특히 사립유치원을 설립하고자 할 때는 교육감의 인가를 받아야 하고, 유치원을 폐쇄하거나 중요한 사항을 변경하고자 하는 경우에도 역시 교육감의 인가를 받아야 한다. 이러한 모든 유치원을 설립하기 위해서는 관련 법규와 절차를 따라야 하는 것이 원칙이다.

유치원 설립 절차를 제시하면 [그림 6-2]와 같다.

단계	내용	
설립 준비 단계	• 설립인가 공통기준 검토 • 교육환경평가서 제출	• 취원 대상 아동 수 분석
↓		↓
설립 진행 단계	• 유치원 설립 관련 법규 검토 • 준공검사 전기안전검사	• 건축시공 및 시설물 지속 점검 • 어린이 놀이시설 설치검사 실내공기질 측정
↓		↓
설립 완료 단계	• 학교 설립인가 신청서 제출 • 유치원 설립 인가	• 유치원 실사 • 교원임용보고 개원결과 보고

[그림 6-2] 유치원 설립절차

출처: 최혜순(2015: 45).

유치원의 설립하기 위해서는 관련 법규와 절차에 준해서 진행되어야 한다(최혜순 외, 2015).

첫째, 유치원 설립 준비단계이다. ① 유치원의 설립 및 운영에 관련된 법규, 규정, 기준 등을 검토한다. ② 지역사회의 유치원 설립요구도와 취원 대상 아동수를 검토한다. ③ 지역사회의 특성을 검토 및 분석한 후 기관의 성격 및 철학적 방향을 결정한다. ④ 현재 충실히 운영되고 있는 유치원 중 비슷한 규모의 유치원을 방문하여 설립에 관한 정보를 얻는다. ⑤ 학교 설립 용지로서의 적합 여부를 먼저 판단할 수 있는 교육환경평가서를 제출한다.

〈표 6-2〉 유치원 설립인가 전 확인사항

구분	확인사항	체크(∨)
기본사항	• 설립·경영자의 자격[法人 또는 私人]을 갖추었나요?	
	• 교사 및 교지는 당해 유치원을 설립 및 경영하는 자의 소유인가요?	
	• 교육환경평가서 승인을 받았나요?	
	• 유자격 교원확보계획이 있나요?	
	• 유치원에 적합한 명칭을 선정했나요?	
	• 개원 시기는 적절한가요?	
	• 학급 수 및 학급당 정원은 적정한가요?	
교사(校舍) 조건	• 교사(校舍)가 조도, 소음, 온도, 습도 등 교수-학습에 적합한 환경인가요?	
	• 내부환경은 환경위생 및 식품위생 유지 및 관리에 관한 기준에 적합한가요?	
	• 교사(校舍) 면적을 유치원 정원 기준으로 산출하였나요?	
	• 교사(校舍) 층수가 유아의 안전을 고려하여 결정되었나요?	
	• 실별 기준을 모두 확보하였나요?	
체육장·교지 조건	• 교사(校舍) 면적을 제외하고 유아수별 체육장 기준면적을 확보했나요?	
	• 교지(校地)는 안전·방음·환기·채광·소방·배수·학생의 통학에 지장이 없는 곳에 위치하나요?	
교재·교구 기타설비	• 각 실별 설비 및 교구 기준을 갖추었나요?	
	• 어린이놀이시설을 행정안전부장관이 고시하는 시설 및 기술기준에 적합하게 설치했나요?	
	• 어린이 활동공간 환경안전 관리기준에 적합검사를 받았나요?	
	• 장애인 편의시설 및 설비를 설치하였나요?	
	• 수질검사 및 소방·전기·가스·어린이 놀이시설 등 안전검사에 합격하였나요?	
유치원 규칙	• 학급 수 및 정원을 연령별 구분 기재하였나요?	
	• 사무직원 및 사무직원 외 직종을 관할청이 정하는 기준에 맞게 배치하였나요?	
	• 유아교육법 시행령 제10조에 근거한 규칙 기재사항을 모두 포함하였나요?	

출처: 홍길회 외(2021). 유아 교육기관 운영관리. 서울: 동문사, p. 68.

둘째, 유치원 설립 진행단계이다. ① 임대유치원은 인가를 불허한다. 「고등학교 이하 각급 학교 설립·운영규정」에 의해 유치원의 교사 및 교지는 당해 유치원을 설립 및 경영하는 자의 소유이어야 하며, 교지 안에는 설립 주체 외의 자가 소유하는 건축물을 둘 수 없게 되어 있다. ② 교직원 확보가 되어야 한다. 유자격 원장으로 위임 예정이 되어 있어야 하고, 교사도 임용예정이 되어 있어야 한다. ③ 신설이 적절해야 한다. 주변의 취원 대상 유아(만 3~5세)의 수요를 파악하여 수용시설이 부족한 경우에 한하여 적정규모의 유치원 설립이 가능하다. ④ 학교환경위생정화구역이 적정해야 한다. 「학교보건법」에 의하면, 정화구역 내에는 유흥업소, 숙박업소, 극장, 기타 유흥업소가 없어야 한다. 절대정화구역은 유치원 출입문으로부터 직선거리 50m까지의 지역이며, 상대정화구역은 유치원 경계선으로부터 직선거리 200m까지의 지역이다.

셋째, 유치원 설립 완료단계이다. 유치원 건물의 주요 구조부의 공사가 완료되면 유치원의 설립인가를 시·도 교육감에게 신청해야 한다. 설립인가신청서를 제출하고 교육청에서 유치원 실사를 거쳐 설립인가를 받게 되면 교원임용보고를 하게 된다. 또한 개원 결과보고를 함과 동시에 유치원의 교육 활동을 전개할 수 있다.

그리고 유치원에서 구비해야 할 시설·설비의 법적 기준은 〈표 6-3〉과 같다.

〈표 6-3〉 유치원의 시설·설비의 법적 기준

구분	시설·설비기준
소유 주체	• 교지 및 교사는 당해 학교를 설립·경영하는 자의 소유이어야 하며, 교지 안에는 설립 주체 외의 자가 소유하는 건축물을 둘 수 없다.
유치원 시설	• 유아교육 수요, 보건, 위생, 급수, 안전, 교통, 환경 등을 고려하여 쾌적한 환경을 갖춘 곳에 위치하여야 한다. • 건물의 1층 또는 2층을 사용하여야 한다. 다만, 건물 전체를 사용하는 경우에는 3층까지 사용할 수 있다. • 시·도의 교육감이 학교환경위생정화구역을 설정할 때에는 절대정화구역과 상대정화구역으로 구분하여 설정하되, 절대정화구역은 학교 출입문(학교 설립 예정지의 경우에는 설립될 학교의 출입문 설치 예정 위치를 말한다)으로부터 직선거리로 50m까지인 지역으로 하고, 상대정화구역은 학교경계선 또는 학교 설립 예정지 경계선으로부터 직선거리로 200m까지인 지역 중 절대정화구역을 제외한 지역으로 한다.
교지	• 각급 학교의 교지는 제4조의 규정에 의한 교사용 대지와 제5조의 교정에 의한 체육장의 면적을 합한 용지로써 교사의 안전, 방음, 환기, 채광, 소방, 배수 및 학생의 통학에 지장이 없는 곳에 위치하여야 한다.
교사	• 각급 학교의 교사는 교수-학습에 적합하여야 하고, 그 내부 환경은 「학교보건법」 제4조의 규정에 의한 환경위생 및 식품위생의 유지 관리에 관한 기준에 적합하여야 한다. • 유치원 원사의 기준 면적 산출은 원아가 40명 이하인 경우 5N, 40명 이상인 경우에는 80+3N이다(N은 유치원 원아 정원).
교사용 대지	• 교사용 대지의 기준 면적은 건축 관련 법령의 건폐율 및 용적률에 관한 규정에 따라 산출한 면적으로 한다.

체육장	• 체육장 면적은 「고등학교 이하 각급 학교 설립·운영규정」 별표 2의 유치원 체육장의 기준 면적에 적합해야 한다. 지역의 특수상 체육장 설치가 불가할 경우에는 인근 놀이터 활용이 가능하며, 놀이터 활용 시 이용계획서를 교육감에게 미리 제출하여야 한다. • 체육장은 배수가 잘되거나 배수시설을 갖춘 곳에 위치하여야 한다. • 최소면적은 160㎡에 40명 초과 원아 1인당 1㎡ 가산한 면적(40명 이상 기준 면적: 120+총인원) • 실내체육시설을 설치할 경우에는 실내체육시설의 2배를 체육장 기준 면적에서 제외한다.
교구	• 각급 학교에는 학과 또는 교과별로 필요한 도서, 기계, 기구 등의 교구를 갖추어야 한다. • 교구의 종목 및 기준은 시·도교육감이 정하여 고시한다.
급 온수 공급시설	• 각급 학교에는 급수시설을 두어야 하되, 수질검사 결과 위생상 무해하다고 판명된 것이어야 한다. • 학교에는 온수를 공급할 수 있는 시설을 갖추어야 한다.
조리실	• 조리실은 교실과 떨어지거나 차단되어 유아의 학습에 지장을 주지 않도록 하되, 식품의 운반과 배식이 편리한 곳에 두어야 한다. • 조리실은 작업과정에서 교차오염이 발생하지 않도록 벽과 문을 설치하여 전 처리실, 조리실 및 식기구 세척실로 구획한다. 다만, 100명 이상에게 급식을 제공하는 경우로서 이러한 구획이 불가능한 경우와 100명 이하에게 급식을 제공하는 경우에는 교차오염을 방지할 수 있는 다른 조치를 하여야 한다. • 조리실의 내부 벽, 바닥 및 천장은 내화성, 내수성 및 내구성이 있는 재질로 하여, 청소와 소독이 쉽고 화재를 예방할 수 있도록 하여야 한다. • 출입구와 창문에는 해충 및 쥐의 침입을 막을 수 있는 방충망 등 적절한 설비를 갖추어야 한다. • 조리실 내의 증가와 불쾌한 냄새 등을 빨리 배출할 수 있도록 환기시설을 설치하여야 한다. • 조리실의 조명은 220럭스(lx) 이상이 되도록 하여야 한다. • 조리실에는 필요한 곳에 손 세척시설이나 손 소독시설을 설치하여 손에 의한 오염을 막아야 한다. 다만 100명 이상에게 급식을 제공하는 경우에는 손 세척시설과 소 소독시설을 모두 설치하여야 한다. • 조리실에는 온도 및 습도관리를 위하여 적정용량의 급배기 시설 또는 냉난방 시설 등 적절한 시설을 갖추거나 적절한 조치를 하여야 한다.
식품 보관실	• 식품보관실은 환기와 방습이 잘 되어 식품과 식재료를 위생적으로 보관하기에 적합한 곳에 두되, 해충 및 쥐의 침입을 막을 수 있는 방충망 등 적절한 설비를 갖추어야 한다. • 식품과 소모품은 별도로 구분된 장소에서 보관하도록 하되, 부득이하게 함께 보관할 경우 서로 섞이지 않도록 분리하여 보관하여야 한다. • 환기시설이나 환기창 등 통풍을 위한 적절한 시설을 갖추거나 적절한 조치를 하여야 한다.
설비·기구	• 냉장실 또는 냉장고와 냉동고는 식재료의 보관, 냉동 식재료의 해동, 가열 조리된 식품의 냉각 등에 충분한 용량과 온도(냉장고 5°C 이하, 냉동고 -18°C 이하)를 유지하여야 한다. • 조리, 배식 등의 작업을 위생적으로 하기 위하여 식품 세척시설, 조리시설, 식기구 세척시설, 식기구 보관장, 덮개가 있는 폐기물 용기 등을 갖추어야 하며, 식품과 접촉하는 부분은 내수성 및 내부식성 재질로 하여 씻기 쉽고 소독·살균이 가능하도록 하여야 한다. • 식기구를 소독하기 위하여 전기살균 소독기 또는 열탕 소독시설을 갖추거나 충분히 세척 및 소독할 수 있는 세정대를 설치하여야 한다.

	• 냉장식품을 검수하거나 가열조리식품의 중심온도를 잴 때 사용할 수 있는 전자식 온도계를 갖추어야 한다. • 조리작업을 하는 곳에 두는 쓰레기통은 뚜껑이 있는 페달식으로 하여 파리와 같은 해충의 접근을 막아야 한다.
내부 환경	• 학교의 장은 교육부령으로 정하는 바에 따라 유치원 안에서의 환기, 채광, 조명, 온도, 습도의 조절, 상하수도, 화장실의 설치 및 관리, 오염공기, 석면, 폐기물, 소음, 휘발성 유기화합물, 세균, 먼지 등의 예방 및 처리와 같은 환경위생과 식기, 식품, 먹는 물의 관리 등 식품위생을 적절히 유지 관리하여야 한다.

출처: 홍순옥 외(2018). 영유아 교육기관 운영관리. 서울: 창지사, pp. 49-51.

그리고 **유치원 설립인가 신청에 필요한 서류**는 다음과 같다(홍길회 외, 2021).

① 신청서 1부
② 원칙 1부
③ 경비와 유지방법 1부
④ 시설·설비조서 및 교구·설비 확보내역 1부
- 원지·원사와 유원장의 평면도 1부
- 토지, 건물등기부 등본 각 1부
- 토지대장 및 건축물(관리)대장, 토지이용계획과 인원, 위치도 각 1부

⑤ 교직원 확보계획서 1부
⑥ 신원진술서 5부, 기본증명서 2부
⑦ 이력서, 인감증명서, 주민등록등본 각 1부
⑧ 설립자가 법인인 경우 추가되는 서류
- 인감증명서, 법인등기부 등본, 설립허가증, 정관, 이사회 회의록(사본) 각 1부
- 법인기부행위 기본재산목록과 등기 및 기부금액에 관한 증빙서류 1부

⑨ 전기 안전점검 확인서 1부

제3절 원아 모집

유치원이나 어린이집에서 우수한 교직원과 환경을 구축함으로써 질 높은 교육프로그램을 운영하기 위해서는 원아 모집이 제대로 이루어져야 할 것이다. 원아 모집을 성공적으로 실현시키기 위해서는 유아 교육기관의 적극적인 홍보

가 필수적이라 하겠다. 3절에서는 원아 모집을 위한 홍보, 유치원 및 어린이집 원아 모집을 고찰하기로 한다(이윤옥, 2019; 홍순옥 외, 2018; 성미영 외, 2017).

1. 원아 모집을 위한 홍보

원장은 유아 교육기관의 위상 확립과 원활한 원아 모집을 위해 지역사회 학부모들에게 효과적으로 홍보활동을 하여야 한다. 결국 유아 교육기관의 홍보는 단순히 원아 모집만을 위한 선전에 초점을 맞추기보다는 지역사회와 학부모들에게 우수한 교육기관임을 알리는 데 주력해야 할 것이다.

영유아 교육기관의 홍보방법은 주로 잡지, 신문 등의 대중매체를 활용하거나 우편물, 현수막, 포스터, 생활정보지, 전단지 등의 인쇄물을 게시 및 배포하거나 교육기관의 홈페이지, 인터넷 카페 등 온라인을 통한 홍보방법이 있다. 최근에는 개별기관이나 대중매체나 인쇄물을 활용한 독자적인 홍보는 거의 하고 있지 않으며, 비용 절감 측면에서 효과적으로 유치원 연합회나 어린이집 연합회 차원에서 공동으로 홍보하고 있다. 그리고 기관의 홈페이지를 통해 연중 지속적으로 교육기관의 특성 및 교육 활동을 소개하고 다양한 정보를 제공함으로써 홍보 효과를 거두고 있으며, 특강이나 바자회 등과 같은 지역사회연계 활동을 통해 기관을 홍보하는 방법을 택하고 있다. 또한 원아 모집 시기 직전에 교육과정 설명회를 개최하고, 이를 통해 교육기관의 운영철학 및 특색을 알리는 데 주력해야 할 것이다.

유아 교육기관의 홍보내용으로는 기관 명칭, 모집대상 유아, 주소, 전화번호, 홈페이지 주소, 찾아오는 길, 교통편 등 기관의 기본적인 정보와 교육프로그램의 특성 및 주요 내용, 기관의 운영철학, 방침, 기관의 시설, 교직원 소개, 교육(보육)시간, 교육비(보육료). 학급당 인원, 부대시설 등 수요자들이 알고 싶어 하는 정보가 포함되어야 할 것이다.

2. 원아 모집의 절차

기본적인 원아 모집절차는 유치원과 어린이집이 유사하나 모집대상이나 형식에서 일부 차이가 있다. 유치원과 어린이집의 원아 선발절차에 대해 자세히 살펴보면 다음과 같다.

1) 유치원 원아 모집

유치원의 원아 모집은 개정된 「유아교육법 시행령」 제15조 '유치원 유아는 공정하고 투명한 방법으로 선발해야 한다'의 규정에 따라 해당 시·도교육청의 지도에 따라 실시하면 된다.

그리고 유치원 입학관리시스템인 '처음학교로'(go-firstschool) 시스템은 일일이 여러 유치원을 방문해 원서를 내고 추첨일에도 직접 추첨현장에 가야 했던 원아 모집 선발방식을 개선한 시스템으로 원서접수부터 추첨, 등록까지 전 과정이 온라인으로 진행된다. 교육부는 유치원을 지원하는 학부모의 편의를 제공하고 현장의 원아 모집 관련 업무를 경감시키기 위하여 3개 교육청(서울, 세종, 충북)과 공동으로 「유치원 원아 모집선발시스템」 구축에 착수하였다. 2017년부터 점차적으로 전국으로 확대되어 기존 유치원별로 방문해야 했던 학부모의 불편이 크게 개선되었으며 유치원에서 지원자 또는 대기자 등의 명단을 수기장부로 작성 및 관리하던 업무를 시스템으로 자동입력될 수 있게 하여 그에 따른 업무부담이 대폭 감소될 수 있도록 하였다. '처음학교로'의 의미는 유아들이 다니는 생애 첫 학교로써 공교육의 길로 진입하는 통로를 제공한다는 의미와 함께 처음 학부모가 되는 부모의 기대에 부응하며 학교로서의 위상에 맞도록 유치원의 책무성을 높이고자 하는 정부의 의지가 담겨 있는 명칭이다.

처음학교로 운영개요는 다음과 같다(https://www.go-firstschool.go.kr).

첫째, 입학대상이다. 17개 시·도에 만3세부터 초등학교 취학 전까지의 어린이가 해당되며, ① 만3세(2020.1.1.~2020.12.31.), ② 만4세(2019.1.1.~2019.12.31.), ③ 만5세(2018.1.1.~2018.12.31.) 등이다. 그리고 조기입학자(만 3세반만 인정) 및 취학유예자도 접수 가능하다.

둘째, 유치원과정이다. 여기에는 유치원 정규 교육과정과 방과 후 과정이 있다. 방과 후 과정은 교육과정 이후에 운영되는 과정을 의미하며, 방과 후 과정 지원자는 맞벌이 부부 등 관련 증빙서류를 해당 유치원에 제출해야 하며, 교육청 정책에 따라 증빙서류가 필요 없는 경우도 있다.

셋째, 처음학교로 추첨방법은 우선모집과 일반모집이 있는데, ① 우선모집은 희망 순으로 추첨되며, ② 일반모집은 희망순(중복선발제한) 추첨에서는 상위 희망 유치원 선발 시, 하위 희망 유치원 추첨은 자동으로 제외되며, 선발된 유아의 등록포기가 최소화되어 대기자의 선발 가능성이 낮아지게 되므로 원서접수 시 및 선발등록 시 학부모의 신중한 선택 필요

넷째, 방과 후 과정의 선발방법은 ① 방법1은 '처음학교로'에서 [교육과정반]과 [교육과정 + 방과 후 과정반]을 별도로 모집하여 선발하며, ② 방법2는 '처음학교로'에서 교육과정만 뽑고, 선발된 인원 중에서 유치원 별도로 오프라인 방과 후 과정을 선발한다.

다섯째, 우선모집 자격조건이다. ① 법정저소득층 가정(의 자녀)로 보건복지부 법정저소득층 자격 검증기능의 온라인 자격 연계되며. 다음 사항 중 1개에 해당하면 가능하다. 즉 「국민기초생활 보장법」에 따른 수급자, 「한부모가족지원법」 제5조에 따른 한부모가족 지원대상자 복지급여 지급기준에 해당하는 자(여성가족부 고시 제2015-74호), 「국민기초생활 보장법 시행령」 제3조에 따른 차상위계층(소득인정액이 기준 중위소득의 100분의 50 이하인 사람), 차상위 자활대상자, 차상위 장애수당 대상자, 차상위 본인 부담경감 대상자, 차상위 장애인연금지급대상자, 차상위계층확인서를 발급받은 자 등이다(구, 우선 돌봄 차상위 대상자). 또한 ② 국가보훈처 국가보훈대상자 자격검증기능의 온라인 자격 연계는 다음 사항 중 1개에 해당하면 가능하다. 즉 국가보훈관계법령에서 정하는 적용대상 요건에 해당하는 사람, 국가유공자 등 예우 및 지원에 관한 법률: 자녀까지, 특수임무 유공자 예우 및 단체 설립에 관한 법률: 자녀까지, 5.18 민주유공자 예우에 관한 법률: 자녀까지, 보훈대상자 지원에 관한 법률: 자녀까지 등이다. 그리고 ③ 북한이탈주민: 통일부 북한이탈주민 자격 검증기능의 온라인 자격 연계는 「북한이탈주민의 보호 및 정착지원에 관한 법률」 제2조, 제3조이며, ④ 기타 우선모집 조건은 유치원 및 지역 여건에 따라 해당 유치원장이 정한다. ⑤ 추첨 없이 입학 허용 유아는 재원 중인 유아(*2023학년도 재원 희망 원아의 경우 유치원에서 재학생으로 등록), 특수교육지원대상자(*학부모 원서접수/추첨 없이 교육청에서 선정 · 배치된 유치원에서 100% 등록), 교육청 특수교육운영위원회에서 배정한 유아를 100% 반영하여 최우선 입학 대상자로 선정, 장애인 등에 대한 특수교육법 제3조(의무교육)(국가인권위원회, 2017).

여섯째, 유치원 일반모집 업무절차는 〈표 6-4〉와 같다.

〈표 6-4〉 일반모집 업무절차

구분	업무 주체	업무 내용
1	교육청	• 일반모집 일정 확인
2	교육지원청	• 대상유치원 관리(해당 지역 참여 유치원 목록 확인)
3	유치원	• 모집요강 파일 업로드 및 통원차량, 모집 특기사항 등 입력 및 수정
4	유치원	• 우선 모집 미참여 유치원의 경우, 재학생 등록(신규 유치원일 경우는 미등록)
5	유치원	• 일반모집 선발 기준번호 입력, 인원관리 입력
6	학부모	• (온라인 지원 시) 온라인을 통한 회원가입(내자녀 등록 포함) 진행 후 희망하는 유치원 원서접수 진행
7	학모/유치원	• (현장접수 지원 시) 희망하는 유치원 현장방문 접수 진행
8	유치원	• 우선 모집 접수결과 확인 및 증빙서류 확인
9	처음학교로	• 일반모집 추첨(선발)
10	유치원/학부모	• 일반모집 선발결과 확인 - (현장접수자) 지원한 유치원으로 유/무선으로 확인 - (온라인 접수자) 처음학교로 서비스 로그인 후 선발결과 확인
11	학부모	• 선발결과에 따른 등록 완료

일곱째, 추가모집 업무절차는 〈표 6-5〉와 같다.

〈표 6-5〉 추가모집 업무절차

구분	업무 주체	업무 내용
1	유치원	• 추가모집 진행 여부 설정(Y)
2	유치원	• 추가모집 기간 및 모집구분(연령/과정) 설정 • 추가모집 모집요강 파일 업로드
3	학부모	• (온라인 지원 시) 온라인을 통한 희망하는 유치원 원서접수 진행 • (현장접수 지원 시) 희망하는 유치원 현장방문 접수 진행
4	유치원	• 추가모집 접수결과 확인
5	유치원	• 추가모집 추첨(선발) ※ 유치원입학관리시스템(처음학교로)을 통한 추첨은 불가능하며, 유치원 자체에서 추첨 진행
6	유치원	• 추가모집 결과발표
7	학부모	• 원서접수한 유치원에 선발결과 확인
8	유치원	• 등록 및 관리

2) 어린이집 원아 모집

어린이집은 3월에 학기가 시작하므로 3월 1일 입학을 전제로 선발하면 된다. 어린이집의 원아 모집은 일반적으로 전년도 11월에서 당해연도 1, 2월까지 이루어지나 월별로 원아들의 입·퇴소가 빈번하게 이루어지기에 연중 어린이집 입소가 가능하다. 원아 선발 시기는 전국적으로 원아 모집의 획일적인 지정은 어려우나 11월 말에서 12월 초를 기본적인 시기로 지정한다. 정원에서 결원이 생겼을 때에는 수시로 선발 가능하다. 기관의 여건에 따라 수시로 선발이 가능하나 교육프로그램의 시작과 종료 시기를 정하여 시작할 때 선발하고, 종료될 때 졸업하는 시스템을 갖추는 것이 좋다. 어린이집의 경우는 입소비와 보육료를 납부하게 되면 입학이 확정된다. 어린이집의 입소절차는 [그림 6-3]과 같다.

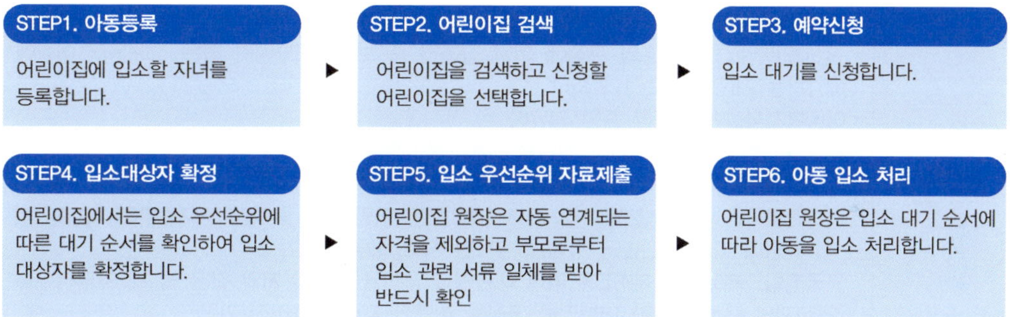

[그림 6-3] 어린이집의 입소 절차

출처: 이윤옥(2019: 56).

[그림 6-3]에서 고찰한 바와 같이, **어린이집 입소 절차는 다음과 같다**(이윤옥, 2019).

① 보호자는 어린이집 입소 대기 관리시스템을 활용하여 입소 대기신청을 한다. 어린이집 원장은 입소 대기자를 실시간으로 공개하여 투명하게 운영하고 어린이집을 이용하는 보호자는 시간 및 장소의 제한 없이 온라인으로 입소 대기 신청이 가능하다.

② 어린이집에서는 입소 우선순위에 따른 입소 대상자를 확정한다. 국공립어린이집과 사회복지법인 및 비영리법인이 설치한 어린이집 등 정부지원 시설들은 반드시

입소 우선순위에 따라야 한다. 위반 시에는 「영유아보육법」 제56조 제2항 제2호 규정에 따라 과태료를 내거나 「영유아보육법 시행규칙」 제38조 제1항 별표 9의 규정에 의해 행정처분을 받게 된다.

③ 어린이집 원장은 부모로부터 입소 관련 서류 일체를 받아 확인한다.

④ 어린이집 원장은 입소를 확정한다.

어린이집 입소 우선순위 관련 규정은 〈표 6-6〉과 같다.

〈표 6-6〉 어린이집 입소 우선순위 관련 규정(법 제28조, 시행령 제21조의3, 시행규칙 제29조 근거)

순위	관련 규정
1순위	• 「국민기초생활보장법」에 다른 수급자(법정) • 「한부모가족지원법」 제5조의 규정에 의한 보호대상자(중위소득의 52%)의 자녀 • 「국민기초생활보장법」 제14조의 규정에 의한 차상위계층의 자녀(중위소득의 50% 이하) • 「장애인복지법」 제2조의 규정에 의한 장애인 중 보건복지부령이 하는 장애등급 이상에 해당하는 자(장애부모•)의 자녀 • 아동복지시설에서 생활 중인 영유아 • 부모가 모두 취업 중이거나 취업을 준비 중인 영유아 • 「다문화가족지원법」 제2조 제1호에 따른 다문화가족의 영유아 -「재한외국인 처우 기본법」 제2조 제3호의 결혼이민자와 「국적법」 제2조부터 제4조까지의 규정에 따라 대한민국 국적을 취득한 자로 이루어진 가족 -「국적법」 제3조 및 제4조에 따라 대한민국 국적을 취득한 자와 같은 법 제2조부터 제4조까지의 규정을 따라 대한민국 국적을 취득한 자로 이루어진 가족 • 제1형 당뇨를 가진 경우로서 의학적 조치가 용이하고 일상생활이 가능하여 보육에 지장이 없는 영유아 • 자녀가 3명 이상인 가구 도는 영유아가 2자녀 가구의 영유아 • 산업단지 입주기업체 및 지원기관 근로자의 자녀로서 산업단지에 설치된 어린이집을 이용하는 영유아 • 법인·단체 등이 어린이집을 국가 또는 지방자치단체 기부채납 하여 국공립어린이집으로 전환된 경우 해당 법인·단체 등의 근로자 자녀로서 그 어린이집을 이용하는 영유아 • 법 제24조 제2항 제3호에 따라 「주택법」 제2조 제2호에 따른 공동주택에 설치된 민간어린이집이 국공립어린이집으로 전환된 경우 • 해당 공동주택이 거주지 자녀로서 그 어린이집을 이용하는 영유아 - 기부채납한 주체와 지자체 간 협의한 범위(30~79%)를 기준으로 거주자 자녀 우선 입소 대기자와 일반 입소 대기자를 구분하여 각각의 입소 우선순위에 따라 입소 순위를 정함. 다만, 어느 한쪽의 현원이 부족하거나 입소 대기자가 없을 경우에는 통합하여 운영할 수 있음
2순위	• 기타 한부모, 조손가족, 입양된 영유아 • 어린이집 재원 중인 아동의 형제·자매

순위	관련 규정
	예) 3월 신학기 입소 시, 재원 중인 형제·자매가 초등학교에 입학하는 경우에는 해당되지 않음 ※입소일 기준으로 형제·자매가 재원 중이어야 함
3순위	• 1, 2순위 이외의 영유아

출처: 임신육아종합포털 아이사랑(http://www.Childcare.go.kr)

제4절 입학 준비와 학부모 오리엔테이션

유치원 및 어린이집의 입학이 결정되면 각 기관에서는 영유아에 대한 이해와 부모와의 관계를 형성하기 위해 원아와 가족에 대해 필요한 정보를 수집해야 한다. 그리고 영유아들이 유치원이나 어린이집에 적응하도록 하기 위해 입학 전 영유아를 위한 오리엔테이션, 학급 편성 등의 입학 준비를 해야 할 것이다. 4절에서는 입학 준비, 학부모 오리엔테이션 등에 대해 고찰하고자 한다.

1. 입학 준비

입학 준비는 영유아 및 가정환경 파악, 신입 원아 오리엔테이션, 신입 원아를 위한 초기 적응프로그램 등을 고찰하고자 한다.

1) 영유아 및 가정환경 파악

영유아와 가정환경에 대한 이해를 위해 일반적으로 생활기록부를 작성하도록 하여 영아의 신상, 가족 사항, 부모의 근무상황, 통원방법, 생활 정도, 가정환경, 긴급 시 연락방법, 생활 습관, 전염병 예방접종 병력, 성장에 관한 기록 등을 포함하는 정보를 미리 준비해 두어야 한다. 생활기록부에 관한 사항은 「유아교육법」 제14조에서 "유치원의 장은 영유아의 발달 등을 종합적으로 관찰·평가하여 유아 생활지도 및 초등학교 교육과정에 연계지도에 활용할 수 있도록 하기 위하여 교육부장관이 정하는 기준에 따라 생활기록부를 작성·관리하여야 한다"고 규정하고 있다. 아울러 생활기록부에 기록된 원아들과 그들의 가족에 관한 정보는 각 개인의 신상에 관한 사항들이므로 비밀이 보장되어야 하고 교육적인 목적 이외의 어떤 목적으로도 사용되어서는 안 된다(이혜원 외, 2016).

2) 신입 원아 오리엔테이션

영유아들이 기관에 입학하기 전에 기관의 여러 환경을 돌아보고 담임교사 및 여러 교직원들과 만나는 과정을 통해 자신들의 생활할 기관에 대한 두려운 감정을 없애고 편안한 느낌을 갖게 함으로써 유아 교육기관 적응에 도움을 주기 위해 오리엔테이션을 실시한다.

오리엔테이션 시 영유아들이 부정적인 감정을 갖게 된다면 이후의 기관 적응에서도 부정적인 감정을 표출할 수 있기 때문에 영유아들에게 기관의 첫 느낌(첫인상)이 굉장히 중요하다. 그러므로 영유아들이 시설과 교구만을 탐색하거나 이용하도록 하는 것보다 인형극이나 음악회, 신체활동 등 호기심을 끌 수 있는 특별한 행사로 준비하여도 좋다. 영유아 오리엔테이션을 진행할 때는 반드시 부모와 함께 참석하도록 안내해야 한다(최혜순 외, 2015).

영유아의 사전 방문시간은 영유아들이 지루해하거나 피곤하기 전에 끝내는 것이 좋으므로 대체로 30~50분 정도가 적당하다고 할 수 있다. 그리고 영유아들을 소집단으로 나누어 일정한 시간을 두고 실시하는 것이 좋다(이혜원 외, 2016).

3) 신입 원아를 위한 초기 적응프로그램

신입 원아는 유치원이나 어린이집에 등원하여 주 양육자와 떨어져야 할 때와 낮잠 시간 등에 극도의 불안감을 울음으로 표현한다. 특히 영아에게는 어린이집에 등원한다는 것이 가정과 다른 낯선 공간에서 처음 보는 교사와 함께 생활하는 것을 의미하기 때문에 불안감은 최고조에 달한다. 주 양육자는 영유아가 이런 변화를 차근차근 받아들이고 교사, 친구들과 편안하고 안정적으로 애착을 형성할 수 있도록 충분한 시간을 주어야 한다. 그리고 적응기간은 영유아의 불안감뿐만 아니라 부모가 새로운 기관에 어린 자녀를 보내는 심리적 불안감을 줄이고, 어린이집이나 유치원과 교사에 대한 신뢰감을 형성할 수 있는 기간이기도 하다. 따라서 부모와 영유아 모두에게 탐색과 경험을 통해 안정 애착과 신뢰를 형성할 수 있는 적응프로그램은 매우 중요한 의미를 가진다(성미영 외, 2017).

신입 원아 적응 절차를 진행할 때 기본 원칙은 다음과 같다(최혜순 외, 2015).

첫째, 기관에 친숙해지도록 돕는 환경구성을 한다. ① 가정과 가장 가까운 환경을 준비하고 교실 입구에 가족사진을 붙여준다. ② 흥미를 끌만 한 놀잇감이나 음식을 준비하여 친숙해지도록 한다. ③ 신발장과 사물함, 자리에 이름을 부착하여 소속감을 느끼도록 돕는다.

둘째, 부모와 연결되어 있다는 것을 느끼게 하여 불안을 줄인다. ① 영유아가 가족사진을 보거나 전화로 목소리를 들어볼 수 있도록 한다. ② 애착을 가진 물건을 집에서 가져오도록 허용한다. ③ 부모와 교사가 긴밀한 관계를 맺고 있음을 영유아가 느끼도록 한다.

셋째, 교사와 친해진다. ① 교사의 행동을 말로 해 줌으로써 생활경험을 예측하게 하고 교사와 친해져 안정감을 갖게 한다. ② 영유아를 존중하고 영유아의 속도와 흥미에 맞추어 놀잇감이나 환경을 탐색할 시간을 준다. ③ 교사가 영유아를 많이 관찰하여 영유아의 욕구와 관심을 수용하고 반응해 준다.

신입 원아 적응프로그램은 최소한 1주일 이상으로 실시한다. 만3세 이상 유아의 경우 1주일 정도 실시하고 만2세 이하 영아의 경우에는 2주에서 4주 정도로 계획한다. 시간은 약 1시간 정도에서 시작해서 점진적으로 늘려나가는 것이 일반적이나 영유아의 연령, 기질 및 건강상태, 양육 경험 등 개인차를 고려하여 융통성 있게 진행한다.

신입 원아 적응프로그램의 진행단계를 구체적으로 제시하면 다음과 같다(홍순옥 외, 2018).

첫째, 1단계(첫째 주)**이다.** ① 등원 시 아이와 함께 인사하고 교실 및 보육실에 들어온다. ② 교사와 아이 그리고 보호자가 함께 놀잇감을 가지고 놀면서 아이가 주변을 탐색하게 한다. ③ 교사에게 아이에 관한 정보를 제공함으로써 교사와 아이가 친해질 수 있도록 한다. ④ '내일 또 와야지'하는 생각이 들 때쯤 귀가한다.

둘째, 2단계(둘째 주)**이다.** ① 오전 프로그램에 영유아와 함께 참여하다가 인사를 하고 헤어진다. ② 귀가 후 아이가 휴식을 취할 수 있도록 지도한다.

셋째, 3단계(셋째 주)**이다.** ① 친구들과 함께 점심을 먹고 귀가한다. ② 아이가 친구와 사귈 수 있도록 같은 반 친구에 대해 관심을 보여준다. ③ 잠들기 전에 어린이집 생활에 대해서 이야기를 나누어 아이의 긴장감을 풀어준다.

넷째, 4단계(넷째 주)**이다.** ① 아이에게 애정을 가지고 지속적인 관심을 표현해 주면 아이의 울음은 줄고 언어표현이 늘어나면서 영유아 교육기관에서의 하루 일과에 흥미를 느끼고 생활하게 된다.

영유아 초기 적응을 위한 구체적인 지도내용은 〈표 6-7〉과 같다.

〈표 6-7〉 영유아 초기 적응을 위한 지도내용

구분		내용
주의사항		• 초기 적응프로그램 시작단계에서 교사는 성급하게 영아와의 직접적인 접촉을 시도하지 않는다. • 적응프로그램을 시행할 때 영아의 부모나 주 양육자의 도움이 필요하다. • 적응기간 동안 교사는 쉽게 적응되지 않더라도 인내하는 마음이 필요하다. • 적응프로그램을 진행하는 중 영아의 무리한 참여를 요구하지 않으며 관찰할 기회를 제공한다.
전략	거리	• 처음 등원한 영아에게 곧바로 다가서는 것은 심리적인 위축감을 느끼게 한다. 따라서 교사는 영아와 친밀해지기까지 일정한 거리를 두고 지켜보며, 오히려 영아가 보호자의 영역에서 주변을 탐색하도록 놓아두는 것이 효과적이다.
	간접적인 접촉	• 영아와 물리적으로 거리를 두었다면, 심리적으로도 거리를 둠으로써 안정감을 준다. 처음 보는 영아에게 입을 맞추거나 머리를 쓰다듬는 등의 직접적인 신체접촉은 낯선 이에게 불안해하는 영아를 더 불안하게 만든다.
	시간	• 아이가 상황에 익숙해질 시간이 필요하다. 집이 아닌 다른 곳에서 처음 보는 사람과 처음 보는 신기한 물건이 익숙해지기까지 영아에게는 분노와 심리적 상처가 치유될 만한 자정의 시간이 필요한 것이다. 이때 교사는 영아가 원내 환경에 적응하기까지 섬세하게 관찰하고 기다리면서 반응한다.
적응 시간표	영아 (2～3주)	(적응 기간은 영유아의 개인적 특성에 따라 달라질 수 있다) • 짧게 방문하기(2～3일간), 부모와 잘 헤어지기(2～3일간) • 오전 놀이, 점심(2～3일간), 낮잠 자기(2～3일간), 하루 종일 지내기(2～3일간)
	유아 (1주)	• 실내·외 자유놀이(1～2일간), 점심(2일간), 낮잠 자기(1일간), 하루 종일 지내기(2일간)
적응을 위한 구체적 활동		• 안기와 달래기, 부모와 인사시키기, 영아의 기분 이해하고 표현하기 • 적절한 동화책 읽기, 적응행동 격려하기, 또래, 놀잇감 소개하기
적응을 돕기 위한 환경구성		• 안락한 공간 및 개별 공간구성, 동물, 금붕어, 거북이 등 동식물 키우기 • 영유아 사진 및 가족사진 전시, 애착 물건이나 놀잇감
부모의 적응을 위한 방법		• 어린이집에 대한 전반적인 내용을 오리엔테이션을 통해 부모에게 전달할 수 있도록 프로그램을 진행한다. • 적응 동안 부모의 역할에 대해 안내, 부모와 파트너십을 형성하며, 부모에게 영아 및 일과, 어린이집에서 제공하는 프로그램에 대한 정보를 제공한다. • 부모와의 긴밀한 관계를 형성함으로써 정보를 얻고 공유할 수 있다.

출처: 권미량·서영희·이숙희(2021). 보육학개론. 서울: 동문사, p. 265.

2. 학부모 오리엔테이션

신입 원아 부모 오리엔테이션은 ① 유치원(어린이집)의 운영 철학 및 방침, 건강·영양·안전 등 전체 프로그램 안내, ② 학급별 교육(보육)프로그램 및 적응프로그램 안내, ③ 부모와 담임교사 간, 부모 상호 간 인사, 소통방법 및 준비물 안내를 목적으로 한다. 대부분의 기관에서는 입학 상담과 별도로 입학하기 몇 주 전에 오리엔테이션을 실시한다(성미영 외, 2017).

유치원(어린이집) 운영 안내 책자, 각종 동의서 양식 및 구비서류, 반별 적응프로그램 및 학급 운영 안내 유인물을 배부하며, 사진 자료나 비디오 시청을 통해 교육(보육) 프로그램을 소개하는 시간을 가진다.

학부모 오리엔테이션을 위한 준비사항 확인은 〈표 6-8〉과 같다.

〈표 6-8〉 학부모 오리엔테이션을 위한 준비사항 확인

구분	내용	준비사항
장소, 기자재 준비	전체, 학급별로 참석 가능한 공간은 마련되었는가?	
	함께 참석한 영유아가 놀이할 수 있는 장소를 마련하고 담당교사를 배정하였는가?	담당자 배정
	빔-프로젝트, 노트북, 마이크, 앰프 등을 설치하고 전선이 이동 시 걸리지 않도록 테이프로 마무리하였는가?	기자재
	모든 기기가 작동하는지 체크하였는가?	
	교실 및 전체환경이 안전하고 위생적이며 교육(보육)철학과 프로그램이 보일 수 있도록 잘 준비되어 있는가?	
	카메라(충전, 메모리카드 장착 여부 확인)는 준비되어 있는가?	카메라
자료준비	발표용 자료가 컴퓨터에 저장되어 있는가?	파일
	운영안내서, 각종 동의서 및 구비서류 양식이 인원수(여분 포함)에 맞게 준비되어 있는가?	운영안내서, 보육료, 안내, 구비서류 양식 등
	영유아 이름표가 참석하는 가족 수만큼 준비되어 있는가?	이름표
교직원 업무 분담	교사가 분담(촬영, 맞이하고 배웅하기, 자료 배부, 놀이실 담당, 행사장 담당)된 업무 내용과 일정을 잘 숙지하고 있는가?	
	오리엔테이션에 적합한 복장과 밝은 미소로 가족과 영유아를 맞이할 준비가 되었는가?	적당한 복장
	담임이 원아의 이름과 특성을 알고 있는가?	신입 원아 명단
	뜨겁지 않은 음료, 간식, 그릇 등을 준비하여 단체배식 또는 자유배식 세팅을 해 놓았는가?	음료, 간식
학급별 모임 준비	교실의 영역구성과 양육환경에 대한 소개말을 준비해 놓았는가?	
	적응프로그램을 준비해 놓았는가?	적응프로그램
	담임 간 역할을 분담해 놓았는가?	계획서
	준비물(이불, 앞가리개 등 보여 줄 실물 포함), 알림장 또는 앱과 같은 유치원(어린이집)과의 소통방법에 대한 안내 사항을 준비해 놓았는가?	준비물(실물)
	배변, 식사, 특별활동, 사물함 관리, 개별적 요구 등 예상되는 질문에 대한 응답은 준비해 놓았는가?	

출처: 성미영 외(2017). 영유아 교육기관 운영관리(질 높은 어린이집 운영관리 포트폴리오 작성하기). 서울: 학지사, p. 55 인용해서 수정함.

연습 및 탐구문제

1. 영유아 교육기관의 입학 준비와 학부모 오리엔테이션에 대하여 생각해 봅시다.

2. 신입 원아 적응 절차를 진행할 때 기본 원칙을 설명해 봅시다.

CHAPTER 07

영유아 교육기관의 학급경영

학습목표

1. 유치원(어린이집) 경영의 일반 원칙을 설명할 수 있다.
2. 유치원(어린이집) 학급 편성 유형에 대하여 파악할 수 있다.
3. 유치원(어린이집) 학급경영의 방안을 제시할 수 있다.
4. 학급경영자의 역할을 제시할 수 있다.
5. 학급 공간관리를 설명할 수 있다.

Keyword

학급경영, 학급경영의 원리, 학급경영의 실천적 원리, 학급 편성, 동일연령반, 혼합연령반, 학급 편성의 기본원리, 학급 편성의 고려사항, 담임배치, 학급경영의 방향, 학급경영의 영역, 학급경영자의 역할, 학급담임의 임무, 학급 공간관리, 3세 흥미 영역별 구성, 4세 흥미 영역별 구성, 5세 흥미 영역별 구성, 활동실 벽면 구성, 흥미 영역 설치, 공간의 효과적인 활용, 학급환경 점검 목록

영유아 교육기관에서 영유아를 지도하고 교육하는 일은 학급에서 이루어진다. 따라서 유치원(어린이집) 조직에서 학급은 최소단위로서 교수-학습활동이 직접적으로 이루어지는 기본적 단위이다. 학급경영은 학급 내의 질서 유지에 초점을 두고 유아들의 개인차에 대응하여 영유아 자신이 적절한 방식으로 자기 통제를 발달시키도록 도와야 한다. 즉 영유아 교육의 기능을 보다 충실하고 능률적이며 바람직하게 발휘시키기 위하여 제반 조건을 정비하는 것이다.

따라서 7장에서는 학급경영의 이해, 학급경영의 원리, 학급경영 및 운영지침, 학급 편성, 학급경영의 방향, 학급경영의 영역과 내용, 학급경영자의 역할, 학급 공간관리 등에 대해서 기술하고자 한다.

제1절 학급경영의 이해

학급경영(classroom management)의 정의 속에 나타난 학급경영의 의미는 다양하다. 제 학자들이 제시한 정의들을 분류해서 기술하면, 크게 질서 유지로서의 학급경영, 조건 정비로서의 학급경영, 교육경영으로서의 **학급경영으로 분류**할 수 있다(박병량, 2003).

첫째, 질서 유지로서의 학급경영이다. 학급경영을 학급 활동의 질서를 유지하기 위해 학급에서 행하는 모든 활동으로 보는 관점이다. "학급 내의 질서 문제를 해결하기 위해 교사가 사용하는 행동과 전략"으로 보는 관점이다(Doyle, 1986).

둘째, 조건 정비로서의 학급경영이다. 학급경영을 교수-학습 활동을 위한 학습환경을 조성하는 일로 보는 관점이다. "학급경영은 교수와 학습이 일어날 수 있는 환경을 확립하고 유지하는 데 필요한 조건과 규정으로 구성된다."고 보는 관점이다(Duke, 1979).

셋째, 교육경영으로서의 학급경영이다. 학급경영을 경영학적 관점에서 교육조직을 경영한다는 차원으로 보는 입장이다. 이 관점은 학급조직도 다른 조직과 유사한 기능을 수행한다고 보고 다른 조직을 경영하는 방식을 학급경영에도 적용하려고 한다. 다만 학급이 교육조직이므로 교육조직의 독특한 경영의 특색이 반영되어야 한다고 보고 있다. 경영을 목표의 성취에 필요한 조정과 협동에 관심을 갖는 조직의 기능이라고 정의하고 그러한 조직의 기능을 수행하는 교사의 활동을 학급경영으로 보는 관점이다(Johnson & Brooks, 1979).

경영학적 관점에서 학급경영을 정의하면, 학급경영은 학급의 목적을 효율적으로 달성하기 위하여 인적·비인적 자원을 활용하여 계획, 조직, 지도, 통제하는 일련의 활동을 통해서 학급을 운영하는 활동이다. 이 정의 속에 포함된 주요 요소는 조직의 목적, 자원의 사용, 경영과정, 협동체이다.

이들 요소를 중심으로 **학급경영의 정의**를 부연 설명하면 다음과 같다(박병량, 2003).

① 학급경영은 학급의 목적을 추구하는 활동이다.
② 학급경영은 교육자원을 획득하고 배분하고 활용하는 활동이다.
③ 학급경영은 계획, 조직, 지도 및 통제 등의 일련의 활동과정으로 이루어진다.

제2절 학급경영의 원리

학급경영이란 유치원(어린이집)의 교육목적을 달성하기 위한 원 경영을 학급단위에서 실천하기 위하여 학급의 여러 가지 조건을 정비 및 확립하는 활동이다. 그리고 학급의 교육목적을 달성하기 위하여 인적자원과 비인적자원을 사용하여 계획하고 조직하고 지도하고 통제하는 일련의 활동이다. 이처럼 학급경영은 원 교육목적을 구체화하고 학급 단위에서 설정된 교육목적을 효율적 및 효과적으로 성취하기 위한 조건의 정비 및 실천에 관련된다.

따라서 학급경영을 구상하고 전개하는 데 있어서 학급을 어떠한 원칙에 입각하여, 어떠한 방향으로 운영하겠다고 하는 학급경영의 방침 내지 원리가 필요하다. 이를 학급경영의 일반적 원칙과 실천적 원리로 나누어 고찰하고자 한다(박병량, 2003: 35-39 재인용; 권기욱, 2003: 30-33).

첫째, 유치원(어린이집) 경영의 일반적 원칙은 다음과 같다.

① **교육적 학급경영이다.** 이것은 모든 학급 경영활동이 교육의 본질과 목적에 부합되도록 운영하는 것이다. 이는 학급경영 그 자체가 교육 활동이기 때문이다. 교육은

인간 성향의 가변성을 믿고 개인이 지닌 잠재적 가능성을 최대로 발전시키고자 하는 노력이다. 따라서 학급경영은 인간이 교육을 통해서 성장 및 발전한다는 신념 아래 영유아 개개인의 흥미, 적성, 능력과 창의성을 최대로 계발하여 자아실현된 인간에 도달할 수 있도록 운영되어야 한다. 특히 학급경영 방식이 영유아들에게 교육적으로 긍정적, 또는 부정적 영향을 미치기 때문에 학급경영방식 자체가 교육적 본질과 목적에서 벗어나지 않아야 한다.

② **영유아 이해의 학급경영이다.** 영유아 이해의 학급경영은 학급경영의 구상과 전개가 영유아의 이해를 기반으로 하여 이루어져야 한다는 것이다. 학급경영은 영유아를 대상으로 전개하는 활동이므로, 경영의 제 활동이 영유아 행동 심리의 이해를 바탕으로 하여 구상되고 전개되는 것은 당연한 일이다. 영유아의 심리적 욕구충족, 학습동기의 유발, 부적절한 행동의 수정, 과업수행을 극대화하는 집단운영, 영유아 집단의 갈등해소와 사기진작 등의 경영과업은 영유아의 심리에 대한 이해 없이는 효율적으로 수행될 수 없을 것이다. 따라서 효과적인 학급경영을 위해서는 영유아 발달단계에 따른 지적·신체적·사회적 발달의 제 특성과 학습능력 및 준비도, 그리고 집단역학과 사회적 심리의 이해를 근거로 하여 학급의 제 활동이 구성되고 운영되어야 한다. 이런 맥락에서 영유아 이해의 학급경영은 심리적 원칙이라 부를 수 있다.

③ **민주적 학급경영이다.** 민주적 학급경영은 민주주의 원칙에 입각하여 학급을 경영하는 것을 말한다. 인간존중, 자유, 평등 및 참여와 합의 등은 민주주의를 특징짓는 이상과 원칙들이다. 따라서 민주적 학급경영은 이러한 민주주의의 기본 원칙에 의하여 학급을 조직하고 운영하는 것을 의미한다. 민주적으로 운영되는 학급에서는 학급구성원 개개인의 인격이 존중되고, 자유스러운 학급분위기가 조성되며, 원아 스스로 결정할 수 있고 책임질 수 있는 자율적 행동이 조장된다. 아울러 평등하고 공정한 처사에 의하여 학급이 운영되고, 학급구성원이 학급운영에 참여할 수 있는 절차와 과정이 마련되고 존중된다. 이러한 민주적 학급운영은 학급이 민주주의의 학습장이라는 의미에서도 그 의의가 크다고 할 수 있다.

④ **효율적 학급경영이다.** 효율적인 학급경영은 효과적으로 능률적으로 학급을 운영함을 말한다. 학급경영의 효과성은 학급의 목표가 성공적으로 달성되는 것을 의미하며, 능률성은 학급의 자원을 경제적으로 사용하여 최대의 성과를 얻는 것을 말한다. 효율성은 일반적으로 효과성과 능률성이 동시에 나타나는 상태를 지칭하는 것이다. 또한 효율성은 집단구성원의 심리적 만족을 의미하는 뜻으로 사용되기도 한다. 따라서 효율성이 지니는 의미를 포괄하여, 학급의 자원을 경제적으로 사용

하여 학급의 목표를 달성함과 아울러 학급구성원의 심리적 만족을 충족시키는 학급운영을 효율적인 학급경영이라고 할 수 있다.

둘째, 학급경영의 실천적 원리는 다음과 같다.

① **자유의 원리이다.** 현대 민주교육의 기본적 특징의 하나로 학습자의 인격을 존중하고 그들의 개성을 발전시킬 수 있는 생활조건을 확보해 주어야 한다.

② **협동의 원리이다.** 학급집단의 안전과 이익을 위하여 협동생활을 할 수 있도록 지도한다. 학업성적에 관련하여 점수를 얻기 위해 필요 이상으로 경쟁을 조장해서는 안 된다. 영유아의 학습집단에서 다양한 경험을 통하여 구성원에 대한 이해와 함께 협동정신을 함양할 수 있도록 한다. 그리고 구성원들 간의 다양한 능력, 성격, 관심 등을 실제적으로 체험하도록 함으로써, 협력하면서 능력을 모으는 것이 더 바람직함을 깨닫도록 한다.

③ **창조의 원리이다.** 창조는 왕성한 사고력에서만 기대할 수 있는 것이다. 그러므로 학급 내외 생활이 언제나 과학적인 마음, 즉 자료수집과 분석, 통합, 정리, 활용하는 방법을 지도하고 그러한 실제 생활의 기회를 만들어 주어야 한다. 또 언제나 관찰, 실험, 실습, 현장 학습 등을 통하여 과학적인 태도와 행동을 가지도록 지도하며 간이기구의 제작 등 공작 활동의 기회를 자주 가질 수 있도록 강구해야 한다.

④ **노작의 원리이다.** 노작활동은 자기 활동인 동시에 자기 표현이기도 하다. 정신적·신체적 활동을 통해서 유형 및 무형의 창작물이 나올 수 있는 것이다. 따라서 학습활동이나 특별활동 등에서 스스로가 각자의 목표를 세우고 그것을 실현하도록 이끌어 주고 또 그러한 기회를 자주 만들어 주어야 한다.

⑤ **흥미의 원리이다.** 흥미는 활동의 원동력이므로 영유아들이 학습에 흥미를 갖도록 하기 위해서는 생활환경을 새롭게 마련하고, 성공감을 갖도록 지도하고, 다음 학습에 대한 준비태세를 갖도록 하며, 자율적 활동을 적극적으로 권장한다.

⑥ **요구의 원리이다.** 영유아 교육기관의 교육은 당면한 사회적 요구나 과제, 영유아의 요구, 가정의 요구 등을 발견하여 교육적 가치가 있다고 인정되는 내용은 가급적 충족시켜 주어야 한다. 따라서 학급교사는 여러 가지 방법을 활용하여 영유아, 가정, 지역사회가 필요로 하는 사항을 파악하기 위하여 노력해야 한다.

⑦ **접근의 원리이다.** 학급은 교사와 영유아가 상호 접근하는 장이다. 교사와 영유아, 또는 영유아 상호 간의 의사소통과 인격적 접근으로 개인과 학급 전체가 발전되

게 한다.

⑧ **발전의 원리이다.** 학급의 교사는 꾸준한 자기 반성 및 평가를 비롯하여 일상의 학습자의 생활실태, 학급의 교육적 제 환경조건을 관찰, 평가, 반성하여 보다 나은 방향으로 변화될 수 있도록 해야 한다.

⑨ **환경의 원리이다.** 영유아가 교육적으로 의미 있고 풍부한 경험을 할 수 있도록 적절한 학습환경을 제공하여야 한다. 교사는 영유아가 교육적이면서도 흥미로운 학습활동을 수행할 수 있도록 환경을 구성하여야 한다. 그러한 환경의 구성은 영유아가 자기에게 적절한 것을 선택할 수 있도록 다양한 과제, 체계적인 계획, 다양한 학습자료 등이 제공될 때 가능하게 된다.

⑩ **존중의 원리이다.** 교사와 영유아가 동등한 관계를 형성한다는 것은 인간을 존중하는 민주주의의 본질을 나타낸다. 교육 활동에서 영유아에게 어느 정도의 자유가 허용되고, 영유아의 흥미와 아이디어는 중요시되며, 교사와 영유아 사이에 상당한 상호작용이 있어야 하며, 교사의 권력 사용은 최소화되어야 한다. 영유아는 어떤 목적을 위한 수단으로 취급되어서는 안 되며, 유아 교육기관에서 교육 활동과 관련된 의사결정은 영유아에게 윤리적으로 정당화될 수 있어야 한다.

⑪ **개별화의 원리이다.** 교육은 영유아 개인의 흥미와 관심에 따라 개별화되도록 하고, 그 자체가 영유아에게 유익하여야 한다. 개별화는 영유아 자신의 교육목표를 설정하고 교육과정을 구성하는 데 참여함을 의미하기도 한다. 이러한 참여는 교육의 효과성을 도모하는 데 유용하다.

⑫ **참여의 원리이다.** 교육 활동이 효과적이기 위해서 영유아는 학습활동에 적극적으로 참여하여야 한다. 그리고 구조화된 상황 내에서 선택을 하거나 상황 자체를 선택할 수 있고, 교육의 수단뿐만 아니라 목적까지도 선택할 수 있어야 한다. 그러나 참여의 정도는 교육내용 및 영유아 개인의 특성에 따라 차이가 있을 수 있다. 지식은 교사에 의해 일방적으로 영유아에게 전달될 수 없다. 영유아가 적극적으로 참여하여 지식의 중요성과 관련성을 파악하여 자신의 것으로 만들 때에만 자신의 지식이 될 수 있다. 교육은 영유아 자신이 수업에서 많은 역할을 수행하도록 한다. 그리고 학습내용, 학습 시기, 학습방법에 대해서도 선택을 할 수 있도록 한다.

제3절 학급경영 및 운영지침

교사는 학급을 담당하기 전에 학급경영 철학을 확고히 해 두어야 한다. 학급경영 철학은 교육사·철학을 비롯한 다양한 교직과목에서 획득한 이론과 교사라는 직업에 대한 소명의식이 기초가 된다. 그리고 재직하는 영유아 교육기관의 분위기와 원장, 동료 교사들에 많은 영향을 받는 것이 사실이다. 하지만 자기 나름의 학급경영에 대한 지침을 마련해 두는 것이 필요하다.

교사가 자신의 **학급을 경영하는 데 발생하는 사소한 상황에 슬기롭게 대처할 수 있는 사항**은 다음과 같다(이대균 외, 2010). ① 학부모의 그릇된 요구에 부응하지 않는다. 전체 영유아, 또는 특정 영유아에게 피해를 주는가를 고려하여 학부모의 의견을 수렴하도록 한다. ② 영유아를 위한 바람직한 일이라면 편애라는 시선에 대해 과감해지도록 한다. 예를 들면, 말수가 적은 영유아를 위해 특별한 정성을 기울이는 것은 편애가 아니다. ③ 영유아들의 정당한 요구를 나의 편리에 구애됨이 없이 수용하도록 노력해야 한다. ④ 영유아들의 지적인 상호작용만을 중시할 것이 아니라 정서와 사회성을 특히 고려해야 한다. ⑤ 전체 영유아의 분위기를 중시하나 우수한 영유아가 집단 속에 묻히지 않도록 개별적으로 고무할 필요가 있다.

그리고 **학급을 운영하는 데 있어서 지침**을 소개하면 다음과 같다(이대균 외, 2010). ① 영유아의 생각과 의견을 적극적으로 수렴한다. ② 영유아와 한 약속을 매우 중요하게 생각한다. ③ 영유아들의 조화로운 발달을 돕는다. ④ 영유아의 정서와 감정을 존중한다. ⑤ 학급의 규칙을 잘 지킬 수 있는 방법을 모색한다. ⑥ 풍부한 자료를 준비하여 적절한 시기에 알맞은 방법으로 제시한다. ⑦ 협동을 중요시하는 분위기를 조성한다. ⑧ 하루 일과계획을 순조롭고 역동적으로 운영한다. ⑨ 영유아들과 함께 하는 활동을 마련한다. ⑩ 이웃의 학급과 함께하는 활동을 마련한다. ⑪ 실내와 실외활동을 연결하여 운영한다. ⑫ 시각적으로 잘 보이기 위한 환경보다는 영유아에게 편리하고 유익한 환경을 구성한다.

제4절 학급 편성

학급이란 교수-학습 활동이 이루어지는 조직으로 볼 수 있다. 교사와 영유아, 영유아와 영유아는 학급 내에서 상호관계를 유지하고, 공동의 목표를 달성하기 위하여 과업을 분담하며, 협동과 선의의 경쟁을 취하면서 발전한다. 영유아와 교사는 학급이라는 사회적 공간 내에서 지식을 전수하고, 인간적인 감화와 정서적 교감을 나눈다. 학급 편성은 교사가 효율적으로 가르칠 수 있고, 유아들이 효율적으로 학습할 수 있도록 초점을 맞추어 편성해야 한다. 교사가 의도하지 않더라도 학급의 특성에 따라 영유아의 사회적 특성에 영향을 미칠 수 있다.

따라서 여기에서는 학급 편성의 유형, 학급 편성의 기본원리, 학급 편성의 고려사항, 학급의 크기, 학급의 이름 및 담임 배치 등에 대해서 기술하고자 한다(신재흡, 2020; 이윤옥, 2019; 김수향 외, 2019; 성미영 외, 2017; 이인원 외, 2011; 김연진 외, 2011; 서정현, 2010; 성영혜 외, 2006; 임재택, 2005; 박병량, 2003; 권기욱, 2003; 장선철 외, 2000).

1. 학급 편성의 유형

유아 교육기관의 학급 편성 유형은 성숙 정도에 따라 동일연령, 또는 혼합 연령으로 할 수 있고, 일과 운영시간에 따라서 반일반, 연장반, 종일반이 있다. 그 외 특수아와 혼합하여 편성하는 통합반이 있다. 유아교육법 시행령 제13조에 유치원의 학급 편성은 같은 연령으로 한다고 규정되어 있다. 다만 원장은 교육과정의 운영상 특히 필요한 경우에는 혼합연령으로 편성할 수 있다.

첫째, 동일연령반이다. 동일연령반은 나이 차이가 1년 미만인 유아들로 구성되는 것으로 학급 내 유아들의 발달수준, 능력, 경험 등이 비슷하여 동질 집단이라고 할 수 있다. **동일연령반으로 편성하였을 때 장·단점은 다음과 같다.** ① 유아들의 경험, 능력이 비슷하므로 교사가 교육계획과 지도할 수 있다. ② 교직 경력이 적은 교사도 쉽게 지도할 수 있다. ③ 유아의 능력이 비슷하기 때문에 급우로부터 지배당하지 않고, 좌절을 경험하지 않는다. ④ 동질집단이기 때문에 학습활동이 효율적이다.

둘째, 혼합연령반이다. 혼합연령반은 연령이 다른 유아들이 한 학급구성원으로 편성되는 것을 말한다. **혼합연령반의 특성은 다음과 같다.** ① 나이 많은 유아가 어린 유아를 도와주고, 어린 유아들은 언니, 오빠들로부터 배울 수 있는 기회가 있다. ② 같은 반에 형, 누나, 동생, 오빠가 있어 가정과 같은 분위기를 느낄 수 있다. ③ 학급 내에 유아들은 능력의 차이, 발달수준의 차이 등으로 개별 유아의 요구와 전체 유아의 요구에 차이가 많은 단점이 있다. ④ 나이 어린 유아는 좌절의 경험을 할 수 있다. ⑤ 교사는 학습활동 준비에 많은 노력과 기술이 필요하다. ⑥ 학급의 질서가 흐트러지면 어린 유아들은 안전에 불리해진다. ⑦ 어린 유아들은 모방하는 퇴행이 있을 수 있다.

2. 학급 편성의 기본원리

유아들의 집단을 구성하는 것은 효율적인 교수-학습 활동을 위해서라도 필요하고 유아들의 사회적 관계발전을 위해서도 필요하다. **학급 편성의 기본원리**는 다음과 같다.

① **전인적 발달의 원리이다.** 유아들이 학급 안에서 또래들과 함께 발달해 간다. 학급 구성원, 또는 학급의 크기는 무엇보다도 유아들이 전인적 발달을 할 수 있는 방향으로 편성되어야 한다.

② **사회화의 원리이다.** 유아들은 집단에서 규칙을 배우고, 구성원으로서 집단이 요구하는 행동규범을 배워 나간다. 유아들은 혼자서 지식을 습득하는 것이 아니라 사회적 관계를 맺으며, 사회에서 공유될 수 있는 지식을 구성해 나가기 때문에 사회화가 잘 될 수 있도록 학급을 편성해야 한다.

③ **효율화의 원리이다.** 가르치는 교사나 학습하는 유아 모두 효율적인 교수와 학습이 일어나도록 학급당 인원과 구성원을 결정해야 한다. 학급의 구성인원이 적으면 개별교육에 유리한 점도 있지만 너무 적을 경우 사회적 상호작용 경험의 폭이 좁아지고, 다양한 교육 활동에 제약이 있을 수 있다.

④ **평등의 원리이다.** 한 학급에 다양한 지능과 개성을 가진 유아가 골고루 섞여 있어야 어느 학급이든 비슷한 교육경험이 가능하다. 만약 지능이 높은 유아, 또는 낮은 유아를 따로 분리하여 학급을 편성한다면 학급에 따라서 상당한 교육경험의 차이를 받는다. 특히 어린 연령의 유아들은 다양한 개성과 문화를 가진 유아들이 섞여 생활할 수 있도록 하는 것이 좋다.

⑤ **개인차의 원리이다.** 유아들은 발달상의 차이뿐만 아니라 흥미, 요구에 있어서도 차이가 있다. 이러한 개인차를 인정하고 비슷한 요구를 가진 유아끼리 학급을 편성할 수 있다. 그러나 평등의 원리와 서로 상치될 수 있기 때문에 어느 쪽의 가치에 가중치를 두느냐에 따라 학급 편성은 달라질 수 있다.

⑥ **능률성의 원리이다.** 유아 개개인의 발달수준, 능력에 따라 학급을 편성한다. 보육시설의 경우 어린 유아들은 발달적으로 개인차가 있으므로 걷기 능력, 먹는 음식(우유, 이유식, 밥 등), 낮잠 자는 시간(오전, 오후), 대소변 가리기, 의사표현능력 등에 따라 학급을 편성할 수도 있다.

3. 학급 편성의 고려 사항

영유아들의 효율적인 교육을 위해서 유아 교육기관은 학급 편성을 해야 한다. 학급 편성을 어떠한 기준에 따라 하느냐는 교육과정운영 측면이나 효과적인 측면에서 다른 결과를 유발할 수 있다.

학급 편성 시 고려해야 할 사항은 다음과 같다(임재택, 2005).

① **유아 교육기관의 전체 원아 수이다.** 유아 교육기관의 전체 공간면적에 의해 원아 수가 결정된다. 유아 교육기관은 초·중·고등학교 기관처럼 대규모로 운영하기보다는 유아의 연령 및 발달수준, 관리의 어려움 등을 고려하여 소규모로 운영하는 것이 바람직하다.

② **실내외 면적과 시설·설비 및 교재·교구의 확보 수준이다.** 기관의 실내 공간면적이 어떠한 형태로 교실이 나누어지느냐에 따라 학급당 원아 수가 결정된다. 또한 시설의 인·허가 관청에서는 유아 1인당 실내외 면적을 고려하여 전체 원아 수를 제한하고 있다.

③ **유아 교육기관의 설립목적이 무엇이고 어떠한 심리학적 관점을 취하느냐에 따라 학급 편성이 달라진다.** 또한 유아교육의 접근방법이 교사중심적이냐 혹은 아동중심적이냐에 따라서, 또는 행동주의적 측면이냐 인지주의적 측면이냐에 따라서도 학급 편성방법이 달라질 수 있다.

④ **대상 원아의 연령이다.** 유아의 연령은 학급의 크기를 결정하는 중요한 요인이다. 학급의 크기란 교사 대 유아의 비율을 의미하는데, 일반적으로 연령이 낮을수록 교사 대 유아의 비율은 낮다. 우리나라 유치원의 학급당 원아 수는 유아교육법 시행령 제16조에 의하면, 관할청이 정한다고 명시되어 있다. 그런데 유아교육 관련

종사자들은 교사 대 유아 비율이 높아서 유아 최적의 발달을 이루기 위한 효과적인 학습활동이 이루어지기 어렵다는 데에 의견을 같이하고 있다.

⑤ **교사의 역량이다.** 교사 개인들 간에는 다소 능력의 차이가 있으므로, 그 교사의 능력에 맞추어 학급을 편성 및 운영해야 할 필요가 있다. 교사의 역량 이상으로 무리한 학급 편성을 하게 되면 오히려 유아교육의 부정적인 역효과를 초래하게 될 수도 있다.

4. 학급의 크기, 학급의 이름 및 담임배치

학급당 유아의 수는 유아의 연령에 따라 달리하는 데, 효율적인 교육 활동을 위해서 가장 알맞은 학급의 크기가 고정되어 있지는 않고 시대의 변화와 여건에 따라 탄력적으로 적용된다. 우리나라의 경우 1990년대까지는 유치원 학급당 정원이 40명이었으나 최근에는 학급당 정원을 규정하지 않고 유치원의 전체 면적에 대한 인가정원만 명시한다. 2019년 개정 유치원 교육과정에서는 학급 편성에 대한 세부사항은 시·도교육청에서 작성하여 지역교육청과 유치원에 권고하는 것으로 되어 있다. 최근 들어서는 교사 대 유아 비율이 점차 줄어드는 추세에 있다. 2023년의 경우 경기도교육청 경우는 대개 5세는 26명, 4세는 22명, 3세는 14~18명 정도로 권장하고 있다.

그러나 **유치원에서 학급의 크기는 효율적 교육을 위해서는 다음과 같은 점을 고려하여 편성**하여야 한다. ① 실내·외 공간면적과 시설 및 교구·교재의 확보 정도를 고려한다. 교실의 공간이 좁아지면 유아의 행동이 과격해지고, 공격적이어서 유아 간 충돌이 자주 발생한다. ② 교사의 능력을 고려해야 한다. 교사가 초임이거나 유아들을 관리하는 능력이 없으면 학급의 크기를 줄여주어야 한다. ③ 유아 교육기관의 설립목적이나 교육방침을 고려한다. 특정 프로그램을 적용하는 경우 원활한 활동을 위해서는 적정 규모의 유아 수로 편성되어야 한다.

보육시설의 경우 유아 연령에 따라 교사 1인당 담당할 수 있는 유아 수가 영유아보육법 제17조 및 동법 시행규칙 제10조 종사자 배치기준에 규정되어 있다.

〈표 7-1〉 교사 1인당 담당 유아 수

연령	교사 1인당 담당 영유아
• 만 1세 미만 • 만 1세 이상~만 2세 미만 • 만 2세 이상~만 3세 미만 • 만 3세 이상~만 4세 미만 • 만 4세 이상	• 3인 • 5인 • 7인 • 15인 • 20인(40인 이상 시: 1인은 보육교사 1급 자격을 가진 자)
• 취학아동 • 장애아	• 20인 • 3인(장애아 9인당 보육교사 1인은 특수교사 자격 소지자여야 함)

학급의 이름은 학급의 특성을 나타낼 수 있도록 하는 것이 좋다. 예를 들어 만 3세반의 경우 사슴반보다는 토끼반이나 나비반으로 하는 것이 학급의 이미지를 나타낼 수 있다. 학급의 이름은 아름답고, 고상하고, 긍정적 의미가 있는 이름인 꽃 이름, 추상적인 가치를 나타내는 사랑반, 믿음반, 창의반, 지혜반 등으로 하면 좋다.

그리고 담임의 배치는 교사의 능력과 선호하는 유아 연령을 조사한 결과를 기초로 하는 것이 좋다. 교사가 자신의 능력을 최대한 발휘할 수 있도록 하는 것은 기관의 효율적 운영을 위하여 꼭 필요한 조치이다. 예를 들어, 배변훈련이나 이유식과 같은 돌봄이 필요한 어린 연령의 반은 육아를 경험한 교사가 담당하는 것이 바람직할 것이다.

제5절 학급경영의 방향

영유아는 유치원에 배우러 오는 것이다. 그러나 수업시간에 모르는 것이 있어도 교사는 계속 수업을 진행시킨다. 수업활동은 교사의 의도된 계획을 그대로 실행시킨다. 이로 인하여 영유아들은 수업을 이해하지 못하고, 다음 수업도 이해할 수 없고, 흥미가 없게 된다. 교사는 이러한 영유아의 실태를 무시하고, 지속적으로 수업을 진행시킨다. 이처럼 교사의 일방적인 관리 지향적 학급경영, 변화되고 있는 영유아의 특성에 대한 이해 부족, 영유아 요구에 부응하는 교사의 유연성 부족, 교사의 리더십 부족, 영유아 입장에서 생각하는 능력의 부족 등 다양한 요인들이 원인이 된다. 학급경영은 이러한 현상들을 치료하고 예방하여야 한다. 그리고 학급의 문제해결 및 규범적 상태를 고려하여 바람직한 방향을 지향하여야 한다.

오늘날 영유아는 과거의 영유아와는 여러 측면에서 다르다. 집단 경험, 인간관계 능력, 사회성은 그만큼 신장되어 있다. 경제적 및 물질적 풍요가 영유아 마음의 풍요로움이나 자기실현을 저해하는 결과를 야기하고 있다. 가정의 기본적인 생활 습관의 불충분한 형성과 자기억제력 결핍도 문제의 원인이 되고 있다. 가정의 교육력 저하는 영유아 성장에 전반적으로 나쁜 영향을 미치고 있다. 인간으로서 기초를 형성하는 교육의 결여가 영유아 교육기관에 입학 후 교육의 성과를 높이지 못하는 원인이 되고 있다. 지역사회와 관련하여, 과거에는 지역의 어린이는 지역주민 모두가 교육하는 연대의식이 강하였다. 그러나 지역주민들의 가치가 다양화하면서 야기된 지역주민들의 결속력 약화는 지역 어린이에 대한 교육력 약화로 연결되고 있다. 교사는 이러한 복잡한 문제들을 해결하면서 교육목적을 효과적으로 성취할 수 있도록 학급을 경영하여야 한다.

영유아 교육은 사회의 변화에 부응하기 위하여 변화하고 있다. 그리고 영유아의 생활력을 함양하기 위하여 종래의 중요시되었던 '내용의 이해'에서 '방법의 이해'로 변화하였다. 영유아 스스로 과제를 탐색하고, 스스로 학습하며, 스스로 생각하고, 주체적으로 판단하여 행동하며, 문제를 잘 해결할 수 있는 자질과 능력을 갖도록 한다. 그리고 자신을 통제하고, 타인과 함께 협력하고, 타인을 배려하는 풍부한 인간성을 가지며, 건강이나 체력도 갖는다. 이를 위하여 학급은 영유아들이 안락하고 안정된 분위기에서 학습할 수 있는 장이 되어야 한다 (권기욱, 2003).

학급경영은 영유아들의 생활하는 힘을 육성하도록 한다. 영유아들의 생활력은 자기 스스로 과제를 탐색하고, 학습하며, 생각하고, 주체적으로 판단하여 행동하며, 문제를 해결하는 자질과 능력에 있다. 그리고 스스로를 다스려 타인과 함께 협력하며, 타인을 배려하고, 풍부한 인간성을 갖는 것이다. 교사는 생활력을 함양한 인간의 육성을 목적으로 하여 학급을 경영하여야 한다. 이를 구현할 수 있는 **학급경영의 두 가지 역점 사업**은 다음과 같다(平井文雄・富山保・平林俊彦, 2000).

첫째, 영유아의 개성을 살리는 학급경영이다. 교사는 교과 지도, 생활지도, 특별활동지도, 학급경영 등의 업무를 수행하느라 매우 바쁘다. 오늘날 학급경영의 문제는 영유아의 변화에 교사의 부적응에도 문제가 있다. 학급경영은 단순히 영유아 전원의 지식이나 기술을 획일적으로 일정 수준으로 향상시키는 것은 아니다. 영유아 개개인의 개성과 능력의 차이를 충분히 고려하여 각각에 적절한 지도를 하는 것이 중요하다. 그리고 교사와 영유아들이 신뢰 관계를 형성하고, 영유아 개개인이 휴식하고, 충실한 생활을 하며, 성장할 수 있는 학급을 형성하는 것이 요구된다. 이러한 사항을 고려한 학급경영의 방향은 다음과 같다. ① 영유아 개개인의 거주 장소로서 학급환경 조성이다. 학급경영은 영유아 개개인의 개성을 생각하고, 신장하는 것이 중요하다. 학급경영은 학급에서 학습의 효과를 제고하기 위한 제반 조건을 정비하는 활동이다. 그 내용은 교과 지도, 생활지도, 특별활동지도에 관련된 교육 활동의 계획이나 추진, 학급집단의 조정이나 개선, 학급분위기 조성 등 안정되고 영유아 개개인에 대한 지원적 환경을 조성하도록 한다. 영유아는 교사나 동료 영유아로부터 인간으로서 승인되고, 존재감을 느껴서 만족할 수 있어야 한다. 모든 영유아들이 이러한 감정을 갖도록 하는 것이 교사의 중요한 역할이다. 영유아 개개인의 개성을 신장하기 위해서는 개개인의 자아실현을 도모하기 위한 노력이 요구된다. 이를 위하여 학급 자체를 영유아 모두가 행복하고 편안한 공간이 되도록 하여야 한다. ② 학생 개개인의 장점을 발견하고, 인정하고, 신장하기이다. 교사는 영유아의 나쁜 점보다 장점을 발견하는 데 관심을 더 많이 갖도록 한다. 사소한 장점도 확인하여 인정하고, 칭찬하도록 한다. 영유아는 이를 통하여 차츰 즐거움과 기쁨을 맛보게 된다. 그것이 영유아들로 하여금 자신감을 갖게 하고, 장래를 긍정적으로 결정하게 한다. ③ 학습에서 영유아 개개인의 개성을 신장하기이다. 영유아들은 생애를 통하여 학습하는데 필요한 기초적 및 기본적 내용을 학습할 필요가 있다. 이와 함께 학습 의욕을 향상시키는 것이 매우 중요하다. 학습에서 개개인의 개성을 생각하고 신장하도록 한다. 이를 위하여 수업은 개인차를 고려한 지도를 하고, 전체 교과에서 개개인의 장점을 살려 간다. ④ 생활에서 영유아 개개인의 개성을 신장하기이다. 학급경영 관점에서 수업 이외의 장소에서 개성을 살리고, 신장하도록 한다. 영유아들이 자주적·주체적으로 시행하는 활동에서도 발달단계에 적합하게 그와 같은 지도를 수행한다. 영유아들의 본성이 나타나는 것은 교육 활동만이 아니고, 다양한 활동 속에서도 많이 나타난다. 그 기회를 이용하여,

개성을 확인하고 신장하도록 한다. 이를 위하여 교사는 가능한 한 영유아들과 함께 활동하는 것이 중요하다.

둘째, 바람직한 집단을 형성하는 학급경영이다. 학급은 영유아들이 원에서 학습과 생활을 하는 단위집단이다. 그리고 영유아들과 교사로 구성되며, 구성원 개개인의 생활 장소로서 적합하여야 하고, 교사와 영유아 모두가 동료로 존중되어야 한다. 그러한 분위기가 영유아들이 자아를 실현할 수 있는 장소가 될 수 있도록 한다. 학급은 영유아의 학습을 진행하는 중요한 장소이며, 학습의 효과성을 높이는 것이 교사의 중요한 역할이다. 이를 위해 교사는 영유아 개개인의 학습 의욕을 제고하고, 영유아들이 수업내용을 이해하고 흥미를 갖도록 해야 한다. 학급에서 교육은 영유아 집단을 통하여 이루어지는 경우가 많다. 따라서 영유아의 성장발달에는 바람직한 학급집단의 형성이 요구된다. 바람직한 학급집단은 교사와 영유아 개개인의 노력에 의하여 형성된다. 교사와 영유아들이 일체가 되어 좋은 학급집단을 만들도록 한다. 학급 편성 후 학급이 어떤 방향으로 나아갈 것인가는 아무도 모른다. 그 후 구성원들의 노력에 따라 다를 수도 있다. 학급이 영유아 개개인에 대하여 지원적 풍토이면 영유아의 학습효과성도 높아질 것이다. 학급구성원들 간에 신뢰 관계의 형성도 요구된다. 그러한 환경에서는 영유아 개개인이 바람직하게 성장할 수 있고, 자신의 생각을 자유롭게 표현할 수 있다.

이에 관련된 **학급경영의 구체적인 방안**은 다음과 같다(권기욱, 2003).

① **영유아의 신뢰와 협력관계의 형성이다.** 이러한 관계의 형성은 상대를 존중하는 것에서부터 가능하다. 학습에 경쟁 원리를 불어 넣어 경쟁을 시키는 것은 바람직하지 않다. 소집단이나 역할분담을 하여 집단 속에서 협력적 관계의 의의와 방법을 학습하도록 한다. 고립된 영유아도 집단에 소속되도록 유도한다. 교사와 영유아의 인간관계 형성은 교사가 영유아를 존중하고 중요시할 때 가능하게 된다. 특히 영유아들이 과업수행에서 실패할 경우에도 따뜻하게 감싸주도록 한다. 영유아들의 장점을 적극 강조하고, 모든 영유아들이 자신의 목소리를 낼 수 있도록 한다. 교사는 영유아들에게 유머를 사용하기도 하고, 같이 놀기도 한다. 무엇보다 교사와 영유아 간의 심리적 거리를 좁혀 영유아들의 이야기를 듣는 것이 중요하다. 영유아들이 교사와 거리감 없이 마음이 통하고, 신뢰 관계를 형성하도록 한다.

② **영유아 개개인의 자유와 자아실현의 보장이다.** 이를 위하여 교사와 영유아들이 공

동으로 여러 가지 약속을 하고 준수하도록 한다. 학급생활에서는 구성원들이 상호존중하고, 다른 사람의 이야기를 경청하며, 질서를 지키는 등 최소한의 약속과 그것을 지키려는 노력이 필요하다. 학급구성원이 최소한 지켜야 할 사항은 구성원 모두가 참여하여 결정하도록 한다. 교사가 결정한 것이 아니고, 학생들 스스로 결정한 것이기 때문에 더 잘 준수되는 경향이 있다. 이러한 학급은 자유와 규범이 공존하여 바람직한 학급이 된다.

제6절 학급경영의 영역과 내용

박병량(2003)은 교육현장에서 일반적인 학급활동 영역에 따라 학급경영 영역을 분류하면 다음과 같이 기술하고 있다. ① 집단조직 및 지도영역이다. 규칙 및 절차의 수립과 시행, 소집단 편성 및 지도, 학급 분위기 조성 등이다. ② 교과학습 영역이다. 학습지도안 작성, 가정학습지도, 특수아지도 등이다. ③ 특별활동영역이다. 자치활동, 계발활동, 적응활동, 봉사활동, 행사활동 등이다. ④ 생활지도 영역이다. 인성지도, 학업문제 지도, 진로·진학지도, 건강 지도, 여가 지도 등이다. ⑤ 환경 및 시설 관리영역이다. 물리적 환경정비, 시설 관리, 비품관리, 게시물관리, 청소관리 등이다. ⑥ 사무관리영역이다. 학사물 관리, 학습지도에 관한 사무이다. 영유아 기록물 관리, 가정통신문관리, 각종 잡무관리 등이다. ⑦ 가정 및 지역사회의 관계관리영역이다. 가정과의 유대, 지역사회와의 유대, 교육 유관기관과의 유대, 지역사회 자원 활용, 봉사활동 등이다. ⑧ 학급경영 계획수립이다. 목표조사, 학생조사, 학급조사, 가정환경조사, 지역사회조사 등이다.

타이디맨(Tidyman, 1957)**은 학급경영활동에서 중요하게 고려되어야 할 영역을 다음과 같이 제시하고 있다.** ① 교육철학을 체계화한다. ② 교실환경을 정비한다. ③ 영유아의 행동을 지도한다. ④ 문제의 사태와 사례를 처리한다. ⑤ 건강상의 복지활동을 지도한다. ⑥ 생활활동을 지도한다. ⑦ 테스트를 한다. ⑧ 평가를 기록하고 보고한다. ⑨ 교육과정을 계획한다. ⑩ 예정표를 마련한다. ⑪ 교수자료나 설비를 선택하고 활용한다. ⑫ 수업활동을 관리한다. ⑬ 집단의 교수를 관리한다. ⑭ 개인의 교수를 관리한다. ⑮ 교직의 여러 관계와 교직윤리를 유지한다. ⑯ 학부모 및 지역사회와 협동체계를 유지한다. ⑰ 개인적인 복지나 교직 성장을 위하여 준비한다.

김용주 등(2006)**은 학급경영 영역**을 학급경영의 목표 및 계획, 교수-학습지도, 특별활동지도, 생활지도, 가정 및 지역사회, 환경 및 시설관리, 사무관리 등 일곱 가지 영역으로 구분하여 제시했다.

상기에서 **학급경영의 영역**에 대한 제 학자들의 견해를 살펴본 바와 같이, 영유아 교육기관에서의 학급경영 영역을 학습지도, 생활지도, 환경 및 시설, 가정 및 지역사회, 사무 등 다섯 가지의 영역에 따른 내용을 제시하고자 한다.

첫째, 학습지도 영역이다. ① 학습지도 준비는 지도안 작성, 교재연구, 교수자료 준비 등이다. ② 교과 지도다. 교과 지도, 예·체능 교과 지도, 교과 지도의 평가 등이다. ③ 특별활동지도이다. ④ 특수아지도는 지진아지도, 부진아지도, 장애아지도, 우수아지도, 영재아 지도 등이다. ⑤ 가정학습지도는 예습지도, 복습지도, 자습지도, 과제지도, 방학지도 등이다. ⑥ 특기 적성지도 등이 있다.

둘째, 생활지도 영역이다. ① 인성지도는 정서안정지도, 사회성지도, 성격 지도, 문제아지도, 행동누가기록과 지도 등이다. ② 학급 상 문제지도는 학교 및 학급생활의 적응지도, 학습부진아지도, 수업 태도지도 등이다. ③ 건강 지도는 건강, 영양, 안전지도, 위생지도, 급식 및 식사 지도, 성교육, 신체·체질·체능검사 및 지도 등이다. ④ 여가 지도는 여가의 선택과 활용방법지도, 유용한 취미·오락·스포츠에 대한 지도, 방학 생활지도, 놀이지도 등이 있다.

셋째, 환경 및 시설영역이다. ① 게시물 관리는 유아작품 게시, 학습물 게시, 시사 게시, 행사 게시 등이다. ② 시설관리는 칠판관리, 유리창 관리, 전시대 관리, 방송시설관리, 냉난방시설관리 등이 있다. ③ 비품 관리는 책걸상관리, 정수기, 화분, 교수용품, 휴지통 관리 등이다. ④ 청소 관리다. 청소 용구 관리, 청소활동 관리 등이다. ⑤ 물리적 환경관리는 채광, 통풍, 냉난방, 방습, 방음 관리 등이다. ⑥ 정신적 환경관리 등이 있다.

넷째, 가정 및 지역사회 영역이다. ① 가정과의 유대이다. 통지표 발송, 가정방문, 부모면담, 학부모회 개최, 가정통신문 발송 등이다. ② 지역사회와의 유대는 각종 홍보활동, 자매결연, 고아원 및 양로원 방문 등이 있다. ③ 교육 유관기관의 유대는 자매결연, 타 유치원 및 타 학급과의 연락, 지역교육청 및 시도교육청과의 연락 등이 있다. ④ 지역사회 자원활용은 자원 인사 초청, 현장견학, 각종 조사활동, 공공시설 이용 등이 있다.

다섯째, 사무영역이다. ① 학사물 관리는 생활기록부 관리, 건강기록부 관리, 출석부 관리, 입·퇴학 처리 등이 있다. ② 학습지도에 관한 사무이다. 학급경영록 작성, 수업연구안 작성, 연수물 기록, 학습지도안 작성 등이 있다. ③ 영유아 기록물 관리는 관찰일지 관리, 학습장 점검 등이다. ④ 가정 연결물 관리이다. 가정통신문 작성, 가정환경 조사표 관리 등이 있다. ⑤ 각종 잡무관리는 저축 관리, 제 성금처리, 각종 수집물처리, 각종 통계처리, 학급문고 관리 등이 있다. ⑥ 학급경영평가 관리는 교사 자기평가, 영유아평가, 실적물 포트폴리오 등이다.

제7절 학급경영자의 역할

학급경영자는 다른 말로 나타내면 학급담임이다. 학급담임은 교실에서 직접 영유아들을 매일 접하면서 교육 활동을 전개하는 교사라는 측면에서, 그의 역할은 다른 어떠한 교무분장 직무에서 볼 수 없는 중대한 의미를 지니고 있다. 그의 일차적 임무는 학급경영을 구상하고 전개하는 학급경영의 담당자로서 역할을 수행하는 데 있다. 학급경영 담당자의 역할은 학급 목적을 달성하기 위하여 경영목표를 수립하고 학급이 수행할 제반 과업을 계획하고 지도 및 전개하고 평가하면서 학급을 충실히 발전시키는 것이다. 그가 수행할 주된 과업은 학급경영과업들로서 학급의 질서를 유지하면서 학습을 촉진시키는 활동들이다.

이러한 활동을 효율적으로 수행하기 위해서 **학급담임은 다음과 같은 역할**을 수행한다(新谷敏夫, 1983: 132-133).

첫째, 학급담임으로서의 역할을 자각하고 그에 따른 책임을 수행하도록 노력해야 한다. 학급담임은 교육자로서, 그리고 학교라는 조직집단의 일원으로서의 자각과 더불어 다음과 같은 사항들이 요구된다.

① **학급의 경영·관리의 책임이다.** 학급경영에 대해 구상한 내용을 책임 있게 전개하도록 요청된다. 인적으로는 영유아들의 관리와 지도를, 물적으로는 교실 환경에

관련된 조건 정비를, 방법적으로는 이러한 인적 및 물적 요인의 전개와 교과, 특별활동, 도덕과의 관련을 기능적으로 충실히 하는 것이다.

② **영유아들의 지도 책임이다.** 영유아의 자주성, 주체성을 존중하면서 학급담임의 지도성을 충분히 발휘할 것이 요청된다. 학급담임은 학급의 아동 및 학생에게 엄부(嚴父)이자 자모(慈母)가 되지 않으면 안 되는 것이다.

③ **학년 간의 연계 책임이다. 본질적으로 독창적인 학급경영이 독선적이고 폐쇄적으로 이루어지는 것을 막고, 유아 교육기관의 교육목표의 구체화와 실천, 타 학급과의 일관적인 목표달성 추진이라는 입장에서 그 연계와 조정이 이루어지도록 요청된다.**

④ **PTA[2], 부모와의 연계이다.** ①, ②, ③의 성과를 더욱 크게 하기 위해 가정에서의 책임, 유치원(보육시설)-가정의 협력체제를 확립하여 그 연계 협동을 밀접히 할 것이 요청된다.

둘째, 영유아들을 깊이 이해하고 그들을 사랑해야 한다. 이해는 객관적 및 발달적으로 이루어져야 하며, 애정은 차별적 사랑과 평등적 사랑이 모두 필요하다.

셋째, 자기 자신의 인격과 식견을 높이고 항상 연수에 힘써야 한다. 학급담임은 다양한 특징을 가진 개성 있는 영유아를 지도하기 때문에 일방적인 주장을 치우치지 않고 넓은 교양과 인간성을 가지는 것이 필요하다.

한편 교육대학 교직과 교재편찬위원회에서 제시한 **학급담임의 임무**를 요약하면 다음과 같다(1981: 328).

① 영유아들이 독자성을 발휘하면서 협동생활을 할 수 있도록 전인적인 성장을 도와주는 일이다. ② 학습활동을 성공적으로 지도하는 일이다. ③ 영유아들의 자치적 및 자발적 활동을 선도하는 일이다. ④ 특수아동을 조기발견하여 선도하는 일이다. ⑤ 향토조사를 세밀하게 하여 인적 및 물적 자원을 활용함으로써 학습효과를 거두며, 향토애와 조국애를 함양하는 일이다. ⑥ 자기의 담당학급과 직·간접으로 관련 있는 교사들과의 유대를 강화하는 일이다. ⑦ 가정과의 연락을 긴밀히 함으로써 아동들의 보다 바람직한 학교생활과 교육 활동 지도를 위해 노력하는 일 등이다.

---

2) 어린이의 교육적·사회적·경제적 행복을 위해 세워진 미국의 단체
별칭은 Parent-Teacher Association (PTA)

제8절 학급 공간관리

영유아를 위한 좋은 공간은 영유아들이 안전감을 느끼고 자신의 요구를 충족시키며 상호작용할 수 있는 환경이다. 오늘날 영유아 교육기관들은 유아들의 자발적인 활동과 영유아들 개개인의 흥미, 학급의 공통 주제에 따른 연관된 활동을 중시하기 때문에 학급 전체를 다양한 흥미 영역으로 구분하고 많은 교육적 자료를 제공하는 형태로 변해 있다.

따라서 여기서는 공간구성의 원리, 공간관리, 흥미 영역의 설치, 공간의 효과적인 활용, 학급환경의 점검과 관리 등에 대해서 기술하고자 한다.

1. 공간구성의 원리

학급공간은 교재장, 책상, 게시판, 카펫, 소파 등을 이용하여 활동영역들을 구분할 수 있다. 공간을 구분하여 활동영역을 배치할 때(김수향 외, 2019; 이대균 외, 2011) 적용하는 원리는 다음과 같다.

① **학급의 영유아 수와 연령적 특징에 따라 기본적으로 구성되어야 한다.** 영유아의 수가 많다면 큰 가구들보다는 작은 가구들을 이용하여 가구가 공간을 차지하지 않도록 하고 유아들이 각 흥미 영역 활동에 참여할 수 있도록 자리를 확보한다. 그리고 연령이 어리다면 흥미 영역을 세분화하지 않는 것이 좋고 신체놀이, 낮잠, 휴식 등을 할 수 있는 공간을 더 확보하는 것이 좋다.

② **건축상의 특성 중 물 사용이 가능한 곳인가, 밝기 정도는 어떠한가, 출입구와의 거리, 소음의 정도 등을 고려해야 한다.** 실례를 들면, 미술, 간식, 요리영역은 물 사용이 편리한 곳에 위치하는 것이 좋다. 책 읽기 영역은 간접 조명이 잘하다 통행이 잦지 않아 조용한 곳에 자리 잡는 것이 좋다.

③ **각 흥미 영역의 활동 특성**(움직임의 정도, 소음의 정도)**에 따라 공간을 구성하여야 한다.** 소꿉, 극 놀이, 블록, 음률, 신체 영역은 책보기, 수, 언어 영역과 되도록 인접하지 않도록 한다.

④ **영유아들의 참여 정도에 따라 각 영역의 크기를 결정해야 한다.**

⑤ **주제의 특성, 흥미의 변화에 적절하게 변화시켜야 한다.**

⑥ **서로 연계가 가능한 영역은 이웃하여 배치한다.**

⑦ 영유아의 활동 결과물을 전시할 공간과 교사의 활동 관련 자료를 게시할 공간을 확보하되, 영유아의 눈높이 수준을 넘지 않도록 한다.

⑧ 신발장, 옷장, 유아의 개인 소지품장, 식수장, 식수대, 간식에 필요한 기구, 쓰레기통, 빗자루 등을 놓아둘 수 있는 공간을 확보해 놓아야 한다.

2. 공간관리

활동실을 흥미 영역으로 구성할 때 고려해야 할 원리에 대해 프로스트(Frost)는 네 가지 영역으로 구분하여 설명하고 있다. 조용하고 건조한 영역, 활동적이며 건조한 영역, 조용하고 물이 있는 영역, 활동적이며 물이 있는 영역 등으로 구분할 수 있다.

	건조한 곳		
조용한 곳	책보기, 듣기, 이야기 나누기, 동화, 쓰기, 소집단 활동	쌓기 놀이, 대근육 활동, 역할놀이, 목공놀이, 음률	활동적인 곳
	요리, 간식, 가위로 오리고 풀로 붙이기 등의 만들기, 점토 놀이	물, 모래 놀이, 손 씻는 곳, 물감 활동, 과학실험	
	물이 있는 곳		

[그림 7-1] 흥미 영역의 구분

출처: 신재흡(2013). 어린이집 및 유치원 운영을 위한 영유아 교육행정. 서울: 동문사. p. 531.

1) 활동실 영역 구성

활동실의 영역을 구성할 때는 비슷하거나 연계가 가능한 영역을 인접하게 배치하고 각 영역에 대한 자세한 계획을 만들어 봄으로써 현재 활동실에 제공된 물품을 활용하여 변화시킬 수 있는 방법을 탐색한다(김혜경, 2005).

활동실 영역을 구성할 때의 절차는 다음과 같다(신화식 외, 2011).

① 유아의 연령, 교사의 수와 경력, 활동실의 면적을 고려하여 우선순위로 구성할 영역을 정한다.

② 활동실 공간 모양의 종이에 창문, 출입구, 세면대, 전기 콘센트 등을 표시하고 영역의 성격에 따라 인접성을 고려하여 영역별 배치도를 그려본다.

③ 영역 간의 경계는 확실하게 하되 낮은 교구장이나 칸막이 등으로 구분하여 상호작용이 가능하도록 영역을 배치한다.
④ 배치한 후에 영역 간의 동선이 적합한지, 다른 영유아의 활동을 방해하지 않고 이동할 수 있도록 통로가 확보되었는지 살펴본다.
⑤ 각 영역에 학급 유아의 연령에 적합한 놀잇감을 놓는다. 놀잇감은 영유아의 흥미, 생활주제 등에 따라 주기적으로 교체해 준다. 어린 영유아의 경우 순식간에 놀잇감을 빼앗는 등 갈등의 소지가 많은 발달특성을 가지므로 같은 놀잇감을 여러 개 준비해 주는 것이 좋다.
⑥ 영유아가 한눈에 놀잇감을 볼 수 있으며 손쉽게 꺼낼 수 있도록 교구장에 배치한다. 놀잇감의 자리 표시를 하여 정리정돈을 쉽게 할 수 있게 한다.
⑦ 영역마다 그림이나 사진을 이용한 영역 표시를 붙이고 생활주제나 활동에 적합한 그림, 사진 등을 게시한다.
⑧ 활동실 입구에서 영유아의 눈높이에 맞춰 활동실 전체를 살펴보며 놀잇감 배치가 영유아에게 적합한 방식으로 개방되었는지, 분위기가 안정되고 매력적인 느낌을 주는지 검토하여 수정 보완한다.

2) 연령에 따른 활동실 구성

각 연령별 활동실은 발달특성과 선호하는 놀이, 연령에 맞는 영역의 구성, 교사의 동선, 소음의 통제 등을 고려하여 구성되어야 하며 가구 및 교구 및 교재도 차별화되어야 한다. 어린 연령일수록 교구장의 높이는 낮아야 하며 연령이 높아질수록 수량과 수납 가능성이 높아져야 한다. 교구장과 같은 비품은 날카로운 모서리 등으로 안전사고가 발생하지 않도록 부드럽게 처리된 것을 선택하여야 하며 카펫은 바닥에 밀착되는 것으로 선택한다. 각 교실에 필요한 비품, 전자제품, 교구장, 기본 놀잇감의 목록을 만들고 적합성 여부를 검토한 후 배치한다.

첫째, 3세 흥미 영역별 구성의 유의점은 〈표 7-2〉와 같다.

〈표 7-2〉 3세 흥미 영역별 구성의 유의점

영역	구성의 유의점
쌓기 영역	• 단순한 구조물을 구성하므로 기본 형태의 블록, 종이 블록, 손쉽게 끼우고 뺄 수 있는 플라스틱 블록을 제공한다. • 가볍고 커다란 스펀지나 우레탄 블록을 제공하며 다양한 종류보다 충분한 양을 준비한다. • 함께 세울 수 있는 나무인형 같은 소품도 제공한다.
조작 영역	• 퍼즐은 5~10쪽이 적당하며 손잡이가 있거나 배경판에 조작의 윤곽이 그려져 있어 맞추기 쉬운 것이 좋다. • 다양한 감촉을 느낄 수 있도록 물건을 옮겨 담다가 점차 숟가락 등을 이용한다. • 찍찍이 붙이기, 단추 끼우기, 지퍼 올리기 등 일상생활 연습을 제공한다.
역할 영역	• 가정생활과 관련된 놀이가 많이 일어나므로 놀이용 집, 엄마와 아빠의 옷, 인형 등의 자료를 실물이나 실물과 유사한 물건으로 제공하며 아늑한 분위기를 위해 가리개나 커튼을 사용하여 경계를 만든다.
언어 영역	• 말하기 활동을 유발할 수 있도록 거울, 전화기, 인형류, 인형극 틀 등을 제공한다. • 카세트를 통해 동화를 듣고 즐길 수 있도록 한다. • 읽기와 쓰기의 기초활동으로 같은 모양 짝짓기, 모양 변별하기, 밀가루 점토 놀이, 구슬꿰기 등을 제공하여 시각적 변별력, 눈과 손의 협응력, 소근육 발달이 이루어지도록 한다. • 일상생활, 동물, 촉감 등을 경험할 수 있는 책을 제공한다.
조형 영역	• 3~4가지 기본재료를 자주 바꾸어 준다. • 손으로 잡기 편한 굵기의 크레파스를 제공하며 오리기보다는 찢어 붙이거나 점토 오리기 활동을 제공한다. • 우연한 결과를 즐길 수 있는 손가락 그림용 풀이나 밀가루 점토를 제공한다.
수학 영역	• 사물의 차이를 살펴보고 짝짓기, 또는 분류할 수 있는 구체물을 제공한다. • 5까지 셀 수 있는 구체물을 제공한다.
과학 영역	• 다양한 감각 경험을 위해 거울, 색안경, 잠망경, 촉감 상자, 소리 상자 등을 제공한다. • 개미, 거미, 달팽이, 거북 등 살아 있는 곤충이나 동물을 제시한다.
음률 영역	• 다양한 노래나 음악, 유아의 노래 등을 듣고 즐길 수 있도록 준비한다. • 간단한 생활 악기나 리듬 악기의 소리를 탐색하고 리듬감을 익힐 수 있는 활동을 제공한다. • 다양한 종류보다는 같은 악기를 여러 개 제공한다.
물·모래 영역	• 놀이대의 높이는 50~55㎝ 정도가 알맞으며 개인용 놀이대를 준비하는 것이 좋다. • 물을 따르고 담는 과정을 통해 정서적 긴장을 해소할 수 있는 다양한 용기를 준비한다. • 모래를 탐색하는 활동을 많이 하므로 모래에 물을 뿌려 주며, 다양한 형태의 용기, 모양 틀을 준비한다. • 모래 대신 다양한 감각을 경험할 수 있는 곡식 등을 제공한다.
컴퓨터 영역	• 컴퓨터 조작에 익숙해지도록 돕는 PICO 등의 사진 경험을 제공한다. • 조작기능보다는 간단하고 흥미를 유발할 수 있는 소프트웨어를 준비한다. • 사용과정을 사진이나 그림으로 알아보기 쉽게 제시한다.

요리 영역	• 재료를 탐색하거나 혼합하고 채워 넣기, 바르기 등 단순한 요리활동이 적합하다. • 요리과정을 낱장 그림으로 그린 순서 카드를 제공한다.
목공 영역	• 설치할 필요는 없으며 흥미를 보일 경우 플라스틱으로 제작된 교구를 제공한다.

출처: 신화식 외(2011). 유아 교육기관 운영 관리. 경기: 양서원, p. 254.

둘째, 4세 흥미 영역별 구성의 유의점은 〈표 7-3〉과 같다.

〈표 7-3〉 4세 흥미 영역별 구성의 유의점

영역	구성의 유의점
쌓기 영역	• 복합적인 입체구조물을 만들게 되므로 기본형태 이외에 원기둥, 널빤지 형태와 같은 다양한 블록을 제공한다. 플라스틱 블록도 조각을 끼워서 구조물을 만드는 수준으로 준비해 준다. • 블록과 함께 동물이나 사람 모형, 각종 자동차와 표지판 같은 생활주제와 관련된 소품을 함께 준비한다.
조작 영역	• 퍼즐은 10~20쪽이 적당하나 개인에 따라 그 이상도 가능하다. • 작은 물건을 옮겨 담는 도구(핀셋, 나무젓가락 등)의 난이도를 높이거나 옮기면서 분류하는 활동으로 확장한다.
역할 영역	• 다양한 블록, 전화기, 인형 같은 소품을 활용하게 다양한 주제극 놀이가 활발하게 일어나도록 준비한다. 기본적으로 병원놀이, 가게 놀이, 음식점놀이, 운전 놀이, 경찰 놀이, 학교놀이 소품을 유아의 흥미에 따라 교체하여 제공한다.
언어 영역	• 유아 간 언어 상호작용을 장려하는 활동자료(수수께끼, 카드, 융판, 자석 판 자료)를 제공한다. • 듣기를 위한 활동(지시에 따르기, 게임, 동화 듣고 회상하기)과 듣기와 읽기가 동시에 이루어질 수 있는 동화 테이프, 그림책 등을 제공한다. • 쓰기에 관심을 갖도록 모래 상자, 소형칠판, 색분필 등을 제공한다. • 유아의 생각을 교사가 적어서 전시함으로써 말이 글로 옮겨지는 과정에 관심을 갖도록 한다.
조형 영역	• 다양한 교재 및 교구를 제공한다. • 오리기 활동을 제공하며 여러 가지 색상을 경험하도록 한다. • 새로운 교재 및 교구의 기능과 사용방법 및 주의사항을 자세히 설명한다.
수학 영역	• 비교·분류·순서 짓기활동을 위한 구체물과 그림자료를 제공한다. • 유아의 발자국이나 손, 끈, 블록 등의 임의단위로 측정해 보는 경험을 제공한다.
과학 영역	• 자석, 스포이트, 프리즘 등의 도구를 제공하여 다양한 탐색활동이 이루어지도록 한다. • 동식물을 기르고 재배하는 경험을 제공하며, 성장과정이나 변화를 그림으로 기록해 보도록 한다.
음률 영역	• 다양한 노래나 음악, 유아의 노래 등을 듣고 즐길 수 있도록 준비한다. • 리듬악기를 연주할 수 있도록 익숙한 노래와 다양한 리듬악기를 비치한다. • 창의적인 표현을 할 수 있도록 리본 테이프, 스카프, 풍선, 끈, 고무줄 등을 제공한다.

영역	구성의 유의점
물·모래 영역	• 놀이대의 높이는 55~60㎝ 정도로 여럿이 사용할 수 있는 것이 좋다. • 계량기구를 제공하며 물줄기의 변화, 뜨고 가라앉는 물질의 특성 등을 실험할 수 있도록 한다. • 나무인형, 소꿉놀이 그릇, 모형 탈것, 블록 등을 제공하여 역할놀이로 확장하도록 한다.
컴퓨터 영역	• 주제와 관련이 있는 다양한 소프트웨어(그림 그리기, 글자 만들기, 동화 듣기 등)를 제공한다. • 컴퓨터를 켜고 끄는 방법, CD-ROM 사용법을 사진이나 그림으로 알아보기 쉽게 제시한다. • 인터넷을 이용하여 정보를 검색하는 경험을 제공한다.
요리 영역	• 3~4단계의 과정을 거쳐야 하는 요리활동을 제공한다. • 조리과정을 관찰할 수 있는 투명한 기구가 적합하다. • 요리 순서 카드는 그림과 글자를 사용하여 제시한다.
목공 영역	• 스티로폼 판이나 두꺼운 골판지를 사용하다가 점차 나무를 사용한다. • 나무를 붙일 때 접착제 사용의 주의점을 알려 준다.

출처: 신화식 외(2011). 유아 교육기관 운영관리. 경기: 양서원, p. 256.

셋째, 5세 흥미 영역별 구성의 유의점은 〈표 7-4〉와 같다.

〈표 7-4〉 5세 흥미 영역별 구성의 유의점

영역	구성의 유의점
쌓기 영역	• 블록 양을 늘리고 다양한 쌓기놀이를 위해 건축물 사진, 놀이 방법을 소개한 책자를 비치해 주고 아이디어를 얻도록 배려한다. • 자신의 일상 경험 재구성과 더불어 상상의 장면을 만들어 가며 놀이하므로 다양한 소품(레미콘 차, 잠수함 등)을 제공한다. • 상품화된 블록 외에 교사나 유아가 직접 제작한 깡통 블록, 요구르트 통 블록, 상자 같은 다양한 블록을 제공한다.
조작 영역	• 바느질, 리본 묶기, 허리띠 채우기 등을 제공한다. • 구성활동에 관련된 책이나 화보를 비치하며 각 교재 및 교구의 사용법이나 활동 순서 카드를 준비해 준다.
역할 영역	• 유아가 필요한 소품(의사 반사경, 간호사 모자, 생성, 과일, 돈, 지갑 등)을 직접 만들어서 놀이할 수 있도록 다양한 재료를 준비한다. • 필요한 규칙을 의논하여, 기록한 후 게시하도록 한다.
언어 영역	• 동시 감상, 동시 짓기, 동극 이야기 꾸미기 등의 창의적 활동을 제공한다. • 다양한 장르의 책을 제공한다. • 극놀이 소품 중 읽기와 쓰기를 자극하는 화폐, 초대장, 메뉴판, 입장권 등을 직접 만들 수 있도록 자료를 제공한다. • 글자 크기나 모양을 자유롭게 바꿀 수 있는 컴퓨터를 활용한 쓰기 활동을 제공한다.

영역	구성의 유의점
조형 영역	• 공동 작업에 필요한 다양한 활동자료를 제공한다. • 활동 순서 카드를 제공하여 스스로 작업활동을 즐길 수 있게 한다. • 활동 후에 이름, 작품 제목 등을 기록할 수 있도록 격려한다.
수학 영역	• 자, 체중계, 저울 등 표준 단위 측정도구를 비치한다. • 그룹게임이나 동화를 이용한 토의 등을 통해 일상생활에서 수학활동이 이루어지도록 한다.
과학 영역	• 다양한 측정도구(막대 자, 줄자, 삼각자 등)를 제공하고 측정내용을 그래프로 표현해 보도록 한다. • 과학적 탐색을 자극하는 그림책, 백과사전, 슬라이드, 녹음기, 카메라, OHP, 실물화상기, 비디오를 활용한다. • 동식물을 기르고 재배하는 경험을 제공하며, 성장과정이나 변화를 그림이나 글로 기록해 보도록 한다.
음률 영역	• 다양한 가락 악기를 제공한다. • 다양한 음악을 감상할 수 있도록 녹음기와 카세트테이프를 제공하며 조작방법을 표시해 준다. • 음악을 듣고 느낌을 그림으로 표현해 볼 수 있다.
물·모래 영역	• 놀이대의 높이는 60∼65㎝ 정도가 적당하다. • 계량도구를 이용하여 물과 모래의 양과 무게를 측정해 보도록 한다. • 물을 이용한 실험과 역할놀이(빨래하기, 음료수 가게 놀이 등)를 할 수 있는 교재 및 교구를 제공한다. • 다양한 모래놀이(두꺼비집 짓기, 깃발 넘어뜨리기, 수로 만들기 등)를 통해 사회적 상호작용이 일어나도록 한다.
컴퓨터 영역	• 컴퓨터를 이용하여 언어활동을 할 수 있도록 한다. • 컴퓨터에서 작업한 결과물을 출력하여 조형 활동에 활용하거나 쌓기놀이를 위한 소품을 만들어 본다. • 인터넷을 이용하여 정보를 검색하거나 유아에게 유익한 사이트를 활용할 수 있도록 한다.
요리 영역	• 썰기, 볶기, 조리기 등이 가능하므로 도마와 플라스틱 칼, 프라이팬 등을 제공하고 활용방법이나 주의점에 대해 자세히 이야기한다. • 요리책이나 스크랩북을 이용하거나 요리 순서표를 유아가 만들어서 사용해 본다.
목공 영역	• 설계도를 그릴 수 있는 종이와 쓰기 도구, 측정에 필요한 자 등을 제공한다.

출처: 신화식 외(2011). 유아 교육기관 운영관리. 경기: 양서원, p. 258.

3) 활동실 벽면 구성

활동실의 벽면을 구성하는 일은 교사에게 아이디어뿐만 아니라 시간과 노력을 요구하는 업무이다. 활동실 벽면을 구성하는 목표는 생활주제에 따른 정보를 제공하기, 영역 표시나 규칙 등 하루 일과 운영을 돕기, 유아의 활동결과물을 미적으로 전시하기 등이다.

따라서 **교사의 부담을 줄이면서 미적 감각을 길러 줄 수 있는 벽면 구성의 사례를 제시**하면 다음과 같다.

① **생활주제에 따른 정보제공이다.** 화보, 어린이 잡지, 인터넷 검색을 통해 그림이나 사진을 구한다.

② **영역 표시나 규칙 등 하루 일과운영을 돕기이다.** 연령에 따라 그림이나 사진에 글자를 넣어 내용을 전달한다. 디지털 사진기로 학급 유아의 사진을 직접 찍어 사용하면 전달 효과가 클 뿐만 아니라 유아의 흥미를 끌 수 있다. 교사가 전체를 제작하는 것보다 유아의 작품을 활용하는 것이 교사의 업무를 줄이고 유아의 성취감을 높이는 방법이다. 그림책, 명화 등을 스캔한 후에 인쇄하여 활용하는 것도 효과적이다.

③ **유아의 활동 결과물을 미적으로 전시하기이다.** 유아의 작품을 게시판, 투명 아크릴 액자, 천장에 전시할 수 있으며, 다양한 방법과 형태로 전시하는 것은 유아의 성취감을 높이고 미적 감각을 길러 준다. 교사가 미리 전시할 공간을 준비해 놓고 유아 스스로 전시할 수 있다.

3. 흥미 영역의 설치

흥미 영역의 구성과 배열은 교육목표, 보육(교육)프로그램의 운영 형태 및 방법, 유아의 발달수준과 흥미에 따라 다르게 구성된다. 또한 계절이나 교사의 능력에 따라 변화되고 수정될 수 있으므로 반드시 정해진 규정은 없다. 그러나 일반적으로 유아 교육기관에서 배치하고 있는 흥미 영역은 만 3세 이상일 경우 5~8개가량의 흥미 영역을 구성하고 있다.

흥미 영역의 구성은 연령이 낮을수록 그 수를 줄이는 것이 좋다. 지나치게 많은 흥미 영역의 구성은 집중력을 흩어지게 할 수 있으며 공간활용도가 낮아지기 때문이다. 따라서 만 3세 미만 유아들의 경우는 5개 이하의 흥미 영역을 구성하는 것이 바람직하다(서정현, 2010).

흥미 영역의 교구들은 유아들의 연령에 따라 그 수와 종류가 달라질 수 있다. 연령이 낮은 유아들인 경우 지나치게 많은 장난감이나 교구를 제시하는 것은 바람직하지 못하다. 흥미 영역의 수는 각 시설의 환경이나 사정에 따라 적절히 관리되고 운영될 수 있다. 각 흥미 영역과 그에 따른 기본비품은 〈표 7-5〉와 같다.

〈표 7-5〉 유치원의 흥미 영역과 교재 및 교구

영역	항목	교재·교구 종류
언어	말하기	이야기 꾸미기, 융판과 융판 자료, 인형극 틀과 인형자료
	듣기	녹음기, 헤드폰, 테이프, 듣기 놀이자료 등
	읽기	아동문학 도서, 정보를 얻을 수 있는 도서, 그림 및 인쇄물, 읽기 놀이자료
	쓰기	쓰기 판, 다양한 종이류 및 쓰기 도구, 쓰기 놀이자료 등
수 놀이	수 개념 준비	분류, 비교할 수 있는 자료, 서열화 및 일대일 대응자료 등
	수 개념 활동	패턴 이해 및 수 인식 자료 등
과학	관찰·실험류	측정 도구류, 관찰·실험 도구류 및 관찰·실험 자료류
	생물류	기르기에 적절한 식물, 동물
	요리 활동	요리 도구, 요리책, 요리표
미술	그리기	크기, 색, 질감이 다양한 종이류, 그리고 쓰는 도구류
	만들기	붙이고 자르는 도구류, 만들거나 꾸미기에 필요한 자료
	점토	밀가루 점토, 찰흙, 고무 점토, 점토판, 모형 틀 등
조작	그림 맞추기	다양한 그림 맞추기 류
	끼우기	꿰기 위한 구슬들, 바느질하기 등
	게임	다양한 게임판과 게임 자료
역할	소꿉놀이	일상생활 비품류, 인형류, 의상 세트, 신발류, 가방류 등
	주제별 놀이	병원놀이, 식료품 상회 놀이, 소방서 놀이, 우체국 놀이자료 등
쌓기	대적목류	공간 블록, 우레탄 블록, 벽돌적목, 널빤지 류 등
	소적목류	유닛 블록, 쌓기 블록 세트
	적목 소품	자동차류, 인형류, 신호등류, 레고블록 등
음률	감상하기	감상활동 기기류, 신체표현 활동자료
	악기류	전통악기류, 가락악기류, 리듬악기류
목공	목공작업대	목공작업대
	목공놀이자료	유아용 망치, 톱, 공구세트, 각종 나사, 나무조작 등

영역	항목	교재·교구 종류
모래	모래 상자	모래 상자
	모래 놀이자료	모양 찍기류, 모형 사람류 등
물놀이	물놀이대	물놀이대
	물놀이 자료	크기, 용량, 모양이 다른 그릇 및 측정 도구
시청각	시청각 기기	VTR, 사진기, 슬라이드 환등기 등
	컴퓨터	교육용 컴퓨터, 프린트기
놀이 계획	계획 자료	선택활동계획판, 계획용지, 이름표 등

출처: 이대균 외(2010). 영유아 교육기관의 운영관리. 경기: 양서원. p. 221에서 재인용함.

4. 공간의 효과적인 활용

유아 교육기관의 교사들은 영유아들을 교육하기 위해 준비하는 것 중 가장 기본이 되는 것은 바로 교육적으로 알맞은 환경을 마련해 주는 일이다. 실제로 교육현장에서는 대다수 교사들이 환경구성에 많은 시간을 보내고 있다. 하지만 투자한 시간만큼 교육적인 효과를 보지 못하는 사례가 많다.

따라서 **바람직한 환경을 구성하는 전략**을 소개하면 다음과 같다(이대균 외, 2010).

첫째, 기존의 공간의 특성을 수용하는 것이다. 사립 영유아 교육기관의 경우 교육기관 간의 환경의 차이는 클 수밖에 없다. 이들 기관의 지리적 위치, 건물의 형태와 공간의 크기, 실외놀이영역의 상황, 각 교실의 크기와 위치, 교실의 창문, 벽면의 조건, 마룻바닥과 기둥의 조건, 냉난방 시설 등이 다를 수밖에 없다. 따라서 교사는 자신의 교실을 배당받고 교실의 단점만을 생각할 것이 아니라 교실의 특성을 이해하고 단점을 수용해야 한다. 결국 교실공간 때문에 교사들은 다음과 같은 전략을 활용하면 좋을 것이다. ① 다른 교실을 부러워하지 말고 다른 교사의 교실과 차이 나는 공간적 특징을 찾는다. ② 단점이라고 생각하는 부분을 위한 특별한 계획을 세운다. ③ 다른 부분보다 더 흥미롭게 정성을 들여 꾸민다. ④ 항상 그곳에 비치할 교재 및 교구, 아울러 전시물에 신경을 쓰고 커튼, 책상보, 그 외 장식품을 배려한다.

둘째, 활동 형태의 다양성을 고려하여 가구와 교재·교구를 배치해야 한다. 교사가 활동을 계획할 때부터 공간의 제약을 받게 되는데 학기 초에 이러한 사항들을 고려하여 이동이 힘든 가구와 카펫의 위치를 잘 선정하고 다양한 형태의 집단활동을 할 수 있는 공간을 확보할 수 있도록 이동이 가능한 가구와 영역의 배치를 세심히 배려해야 한다. 예를 들면, 주제에 따라서, 이야기 내용에 따라서, 그 날 날씨에 따라서 모임 장소가 바뀔 수 있다. 그러나 유아들의 주의집중을 위해 공간이 비교적 넓게 확보된 영역, 유아의 시선을 비교적 끌지 않은 영역, 드나드는 문, 또는 창문과 마주하지 않는 곳에 자리 잡는 것이 좋다. 또한 자유선택활동 시 대부분 바닥이나 테이블에 놓고 하는 활동을 많이 준비하게 된다. 하지만 가구와 벽면, 천장에서 늘어뜨린 줄, 기둥, 창문 등을 활용하여 수직적인 활동의 장을 마련하는 것은 재미와 공간의 효율을 높여준다.

셋째, 실내와 실외를 연결해야 한다. 교실에서의 학구적인 활동들을 실외로 연결하여 계속할 수 있도록 안내를 하며 교재 및 교구를 마련해 주는 것이 좋다. 즉 자석에 관한 활동을 했다면 자석을 가지고 나가 모래 속에서 철가루를 모아보고, 밖에 있는 사물 중에 자석에 붙는 물건을 무엇인지 알아보는 활동을 마련해 줄 필요가 있다. 그러기 위해서는 실외와 실내를 쉽게 드나들 수 있는 공간적인 배려를 해주는 것이 필요하다. 신발을 갈아 신지 않고도 밖으로 나갈 수 있는 곳을 만들어 준다든가 신발장이 있는 곳까지 가지 않아도 교실에서 밖으로 직접 나갈 수 있도록 여분의 놀이 신발을 교실에 나 있는 쪽문을 비치해 두는 방법, 창문을 통하여 밖의 풍경을 항상 접할 수 있도록 해주는 방법도 있다.

넷째, 환하고 안락하며, 안정감 있는 분위기로 가꾸어야 한다. 벽과 가구, 커튼, 깔개 등의 색은 교실의 전체적인 색상 분위기를 만들어 준다. 교실의 전체적인 색상은 학급의 분위기를 부드럽고 안정되게 만들어 주며 그 위에 꾸며지거나 게시될 것과의 조화로운 분위기를 연출하는 데 기본이 되기 때문에 매우 신중하게 선택해야 한다. 교실의 전체적인 색상은 원색적이지 않으나 밝고 부드러운 색인 것으로 하면 교사가 환경을 구성하는 데 많은 신경을 쓰지 않아도 된다. 특히 가구들은 자연스러운 원목의 색깔을 이용하는 것이 좋으며, 책 보기 영역이나 쉬는 영역에는 단색의 푹신한 의자나 방석을 준비하는 것도 하나의 방법이 될 수 있다.

다섯째, 단정하고 위생적으로 관리하는 데 용이하도록 구성해야 한다. 영유아 교육기관의 교실은 여러 가지 많은 물건들로 늘 꽉 차 있는 곳이다. 하지만 유아들이 함께 생활하는 곳이므로 사용하기 편리하게 정리정돈되어야 한다. 우선 작업영역의 폐품들을 구분하여 제공해 줄 수 있도록 하고 불필요한 가구와 물건들을 치우는 것이 좋은 방법이다. 교실 구석에 있는 교사용품, 장기간 찾아가지 않는 유아 소지품, 손상된 채 있는 작품과 교구들, 교육내용에 상관없는 자질구레한 장식품들을 없애는 것이다. 영유아들이 사용하는 행주나 걸레를 수시로 갈아 주어야 하며, 카펫의 정기적인 청소와 일광소독, 소꿉영역에 있는 이불, 베개, 봉제 인형, 모조 음식과 식기류 등을 정기적으로 세탁해야 한다. 화장실의 칫솔, 양치 컵은 위생적으로 관리되어야 하며 간식이나 중식 후의 여기저기 떨어진 음식 찌꺼기는 완벽하게 처리해야 한다.

여섯째, 시각적으로 미적 감상을 할 수 있도록 구성하기이다. 유아들을 미적인 감각을 주변의 환경에서 자연스럽게 배운다. 교실의 자연스러우면서 조화로운 구성, 작품의 적절한 게시, 때때로 변화되는 환경구성, 그리고 교사의 옷차림 등이 유아들의 감상거리이다. 유아들의 작품을 여기저기 늘어놓거나 일률적으로 붙여 놓는 것보다는 다른 소지품이나 그림들과 연결시켜 내용이 담긴 게시를 하는 것이 좋다.

일곱째, 게시물과 전시물은 유아의 활동과 연결된 것으로 전시해야 한다. 주제에 따라 모든 게시물들을 완전히 바꿀 수는 없지만 주제가 전개되어 가면서 바뀔 수 있도록 하는 교사의 전시계획이 있어야 한다. 교실의 환경은 영유아들이 새로 시작되는 주제에 흥미를 느낄 수 있도록 도입환경을 구성한 후에는 주제가 전개되면서 활동의 내용과 연결된 게시물, 활동의 결과물들로 유아들이 참여하여 꾸며지는 것이 바람직하다.

여덟째, 일관성 있는 영역을 두어 유아의 혼란을 피해야 한다. 수시로 교실환경에 변화를 주는 것은 매우 중요하나 어느 정도 일관성이 있어야 하는 영역이 있다. 예를 들면, 유아들의 소지품을 보관하는 곳이라든가 출석을 확인하는 곳, 계획을 하는 곳, 간식의 공고가 붙는 곳, 빗자루·걸레·휴지·쓰레기통을 놓아두는 곳, 가위나 풀 등 기본용품을 놓아두는 곳은 일관성 있게 관리되어야 한다.

아홉째, 블록영역을 중요하게 생각하고 보충해야 한다. 충분한 블록영역 공간을 마련해 주고 다양한 블록을 제공해 주는 것은 영유아들의 놀이에 활력을 준다. 영유아들은 세상의 여러 건축 형태나 사물들의 모형 만들기를 즐기는 데 그런 블록놀이를 하는 동안 실제와 가장 근접한 방법으로 작은 세계를 만들어 가고 그것을 조직하게 된다. 공간이 확보된다면 협동적 상황이 자주 일어날 수 있으며 다른 영역과 연합된 놀이를 계획할 수 있어 좋다. 다양한 형태와 크기의 나무 블록, 레고블록과 유사한 플라스틱 블록뿐만 아니라 놀이에 필요한 자동차, 사람, 신호등, 동물 모형 등의 소품을 풍부하게 마련해 주면 좋다. 블록놀이는 언어, 수게임을 못하는 영유아나 소꿉영역에서 자연스럽게 놀이 그룹에 끼지 못하는 영유아들을 위한 가장 적합한 실내 놀이다.

열째, 소꿉영역에서 여러 가지 놀이가 일어날 수 있도록 예쁘고 풍부하게 준비해야 한다. 아무리 교실 공간이 작아도 설치하지 않으면 안 되는 영역이 있다. 영유아시기에 가장 흥미 있어 하고 많이 하는 놀이는 소꿉놀이 영역이다. 물론 몇 개의 영유아용 가구와 식기 몇 가지로 이루어진 빈약한 소꿉영역은 영유아들을 더욱 불만족스럽게 하므로 실제 생활을 모방해 볼 수 있도록 다양한 사물들을 마련해 주어야 한다. 또한 주제나 시기에 따라서 특별한 상상놀이가 일어날 수 있도록 교재 및 교구를 다양하게 변화시켜 주는 것이 좋다. 만약 매력적인 소꿉놀이 영역을 마련한다면 유치원(보육시설)에 오려 하지 않거나 적응을 잘하지 못하는 영유아를 좀 더 쉽게 적응할 수 있도록 도와줄 수 있다.

열한째, 미술 영역의 재료를 다양하게 주고 자유로운 작업활동이 일어나도록 고무해야 한다. 도화지, 색종이와 같은 전형적인 재료 이외에 크고 작은 상자들, 털실, 병뚜껑, 천 조각들 등 다양한 재료를 마음껏 사용할 수 있을 때 색다른 작품, 창의적인 작품들이 나올 수 있으며 여러 재료를 사용하는 방법을 알게 되고 영유아들이 다양한 재료를 다루어 보는 기쁨을 줄 수 있다. 깨끗하고 정돈이 잘 된 교실을 만들려고 노력하다 보면 영유아들이 활동의 재료로 삼을 만한 중요한 것을 없애 버리는 경우가 생긴다. 특히 항상 잡다한 재료들이 놓여야 하는 미술 영역을 간소화하는 경향이 있다. 그러나 다양한 재료와 폐품이 많이 있다는 것과 지저분하다는 것은 다른 문제이다. 잘 분류하여 재료장에 제공해 주고 사용한 후에 쉬운 방법으로 영유아들이 정리할 수 있게 해준다면 그리 지저분하지 않으면서도 창의적인 작품활동이 풍부하게 일어나는 적당히 지저분한 교실을 운영할 수 있다.

열둘째, 지나치게 많은 것을 게시하지 말고 자주 환경의 분위기를 바꾸어야 한다. 대다수의 영유아 교육기관 교실은 빈 벽이 없을 정도로 갖가지 그림과 작품, 액세서리들로 가득 차 있다. 그리고 한 번 붙인 게시물들은 좀처럼 떼어내지 않고 또 다른 게시물을 붙이는 경우가 많다. 영유아들에게 좀 더 많은 것을 시각적으로 경험하게 하려는 욕심인 것이다. 하지만 영유아들은 교사의 의도대로 항상 부착게시물에 눈길을 주지 않는다. 자주 바뀌는 환경, 자신의 흥미를 끄는 게시물, 신기성이 있는 게시물, 학급의 주제와 연관되고 자신들의 활동 결과물을 활동과 이어 게시했을 때 게시물에 관심을 갖게 된다. 따라서 교사는 떼기 아까운 게시물을 일정 기간이 지나면 과감히 제거한 후 빈 벽을 놔두고 게시물을 계획하는 시간을 가질 필요가 있다. 여러 가지 영유아들의 활동 결과물로 가득 찬 교실이 매우 활력 있게 보이며 교사의 노력이 엿보이는 듯하다. 하지만 교사와 영유아들의 솜씨로 언제나 가득 차 있는 교실이 아니라고 불안해할 필요는 없다. 중요한 것은 교실 환경에 대한 교사의 부단한 계획과 조화로운 교실 환경이다. 억지로 만들려고 하기보다는 성실한 교사의 활동이 자연스럽게 연출한 교실 환경이야말로 가치 있는 것이다.

열셋째, 유아들의 활동을 늘 관찰하여 문제가 야기되는 공간을 보완해 두어야 한다. 우리는 교실 환경을 유아들 중심으로 구성해야 한다는 것을 알면서도 유아들의 편리와 안전에 대한 대책을 세우는 것에 게으를 때가 있다. 즉 미술 영역의 물감 놀이 후 바닥에 물감을 많이 흘려 유아들이 항상 꾸중을 듣게 되는데도 방치해 두는 경우가 있다. 교사는 그 원인을 파악하고 그 대책을 세워 주어야 한다.

열넷째, 동료 교사와 서로 도우며 학급의 환경을 구성해야 한다. 교실의 공간을 구성할 때는 동료 교사의 도움을 많이 받도록 하는 것이 좋다. 혼자의 아이디어보다는 여러 명의 아이디어가 낫기 마련이고 교사 혼자 사용하는 공간이 아니고 30여 명의 영유아가 사용하는 공간이기 때문에 다양한 관점으로 공간을 보고 구성할 필요가 있다. 교사 간의 돕는 우호적인 관계는 남교사가 흔치 않은 유치원(보육시설)의 일을 수월하게 해준다. 교사 간의 이러한 관계는 애정 있는 동료의식으로 발전할 수 있다.

5. 학급환경의 점검과 관리

교사는 계절에 따라, 학습주제에 따라 학급의 환경을 정비하고 항시적으로 관리해야 한다. 각 영역의 교구 및 자료의 부족한 점은 없는지, 영유아들이 활동하는 데 불편한 점은 없는지, 게시물이 영유아의 눈높이에 맞게 게시되어 있는지 등을 매일 점검하고, 인기가 없는 영역이 있는 경우에는 영역의 자료와 배치를 다시 검토해 보아야 한다(김수향 외, 2019; 서정현, 2010).

학급환경을 점검하기 위한 목록을 제시하면 〈표 7-6〉과 같다.

〈표 7-6〉 학급환경 점검표

구분	학급환경 점검내용	예	아니오	비고
1	자연 채광이 충분하고, 조명시설이 적절하며 제대로 작동되는가?			
2	환경구성은 주제에 맞게 구성되었나?			
3	학급의 게시물은 유아의 눈높이에 맞게 전시되었는가?			
4	각 영역의 교재 및 교구는 스스로 정리할 수 있도록 되어 있는가?			
5	교실 환경은 따뜻하고 안정된 느낌을 주는가?			
6	교실의 벽면과 공간을 잘 활용하였는가?			
7	아동의 개별성이 존중되는가? (예: 개인 사물함이 있고 휴식 영역이 있다)			
8	교사 서류 및 자료는 잘 정돈되어 있는가?			
9	다양한 활동경험을 할 수 있도록 흥미 영역의 효율적으로 배치되어 있는가?			
10	유아들이 각 영역의 자료를 자율적으로 사용할 수 있는가?			
11	언어 활동자료가 듣기, 말하기, 읽기, 쓰기의 네 영역별로 다양하게 마련되어 있는가? (예: 카세트테이프 / 손 인형, 막대 동화 / 종이, 굵은 연필, 색연필 / 다양한 크기와 종류의 그림책, 헝겊 책 등)			
12	언어 활동자료가 영유아의 수에 따라 충분히 있는가?			
13	수 활동을 위한 자료가 다양하게 마련되어 있는가? (예: 커다란 단추, 병뚜껑, 다양한 수게임 자료, 주사위와 판 등)			
14	과학 활동을 위한 자료가 다양하게 마련되어 있는가? (예: 자석, 돋보기, 돌, 나무껍질, 조개껍데기, 살아 있는 곤충, 키울 수 있는 동식물 등)			
15	미술 활동을 위한 자료가 다양하게 마련되어 있는가? (예: 크레파스, 색연필, 풀, 수수깡, 빨대, 색실, 가위, 폐품류, 점토 등)			
16	음악과 동작 활동을 위한 자료가 다양하게 마련되어 있는가? (예: 리듬 막대, 탬버린, 실로폰, 음악 테이프, 카세트 플레이어, 그림 악보, 색 보자기, 리본 테이프 등)			
17	음악과 동작 활동을 위한 자료가 충분히 있는가?			
18	극 놀이를 위한 자료가 다양하게 마련되어 있는가? (예: 다양한 복장의 옷, 다양한 구두와 신발류 및 장신구, 가방류, 모자류, 음식 모형, 그릇류, 인형류 등)			

구분	학급환경 점검내용	예	아니오	비고
19	역할 놀이를 위한 놀잇감이 다양하게 마련되어 있는가? (예: 다양한 복장의 옷, 다양한 구두와 신발류 및 장신구, 가방류, 모자류, 음식 모형, 그릇류, 인형류 등)			
20	쌓기 놀이를 위한 놀잇감이 다양하게 마련되어 있는가? (예: 종이 블록, 유닛 블록, 속 빈 블록, 우레탄 블록, 작은 자동차나 표시판, 동물 모형 등)			
21	학급 내에 놀이를 하고 싶지 않은 영유아가 혼자 쉴 수 있는 공간이 있는가?			

연습 및 탐구문제

1. 유치원(어린이집) 학급경영의 실천적 원리에 대하여 생각해 봅시다.

2. 유치원(어린이집) 학급 편성의 고려사항을 제시해 봅시다.

3. 영유아 교육기관의 바람직한 환경을 구성하는 전략에 관하여 토론해 봅시다.

CHAPTER 08

행사관리 및 지역사회 연계

학습목표

1. 영유아 교육기관의 행사계획의 원리, 절차, 운영 실제에 대하여 파악할 수 있다.
2. 영유아 교육기관과 가정과의 연계 필요성을 설명할 수 있다.
3. 영유아 교육기관과 가정과의 연계 유형에 대하여 이해할 수 있다.
4. 영유아 교육기관의 운영위원회의 관련 지침을 설명할 수 있다.
5. 영유아 교육기관과 지역사회 연계의 필요성, 유형 및 프로그램을 기술할 수 있다.

Keyword

행사관리, 행사계획의 원리, 행사의 절차, 행사운영, 오리엔테이션, 입학식, 생일잔치, 소풍, 운동회, 견학, 체험학습, 부모교육, 졸업식, 전시회, 재롱잔치, 연간행사일정, 부모 강연회, 간담회, 워크숍, 부모 게시판, 일일보고서, 원아 수첩, 수업참관, 부모참여 수업, 부모자원봉사, 학부모면담, 학부모회의, 알림장, 가정통신문, 영유아 교육기관 운영위원회, 부모교육프로그램

제8장에서는 영유아 교육기관에서의 행사관리, 가정 및 지역사회와의 연계 등에 대해서 기술하고자 한다.

제1절 행사관리

여기에서는 행사의 의미와 내용, 행사계획의 원리, 행사의 절차, 행사의 운영 실제, 연간행사 일정 등에 대해서 고찰하기로 한다(성미영 외, 2017; 이인원 외, 2011; 이대균 외, 2010; 김수향 외, 2008).

1. 행사의 의미와 내용

영유아 교육기관에서 '행사'라 칭하는 것은 기념일이나 명절의 의미를 다지기 위해, 교육주제를 더욱 충실히 전개하기 위해 평상의 일과에서 벗어나 특별한 의도를 갖고 계획되어 실시하는 교육내용이라고 볼 수 있다. 유치원의 행사는 남에게 잘 보이기 위해 별도로 마련하는 것이 아니고 교육과정상 필요에 의해 유아를 중심으로 계획되고 실시되어야 하는 것이다. 유아들은 자연관찰을 위해 집단으로 가까운 산이나 강 등으로 관찰 산책을 갈 수도 있고, 과학관, 공장 등으로 견학을 갈 수도 있다. 관찰하거나 견학한 것에 대해 집단으로 토의를 하거나 결과물을 발표할 수 있다. 이러한 경우에는 매우 조직적이고 치밀하게 계획을 수립하여 자료를 준비하고 유아들과 의사소통이 잘 될 수 있도록 운영되어야 한다(이대균 외, 2010).

유아 교육기관에서 행사의 의미에 대한 일반적인 견해를 제시하면 다음과 같다(김수향 외, 2008).

① 영유아 교육기관의 행사는 해당 학급의 연령에 따라 다양하게 계획되어야 하며, 행사의 유형에 따라 서로 다른 유의사항이 있다.

② 영유아들이 기관에서 생활하는 시간이 많고 부모와 함께하지 못하는 시간 동안 유아교사가 부모 역할을 해주어야 한다는 관점에서, 어린이집은 유치원보다 다양한 견학이나 나들이가 계획되어야 한다고 본다.

③ 영유아들과의 일과 진행을 위한 준비에도 빠듯한 교사들이 행사를 준비하고 진행해 나가는 과정은 많은 시간적 여유를 가지고 계획되어야 하며, 각 학급별로 이루어지는 행사 외에 기관 전체가 참여하는 행사는 치밀한 준비단계와 역할분담이 이루어져야 원활한 진행이 가능하다.

④ 기관의 행사교육을 통하여 영유아들은 생활경험을 풍부히 하게 되고, 공동체 의식을 갖게 되며 통합적인 학습의 장을 마련하게 된다. 다양한 행사들은 기관의 일과 속에서 자연스럽게 포함되어 교육과정의 일환으로 계획 및 진행되고 평가됨으로써 교육과정의 한 측면을 향상시키는 것이 가능하다.

한편 유아들이 세계에 대한 개념을 형성하기 위해서는 유아가 오감각을 사용할 수 있는 경험을 많이 갖게 해야 한다. 지역사회는 유아 교육기관의 살아 있는 실험의 장이 되고, 유아 교육기관은 지역사회의 활동에 적극 참여하여 공존할 수 있어야 하며, 지역사회의 생활영역과 문제는 유아 교육기관의 교육과정 기초가 되어야 한다. 결국 유아 교육기관은 지역사회와 함께 어우러지는 행사에 참여해야 한다.

영유아 교육기관에서 이루어지는 다양한 행사활동은 유아들에게 다음과 같은 의미를 가지고 있다(이인원 외, 2011).

① 유아들이 평상시 생활에서 경험하지 못하는 것을 경험할 수 있다.
② 행사활동도 교육 활동 가운데 하나이다.
③ 유아들의 생활에 활력을 주고 흥미를 유발할 수 있다.
④ 구체적 경험을 통하여 유아들의 학습을 돕는다.
⑤ 유아 교육기관과 지역사회가 협력할 수 있다.

2. 행사계획의 원리

영유아 교육기관에서 행사를 계획할 때 다음과 원리에 의거하여 실시하면 좋을 것이다(이인원 외, 2011; 홍성임, 1994; 어승희, 2002).

① 어린이집이나 유치원의 행사는 기관의 운영철학에 부합하도록 계획되어야 하며, 유아들의 발달특성을 고려해야 한다.

② 행사의 유형을 선택하는 것부터 행사를 실행하는 절차에 이르기까지 기관이 신봉하는 철학과 교육적 신념에 의하여 이루어져야 한다.
③ 아무리 행사가 중요하다고 할지라도 유아의 발달상황에 어울리지 않는다면 유아들에게는 아무런 의미가 없으며 교육적 가치도 없다. 어린이집이나 유치원의 행사는 유아에게 유익해야 한다.
④ 유아들은 스스로 보고 듣고, 관찰하고, 즐기는 행사에 더 많은 관심을 보이며, 반대로 학부모에게 보이기 위한 행사에는 낮은 관심을 보인다.
⑤ 학부모들이 가장 교육적이라고 간주하는 행사는 예절교육이며, 비교육적이라고 생각하는 행사는 재롱잔치라고 생각하는 것으로 나타났다.
⑥ 유아 교육기관에서 계획하는 행사는 계절, 교육과정 운영, 의미 있는 날 등에 기초한다. 계절의 특성을 이용하여 유아들이 다양한 개념을 획득하거나, 즐거운 경험을 할 수 있는 행사가 계획되어야 한다.
⑦ 행사는 정규 교육과정의 일환으로 실시되어야지 지나치게 많은 행사는 오히려 교육과정을 방해한다.

3. 행사의 절차

영유아 교육기관의 행사는 그 특성상 매우 조직적이고 체계적이어야 한다. 격식이 없는 행사는 행사라고 할 수 없으며, 참여한 사람들에게 의미를 줄 수 없고, 동참할 동기를 저하시킨다. 어린이집이나 유치원에서의 행사는 [그림 8-1]과 같이 계획, 준비, 실행, 평가 등으로 이루어진다.

계 획 | 명칭, 이유, 날짜, 장소, 참여 인사, 경비산출, 물품목록, 식순, 역할 부담

↓

준 비 | 필요한 물품·구입, 제작, 설치, 안내장 제작 발송

↓

실 행 | 계획대로 진행관리, 돌발상황 대비, 공급 물품 적시 제공

↓

평 가 | 잘된 점, 미흡한 점 반성

[그림 8-1] 영유아 교육기관의 행사과정

출처: 이인원 외(2011). 유아 교육기관 운영관리. 경기: 양서원, p. 313.

[그림 8-1]에서 영유아 교육기관의 행사과정을 고찰하였으나, 좀 더 구체적으로 행사 운영방법에 대해 제시하면 〈표 8-1〉과 같다.

〈표 8-1〉 영유아 교육기관 행사 운영방법

단계	내용
계획하기	• 교사협의를 통해서 연간 생활주제와 관련되는 행사내용 및 시기 등을 결정한다. • 행사장소를 결정한다. • 참가대상 인원을 결정한다. • 교육내용과 소요경비를 결정한다.
준비하기	• 구체적 행사내용을 결정한다. • 내부결재에 따라 관계기관에 협조공문을 보낸다. • 준비물의 구입과 제작을 추진한다. • 행사 역할분담을 작성한다. • 행사장소를 점검하고, 좌석배치를 계획한다. • 영유아가 행사 중 안전하게 활동할 수 있도록 안전대비계획을 세운다. • 영유아에게 행사의 의미를 알린다. • 부모에게 안내장 및 초청장을 보낸다.
실행하기	• 영유아와 함께 행사 진행과정을 결정하고 활동한다. • 적극적인 참여와 질서 지키기를 약속한다. • 간식과 준비물, 생리적인 요구를 해결할 적절한 시간을 마련한다. • 특별한 도움이 필요한 영유아에 대해 관심을 둔다(학부모 자원봉사자 활용). • 진행 상황에 따라 융통성 있게 좌석을 배치한다. • 진행 과정을 카메라, 비디오 등을 통해 기록한다. • 시작과 종결의 표현이 분명해야 한다.

단계	내용
평가하기	• 영유아가 행사에서 경험한 것을 이야기하고, 느낌을 다양하게 표현한다. • 교사회의를 통해 사전 준비, 진행과 준비물, 프로그램의 교육적 의의 등 행사의 운영 과정에 이상이 없었는지 토의하고 기록으로 남긴다. • 교사는 진행과정을 비디오, 사진기록과 함께 평가자료로 활용한다. • 영유아의 의견과 교사의 의견을 종합하여 기록한다. • 행사 프로그램이 적절했는지를 평가한다. • 자원봉사자의 활동상황에 대해 평가한다. • 부모에게 설문지를 통해 행사에 대한 의견을 듣는다. • 평가된 사항은 다음 행사에 반영한다.

출처: 권미량·서영희·이숙희(2021). 보육학개론. 서울: 동문사, p. 267.

4. 행사의 운영 실제

영유아 교육기관의 행사는 대부분 신학기 초에 전월의 행사를 근거로 하여 재구성되는데, 보통 계절, 명절, 기념일, 주제 등에 연관해서 행사의 내용과 일시, 행사방법을 계획하게 된다. 신학기 초의 계획은 상황에 따라 변경될 수 있는 것이나 학부모의 일정과 유아의 기대를 고려하여 약간의 융통성을 갖고 지켜지는 것이 바람직하다. 그리고 영유아 교육기관 운영상 일시와 내용이 정해지면 학급 내에서 행사를 계획하고, 실행에 옮기기 위한 유아들과의 토의와 준비를 해야 한다. 즉 유아들에게 행사의 필요성, 진행 내용, 각자의 할 일 등을 위해 정보를 알 수 있도록 해주며, 유아들의 흥미와 원하는 바에 알맞을 수 있도록 유아들의 참여를 최대한으로 유도해야 할 것이다.

영유아 교육기관에서 다양한 행사를 계획할 때 유의할 사항은 다음과 같다(홍길회 외, 2021; 권미량 외, 2021; 이대균 외, 2010).

① 모든 유아들이 참여할 수 있도록 한다.
② 유아를 중심으로 계획되고 실시되어야 하므로 유아와의 의사소통이 중요하다. 특히 행사를 계획할 때 유아를 참여시킨다(장소, 무대 계획, 발표 내용, 악기의 선택 등).
③ 훌륭한 악기연주나 노래를 기대하기보다는 흥미롭고 창의적인 연주를 준비하는 과정에 초점을 맞춘다.
④ 타 활동을 전개하는 데 방해가 되지 않도록 한다.
⑤ 개별적인 상을 주기보다는 그룹 또는 잘한 부분의 명목별로 모두에게 상이 돌아

갈 수 있도록 한다.

⑥ 유아 교육기관의 일과 안에서 자연스럽게 포함되어 진행되고 평가됨으로써 공동체 의식의 함양과 통합적인 학습의 장으로 교육과정의 향상을 기대할 수 있다.

⑦ 유아 교육기관에서 생활하는 시간이 많고 부모의 역할을 해 주어야 한다는 점에서 견학이나 야외활동 등이 많이 계획되어야 할 것이다.

⑧ 부모에게 잘 보이거나 상을 받기 위해서 영유아의 흥미를 무시하고 무리한 연습을 시키지 마세요.

영유아 교육기관의 행사 운영의 실제로는 오리엔테이션, 입학식, 생일잔치, 소풍, 운동회, 견학 및 체험학습, 부모교육 또는 부모참여, 지역사회 인사참여 활동, 가족 등반대회, 졸업식, 전시회, 재롱잔치(발표회) 등에 대해서 기술하고자 한다(홍길회 외, 2021; 권미량 외, 2021; 김혜경, 2021; 윤매자 외, 2021; 이영미, 2021; 홍순옥 외, 2020; 김수향 외, 2019).

첫째, 오리엔테이션이다. 유아와 학부모는 유아 교육기관이 익숙하지 않기 때문에 친근함을 줄 수 있어야 한다. 그래서 오리엔테이션은 유아와 학부모들이 유아 교육기관을 이용하는 데 불편함을 없애고, 유아 교육기관의 적응을 도우며, 원의 교육방침을 알리고, 학부모가 협조할 사항에 대하여 설명하는 것을 목적으로 이루어지는 행사이다. 오리엔테이션은 한 번에 다 할 수 없기에 1, 2차로 구분해서 실시되기도 한다. 1차 오리엔테이션에는 유아들의 발달정보를 수집하는 목적으로 하고, 2차 오리엔테이션은 유아들의 기관시설 이용과 생활의 편의를 주기 위하여, 학부모들에게 기관의 교육철학과 교육과정, 학부모가 협조할 사항 등에 관한 안내를 하는 것이 좋다.

둘째, 입학식이다. 입학식은 기관의 원장과 교직원이 한자리에 모여 국민의례와 함께 의식행사를 가진다. 즉 유아가 유치원이나 어린이집에서 생활하게 됨을 공표하는 것을 의미하며, 기관으로서 유아를 받아들이고, 기관의 교육방침에 따라 성실히 교육할 것을 약속하는 의식이다. 유아는 입학식을 함으로써 공식적인 원생의 지위를 가지며, 기관의 규칙에 따라 생활하고, 교사의 지도를 받을 준비를 한다. 최근 입학식에 특별한 이벤트를 벌여 유아에게 의미 있고, 기억에 남는 입학식을 만들기도 한다. 대개 입학식의 순서는 개식사 → 국민의례 → 입학 허가 선언→유치원 연혁 소개→입학 축하 행사→폐식사 순으로 진행된다.

입학식을 위한 준비물은 입학식 초대장 발송, 식순표, 현수막, 원아와 학부모가 앉을 의자, 실내화, 이름표, 유치원 소개 영상물, 단상, 다과, 입학 축하 선물, 화분, 마이크 등이 있다. 그리고 입학식 날은 원아를 맞이하는 특별한 날이므로 유아 교육기관의 현관과 교실을 풍선과 같은 장식으로 축제 분위기를 연출하는 것이 좋다.

입학식 날 원에서 준비해야 할 유의사항은 ① 유아의 개인장과 신발장에 이름을 써서 붙여 놓는다. ② 첫날의 유아 교육기관 환경구성은 유아들이 익숙하고 즐거워할 수 있는 자료를 유아들의 수를 고려하여 충분히 마련해놓아야 한다. ③ 교실이나 복도의 벽면과 게시판에도 환경 조성을 한다.

셋째, 생일잔치이다. ① 생일을 맞은 유아는 특별한 차림으로 주인공임을 나타내고, 다른 유아들은 생일을 맞은 친구에게 작은 선물이나 생일카드를 만들어 전달한다. ② 주인공은 선생님과 주변의 친구에게 축하를 받고, 최고의 관심을 받는다. 주인공이 되는 경험은 자신이 귀중함을 느끼게 하여 자아존중감을 가질 수 있다. ③ 생일잔치는 반별로 할 수도 있고, 유치원 전체 원아가 모여서 할 수도 있다. ④ 원아의 생일은 당일에 할 수도 있고, 원아가 많을 경우는 매달 날을 정하여 그달에 생일인 유아들이 합동으로 하는 것이 좋다. ⑤ 생일잔치에 준비할 것은 유아들 각자가 생일인 친구에게 줄 카드를 만들고, 교사가 유아에게 줄 편지, 선물, 왕관, 생일상 차림 등을 준비한다. ⑥ 생일잔치의 순서로는 생일 축하 노래를 불러주는 친구들 사이로 주인공 등장→ 케이크 절단→ 주인공 장기자랑→ 축하카드 및 선물 증정→ 다과회 순으로 이루어진다.

넷째, 소풍을 들 수 있다. 소풍은 계절의 변화에 따른 자연환경을 관찰하고 탐색할 뿐만 아니라 공중도덕과 단체생활을 경험하는 좋은 기회이다. 소풍 장소는 그리 멀지 않은 곳이 좋으며, 유아들이 놀기에 안전하고, 자연을 느끼고 탐색할 수 있는 곳이 적당하다. 소풍 장소를 정하기 위해서는 사전답사를 통해 최적의 조건이 되는지, 주의할 것과 식사, 화장실, 휴식할 곳을 알아보고, 교통편, 소요시간 등을 치밀하게 확인해야 한다. 교사는 사전에 인솔계획을 철저히 세워야 하는데, 차량 탑승, 도보 이동, 점심식사, 레크리에이션, 관람 등을 철저히 계획하고 이동시마다 인원 파악을 철저히 한다. 교사가 준비해야 할 물품으로는 ① 약품 가방(외상 치료액, 연고, 해열제, 소화제, 지사제, 소독약, 일회용 밴드, 솜, 붕대,

압박붕대, 핀셋, 거즈, 가위 등), ② 호루라기, ③ 확성기, 마이크, 에코밴드, 건전지, ④ 각반 유아의 명단, 필기도구, ⑤ 각종 게임자료, ⑥ 유아 교육기관 장소 안내 방향 표시 카드, 스카치테이프, 압핀, ⑦ 상품(각 연령에 맞는 유아용품을 준비한다) 등이 있다.

다섯째, 운동회이다. 운동회는 유아와 그 가족, 지역사회주민이 함께 참여하여 신체적 움직임을 통하여 즐거움을 만끽할 수 있는 행사이다. 운동회를 계획할 때 고려사항은 다음과 같다.

① 참여자의 범위를 정하고, 운동회 슬로건을 만들어 운동회의 목적과 가치를 더욱 명확히 하는 것이 필요하다. 예를 들면, '가족사랑, 이웃사랑 가을운동회'라든지, '더 멀리, 더 높이, 더 빨리 가을운동회' 등으로 할 수 있다.

② 운동회의 프로그램 구성은 참여자들이 고루 게임에 등장하도록 해야 한다. 예를 들면, 유아들이 단체로 참여하는 게임, 아빠들의 달리기, 엄마와 함께 공굴리기, 선생님과 유아가 한 팀으로 하는 게임 등이 있다. 진행자는 각 게임에서 필요한 물품 목록을 만들어 준비하고, 게임 진행방법에 대해 완전하게 숙지하고 있어야 한다.

③ 게임이 끝난 다음 참여자들에게 줄 상의 종류와 상품의 목록을 만들어 준비한다.

④ 응원에 필요한 도구, 진행상 필요한 도구, 비상약품, 의료진, 진행 도우미 등이 필요하다.

⑤ 교사는 운동회의 대략적인 계획이 서면 학부모, 지역사회에 알릴 안내장을 만들어야 한다. 안내장에 포함될 내용은 운동회 제목, 초대의 글, 일자, 장소, 참가자, 준비물 등이다.

⑥ 초대의 글에는 운동회를 개최하는 의미와 목적, 기대효과 등을 기술하여 안내장을 받는 사람으로 하여금 꼭 참가하겠다는 동기를 주고, 참가 의의를 확실히 가질 수 있게 해야 한다.

⑦ 유아들과 함께 계획하고 운영하는 행사가 되도록 교육계획안을 준비한다.

⑧ 행사를 위한 환경구성을 한다. 만국기, 점수판, 단상을 준비하도록 해야 한다.

⑨ 행사준비물을 점검한다. 돗자리나 깔개, 마이크 등 음향시설, 행진곡이 녹음된 녹음테이프, 비상약품, 게임에 필요한 물건, 간식 및 물, 물수건, 쓰레기통 등을 준비해야 한다.

운동회는 유아와 그 가족, 지역사회주민이 함께 참여하여 신체적 움직임을 통하여 즐거움을 만끽할 수 있는 행사이다. 참여자들은 다양한 게임을 통하여 사회적 관계를 맺고, 격려하고, 목표를 향해 혼신을 다해서 달리고, 뛰고, 밀고, 당기는 활동을 통해 억압되었던 감정과 육체적 힘의 발산이 함께 터져 나올 수 있다. 이와 같이 운동회 참여자들은 동질성을 느끼고, 우리라는 감정을 가지며, 결속의 끈을 더욱 단단하게 할 수 있는 계기가 될 수 있다.

여섯째, 견학 및 체험학습을 들 수 있다. 유아들은 직접 경험을 통하여 삶에 필요한 개념을 획득할 수 있다. 교육은 개념획득이 일차적 목표인데 처음에는 구체적 경험으로 하고 점차 상징적 경험으로 이행되어야 할 것이다. 구체적 경험과 상징적 경험이 조화롭게 이루어질 때 유아들은 세상에 적응하는 데 필요한 자신의 인지구조를 변경하고, 세밀화 및 복잡화할 수 있다. 견학이나 체험학습은 반드시 교육과정과 연계하여 수립되어야 한다. 견학을 계획할 때는 사전활동과 사후활동까지 포함시켜 견학의 효과를 극대화하는 것이 좋다. 견학계획에서 고려되어야 할 사항으로는 목표 설정, 장소 섭외하기, 일시 확정, 준비물, 교통편, 주의점, 경비산출, 우천 시 대체활동, 참가인원 등이 있다. 계획이 완료되면 견학할 기관에 FAX 또는 e-mail로 공문을 보내든지 전화로 견학계획을 통보한다.

일곱째, 부모교육 또는 부모참여, 지역사회 인사 참여 활동이다. 유아 교육기관은 학부모와 지역사회 인사들과 협력적 관계를 맺어야 한다. 학부모와 지역사회 인사는 유아 교육기관의 교육지원이며, 서비스제공의 대상이기도 하다. 이들과 유기적인 관계를 유지하는 것은 교육기관으로서 역할을 잘 할 수 있는 기반을 튼튼히 하는 것이다. 학부모와 지역사회 인사들이 유아 교육기관에 방문하여 참석하는 경우 기관에 대한 이미지를 형성하기 때문에 기관의 환경정비와 교직원의 태도는 매우 중요하다. 행사의 계획 시 참여자들이 행사에서 역할을 명확하게 정해주고, 그 역할을 어떻게 하는지를 명료하게 설명해 주어야 한다. 이러한 행사는 다양하다고 볼 수 있다. 설명회, 워크숍, 세미나, 토론회, 일일 교사 등이 있다. 행사의 유형에 따라 프로그램은 약간 달라질 수 있지만 참여자를 맞이하고, 안내하고 대접하는 것은 같다. 이들이 유아 교육기관에 방문했을 때 어색함을 빨리 없애 주어야 하며, 환영받는다는 느낌을 받을 수 있도록 해주고, 자신이 이 행사에서 꼭 필요한 사람이라는 인식을 가질 수 있도록 해야 한다.

여덟째, 졸업식이다. 졸업식은 유아 교육기관의 교육과정을 마치고 초등학교에 가는 유아들이 그간의 유아교육을 총결산하는 행사이다. 졸업식 행사의 구성은 유아들이 그동안 유아교육과정을 잘 이수했다는 점을 축하받는 기회와 유아 교육기관을 떠나며 동생들에게 남기고 싶은 말을 하는 기회, 교육과정 이수에서 잘한 점에 대한 격려와 칭찬을 받는 기회, 공동체의 일원으로서 동고동락한 추억을 되새기고, 영원히 기억하는 의식들로 이루어져야 한다. 예를 들면, 후배들의 송사, 졸업생 답사, 교사의 편지, 원가 부르기, 장한 어머니 시상, 공로패 수여 등이다.

아홉째, 전시회이다. 전시회에 출품하는 작품은 일시적으로 만든 것만 보여주는 것보다는 일정한 기간 동안의 결과물을 시간의 경과에 따라 특징을 알 수 있도록 하는 것이 바람직하다. 유아들의 작품전시는 누가 누구보다 잘했는가를 비교하는 자리가 아니라 누가 어떤 특성으로 세상을 이해하며, 이해의 진전이 어떻게 전개되는가를 감상하는 자리가 되어야 한다. 작품전시회를 열기 위해서는 오랜 기간 동안 작품을 수집해야 하며, 작품에 대한 설명과 보관을 체계적으로 해야 한다. 작품전시회 계획에서 해야 할 일은 전시회 일시 정하기, 장소 정하기, 초대장 만들기, 작품 전시방법 정하기, 작품 액자 또는 전시대 만들기 등이다. 전시회가 시작되는 날은 오프닝(opening) 의식을 하는데, 이 의식의 내용은 원장의 환영사, 유아들의 초대사, 테이프 절단, 관람, 다과회 등으로 하면 된다.

열째, 재롱잔치(발표회)이다. 재롱잔치는 일반적으로 1년의 교육과정을 마무리하는 의미로 개최한다. 유아들은 그동안 성장한 것을 부모들 앞에서 보여주는 시간이 되는 것이고, 기관의 입장에서는 1년 동안 가르친 성과를 부모들에게 보여주는 것이다. 부모들은 참석하여 유아들의 재롱을 감상하고, 더 성장한 모습을 확인하며, 행복한 시간을 갖는다. 재롱잔치를 준비하는 교사는 유아들에게 무리한 발표가 되지 않도록 유아들의 수준에 맞는 활동을 조직해 주어야 한다. 재롱잔치 프로그램은 주로 유아들이 발표하는데, 교사나 학부모의 출연도 가능하다. 유아들의 발표는 단체 출연과 개인 출연이 고루 있어야 하고, 활동유형도 극, 노래, 춤, 동시 낭송, 악기연주 등 다양한 표현활동이 되도록 한다.

5. 연간행사 일정

유아 교육기관의 연간행사는 교육과정의 진행과 기관의 행정, 지역사회의 일정, 계절 등에 따라 정해진다. 연간행사는 기관의 1년 계획을 짜는 것이다. 유아 교육기관의 다양한 연간행사는 〈표 8-2〉와 같다.

〈표 8-2〉 유아 교육기관의 연간행사

월	행사명
3	입학식, 부모교육, 신체검사, 교사연수, 놀이 안전교육, 생일잔치
4	학부모 개별상담, 민속놀이, 꽃씨 심기, 봄나물 캐기, 인형극 관람, 소방안전교육, 생일잔치
5	어린이날 행사, 스승의날 행사, 어버이날 행사, 전기안전교육, 봄 소풍, 시장놀이, 생일잔치
6	동물원 견학, 환경 안전교육, 현충원 견학, 성교육, 건강검진, 시장놀이, 생일잔치
7	병원놀이, 다문화체험 놀이, 교통 안전교육, 자율장학 시범수업, 부모 참여수업, 생일잔치
8	하계 교사연수, 수영장 체험, 물놀이 안전교육, 여름방학식
9	농장체험, 야외 사생대회, 낙엽 줍기, 가을잔치, 가족 등반대회, 가스 안전교육, 생일잔치
10	가을운동회, 추석맞이 송편 빚기, 고구마 캐기, 학부모 집단면담, 소방훈련, 생일잔치
11	학부모 참여수업, 영어마을, 소방서 견학, 신체검사, 김장 담기, 지진 대피훈련, 생일잔치
12	입학설명회, 졸업사진 촬영, 뮤지컬 공연관람, 산타 행사, 생일잔치, 겨울방학식, 예절교육
1	동계 교사연수, 작품전시회, 겨울철 안전교육, 생일잔치, 신입생 1차 O.T
2	재롱잔치, 신입생 2차 O.T 및 학부모 O.T, 졸업식, 종업식

제2절 영유아 교육기관과 가정과의 연계

유아 교육기관에서의 유아교육이 효율적으로 수행되기 위해서는 그 대상인 유아를 위한 교육뿐만 아니라, 유아의 부모들을 위한 교육 및 부모의 참여가 필수적이다. 그래서 유아교육은 부모들의 적극적인 관심과 가정과의 연계는 유아교육의 질을 한층 향상시킬 것이다.

여기에서는 영유아 교육기관과 가정과의 연계 필요성, 영유아 교육기관과 가정과의 연계유형, 부모교육프로그램 등을 고찰하고자 한다.

1. 영유아 교육기관과 가정과의 연계 필요성

협력이란 동등한 지위와 권력을 가진 둘 이상의 주체 간에 공동의 목표와 흥미를 추구하기 위하여 지식과 기술을 공유하고, 제반 문제를 해결하는 과정이다. 학부모는 유아 교육기관의 교육과정 운영상 반드시 필요한 협력파트너이다. 교사는 교육과정의 내용에 따라 가정과 연계시킬 수 있는 아이디어를 모으고, 가정에서 유아에 대한 정보를 장기간 수집해 왔고, 가장 친근하고, 유아의 정서를 이해할 수 있으며, 일상적인 지식과 전문적인 지식을 줄 수 있다. 유아들의 교육과정 운영과 관련한 의사결정은 유아를 가장 잘 아는 부모의 참여가 필수적이다(이대원 외, 2011).

이러한 유아 교육기관과 부모와의 동반자적 입장에서의 협력관계는 앞으로 유아의 삶에 있어 교육적 파트너로서 부모 역할기반이 될 수 있고, 교사들은 개별 유아의 다양한 환경과 요구를 필요에 따라 적절히 상호작용할 수 있는 교육과정을 운영할 수 있으며, 이를 바탕으로 유아의 발달과 학습의 효과를 높일 수 있다.

그리고 **학부모와 협력을 잘 하는 교사는 다음과 같은 특징**을 갖는다(이대원 외, 2011).

① **학부모와 합의된 역할을 공유하고 상호기여를 유도한다.** 교사는 유아를 지도하는 사람으로 자신의 역할을 명료하게 학부모에게 알리고, 학부모에게 어떤 역할을 해주어야 하는지를 명확하게 알려준다. 그리고 나서 역할을 충실히 할 수 있도록 서로에게 도움을 준다.

② **유아의 성장을 위하여 학부모와 교사가 합의된 목표를 설정하고 그 목표를 추구하고자 함께 일하자는 동기를 가진다.**

③ **교사는 목표를 성취하기 위하여 노력하는 행동에 대해 학부모와 책임을 공유한다.**

④ **교사는 학부모와 신뢰 관계를 구축하고, 모든 일의 과정에 대하여 정직하고, 완전한 정보를 공개해야 한다.**

⑤ **교사는 유아의 지도에 관한 결정에서 교사의 교육방침을 설명하고, 부모의 의사결정권을 보장해 주어야 한다.**

그리고 **유아 교육기관과 부모의 효율적인 협력관계**가 영유아와 부모, 유아 교육기관에 나타나는 효과를 제시하면 다음과 같다(홍길회 외, 2021; 이영자 · 신동주, 2013).

첫째, 영유아에게 나타나는 효과이다. ① 유아의 인지적 발달 등 다양한 측면에서 유아발달을 도모할 수 있다. ② 교사는 유아에 대한 정보를 얻을 수 있고, 이를 통해 유아 개개인의 요구를 정확히 파악하고, 이에 즉각적으로 반응함으로써 유아에게 정서적 안정감을 제공할 수 있다. ③ 유아들은 자신의 부모가 기관에서 교사와 협력하는 것을 봄으로써 유아 자신에 대한 긍정적인 자아상을 가지게 되며, 생산적으로 사회적 관계를 형성해나갈 수 있다. ④ 부모의 참여는 기관의 프로그램 질을 향상시키고, 유아들에게 혜택을 줄 수 있다,

둘째, 부모에게 나타나는 효과이다. ① 부모들은 부모참여 활동을 통해 자신을 가치 있게 여길 수 있는 기회를 가질 수 있다. ② 유아 교육기관에서 제공하는 유아교육에 대한 정보 및 실제에 관한 훈련을 통해 부모들은 좀 더 자신감을 가지고 가정에서 자녀를 교육하고 양육할 수 있게 된다. ③ 부모 상호 간에 서로 돕는 경험을 해 볼 수 있다. 예를 들어, 장애아 통합교육을 실시하는 유아 교육기관의 경우 비장애아 부모들과 장애아 부모들이 서로를 지원하는 네트워크를 형성할 수 있다.

셋째, 기관에서 나타나는 효과이다. ① 기관과 가정의 연계는 개별 유아의 발달을 도모할 수 있는 좀 더 다양한 측면에서 유아에 대한 정보를 수집할 수 있다. ② 가정과의 협력을 통해 유아 교육기관의 성인 대 유아의 비율을 낮출 수 있다. 학부모들이 자원봉사자로서 교사를 보조하는 역할을 할 수 있으며, 이를 통해 교사는 한 학급을 혼자 통솔할 때 실행하기 어려웠던 여러 가지 활동들을 실시함으로써 프로그램의 질적 향상을 도모할 수 있다. ③ 학부모들에게 기관의 프로그램 철학 및 교육방침을 잘 이해시키고 이를 지지하도록 함으로써 부모들이 기관을 홍보하는 역할을 할 수 있다. ④ 부모들은 유아 교육기관에서 이루어지는 프로그램에 대해 좀 더 협력적인 태도를 보이게 한다. ⑤ 부모참여를 통해 자신의 자녀와 비슷한 또래 유아들을 관찰할 기회를 가짐으로써 부모들은 자기 자녀에 대해 현실적인 시각을 갖게 되고, 유아 교육기관에서 이루어지는 프로그램에 대해 좀 더 협력적인 자세를 가지게 된다. ⑥ 유아 교육기관의 정책을 결정하는 데 부모들이 참여함으로써 기관의 발전을 위한 새로운 시각 및 비전을 제시하기도 한다.

한편 교사와 학부모의 협력은 아동에게 최상의 이익이 돌아가는 것이다. **학부모와 협력이 잘 이루어지면 몇 가지 이점**이 있다(이대원 외, 2011).

① 협력을 통해 서로에게 개방적이고, 정직한 의사소통, 지식과 기술의 연합으로 최상의 교육 활동 산출, 의사결정의 공유로 불필요한 마찰을 줄이고, 교육서비스의 질을 높이는 긍정적인 관계를 형성한다.
② 학부모와 교사의 협력을 통하여 서로의 역할에 대하여 책임감을 갖고 잘 수행한다.
③ 교사와 학부모의 협력으로 보다 높은 지식이 창출되어 최상의 교육프로그램을 유아에게 제공할 수 있다.
④ 협력을 통하여 기관 운영상 발생하는 문제를 효과적으로 해결할 수 있다.
⑤ 학부모로 하여금 교육의 협력적 팀의 구성원이 되도록 하여 소속감을 높여 준다.
⑥ 부모들이 교사와 협력하는 동안 자녀교육에 대한 신념이 형성되어 가정에서 교육적 기능을 활성화시킬 수 있다.

2. 영유아 교육기관과 가정과의 연계유형

1) 부모 강연회, 간담회, 워크숍

① **부모 강연회**는 자녀 양육에 도움이 되는 양육 기술 관련 내용이나, 부모의 자아실현을 위해 필요한 정보를 제공해 주는 주제로 강연회를 진행한다. 특히 기관에서는 특정 주제에 대한 폭넓은 이해를 돕고 여러 가지 의문점을 해결할 수 있도록 기관의 인력을 활용하거나 전문가를 초빙하여 강연회를 개최할 수 있다. 강연회 주제는 부모의 요구 및 교사들이 꼭 필요하다고 생각하는 내용을 기초로 1년 단위로 계획하여 정하는 것이 좋다. 일반적으로 부모가 필요로 하는 내용인 유아교육의 중요성, 미래사회의 자녀교육, 3~5세 유아의 발달특성, 동화책의 중요성, 놀이의 중요성, 유아 스트레스, 유아 사회성발달, 건강과 안전 등에 관한 내용을 다룰 수 있다. 강연회를 개최하기 전에 부모들에게 질문지를 통해 편리한 시간과 주제에 대해 미리 조사해서 반영할 수 있다(신화식 외, 2010).
② **간담회**는 자녀의 교육과정, 일과 운영, 교사나 또래와의 상호작용 등에 관한 풍부한 정보를 제공한다. 간담회 시 기관 운영에 대한 발전적인 의견을 제시하고 논의하는 것이 바람직하다. 즉 유아 교육기관 운영에 대한 부모의 이해와 관심 증진으로 협조적인 관계를 형성하기 위하여 기관의 교육목표 및 프로그램 내용 등을 구

체적으로 안내하거나, 부모에게 유치원이나 어린이집에 대한 다양한 정보를 제공하고 연간 가족 참여 행사 및 유아에게 기대되는 효과를 안내하고, 영유아의 초기 적용을 위한 부모의 협조와 참여를 요청하는 것 등이 이에 해당된다(이윤옥, 2019).

③ **워크숍**은 적은 수의 부모를 대상으로 하여 특정 주제를 깊이 있게 다루면서 실제적인 활동을 경험하는 방식이다. 예를 들면, 간단한 교구를 직접 제작해 본다거나 영유아와의 대화 기법을 실습해 보는 활동으로 진행될 수 있다(성미영 외, 2017). 또는 부모들이 워크숍을 통해 유아교육과 유아발달에 유용한 학습자료를 준비하거나 직접 제작해 보는 경험을 가지거나, 유아지도에 필요한 노래, 율동, 게임, 놀이활동 등을 직접 경험해 보는 기회를 가질 수 있다(신화식 외, 2010).

2) 부모 게시판

기관의 현관 입구와 부모 대기 공간, 학급출입문 주변에 부모들을 위한 게시판을 설치하거나 활용한다. 현관 게시판에는 기관의 활동실 배치도와 행사 안내, 식단, 영양과 건강정보 등을 게시하고 활동실 입구에는 학급의 담당교사와 영유아명단, 주간 교육계획안 및 학급 소식 등을 게시한다(이윤옥, 2019). 게시판 구성은 부모가 함께 참여하여 지역사회의 활동이나 행사에 대한 것을 구성함으로써 게시판의 일방적 의사소통의 도구에서 벗어나 쌍방적 의사소통의 도구로 활용할 수 있다(신화식 외, 2010).

3) 일일보고서, 원아 수첩

일일보고서와 원아 수첩은 부모, 교사 모두에게 매일 매일의 영유아를 이해하고 지도하는데 효과적인 의사소통의 수단으로 사용되고 있다. 일반적으로 만 3세 이상의 유아반은 일일보고서를, 영아반은 필요에 따라 부모와 교사가 상호 기록하는 원아 수첩을 사용하고 있다. 부모는 등원 시 일일보고서(또는 원아 수첩)를 통해 어린이집이나 유치원 도착시간과 귀가 예정시간, 아침 식사량, 아프거나 평소와 다른 상태로 등원했을 때의 건강 및 심리상태 등 교사가 알아야 할 정보를 전달한다. 교사는 일일보고서(또는 원아 수첩)를 통해 하원 시 전달사항이나 하루 동안 영유아의 식사와 배변, 수면, 심리상태, 주로 참여한 놀이나 활동 등 부모가 알아야 할 정보를 전달한다(이윤옥, 2019).

4) 수업참관 및 부모참여 수업

① **수업참관**은 부모가 어린이집이나 유치원을 방문하여 영유아의 교육 활동을 직접 볼 수 있다는 점에서 부모의 관심과 참여가 높은 부모참여 프로그램 중 하나이다(이경희 · 정정옥, 2014). 부모가 수시로 영유아의 교육 활동을 관찰함으로써 부모가 영유아의 발달특성을 이해하도록 보육실에 별도의 참관실을 마련하여 수업참관을 진행하는 것이 효과적인 방법이다. 이 외에도 공식적인 신청 절차를 통해 보호자인 부모가 어린이집을 참관하도록 하는 보호자의 어린이집 참관 신청제도가 시행 중이다.

② **부모참여 수업**은 아버지나 어머니, 조부모가 영유아와 함께 교육 활동을 직접 경험하는 방법으로 여러 가지 부모참여 유형 중 가장 적극적인 방식이다. 영유아는 부모와 함께 수업에 참여하면서 활동의 즐거움을 경험하게 되므로 친밀한 부모-자녀 관계를 증진시키는 하나의 사례가 된다. 부모참여 수업의 경우 1년에 1~2회 정도 실시하는 것이 적절하며, 미술 활동, 음률 활동, 과학 활동 등 부모가 함께할 수 있는 참여수업을 사전에 계획하여 진행할 필요가 있다. 수업참관이나 부모참여 수업 이후에 부모가 체크리스트나 설문지를 작성하도록 하여 부모의 의견을 수렴하거나 평가의 기회를 갖는 것이 중요하다(성미영 외, 2017).

5) 부모자원봉사

부모자원봉사는 현장 견학, 소풍, 운동회 및 행사도우미, 간식 및 식사 준비, 교구제작, 놀잇감 세척 등 영유아 교육기관에서 이루어지는 다양한 활동에 부모가 봉사자로 직접 참여하는 것이다. 부모에게 자원봉사활동의 기회를 제공하는 것은 부모로 하여금 자녀를 보다 잘 이해하도록 도움을 줄 뿐만 아니라 자녀 양육과 가정환경의 변화도 기대할 수 있으며, 영유아 교육기관에 대한 더 많은 이해와 협력적 관계를 유지할 수 있어 유치원 운영관리 측면에서도 효과적이다. 따라서 자원봉사활동이 효과적으로 이루어지기 위해 자원봉사자에 대한 사전 준비와 교육이 필요하며, 영유아 교육기관의 모든 교직원이 자원봉사자의 역할에 관심을 가지고 지지해 줌으로써 자원봉사자가 자신의 역할에 대한 보람을 느낄 수 있도록 해야 한다(홍순옥 외, 2018).

6) 학부모면담

영유아 교육기관에서 학부모면담은 등·하원 시에 짧게 이야기를 나누면서 진행될 수도 있고, 사전에 면담 일정을 계획하여 보다 심층적으로 진행할 수도 있다. **대표적인 부모면담의 방식**으로 개별 면담, 집단 면담, 전화 면담, 이메일 면담 등이 있다(이윤옥, 2019; 홍순옥 외, 2018; 성미영 외, 2017).

① **개별 면담**은 영유아의 부모와 교사가 만나 일 대 일로 형성되는 만남이기 때문에 깊은 의견을 교환할 수 있는 장점이 있다. 성공적인 개인 면담을 위해 교사는 면담 전 궁금하거나 이야기 나누고 싶은 부분을 서류를 통하여 알아본 후 영유아를 충분히 관찰하고 이해함으로써 많은 정보와 지도방법에 대한 계획을 가지고 있어야 한다.

② **집단 면담**은 여러 학부모와 동시에 공개적으로 하는 면담으로 기관, 학급에 대한 다양한 의견을 제시하거나 학부모가 비슷한 경험에 대한 의견을 교환할 수 있다는 장점이 있다. 하지만 공개된 면담이기 때문에 솔직한 이야기를 나누거나 깊이 있게 문제에 접근하기 힘들다는 단점이 있다.

③ **교사와 학부모가 간편하게 면담을 진행하는 방법**으로 전화, 이메일을 통한 면담을 들 수 있다. 전화에 의한 면담이 진행될 경우 면대 면으로 만나 면담을 진행하는 것보다 편안하게 면담에 참여할 수 있는 장점이 있는 반면, 깊이 있는 대화를 나누기가 어렵다는 단점도 있다. 이메일 면담의 경우 컴퓨터나 스마트폰을 활용할 수 있으므로 효율적인 면담이 될 수도 있고, 영유아와 관련된 자료를 첨부할 수 있어 구체적인 정보를 부모에게 제공해 줄 수 있다.

정기적인 의사소통 채널 이외에 부모가 자녀의 상황이 궁금하거나 문의 사항이 있을 경우, 낮잠 및 휴식시간 등을 이용하여 담임교사와 전화가 가능하며, 교사는 유아 교육기관에서 아이의 컨디션이 좋지 않거나 특별한 상황이 발생했을 경우에는 부모에게 먼저 연락을 취하여야 한다.

7) 학부모회의

전체 학부모회의 혹은 학급단위 학부모회의는 유치원이나 어린이집에서 가장 많이 실시되는 부모참여의 한 형태이다. 대부분 유치원이나 어린이집에서 적게는 한 학기에 1회, 많게는 한 달에 한 번 정도 학부모회의를 개최한다. 학부모회의 개최목적은 유치원과 어린이집 운영 및 공통의 관심사에 대한 논의를 할 수 있으며, 이를 통해 가정에서는 유치원과 어린이집에서 실시되는 프로그램에 대해 이해하게 되고 유치원과 어린이집은 가정의 요구를 이해하게 된다.

학부모회의를 개최할 때의 유의사항은 다음과 같다(이영자 · 신동주, 2013).

① 최대한 많은 가정에서 참여할 수 있도록 시간을 정한다. 특히 맞벌이 부모가 많은 경우에는 주말이나 저녁시간을 활용하여 많은 학부모들이 참여할 수 있도록 배려한다.
② 학부모회의의 대상은 어머니뿐만 아니라 아버지도 포함됨을 알린다. 또한 부모가 참여할 수 없을 경우에는 대리인도 참석할 수 있음을 공지한다.
③ 교사가 자신의 학급 영유아들을 어느 정도 파악한 후에 실시한다. 왜냐하면 부모들은 항상 자녀의 기관생활에 대해 알고 싶어 하고, 자녀에 대한 교사의 의견을 듣고 싶어 하기 때문이다.
④ 학부모회의가 개최되는 장소에 기관의 프로그램에 대한 정보를 제공할 수 있는 자료(가령 영유아들의 활동모습을 찍은 사진, 영유아들의 작품 등)를 비치하거나, 학부모들이 자신의 자녀가 속해 있는 학급을 둘러볼 수 있는 기회를 제공한다.
⑤ 학부모회의의 진행 순서를 구체적으로 정하고, 각 순서를 어떻게 진행할 것인지에 대한 계획을 세운다.

8) 알림장 및 가정통신문

알림장은 보육 수첩(원아 수첩)이라고도 불리는데, 유치원이나 어린이집의 하루 일과 중 개별 영유아와 관련된 주요 내용을 간략하게 작성하여 부모에게 전달하고, 부모는 알림장의 내용을 확인한 후 가정에서의 상황을 다시 작성하여 교사에게 전달하는 방식으로 부모참여가 이루어진다(이순형 외, 2012). 이를 통해 교사는 영유아가 가정에서 어떻게 생활했는지를, 반대로 부모는 영유아가 어린이집이나 유치원에서 어떻게 생활했는지를 매일매일 확인할 수 있어 가장 짧은 주기로 정보를 교환할 수 있는 대표적인 방법이 알림장을 사용하는 것이다.

한편 **가정통신문**은 어린이집이나 유치원에서 부모와 접촉하는 가장 기본적인 의사소통방법으로 영유아를 위한 교육프로그램 일정, 유치원이나 어린이집에서 보모와 접촉하는 가장 기본적인 의사소통방법으로 영유아를 위한 교육프로그램 일정, 기관 행사 일정, 현장학습, 특별활동, 준비물 등에 관한 공지 사항을 부모에게 안내장 형태로 발송하는 문서이다(박찬옥 외, 2016). 가정통신문은 하원 시 영유아의 가방에 넣어 두거나 부모용 게시판에 제시함으로써 부모가 그것을 확인할 수 있도록 한다. 가정통신문은 기관에 따라 형식이나 발송 주기에 차이가 있으나, 반별 활동내용을 가장 실제적으로 전달해 주는 수단이다.

9) 홈페이지 등을 활용한 의사소통

유아 교육기관, 교사, 학부모는 메모장, 홈페이지를 활용하여 정보를 제공하고 받는 역할을 동시에 수행할 수 있다. 각 기관에서는 가정과의 다양한 정보에 대한 접근성 향상을 위해서 각 유아 교육기관별 홈페이지 및 모바일 애플리케이션의 온라인 매체를 통해 공지 사항과 식단, 활동사진 및 교육 사항을 원활하게 소통하는 것이다. 유아 교육기관과 가정에서의 유아의 생활에 대한 정보와 개인 의견을 기록하고, 서로 응답하는 형식을 통해 학부모는 육아에 대한 어려움과 궁금한 점 등 자녀양육에 대한 도움을 받을 수 있다(이윤옥, 2019).

10) 영유아 교육기관 운영위원회 참여

영유아 교육기관에서 운영위원회는 운영의 투명성, 합리성, 민주성을 높이고 기관의 의사결정에 직접적인 목소리를 내며 참여하는 것이다. 다시 말하면, 영유아 교육기관 운영의 전반적인 철학과 교육과정에 대한 의견을 수렴하고 결정하는 학부모 대표자의 역할을 하게 된다.

첫째, 유치원의 경우는 「유아교육법」 제19조의3에 의거하여 유치원 운영에 대한 학부모의 공식적 참여 통로로 유치원 운영위원회를 운영하고 있다. 유치원 운영위원회의 구성은 「유아교육법」 시행령 제22조의3에 따라 당연직 교원위원인 원장을 비롯한 교원위원과 학부모위원으로 이루어지고, 원아가 100명 이하 기관은 5~8명 이하, 100명 이상 기관은 9~11명 이하로 구성한다. 운영위원회를 영유아 교육기관의 운영과 관련된 주요사항과 방침의 변경에 대하여 함께 의논하고 구성원의 의견이나 요구를 수렴하여 운영에 반영할 수 있도록 하고 있다. 운영위원회는 국·공립유치원의 경우 심의기구로, 사립유치원의 경우 자문기구로 운영된다.

「유아교육법」에 명시된 유치원 운영위원회의 설치, 기능, 설치대상은 다음과 같이 제시하고자 한다.

참고자료 **유치원의 운영위원회의 설치, 기능, 설치대상**

제19조의3(유치원운영위원회의 설치)

① 유치원운영의 자율성을 높이고 지역의 실정과 특성에 맞는 다양한 교육을 창의적으로 실시할 수 있도록 하기 위하여 유치원에 유치원운영위원회를 둘 수 있다. 다만, 「교육공무원법」 제29조의 3에 따라 공모 절차를 통하여 원장을 선발하는 유치원과 대통령령으로 정하는 규모 이상의 유치원은 유치원운영위원회를 두어야 한다.

② 유치원에 두는 유치원운영위원회는 해당 유치원의 교원 대표 및 학부모 대표로 구성한다.

③ 유치원에 두는 유치원운영위원회는 위원 정수는 5명 이상 11명 이내의 범위에서 유치원 규모 등을 고려하여 대통령령으로 정한다.

④ 제9조에 따라 병설된 유치원의 경우에는 필요하면 유치원운영위원회를 해당 유치원을 병설한 학교의 학교운영위원회와 통합하여 운영할 수 있다. 이 경우 학교운영위원회에는 유치원 교원 대표 및 학부모 대표가 각각 1명 이상 포함되어야 한다.

[본조신설 2012.3.21]

제19조의4(유치원운영위원회의 기능)

① 국립·공립유치원에 두는 유치원운영위원회는 다음 각 호의 사항을 심의한다.

1. 유치원 규칙의 개정에 관한 사항
2. 유치원 예산 및 결산에 관한 사항
3. 유치원 교육과정의 운영방법에 관한 사항
4. 학부모가 부담하는 경비에 관한 사항
5. 유치원 급식에 관한 사항
6. 방과 후 과정 운영에 관한 사항
7. 유치원 운영에 대한 제안 및 건의에 관한 사항
8. 「교육공무원법」 제29조의 3 제8항에 따른 공모 원장의 공모 방법, 임용, 평가 등에 관한 사항
9. 「교육공무원법」 제31조 제2항에 따른 초빙교사의 추천에 관한 사항
10. 그 밖에 대통령령 및 시·도 조례로 정하는 사항

② 사립유치원의 장은 제1항 각 호의 사항(제8호 및 제9호는 제외)에 대하여 유치원운영위원회의 자문을 거쳐야 한다.

제22조의2(유치원운영위원회의 설치대상)

법 제19조의 3 제1항 단서에서 "대통령령으로 정하는 규모 이상이 유치원"이란 국립·공립유치원과 정원이 20명 이상인 사립유치원을 말한다.

[본조신설 2012.8.31]

출처: 국가법령정보센터 유아교육법, 유아교육법 시행령

둘째, 어린이집의 경우 운영위원회는 원장, 보육교사 대표, 학부모와 지역사회 인사를 포함하여 5~10명 이내로 어린이집 운영과 관련된 주요사항과 방침의 변경 등에 대해 함께 의논한다. 영유아 교육기관에서는 운영위원회 개최 후 회의 결과는 반드시 공개하여 모든 부모가 운영위원회의 주요 논의와 회의 결과에 대해 알 수 있도록 제시한다.

어린이집 운영위원회 관련 지침은 〈표 8-3〉과 같다.

〈표 8-3〉 어린이집 운영위원회 관련 지침

구분	내용
기능	• 어린이집 운영규정 제정 또는 개정에 관한 사항 • 어린이집 예산 및 결산의 보고에 관한 사항 • 영유아의 건강, 영양, 안전에 관한 사항 • 보육시간, 보육과정의 운영방법 등 어린이집의 운영에 관한 사항 • 그 밖에 어린이집 운영에 대한 제안 및 건의사항
임기 및 자격	• 위원의 임기는 1년으로 하되 연임 가능함 • 결원으로 인하여 새로 위촉된 위원의 임기는 전임자의 잔여기간임 • 특별한 경우를 제외하고는 다른 시설의 운영위원 겸임 불가함 • 위원은 보육시설을 상대로 영업하는 자가 아니어야 함 • 어린이집 반별 부모 대표, 지역사회 인사가 운영위원이 될 수 있음
역할	• 어린이집의 예산, 결산, 수입 보고에 참여 • 어린이집 내 주요 사업계획 심의 및 추진사업에 동참 • 기타 어린이집의 운영에 관하여 필요하다고 인정되는 사항에 건의 • 보육시설 자체 평가단으로 활동하며, 구청에 위원으로 보고

출처: 이윤옥(2019). 유아 교육기관 운영관리. 경기: 정민사, p. 267.

3. 부모교육프로그램

부모와의 바람직한 관계를 위해 유아 교육기관에서는 부모교육프로그램 연간 계획을 수립할 수 있다. 계획 시 유아 교육기관의 여건, 대상 부모의 요구와 능력 및 지역사회의 실정 등을 고려하여 적절한 운영 방안을 강구해야 한다.

연간 학부모프로그램 예시를 제시하면 〈표 8-4〉와 같다.

〈표 8-4〉 연간 학부모프로그램 예시

월	부모교육 내용	부모교육 방법
3	• 유치원 교육과정과 운영방침 소개 및 학부모협의회 조직 • 아이의 자신감 키워주는 방법(존중) • 배려의 의미(배려) • 유아기의 예절교육(배려) • 유아를 위한 교통안전(안전)	• 설명회 • 교육자료 홈페이지 탑재
4	• 학부모 개별 면담 • 친구와 사이좋게 지내려면(존중) • 자녀와의 대화(존중) • 좋은 부모되는 법(배려) • 위험한 장소에 대한 안전(안전)	• 개인 면담 • 교육자료 홈페이지 탑재
5	• 우리 가족은 환경 지킴이(존중) • 강연을 통한 학부모교육 • 안전한 교통생활(안전) • 장애 이해(배려) • 긍정적인 자아	• 학부모교육 • 교육자료 홈페이지 탑재
6	• 수업참관 • 너와 내가 함께 '협력'(협력) • 건강하고 지혜로운 아이 • 유괴·미아 및 성폭력 사고에 대한 안전(안전) • 협력하면 좋아요(협력)	• 교육자료 홈페이지 탑재 • 설명회
7	• 부모와 함께 하는 교육 • 유아기 구강교육 • 물놀이 안전(안전)	• 교육자료 홈페이지 탑재
8	• 우리 가족에게 어떤 나눔이 어울릴까요? (나눔)	• 교육자료 홈페이지 탑재
9	• 분별력 있는 아이로 키우기 • 질서는 행복입니다(질서) • 사람의 나눔: 울지마 톤즈(나눔)	• 교육자료 홈페이지 탑재
10	• 교원능력개발평가 안내 • 바른 칭찬 • 재난 및 재해에 대한 안전(안전) • 자녀를 위한 교통안전교육(질서) • 독서를 좋아하는 아이	• 교육자료 홈페이지 탑재 • 홍보 • 가정통신문 발송
11	• 자녀의 안전, 부모님이 도와주세요(안전) • 장애 이해(장애) • 재난 및 재해에 대한 안전(안전) • 바른 인터넷 사용 • 겨울철 안전한 보행방법(안전)	• 교육자료 홈페이지 탑재

12	• 유치원 교육과정 안내 • 책임감 있는 어린이로 키우기(존중) • 자녀와 함께 높임말을 사용해요(효) • 겨울철 안전사고 예방법(안전)	• 설명회 • 교육자료 홈페이지 탑재 • 가정통신문 발송
2	• 신입생 학부모 오리엔테이션	• 교육자료 홈페이지 탑재

출처: 이윤옥(2019). 유아 교육기관 운영관리. 경기: 정민사, p. 260에서 인용 및 편집함.

제3절 영유아 교육기관과 지역사회와의 연계

유아 교육기관과 지역사회의 협력이란 유아 교육기관에서 지역사회나 주변 환경을 소재로 다양한 경험을 제공함으로써 유아가 사회생활에 필요한 지식, 기술, 태도 등을 내면화하도록 돕는 것을 말한다. 영유아는 지역사회의 일원으로써 지역사회와 활발하게 교류할 때 소속감과 안정감을 느낄 수 있고, 자신이 속한 주변 환경의 특성에 대해 자연스럽게 이해할 수 있게 된다(이영미, 2021; 김혜경, 2021; 홍길회 외, 2021; 이윤옥, 2019). 여기에서는 유아 교육기관과 지역사회 연계의 필요성, 지역사회 연계 교육프로그램, 지역사회 연계유형, 지역사회 인적자원 활용사례, 초등학교와의 연계 등에 대해서 고찰하기로 한다.

1. 영유아 교육기관과 지역사회 연계의 필요성

영유아 교육기관이 지역사회와 연계한다는 것은 기관의 교육프로그램을 지역사회의 자원과 능력을 수용하고 이들과 협력하여 영유아들에게 통합적인 삶의 지식을 제공하기 위함이다. 영유아 교육기관은 지역사회의 인적 및 물적 자원을 효율적으로 활용함으로써 보다 질 높은 교육을 제공할 수 있으며, 지역사회의 한 구성원으로 다양한 기관과의 협력을 통하여 양자의 상생적 차원에서 발전할 수 있다.

지역사회와 영유아 교육기관의 협력을 통해 영유아는 지역사회의 다양한 자원을 활용하여 다양한 체험활동이 가능하고 지역사회 봉사활동에 참여할 수 있는 기회를 제공받을 수 있다. 또한 교사는 지역사회 지원서비스를 통하여 다양한 교육자료를 제공받음으로써 교사의 전문성을 향상시킬 수 있다. 아울러 영유아 교육기관은 다양한 인적·물적·문화적 자원을 제공받음으로써 교육과정의 질 향상 등 순기능적 효과를 기대할 수 있다

그리고 최근 영유아 교육기관 평가지표를 살펴보면, 어린이집 평가의 3차 지표(2018)에 의하면, 영유아 교육기관과 지역사회 연계 활동은 영아의 경우 2개월에 1회 이상, 유아의 경우 월 1회 이상 지역사회 자원을 활용한 연계 활동을 실행하고, 그 결과를 기록하도록 하고 있다. 아울러 지역사회 주민과 연계하는 영유아 활동은 연 1회 이상 실시하도록 안내하고 있다.

영유아 교육기관과 지역사회 연계에 대한 장점은 다음과 같다(윤매자 외, 2021; 이인원 외, 2011).

① 지역사회의 풍부한 자원을 교육 활동의 자원으로 활용하여 생생하고 살아 있는 교육을 실천할 수 있다.
② 유아 교육기관도 지역사회의 일원으로서 지역사회에 봉사할 수 있다.
③ 다양한 전문가들의 지식을 유아들의 학습활동에 활용하여 수준 높은 교육 활동을 만들어 갈 수 있다.
④ 유아들이 지역사회에 적응하는 데 도움이 된다.
⑤ 유아 교육기관의 교육 활동을 지역사회에 널리 알리는 계기가 될 수 있다.

2. 지역사회 연계 유형 및 프로그램

지역사회는 영유아 교육기관과 생태학적으로 관련되어 있으므로, 영유아 교육기관에서 교육과 보육을 받는 영유아에게 지역사회의 다양한 자원과 서비스를 활용하여 통합 지원이 이루어질 수 있도록 할 뿐만 아니라, 영유아의 사회적·정서적·교육적으로 안정된 성장과 발달을 경험할 수 있는 기회를 제공한다. 결국 지역사회와의 연계는 영유아에 대한 투자이면서 지역사회의 발전이라는 공생적 성장 의미를 가지므로 영유아 교육기관에서는 지역사회 단체 및 주민들과 원만하고 긍정적인 관계를 형성하고, 인적·물적 자원을 교류함으로써 질 높은 교육 활동이 가능하도록 해야 한다.

영유아 교육기관에서 활용할 수 있는 지역사회 자원의 유형은 다음과 같다(Gestwicki, 2004).

① 영유아 교육기관에서 교육 활동을 위해 손쉽게 활용할 수 있는 자원으로는 자연적 자원(natural resource)을 들 수 있다. 이는 지역에 있는 쇼핑센터, 각종 가게, 동물보호소, 소방서, 동물병원, 동물원, 공원, 도서관 등이 있으며, 이러한 자연적 자원은 교육 활동 운영 시 언제든, 제약 없이 활용할 수 있는 지역사회의 자원이다.

② 지역사회에는 다양한 사회·문화적 배경을 가지고 있는 사람들이 살고 있으며, 이러한 사람들 중 영유아 교육기관에서 교육적 도움을 제공할 수 있는 인적 자원(people resource)을 들 수 있다. 기관에 다니는 유아들의 가족, 지역사회 내의 다양한 기관, 다양한 업종에 종사하는 전문가 등이 영유아 교육 활동에 도움을 줄 수 있는 다양한 인적 자원이 될 수 있다.

③ 지역사회가 가지고 있는 문화적 자원(cultural resource)이다. 지역사회에서 주최하는 다양한 행사 및 축제, 문화공연이 있다. 영유아 교육기관에서는 각 지역마다 가지고 있는 특색 있는 문화를 공유하게 되면서 유아들은 지역사회의 특성과 문화를 이해하고 다양한 경험을 체험할 수 있게 된다.

지역사회 연계 활동 프로그램을 제시하면 〈표 8-5〉와 같다.

〈표 8-5〉 지역사회 연계활동 연간계획서

분류	프로그램
이웃과 함께 나누는 프로그램	전통교육 관련 인사, 경로당의 어르신, 소방관, 경찰관 등 지역사회 인적 자원 활용
이웃과 함께 나누는 프로그램	• 알뜰 바자회 • 동네 주변 정화활동 • 환경 지킴이 • 지역주민 행사에 기관 개방 • 따뜻한 겨울나기를 돕는 동전 모으기
지역사회 연계 프로그램	• 공연관람 및 지역사회 행사 참여 • 지역 생태공원을 활용한 프로그램 운영 • 병원, 은행, 지하철 역사, 대형마트 등을 방문하여 다양한 직업 이해 • 문제해결이 필요한 가족에게 전문기관 및 전문가 연결 • 지역주민이 함께 참여하는 부모교육강연회
주치의 제도	• 전염병 발생, 응급환자 및 안전사고 발생 시 신속한 대처 • 영유아에 대한 정기 건강검진 및 진료서비스 제공 • 부모에게 영유아 건강정보 제공
지역기관과 상호협조	지역기관과 영유아 교육기관이 공간을 상호개방하여 협조

출처: 이윤옥(2019). 유아 교육기관 운영관리. 경기: 정민사, p. 272.

3. 초등학교와의 연계

영유아 교육기관과 필수적으로 연계되어야 하는 기관은 초등학교이다. 취학 전 유아들이 보다 쉽게 초등학교에 적응하기 위해 취학 대상 초등학교를 정기적으로 방문하거나 초등학교에서 제공하는 유아 대상 프로그램에 참여할 필요가 있다. 초등학교에서는 입학 전 유아들에 대한 다양한 자료들을 영유아 교육기관을 통해 전달받을 수 있으며, 이를 통해 각 아동에 대해 보다 질적으로 높은 교육이 실시될 수 있으므로 두 기관 간의 체계적이고 유기적인 연계가 필요할 것이다. 영유아 교육기관과 초등학교의 연계성을 확립하는 것은 유아들이 상위 학교의 환경에 적응하는 데 도움을 주고 학교 부적응을 줄일 수 있다. 아울러 기관 간 교사들의 이해를 증진시켜 보다 효율적인 교육 활동을 전개시킬 수 있다(권혜진, 2021; 서정현, 2010).

결국 유치원 및 어린이집 운영관리자는 지역사회 봉사자로서 자세를 가지며, 지역주민과의 친밀감과 연대감 형성을 통해 공동체 의식을 갖도록 노력해야 한다. 또한 다양한 지역사회 연계프로그램을 통하여 지역사회 현안 문제해결과 주민들의 실생활 개선에도 적극적으로 참여하는 노력이 요청된다.

연습 및 탐구문제

1. 영유아 교육기관 행사의 의미에 대하여 생각해 봅시다.

2. 영유아 교육기관에서 다양한 행사를 계획할 시 유의사항에 대하여 토론해 봅시다.

3. 영유아 교육기관과 부모의 효율적인 협력관계에 대하여 기술해 봅시다.

4. 본인의 지역사회 연계유형 및 프로그램에 대하여 생각해 봅시다.

CHAPTER 09

영유아 관리행정

학습목표

1. 영(유)아의 영양관리에 대하여 설명할 수 있다.
2. 유아의 급식지도를 이해할 수 있다.
3. 영유아 건강관리 행정을 설명할 수 있다.
4. 영유아의 질병의 원인과 처치방법에 대하여 제시할 수 있다.
5. 교사가 파악해야 할 영유아의 전염병을 제시할 수 있다.
6. 영유아 안전관리 행정을 열거할 수 있다.
7. 유아 안전교육 영역을 제시할 수 있다.

Keyword

영아 영양관리, 수유, 이유식, 영아 식습관지도, 유아 영양관리, 영양교육, 유아 급식지도, 유아 급식 목적, 식단계획, 식단평가 점검표, 영유아 건강관리, 영유아 건강교육, 질병의 원인과 처치방법, 예방접종, 전염병, 수두, 풍진, 홍역, 간염(A형), 뇌막염, 성홍열, 결핵, 유행성 감기, 농가진, 결막염, 유행성 이하선염, Rotavirus(로타바이러스), 중이염, 디프테리아, 백일해, 파상풍, 폴리오, 폐렴구균, 수막구균, 영유아 안전관리 행정, 안전관리, 영유아 안전관리영역, 유아 안전지도 교수방법, 유아 안전교육 영역, 놀이안전교육, 교통안전교육, 스포츠안전교육, 환경 및 공해 안전교육, 화재 및 화상 안전교육, 유괴사고 방지, 신체학대, 정서학대, 성 학대, 방임, 유기

유아 교육기관의 가장 핵심적인 역할은 부모를 대신하여 영유아들을 안전하게 보호하고 양육하는 일이다. 9장에서는 성장과 발달이 급격히 이루어지는 영유아기에 균형 있는 식사를 제공하는 방법을 설명하고 영유아의 영양, 건강, 안전관리에 대한 행정을 다루고자 한다.

제1절 영유아 영양관리 행정

영아기는 일생 중 신체발달이 급격히 이루어지는 시기인 만큼 적절하고 충분한 영양공급이 영유아기 발달에 중대한 영향을 미친다. 영아들은 소화기의 구조, 기능이 충분히 발달되지 못한 만큼 소화흡수가 잘 되는 식품을 선택해야 하며, 자기 스스로 식품을 선택할 수 없는 영아에게 양적 및 질적으로 양호한 영양공급을 위해서는 교직원들의 영양 지식을 구비해야 된다. 1절에서는 영아의 영양관리, 유아의 영양관리, 유아의 급식지도 등에 대해서 기술하고자 한다(이인원 외, 2011: 196; 김연진 외, 2010: 188; 신화식 외, 2010: 144; 서정현, 2010: 272-276; 임재택, 2005: 245-246; 성영혜 외, 2006: 159-160).

1. 영아의 영양관리

영아의 영양관리는 수유, 이유식, 영아의 식습관 지도 등에 대해서 알아보고자 한다(한혜경 외, 2021; 서정현, 2010: 272-276).

1) 수유

유아 교육기관에서 우유를 먹일 때는 우유의 위생적 관리와 각 영아의 욕구 충족에 세심하게 주의를 기울여야 한다. 사전에 부모와 상의하여 평소의 우유 섭취량과 시간을 알아두고, 유아 교육기관에서의 관찰을 통하여 각 영아에게 적절한 영양계획을 세우는 것이 바람직하다. 수유 시간은 영아의 생리적 욕구에 따라 영아가 원할 때 먹이는 개별적인 수유 시간표에 따르도록 한다. 일반적으로 4시간 간격이 적당하나 융통성 있게 적용해야 하며, 우유를 먹은 지 30분이 지나지 않았는데도 우유를 먹고 싶어 할 때는 찻숟가락으로 보리차를 떠먹이도록 한다. 극소수이기는 하지만 우유에 대한 알레르기가 있는 경우도 있기 때문에 미리 부모에게 이러한 경우에 해당하는 영아가 없는지를 파악하여 부모와 상의하여 두유로 대치하는 등 방안을 모색할 필요가 있다.

우유를 먹일 때는 수유자가 먼저 손을 깨끗이 씻고, 우유의 온도와 젖병의 젖꼭지 구멍이 적당한가를 확인해 보도록 한다. 이때 수유자와 따뜻하고 친밀한 신체적 접촉을 즐길 수 있도록 배려하는 것이 중요하다. 영아는 질식할 염려가 있는 만큼 우유병을 주고 혼자 내버려 두는 일은 절대 삼간다. 6개월 정도 되면 안고 앉아서 우유병을 자기가 잡고 먹도록 해도 좋다.

먼저 영아를 수유자의 팔과 무릎으로 안정시켜 안은 후 영아의 입술에 가볍게 젖꼭지를 접촉시켜서 빨기를 재촉한다. 젖꼭지에 유즙이 충분하도록 젖병을 잘 기울여 잡아 주어야 하며, 우유병을 잘못 잡으면 우유와 함께 공기가 들어가 가스가 차서 불편해한다. 1회 먹이는 우유의 양은 영아의 월령에 따라 다르며, 수유 시간은 약 15분이 적당하다. 수유 후에는 영아를 안고 트림을 시켜 주는데 트림시키는 방법은 다음과 같다(홍순옥 외, 2018). ① 아기를 곧추 안고 등을 가볍게 쓸어 준다. ② 아기를 수유자 무릎에 바로 앉히고 등을 가볍게 쓸어 준다. ③ 아기를 무릎에 엎드리게 하고 등을 쓸어 준다.

2) 이유식

이유란 영아가 우유를 먹다가 곡류나 채소, 과일 등의 고형음식으로 점차 바꿔 가는 것을 뜻한다. 영아는 성장해 가면서 활동이 왕성해지기 때문에 칼로리와 여러 영양소의 필요량이 증가하여 우유 이외에 여러 식품에 대한 생리적 및 심리적 욕구가 생기게 되므로 일정 시기가 되면 이유를 시행하는 것은 영아가 젖을 떼는 데 도움을 주며, 건강한 영양 상태를 유지하고, 편식하지 않는 식생활과 원만한 성격 형성을 위해서도 필요하다.

그리고 **이유 시기의 결정**은 ① 체중이 7kg에 도달해 있어야 하며, ② 생후 4~6개월이 되어야 한다. 또한 ③ 출생 시 체중의 2배가 되어야 한다. 이유 시기는 영아의 체중과 건강 상태를 고려하여 4~5개월경부터 이유를 시작하는 것이 일반적이다. 4개월 이전에는 소화 능력이 부족하여 고형식을 주면 소화불량에 걸리기 때문이다. 이유를 피하는 것이 좋다. 영아에 따라 개인차가 크기 때문에

이유 시기를 결정할 때에는 다음과 같은 사항들을 고려하여 이유 시기를 정하고 계획적으로 이유를 실시한다(한혜경 외, 2021; 성미영 외, 2017).

① **이유식의 준비물이다.** 영아에게 고형음식을 먹이기 시작하면서부터 식사 때 여러 종류의 기구가 필요하게 된다. 이유식을 시작한 후 영아가 혼자 먹게 되면 주위가 항상 지저분해진다. 옷을 더럽히지 않도록 수건이나 비닐 턱받이를 해 주고, 닦기 쉬운 탁자를 사용하거나 식탁용 깔개를 깔아 주는 것이 좋다. 무릎에 앉혀 먹이기도 하나 혼자 먹기 시작하면 탁자 달린 의자가 필요하게 된다. 영아용 의자는 낮은 것을 사용할 수도 있고, 받침대에 맞춰 높은 의자를 사용할 수도 있으며, 컵과 접시는 깨지지 않고 사용하기 쉬운 것을 쓰고, 숟가락과 포크는 아기가 다루기 알맞은 크기의 것을 준다.

② **이유식의 종류는 다음과 같다.** 이유식을 준비할 때는 영아들이 즐겨 먹을 수 있으면서 신체발달에 필요한 영양소가 적정량 포함된 식품을 선택해야 한다. 또한 식품을 조리할 때는 영아의 소화 능력에 알맞고, 간편한 조리방법을 이용하도록 하여 소화 장애를 일으키지 않도록 배려해야 한다. 그리고 섬유질이 많은 채소(우엉, 연근, 고사리, 파, 죽순, 부추 등), 낙지 및 오징어 등의 생선, 조개류, 자극성이 강한 향신료(고추, 생강, 겨자, 마늘 등), 조청, 초콜릿, 각종 차 등은 이유식으로 부적합하다.

이유식의 형태, 먹는 시간, 끼니 수는 〈표 9-1〉과 같다.

〈표 9-1〉 이유식의 형태, 먹는 시간, 끼니 수

구분	초기		중기		후기		완료기
	첫째 달	둘째 달	첫째 달	둘째 달	첫째 달	둘째 달	전체
이유식 형태	미음	아주 진죽	진죽	된죽	아주 진밥	진밥	진밥
먹는 시간	오전 10시		오전 11~12시 오후 5~6시		아침 8~9시 점심 12~13시 저녁 18~19시		아침 8~9시 점심 12~13시 저녁 18~19시
끼니 수	한 끼		두 끼		세 끼		세 끼

출처: 권미량 외(2021). 보육학개론. 서울: 동문사, p. 284.

3) 영아의 식습관 지도

6~7개월 된 영아들은 음식을 손에 쥐고 먹을 수 있을 뿐만 아니라 자기 스스로 먹으려는 의욕을 가지고 있다. 영아는 음식물을 가지고 주무르면서 만족감을 얻으려고 하기도 한다. 그러므로 이때는 손에 들고 먹을 수 있는 빵조각, 토스트, 부드러운 비스킷 등을 주도록 한다. 그러나 누워 있는 영아는 작은 음식 덩어리에도 질식할 수 있기 때문에 이러한 음식물을 앉아 있을 때만 주도록 한다. 6개월경에는 빨대가 달린 컵에다 우유를 따라서 조금씩 마시도록 연습시키는 것이 좋다. 처음에는 컵에 우유를 조금 따라 주고 마실 때 교사가 도와주어야 하지만, 영아가 원하면 교사의 손이나 컵을 잡도록 허용한다. 이러한 과정을 통하여 영아는 혼자 일을 수행할 수 있고, 독립성을 발달시킬 수 있게 된다(권미량 외, 2021).

영아들이 이유식을 거부할 때가 종종 있는데 이때는 억지로 먹이려 하지 말고, 그 원인을 파악하여 원인을 제거하도록 한다. 먼저 영아가 먹는 시간과 노는 시간의 구별을 확실하게 하도록 인식시키고, 식탁 앞에서 어느 정도 시간이 지났는데도 먹는 것을 계속 거부하면 음식을 치워 버린다. 조리방법이나 음식의 종류가 싫어서 거부할 수도 있기 때문에 같은 음식이라도 다양한 조리방법을 이용해 보도록 한다. 또 편식을 하지 않도록 여러 종류의 음식을 먹는 습관을 길러 줄 필요가 있다(성미영 외, 2017).

돌이 지나면서부터는 식사시간에 올바른 식습관을 형성시키는 데 힘써야 한다. 식습관 지도를 할 때는 각 영아의 신체기능이나 이해력 수준을 고려하여 흥미 있는 방법으로 반복하여 끈기 있게 지도해야 한다. 이 시기는 부모와 가족의 영향이 지대한 시기인 만큼 미리 영아의 가정에서의 식사 상황과 가정환경에 관한 정보를 파악한 후에 대상의 실태에 맞는 지도계획을 세우는 것이 중요하다. 별로 심각하지도 않은데 주위에서 지나치게 걱정하면 오히려 영아가 부담만 느끼게 되어 문제가 악화될 수 있으므로 음식은 가능한 한 먹음직스럽게 내놓고 영아가 먹지 않으면 강요하지 말고 그냥 치운다. 과자, 케이크, 사탕과 같은 단 음식은 식욕을 떨어뜨릴 수 있으므로 식사 후에만 주도록 한다.

2. 유아의 영양관리

1) 유아기의 영양의 중요성

영유아기는 성장 및 발육이 급속히 진행되는 시기이므로 이 시기의 충분한 영양공급은 일생 동안의 신체적 및 정신적 건강에 영향을 주기 때문에 중요하다. 특히 영유아기의 영양에 많은 관심을 갖는 이유는 영유아기의 영양결핍은 신체적 및 정신적 성장과 발달을 저해하고, 반대로 영양 과잉은 비만으로 인한 신체적, 정서적, 사회적 어려움을 초래한다(홍길회 외, 2021; 성미영 외, 2017; 신화식 외, 2010: 144).

초기 유아 교육자들이 유아원(nursery school)이나 어린이집(child care center)을 설립할 때, 주된 관심을 유아들의 영양, 건강, 위생 등에 둔 것도 유아기 영양의 중요성을 충분히 인식하였기 때문일 것이다. 또한 미국의 헤드스타트 프로그램(head start program)이나 우리나라의 유치원이나 어린이집에서 유아들의 영양과 건강 문제에 상당한 관심을 가지는 것도 가난한 가정의 유아들이 영양결핍으로 인해 신체·정신적 건강·발달에 지장을 초래할 가능성이 높기 때문에 이를 예방 및 보충하기 위한 노력의 일환이다. 충분한 영양, 건강, 청결, 신선한 공기, 적절한 운동과 놀이, 건전한 생활 습관 등은 모든 유아들에게 필수 불가결한 요인으로써 이러한 것들이 충족되지 않으면 유아들은 성장 및 발달할 수 없으며 학습도 이루어질 수 없다(최혜순 외, 2015; 임재택, 2005: 245-246).

영유아기 영양의 특징을 고찰하면 다음과 같다(홍길회 외, 2021).

① 성장과 발육이 급속도로 이루어지는 시기이므로 필요로 하는 영양소가 성인의 2배 이상이다. 따라서 양적 및 질적으로 우수한 영양섭취가 중요하다.

② 저항력과 면역력이 약하므로 영양소가 골고루 포함된 세심한 음식준비가 필요하며 철저한 위생관리가 요구된다.

③ 장기발달이 미숙하므로 소화흡수가 잘될 수 있는 음식재료와 조리방법을 고려해야 한다. 식품은 가급적 잘게 썰어 섭취가 잘되도록 조리하고 간이 지나치게 강하거나 짜지 않도록 유의해야 한다. 특히 한꺼번에 많은 양을 먹기보다는 조금씩 자주 먹는 것이 좋다.

④ 영유아는 정서적·사회적·인지적으로 급속한 성장을 하는 과정에서 음식에 대한

기호도와 선호가 분명해지므로 편식에 유의해야 한다. 특히 식욕부진, 새로운 음식에 대한 거부 등이 심해진다.

⑤ 시각적으로 보여지는 것에 민감하여 식습관에 영향을 미칠 수 있다. 텔레비전 등의 매체를 통해 음식에 대한 선호가 결정될 수 있으며, 부모나 가족들의 식습관에 의해 좌우되기도 하므로 가정과 유아 교육기관에서 부모와 교사가 일관성 있는 식습관 지도를 통해 균형 있는 영양섭취를 위해 노력해야 한다.

이처럼 유아기의 영양은 신체발육뿐만 아니라 정서 및 두뇌발달에도 직접적인 영향을 끼치게 된다. 유아들은 기본적으로 영양이 균형 있게 충분히 공급되어야 정상적인 발달을 위한 일차적 조건이 성립된다고 할 수 있다(이인원 외, 2011).

2) 영양교육

영양교육이란 신체의 건전한 발달을 위한 바람직한 식생활 지식을 함양하고, 식습관을 형성하게 하는 활동이다(이인원 외, 2011). 여기서는 영양교육의 목적과 내용, 영양교육 활동, 바람직한 식생활 습관형성 등에 관하여 고찰하기로 한다(홍길회 외, 2021; 한혜경 외, 2021; 이윤옥, 2019).

(1) 영양교육의 목적 및 내용

유아 교육기관에서 실시하는 **영양교육의 목적**에 대해 락웰과 엔드레스(Rockwell & Endres, 1969: 20-22)는 다음과 같이 여섯 가지로 지적하고 있다.

① 유아 교육기관에서는 유아들이 지내는 시간 동안 2~3시간 간격으로 충분히 영양가 있는 음식을 제공해 주어야 한다. 또한 원에서는 유아들에게 다양한 음식을 제공함으로써 음식의 여러 가지 맛을 보게 하고, 유아들에게 필요에 따라 직접 식사를 조절하는 법을 익히게 하며, 부모들이 유아를 위해 음식을 선택할 수 있도록 차림표를 알려준다.

② 유아들에게 사회적으로 바람직한 식사습관을 길러 준다.

③ 식품과 음식에 관해 대화의 기회를 갖도록 한다.

④ 식사 도구와 조리기구의 사용을 통해 소근육 협응력을 발달시킨다.
⑤ 식품의 생성, 저장, 준비 등을 알도록 한다.
⑥ 부모들에게 유아 영양에 대한 다양한 정보를 알려준다.

상기에서 살펴본 **영양교육의 목적**은 식생활에 대한 올바른 이해 및 식생활 습관의 형성, 영양개선을 통하여 유아 교육기관에서 보내는 생활을 좀 더 풍부하게 하여 밝은 인간관계를 형성하면서 영유아 가정과 지역사회 식생활 개선에 기여하는 것으로 볼 수 있다(최혜순 외, 2015; 이인원 외, 2011; 임재택, 2005).

한편 영양교육의 내용으로는 식품에 대한 기초적인 지식과 식생활 습관 및 식습관 태도 형성, 식사예절 등이 포함되어야 한다. **유아를 위한 영양교육의 내용**은 〈표 9-2〉와 같다.

〈표 9-2〉 유아기 영양교육 내용

교육영역		교육내용
식품 지식	성장과 영양	• 음식은 우리들이 성장하고, 놀이하고, 학습하는 데 필요하고, 행복해지도록 한다.
	음식과 영양	• 영양소는 우리 몸에서 여러 가지 일을 하고, 매일 여러 가지 영양소가 필요하다. • 음식에는 우리에게 필요한 영양소가 들어 있고, 음식마다 다른 영양소를 가지고 있다.
	음식과 문화	• 여러 나라 사람들이 먹는 음식은 다르다. • 여러 나라 음식은 요리하는 방법과 먹는 방법이 다르다.
	안전한 음식	• 음식을 만들거나 다룰 때는 청결해야 하고, 오래된 음식은 좋지 않다. • 음식을 보관할 때는 차갑게 하고, 먹을 때는 익혀서 먹는다.

출처: 이인원 외(2011). 유아 교육기관 운영관리. 경기: 양서원, p. 197.

(2) 영양교육 활동

영양교육의 활동으로는 교사는 유아를 위한 영양교육의 여러 가지 내용들을 연간 교육프로그램에 적절히 반영하고 그 연간프로그램에 의거하여 월간, 주간 및 일일 교육계획을 수립해야 한다(성미영 외, 2017). 교사는 이러한 교육계획 수립 시 영양교육의 다양한 내용들을 유아들에게 효과적으로 전달할 수 있는 활동방법을 고려해야 하는데, 그 활동방법은 다음과 같다. 현장관찰 및 견학, 동

·식물의 사육 및 재배실습, 요리 및 급식활동 실습, 각종 극·역할놀이, 동화 및 이야기 나누기 활동, 그림 그리기, 노래 및 신체표현 활동, 슬라이드 보기 등 여러 가지 활동방법을 교육내용에 따라 적절히 선택 및 활용할 수 있다. 또한 부모들을 위한 영양교육도 유아의 영양교육 못지않게 중요한데, 그들을 위해 교육내용에 따라 강의, 토의, 현장 견학, 요리실습, 유아 급식에의 참여 등 다양한 방법을 활용할 수 있다(임재택, 2005).

(3) 바람직한 식생활 습관형성

식생활 습관은 영유아의 건강과 인성과 밀접한 관계를 맺고 있다. 유아 교육기관에서는 급식과 영양교육을 통해 가정에서 배우지 못했거나 고치지 못한 식습관을 수정하도록 지도할 책임이 있다. 유아 교육기관에서 **유아들의 바람직한 식습관 형성**을 위해 유의해야 할 사항들은 다음과 같다(홍길회, 2021; 신화식 외, 2010; 임재택, 2005).

첫째, 음식에 대한 기호이다. ① 유아들의 미각이나 음식에 대한 호기심을 고려하여야 한다. ② 편식이나 결식이 우리 몸에 주는 영향을 이해하도록 지도한다. ③ 유아들이 싫어하는 음식이나 낯선 음식에 대한 거부반응은 단계적으로 서서히 시정하도록 노력한다.

둘째, 식사예절이다. ① 음식의 소중함을 알고 감사하는 마음을 가지도록 한다. ② 식사 전·후에 적절한 인사말을 하는 것이 습관화되도록 지도한다. ③ 식사 시 다른 사람에게 불쾌감이나 거부감을 주지 않도록 지도한다. ④ 어른이 식사하기 전에 먼저 식사하는 것은 예의에 어긋남을 알도록 한다.

셋째, 식사 태도이다. ① 식사 전에 손을 깨끗이 씻는 습관을 길러 준다. ② 식사 전에는 조용한 분위기를 유지하도록 한다. ③ 식사 중 자세를 바르게 하고 자리를 뜨지 않도록 지도한다. ④ 정해진 시간 내에 식사를 하되, 식사 중 간단한 대화를 허용한다. ⑤ 음식을 흘리지 않도록 한다. ⑥ 자신이 사용한 식기와 수저는 스스로 치우도록 지도한다. ⑦ 식사 후에는 얼굴, 입 가장자리, 손 등을 깨끗이 닦도록 한다. ⑧ 식사 후에는 조용히 휴식을 갖도록 한다.

3. 유아의 급식지도

어머니들의 사회참여와 취업의 증가로 유아 교육기관의 역할이 점점 확대되는 추세이다. 유아들은 대부분 유아 교육기관에서 점심을 먹으며, 하루에 한 번 이상의 간식을 먹는다. 유아의 식사가 가정을 중심으로 이루어지던 것이 점차 가정과 유아 교육기관이 역할을 분담하게 되었다. 유아 교육기관에서 유아의 급식지도는 매우 중요한 교육 활동 중 하나가 되었다. 여기서는 유아 급식의 목적, 유아 급식의 고려사항 등에 대해서 고찰하기로 한다(한혜경 외, 2021; 이윤옥, 2019; 성미영 외, 2017; 최혜순 외, 2015; 이인원 외, 2011; 김연진 외, 2011; 임재택, 2005).

1) 유아 급식의 목적

유아들이 기관에서 생활하는 시간이 많아지는 것을 감안할 때 유아 교육기관의 급식은 균형 잡힌 영양의 공급과 올바른 식습관 형성을 위해 질 좋은 급식을 실시해야 한다. 유아 교육기관에서 급식의 목적을 구체적으로 나열하면 다음과 같다(홍길회 외, 2021; 이윤옥, 2019; 이인원 외, 2011).

① **균형이 잡힌 영양의 공급이다.** 유아 교육기관에서는 길게는 1년을 주기로 계절에 따른 식단을 계획하고, 일반적으로 4~5주 정도의 주기로 식단을 계획하기 때문에 유아들이 필요한 영양소를 골고루 섭취할 수 있게 한다.

② **바람직한 식습관이다.** 교사들은 식사시간에 유아들이 먹기 싫어하는 음식에 대하여 지도를 통해 먹을 수 있게 유도할 뿐만 아니라 정해진 시간에 정해진 양만큼 먹게 한다.

③ **함께 식사하는 즐거움을 느끼는 것이다.** 우리는 좋은 일이 있을 때 좋아하는 사람들과 함께 식사함으로써 즐거움을 만끽하고, 의미 있는 날을 축하하기 위해 함께 식사를 하면서 즐긴다.

④ **다양한 음식 맛의 경험이다.** 유아들은 사물에 대하여 탐색하는 경험에서 인지구조를 넓혀 나가는 데, 음식은 유아들의 시각과 미각, 후각 등 여러 가지 감각자극을 받을 수 있는 좋은 재료가 된다.

⑤ **스스로 식사하는 방법의 습득이다.** 인간은 출생과 더불어 부모에 의해 음식을 섭취하지만 점차 독립적으로 음식을 섭취하는 방법을 습득해 나간다. 유아 교육기

관에서 어린아이들은 수저 사용방법을 비롯하여 여러 가지 음식 먹는 방법을 습득한다.

⑥ **식사예절의 습득이다.** 음식을 먹게 된 것에 대한 감사와 다른 사람에게 불쾌감을 주지 않으며 먹는 것, 자신이 먹은 자리를 정리하는 일 등 예절을 배운다.

⑦ **식사가 삶의 에너지라는 개념 획득이다.** 음식이 생명을 유지하고, 활동의 원동력을 얻는 데 필요하다는 것을 알게 된다.

2) 유아 급식의 고려사항

유아 급식의 고려사항에는 식단의 계획, 식품의 구입, 식재료의 보관 및 위생처리, 급식 시설 및 비품, 종사자의 자격과 임무, 교사의 식사 지도 등에 대해서 기술하고자 한다(홍길회 외, 2021; 이혜원 외, 2016; 이윤옥, 2019; 이인원 외, 2011).

(1) 식단의 계획

식단을 계획할 때에는 하루 필요한 열량과 여러 가지 권장 영양소를 고려한다. 6~11개월 영아의 1일 필요 열량은 850kcal, 만 1~3세 유아 1,200kcal, 만 4~6세 유아는 1,600kcal 등이다. 영유아들은 단백질, 비타민, 칼슘 등 각 영양소를 연령별 권장량을 섭취해야만 신체적 및 정신적으로 건전한 성장과 발달이 이루어진다.

영유아의 연령별 체중, 신장 및 에너지 권장량은 **〈표 9-3〉**과 같다.

〈표 9-3〉 영유아의 연령별 체중, 신장 및 에너지 권장량

연령	체중(kg)	신장(cm)	에너지 권장량(kal/일)
0~5개월 6~11개월	6.2 8.9	60.3 72.2	550 700
1~2세 3~5세	12.5 17.4	86.4 105.4	1,000 1,400

출처: 홍길회 외(2021). 유아 교육기관 운영관리. 서울: 동문사, p. 281.

그리고 식단을 계획할 때에는 5대 영양소와 식품이 골고루 포함될 수 있도록 한다. 주요 영양소와 식품은 **〈표 9-4〉**와 같다.

〈표 9-4〉 주요 영양소와 식품

주요 영양소	식품
단백질, 철분, 아연, 비타민B12, 비타민1, 니이아신(비타민B3)	소고기, 돼지고기, 닭고기, 토끼고기, 생선, 조개, 굴, 두부, 콩, 땅콩, 된장, 달걀, 햄 베이컨, 소시지, 치즈, 두유, 생선묵
칼슘, 단백질, 비타민A, 비타민B2, 비타민B12	멸치, 뱅어포, 잔새우, 잔생선 사골, 우유, 분유, 아이스크림, 요구르트
무기질, 비타민	시금치, 당근, 쑥갓, 상치, 풋고추, 부추, 깻잎, 토마토, 배추, 무, 양파, 파, 오이, 양배추, 콩나물, 숙주, 사과, 귤, 감, 딸기, 포도, 배, 참외, 수박, 과일 주스, 과일 통조림, 미역, 다시마, 파래, 김
당질, 단백질, 아연, 비타민 B1	쌀, 보리, 콩, 팥, 옥수수, 밀, 감자, 고구마, 토란, 밤, 밀가루, 미숫가루, 국수류, 떡류, 빵류, 과자류, 캔디, 초콜릿, 설탕, 꿀
지방, 지용성 비타민	참기름, 콩기름, 옥수수기름, 채종유, 쇠기름, 돼지기름, 면실유, 들기름, 쇼트닝, 버터, 마가린, 깨, 실백, 호두

출처: 이인원 외(2011). 유아 교육기관 운영관리. 경기: 양서원, pp. 201-202.

영유아는 낮 시간 동안 활동량이 많고 소화 능력이 왕성하기 때문에 영양소가 골고루 함유된 점심 식단을 계획하도록 한다. **식단을 작성하기 전에 몇 가지 유의사항**은 다음과 같다(김연진 외, 2011).

① **식단을 짤 때 유아가 먹기 쉬운지를 고려하는 것이 무엇보다도 중요하다.** 아무리 맛이 있고 영양가가 있더라도 먹기 쉬워야 정한 양을 섭취할 수 있다.
② **유아가 먹을 수 있는 적당한 양이어야 한다.** 영유아기는 성인과는 다른 시기이므로 소화 및 흡수기능이 성인에 비해서는 미숙하기 때문에 너무 많은 양을 주게 되면 무의식적으로 부담을 느껴서 남기게 된다.
③ **급식에 대한 기대감을 갖도록 해야 한다.** 같은 음식이라도 재료를 다양화하여 영유아가 식사에 대한 기대감을 갖도록 해야 한다.
④ **영유아에게 적당한 온도가 되도록 해야 한다.** 영유아는 성인에 비해 약 10°C 정도 낮은 것이 좋다.

영유아 교육기관에서 식단 작성의 순서는 다음과 같다(이윤옥, 2019; 김연진 외, 2011; 이인원 외, 2011).

① 유아의 1일 열량을 결정한다. ② 필요한 영양소를 공급하기 위한 식품 구성을 계획한다. ③ 식단의 계획표와 식단 목록표를 이용하여 1일 섭취해야 할

식품을 중심으로 음식의 종류와 가짓수를 결정한다. ④ 식품 섭취량 및 필요량을 산출한다. 식품 섭취량의 산출은 유아들에게 점심과 간식으로 제공해야 할 영양권장량을 결정하고 나면 어떤 종류의 식품을 얼마만큼 제공해야 할 것인가를 결정하는 것을 말한다. 식품 섭취량의 산출은 영양적으로 균형 있는 급식이 되도록 하기 위한 절차이다. 또한 식품의 종류를 정할 때는 다섯 가지 기초식품(탄수화물, 단백질, 지질, 무기질, 비타민)이 골고루 포함되면서 비교적 값이 싸고, 구입하기 쉬우며, 영양가 높은 제철식품을 이용하는 것이 바람직하다. ⑤ 작성된 식단표를 검토한다. 〈표 9-5〉는 식단 평가 점검표의 실례를 나타내고 있다.

〈표 9-5〉 식단 평가 점검표의 예

항목		응답란	
		예	아니오
영양	• 모든 식단이 영양 요구량을 만족시키는가? • 비타민 C가 풍부한 식품이 자주 포함되었는가? • 비타민 A가 풍부한 식품이 1주일에 두 번 이상 포함되었는가? • 철분이 풍부한 식품이 자주 포함되었는가?		
관리	• 현재의 재고품목이 식단계획에 반영되었는가? • 식단의 조리를 위해 기기사용이 적절히 분배되었는가? • 종업원의 작업량이 적절히 분배되었는가? • 계획된 식단의 조리 방법이 종업원의 기술 수준과 일치하였는가?		
내용	• 색상의 조화가 이루어졌는가? • 풍미의 조화(담백한 맛, 신맛, 단맛)가 이루어졌는가? • 형태, 크기의 다양성이 있는가? • 질감(바삭바삭함, 단단함, 부드러움)의 대조가 이루어졌는가? • 온도(뜨거운 음식과 찬 음식)의 조화가 이루어졌는가? • 유아의 기호성에 적합한 것인가?		
기타	• 계절 식품의 적절한 사용이 이루어졌는가? • 주기에 따라 식품비의 적절한 분배가 이루어졌는가? • 예산 범위 내의 식단 계획인가?		

출처: 김연진 외(2011). 유아 교육기관 운영관리. 서울: 태영출판사, p. 197.

(2) 식품의 구입

질 좋은 식단을 제공하기 위해서는 식재료의 구입 단계에서 철저한 검수과정을 통해서 구입해야 안전하고 신선한 재료를 가지고 질 좋은 식단을 만들 수 있다.

식품 구입 시 유의사항은 다음과 같다(홍길회 외, 2021; 이인원 외, 2011; 김연진 외, 2011; 성영혜 외, 2006).

① 식재료 구입은 식단계획에 따라 구입 품목을 정하여 필요한 양만큼 구입한다. ② 식품의 보관성 정도에 따라 구입량과 구입 주기를 달리한다. 변질되기 쉬운 식재료는 구입 당일 사용을 원칙으로 한다. ③ 모든 식재료는 유통기한을 확인하고 사용 시점까지 유통기한이 넘지 않는 것을 구입한다. ④ 농수산물은 가능하면 제철에 생산되는 것을 구입한다. ⑤ 구입하고자 하는 식품의 가격이 적당한지 알아보도록 한다. ⑥ 식품의 구입장소는 보육시설의 상황과 지역 실정에 따라 다르다. 소규모 보육시설의 경우, 집 주변의 상가나 점포, 슈퍼마켓 등을 이용하도록 하며, 규모가 클수록 도매상을 통하여 대량 구입하는 것이 가격면에서 경제적이다. 한편 보육시설의 규모에 관계없이 식품별로 점포를 정하여 구입할 수도 있다. ⑦ 식품의 구입 빈도는 보육시설의 식단 주기에 맞추어 구입할 식품의 양과 종류를 결정한다. 식품의 구입 빈도를 결정하는 중요한 요인은 식품별 저장기간, 보육시설의 저장조건(보관창고, 냉장고나 냉동고의 크기 등) 등에 따라 달라질 수 있다.

식품의 보관성에 따른 식재료 구입 빈도는 〈표 9-6〉과 같다.

〈표 9-6〉 보관성에 따른 식재료 구입 빈도

구입 빈도	식재료 종류
매일	우유 및 유제품, 두부, 콩나물, 생선, 상하기 쉬운 채소류(버섯류)와 과일류(딸기)
1~3일	채소류 및 과일류, 육류, 햄, 어묵
1주일	달걀, 당근, 양파, 김치, 감자, 무
1개월	건조식품(해조류, 건버섯류), 조미료, 고추장, 된장, 젓갈, 쌀 및 잡곡류

출처: 성영혜 외(2006). 최신 유아 교육기관 운영관리. 서울: 동문사, p. 170에서 인용해서 수정함

(3) 식재료의 보관 및 위생 처리

식품을 위생적으로 보관할 수 있는 창고를 갖추어야 하는데, 식품위생법시행규칙 제96조 집단급식소의 시설기준 [별표 25]에 의하면 식품을 저장할 수 있는 창고가 있어야 하며, “창고에는 식품 등을 법 제7조 제1항에 따른 식품 등의

기준 및 규격에서 정하고 있는 보존 및 유통기준에 적합한 온도에서 보관할 수 있도록 냉장 및 냉동시설을 갖추어야 한다"라고 되어 있다. 또한 학교급식법 시행규칙 제3조 제1항 급식 시설 세부기준[별표 1]에 의하면 식품보관실과 소모품보관실을 별도로 설치하여야 하고, 다만 부득이하게 별도로 설치하지 못할 경우에는 공간 구획 등으로 구분하여야 한다. 식품보관실의 바닥 재질은 물청소가 쉽고 미끄럽지 않으며, 배수가 잘 되어야 한다. 또한 환기시설과 충분한 보관선반 등이 설치되어야 하며, 보관선반은 청소 및 통풍이 쉬운 구조이어야 한다(이인원 외, 2011).

또한 **식품의 보관 및 위생처리를 하는 데 몇 가지 유의사항**은 다음과 같다(김연진 외, 2011; 성영혜 외, 2006). ① 영유아 교육기관에는 식품을 위생적으로 보관 및 저장할 수 있는 시설 및 설비를 갖추어야 한다. ② 식기류, 주방용품 등을 깨끗이 씻고 소독하여 항상 청결하게 유지한다. ③ 음식을 준비하거나 급식하는 사람은 피부병이나 기타 질병의 유무를 증명하는 건강 증명서를 소지해야 하며 항상 청결해야 한다. ④ 음식을 미리 차려 놓은 채 오래 두지 말고 그때그때 먹도록 한다. ⑤ 유아들이 점심이나 간식을 먹기 전에 반드시 손을 씻는 습관을 기르도록 한다.

(4) 급식 시설 및 비품

급식 시설로서 갖추어야 할 조건은 위생적으로 음식을 조리할 수 있고, 보관할 수 있어야 하는데 구체적인 시설과 비품은 학교급식법 시행규칙 제3조 제1항 급식 시설 세부기준 [별표 1]에서 다음과 같이 규정하고 있다(이인원 외, 2011).

첫째, 시설 및 설비 측면이다. ① 조리장은 침수될 우려가 없고, 먼지 등의 오염원으로부터 차단될 수 있는 등 주변 환경이 위생적이며 쾌적한 곳에 위치하여야 하고, 조리장의 소음 및 냄새 등으로 인하여 학생의 학습에 지장을 주지 않도록 해야 한다. ② 조리장은 작업과정에서 교차오염이 발생되지 않도록 전처리실(前處理室), 조리실 및 식기구 세척실 등을 벽과 문으로 구획하여 일반 작업구역과 청결 작업구역으로 분리한다. 다만, 이러한 구획이 적절하지 않을 경우에는 교차오염을 방지할 수 있는 다른 조치를 취하여야 한다. ③ 조리장은 급식

설비 및 기구의 배치와 작업자의 동선(動線) 등을 고려하여 작업과 청결 유지에 필요한 적정한 면적이 확보되어야 한다. ④ 내부벽은 내구성(耐久性), 내수성(耐水性)이 있는 표면이 매끈한 재질이어야 한다. ⑤ 바닥은 내구성, 내수성이 있는 표면이 매끈한 재질이어야 한다. ⑥ 천장은 내수성 및 내화성(耐火性)이 있고 청소가 용이한 재질로 한다. ⑦ 바닥에는 적당한 위치에 상당한 크기의 배수구 및 덮개를 설치하되 청소하기 쉽게 설치한다. ⑧ 출입구와 창문에는 해충 및 쥐의 침입을 막을 수 있는 방충망 등 적절한 설비를 갖추어야 한다. ⑨ 조리장 출입구에는 신발소독 설비를 갖추어야 한다. ⑩ 조리장 내의 증기, 불쾌한 냄새 등을 신속히 배출할 수 있도록 환기시설을 설치하여야 한다. ⑪ 조리장의 조명은 220Lux 이상이 되도록 한다. 다만 검수구역은 540Lux 이상이 되도록 한다. ⑫ 조리장에는 필요한 위치에 손 씻는 시설을 설치하여야 한다. ⑬ 조리장에는 온도 및 습도관리를 위하여 적정 용량의 급배기시설, 냉·난방시설 또는 공기정화시설 등을 갖추도록 한다.

둘째, 설비 및 기구이다. ① 밥솥, 국솥, 가스테이블 등의 위험성이 없는 제품을 선정하되, 재질의 안전성과 기기의 내구성, 경제성 등을 고려하여 능률적인 기기를 설치해야 한다. ② 냉장고(냉장실)와 냉동고는 식재료의 보관, 냉동 식재료의 해동, 가열 조리된 식품의 냉각 등에 충분한 용량과 온도(냉장고 5℃ 이하, 냉동고 -18℃ 이하)를 유지하여야 한다. ③ 조리, 배식 등의 작업을 위생적으로 하기 위하여 식품 세척시설, 조리시설, 식기구 세척시설, 식기구 보관장, 덮개가 있는 폐기물 용기 등을 갖추어야 하며, 식품과 접촉하는 부분은 내수성 및 내부식성 재질로 씻기 쉽고 소독 및 살균이 가능한 것이어야 한다. ④ 식기 세척기는 세척, 헹굼 기능이 자동적으로 이루어지는 것이어야 한다. ⑤ 식기구를 소독하기 위하여 전기살균 소독기 또는 열탕 소독시설을 갖추거나 충분히 세척 및 소독할 수 있는 세정대(洗淨臺)를 설치하여야 한다.

(5) 종사자의 자격과 임무

유아 교육기관의 규모에 따라 식품위생법에서 정하는 기준 이상(매일 급식인원이 50인 이상)의 유아들에게 급식을 제공하는 경우는 집단급식 시설로서 시설기준을 갖추고 관할 시·군·구에 신고해야 한다. 그리고 집단급식소 종사자 배치

기준은 급식 인원 100인 이상일 경우는 영양사 1인과 조리사 1인 배치, 급식 인원이 50인 이상 100인 미만은 조리사 1인을 배치해야 한다. 다만 영양사 1인이 인접한 기관 5개까지 겸직하여 관리할 수 있다.

한편 **식품위생법 제54조에 의해서 다음 각 호에 해당하는 사람은 조리사 및 영양사 면허를 받을 수 없다.** ①「정신보건법」제3조 제1호에 따른 정신질환자, 다만 전문의가 조리사 또는 영양사로서 적합하다고 인정하는 자는 그러하지 아니하다. ②「전염병예방법」제2조 제2항에 따른 전염병환자, 다만, 같은 조 제1항 제2항 아목에 따른 B형 간염환자는 제외한다. ③「마약류관리에 관한 법률」제2조 제2호에 따른 마약이나 그 밖의 약물중독자, ④ 조리사 또는 영양사 면허의 취소처분을 받고 그 취소된 날부터 1년이 지나지 아니한 자 등이다.

(6) 영양·급식에 대한 부모교육

영양 및 급식에 대한 부모교육은 다음과 같이 실시한다(김연진 외, 2011). ① 부모들은 식사와 간식에 대해 많은 관심을 가지고 있으므로 기관에서 제공하는 식사와 간식에 대한 정보를 정기적으로 알려주어야 한다. 매월 식단표를 정기적으로 가정에 발송해야 한다. ② 유아 교육기관에서는 유아들이 좋아하는 음식에 관한 정보를 부모들로부터 입수하여 이를 반영하여야 한다. ③ 유아 영양과 음식 준비요령에 대한 교육을 실시한다.

(7) 교사의 식사지도

배식에서 정리정돈까지 교사가 지도해야 할 사항은 다음과 같다(이인원 외, 2011). ① 배식은 되도록 자유 배식을 권장하지만 어린 유아인 경우는 교사가 도와준다. ② 식사도구는 유아용으로 준비한다. ③ 특정한 음식을 거부하는 유아에게는 강제로 주기보다는 적은 양으로 먹도록 시도할 수 있게 한다. ④ 배식에 질서를 유지할 수 있는 방법으로 한다. ⑤ 너무 뜨거운 국은 식혀서 배식한다. ⑥ 식사 전에는 조용히 식사에 대한 감사의 시간을 갖도록 한다. ⑦ 교사는 식사의 모델이 되도록 유아들이 보는 앞에서 함께 식사를 한다. ⑧ 유아들이 먹기 꺼리는 채소나 김치 같은 것을 먹도록 북돋우고 격려한다. ⑨ 식사시간은 즐거운 분위기를 유지한다. ⑩ 식사가 끝나면 빈 그릇 정돈과 주변 정리를 유아들이 스스로 하도록 지도한다.

제2절 영유아 건강관리 행정

2절에서는 유아 건강관리의 중요성, 건강관리의 의미와 영역, 건강진단, 영유아 건강교육, 질병의 원인과 처치방법, 예방접종, 교사가 알아야 할 전염병 등에 대해서 기술하고자 한다.

1. 유아 건강관리의 중요성

과거에는 유아의 건강이 그 부모에게만 관심의 대상이 되었다. 그러나 사회의 구조적인 변화로 인하여 많은 유아들이 부모의 울타리를 벗어나 다양한 종류의 유아 교육기관에서 보내는 시간이 많아졌다. 그러므로 유아의 부모뿐만 아니라 유아 교육기관에서도 유아의 건강관리에 많은 관심을 가져야 하며, 유아의 건강을 유지 및 관리해야 할 책임과 의무가 있다(성영혜 외, 2006).

유아교육법 제17조에는 원장은 교육하고 있는 유아에 대한 건강검진을 실시하고, 그 결과 치료를 요하는 유아에 대하여는 보호자와 협의하여 필요한 조치를 취하여야 한다고 규정하고 있다. 이와 같이 유아 교육기관에서는 유아의 건강관리에 세심한 배려를 해야 하며, 건강관리 업무로 질병의 예방, 환경위생, 신체적·정신적·사회적 안녕을 도모하는 생활의 질과 건강 향상에 필요한 모든 조치가 포함된다. 또한 유아 교육기관에서 유아의 건강관리를 위해 다루어야 할 내용은 다음과 같다. 바람직한 식생활 습관을 가지며, 규칙적인 운동 및 생활 습관을 가진다. 아울러 위생에 대한 습관을 가지게 한다. 따라서 유아들이 유아 교육기관에서 생활하는 시간이 길어짐에 따라 기관의 환경이 유아의 건강에 미치는 정도가 커지고 있다. 더구나 많은 유아들이 모여서 생활하기 때문에 전염성 질병이 발생할 우려가 높아진다(이인원 외, 2011).

2. 건강관리의 의미와 영역

모든 부모들은 그들의 자녀들이 건강하게 자라기를 원하고 있으므로 유아 교육기관에서는 가정과의 유기적인 협조체제를 통하여 유아들의 건강관리에 세심한 주의와 노력을 기울여야 한다. 유아 교육기관은 유아들이 원에서 생활하는 동안 이러한 건강을 유지 및 관리해야 할 책임과 의무가 있다.

결국 건강관리란 건강상의 문제 자체가 발생하는 것을 억제하고 예방하는 것이다. 다시 말하면, 건강관리는 예방적인 서비스와 발생된 건강문제에서 건강을 보호하기 위하여 효과적인 질병치료를 하는 치료적인 서비스를 병행하여 질병의 예방, 환경위생, 나아가서 신체·정신·사회적 안녕을 도모하는 생활의 질과 건강 향상에 필요한 모든 조치를 취해서 완전히 정상적인 상태로 회복하도록 하는 것을 의미한다(신화식 외, 2010).

한편 유아 교육기관에서의 유아의 건강관리는 예방적인 서비스와 치료적인 서비스를 병행하여야 한다. 유아의 건강관리의 1차적인 책임은 부모에게 있다. 그러나 유아 교육기관도 유아의 건강관리를 위해 건강·영양교육·위생적인 교육환경 조성, 전염병의 예방, 병력(病歷)의 조사와 신체검사, 부모와 지역사회 주민에 대한 보건교육 등 예방적 서비스 활동과 질병의 조기진단 및 조기 치료, 간단한 응급처치, 기생충 질환치료, 충치치료 등 간단한 치료적인 서비스 활동을 하고 있다.

3. 영유아 건강교육

건강교육이란 건강에 관련된 지식을 얻거나 건강을 위한 생활 태도를 형성하거나 건강한 생활을 위한 신체의 기능을 활성화하고, 건강에 해가 되는 습관이나 행위를 수정하여 건강을 유지하고, 개선할 수 있는 능력을 길러주는 것을 말한다. 유치원 교육과정 건강생활 영역은 유아들이 건강하게 자랄 수 있도록 교사들이 지도할 내용을 포함하고 있다.

〈표 9-7〉 유치원 교육과정 건강생활 영역

구분	하위내용
1. 나의 몸 인식하기	• 감각을 활용하기 • 나의 몸을 인식하고 움직이기
2. 나의 몸 움직이기	• 이동하며 움직이기 • 제자리에서 움직이기 • 도구 및 놀이시설을 움직이기 • 바깥에서 신체 활동하기
3. 건강하게 생활하기	• 몸과 주변을 깨끗이 하기 • 바른 식생활하기 • 질병 예방하기 • 즐겁게 생활하기
4. 안전하게 생활하기	• 나와 다른 사람의 몸을 소중히 하기 • 안전하게 놀이하기 • 교통안전 규칙 지키기 • 위험한 상황을 알고 대처하기 • 환경오염이나 재난에 대비하기

4. 질병의 원인과 처치방법

교사들이 많은 영유아들을 돌보다 보면 갑자기 고통을 호소하는 영유아가 있는가 하면 질병이 있는 채로 등원하는 유아들이 있다. 교사들은 이러한 상황에서 당황하지 말고 유아들에게 자주 발생하는 질병의 종류와 원인 그리고 병원에 가기 전에 응급 처치하는 방법을 알고 있어야 한다.

영유아들이 걸리기 쉬운 몇 가지 질병의 원인과 그에 대한 간단한 처치방법에 대하여 제시하면 다음과 같다(이인원 외, 2011; 성영혜 외, 2006; 고승덕 외, 1999).

① **복통**은 영유아들에게 가장 흔하게 발생하는 질병이다. 복통의 원인은 다양한 데 변비로 인한 것, 정신적인 긴장에 의한 것, 수술을 요하는 장(腸) 내 질환에 의한 것 등 여러 요인에 의해 발생되므로 복통이 심할 때는 유아를 조용히 눕히고 먼저 유아를 자세하게 관찰하는 것이 중요하다. 대부분 정신적 요인에 의하여 발생한 복통이나 변비로 인한 경우는 안정을 취하면 통증이 사라진다.

② **설사이다.** 설사란 대변의 횟수가 많아지며 대변 내 수분 함량이 높은 것을 의미한다. 설사의 원인은 대개 위장계통의 질환에 의한 것이며, 내분비계의 이상이나 신경성으로 인한 것도 있다. 그리고 위생물의 비위생적인 관리와 불결한 생활환경

으로 인한 식중독이 설사와 구토의 주요 원인이 된다. 설사가 심하면 12시간 정도 금식시키고 보리차와 같은 액체만 공급한다. 충분한 액체 공급을 통하여 탈수를 막아야 한다.

③ **유아가 열이 날 때는 숨이 가쁘고 맥박이 빠르며, 목말라 하고 입술이 바싹 마른 것을 볼 수 있다.** 유아기에 가장 많은 호흡기 질환의 경우 고열이 특징이며, 이 경우에는 전염성이 강하므로 반드시 다른 유아와 격리시켜야 한다. 열이 높은 유아는 안정을 취하게 하고 체열을 떨어뜨리기 위하여 찬 물수건이나 알코올로 몸을 닦아 준다. 의사의 처방 없이 함부로 해열제 같은 약을 투여하지 않는다.

④ **감기이다.** 원인균이 바이러스에 의해서 생기는 질환이다. 찬바람이나 습한 공기에 노출되었을 때, 저항력이 약한 상태나 알레르기 및 영양 불량상태에서 바이러스의 침입이 쉽게 된다. 증상은 가벼운 것으로부터 심하면 독감 등 여러 가지 증상이 나타난다. 주로 두통, 오한, 재채기, 콧물 등으로 시작하여 39~40℃의 발열이 있으며 팔과 다리가 쑤시고 식욕이 떨어진다. 치료와 간호는 몸을 따뜻하게 하여 주고, 휴식을 취하면서 증상에 따른 해열제나 처방된 약을 먹으면 쉽게 낫는다. 계속하여 코가 막혔을 때 점막 수축과 다량의 분비물을 감소시키기 위하여 비강 정액을 코에 적셔준다. 식이요법은 열이 나므로 수분 섭취량을 증가시키고, 비타민 C가 함유된 과일을 많이 준다. 특별히 제한하는 음식은 없으나, 구미에 맞게 보리차, 과즙, 과일 등을 충분히 섭취해야 한다.

⑤ **코피이다.** 코피가 나면 유아의 머리를 앞으로 숙이게 하여 코피가 목구멍으로 흘러 들어가 삼키지 않도록 해준 다음 두 손가락으로 코 앞쪽을 약 5~10분간 꽉 잡아 준다. 그리고 찬 물수건이나 얼음주머니를 코에 올려놓아 콧속의 혈관을 수축하게 하여 코피를 멈추게 해준다. 만약 코피가 30분 이상 계속되고 어지러움을 느끼거나 창백해지고, 과거에도 코피를 자주 흘렸거나, 또는 코의 상처에 의해 코피가 나오면 병원으로 유아를 데리고 가는 것이 좋다.

⑥ **질식**(목구멍에 무엇이 걸렸을 때)**이다.** 목구멍에 무엇이 걸렸을 때에는 먼저 등을 두드린다. 이때 유아의 등 쪽에서 겨드랑이 밑으로 두 팔을 넣어 오른쪽 주먹을 명치에 댄다. 다음에 왼손으로 오른손을 쥐고, 자기편으로 당기듯이 위로 꽉꽉 압박한다. 만약 유아의 의식이 희미해질 경우에는 구급차를 부르고 기도 개방과 인공호흡을 실시한다.

⑦ **경련**(경풍, 열성 경련)**이다.** 먼저 유아가 입고 있는 옷을 느슨히 풀어준다. 유아가 토하거나 침을 흘리는 경우 호흡 곤란이 생기기 쉬우므로 유아의 머리를 옆으로 낮게 눕혀 목구멍과 입안에 구토물이나 침을 중력에 의하여 입 밖으로 흘러나올 수 있게 해준다. 만약 유아가 숨을 잘못 쉬면 인공호흡을 해주어야 할 때도 있다.

팔, 다리를 갑자기 움직일 때 너무 강하게 막지 말고 움직이는 대로 가만히 잡아 주는 것이 좋다. 유아가 이를 꽉 깨물고 있을 때에는 작은 수건 등을 조심스럽게 넣어 유아가 혀를 깨물지 않게 한다. 경련이 다 끝난 유아일지라도 꼭 병원에 데리고 가서 경련을 일으킨 원인을 진단하여 치료해야 한다.

⑧ **상처와 출혈이다.** 만약 손, 다리의 경우라면 상처 부위를 높이고 출혈이 멈출 때까지 힘껏 누른다. 상처 부위를 소독하고 붕대를 감는다. 만약 출혈이 심할 경우 상처가 있는 부위보다 심장에 가까운 곳의 동맥을 찾아 그곳을 강하게 압박해 준다. 지혈대를 사용할 경우 상처보다 3cm 정도 심장에 가까운 손, 다리를 강하게 압박해 준다. 이때 병원에 도착 시까지 시간이 많이 걸릴 경우 10~15분 간격으로 지혈대를 풀어 혈액을 순환시킨 다음 다시 묶어 주어야 한다.

⑨ **화상이다.** 우선 화상 부위에 얼음주머니나 수돗물을 계속 틀어 15분 정도 냉각시킨다. 살갗에 물집이 생기지 않은 경우에는 순한 연고를 바른다. 물집이 생겼으면 아무것도 바르지 말고 그대로 부드럽게 살균된 붕대로 덮어준다. 국부 마취용의 크림이나 스프레이는 치유를 지연시키거나 과민한 사람들에게 알레르기를 유발할 수 있으므로 사용하지 않는다. 또한 피부에 겉옷이 달라붙었을 때는 무리해서 떼어내지 않고 가위로 옷을 자른다. 그리고 화상을 입었을 때 병원에 가야 하는 경우는 다음과 같다. i) 화상 부위가 유아의 손바닥 면적보다 넓을 때, ii) 얼굴, 손에 화상을 입어 모습이 흉해지거나 손가락 기능이 상실될 우려가 있을 때, iii) 경상이더라도 통증이 24시간 이상 계속될 때 등이다.

5. 예방접종

우리나라 영유아의 사망 원인 중 하나가 전염병이다. 영유아 전염병의 대부분은 부모나 교사가 관심을 가지고 필요한 예방조치를 취하고 생활환경을 위생적으로 개선함으로써 쉽게 예방할 수 있으며 병에 걸렸다 하더라도 적절한 치료와 대책을 강구하면 피해를 줄 일 수 있다(임재택, 2005). 따라서 영유아기에는 필수적으로 다음과 같은 예방접종이 이루어져야 하며, 전염성이 있는 질병에 감염되었을 때, 일정 기간 동안 격리하여 전염병이 확산되지 않도록 조치해야 한다(서정현, 2010; 성영혜 외, 2006).

영유아의 전염병 예방을 위한 조치로써 가장 중요한 것은 기본 예방접종과 추가 접종을 적기에 실시하여 전염병에 대한 면역성을 유지시키는 것이다. 우리나라의 경우 소아과학회와 보건복지가족부가 정한 영유아의 예방접종 계획은

〈표 9-8〉과 같다.

〈표 9-8〉 영유아의 예방접종 계획표

분류	연령	예방의 종류
기본 접종	0~1주	B형 간염
	1~4주	BCG
	2개월	B형 간염, DPT, 소아마비
	4개월	DPT, 소아마비
	6개월	DPT, 소아마비
	9개월	홍역
	15개월	MMR
	3세	일본뇌염
추가 접종	4~6세	DPT, 소아마비
	5~7세	B형 간염
선별 접종	필요에 따라 소아과 전문의와 상의하여 접종	인플루엔자, 장티푸스, 수두, 뇌수막염 백신, 유행성 출혈열, 폐구균 백신, 공수병, 콜레라

예방접종 시 가장 유의해야 할 사항은 접종 전 영유아에게 열이 있거나 설사를 하는 경우, 감기 등 다른 질병에의 감염 여부를 확인하는 것이다. 또 예방접종 후 발생할 수 있는 부작용을 방지하기 위해 이전에 같은 예방접종을 했을 때 특이한 반응은 없었는지, 특정 약물에 알레르기 반응을 일으키는지 미리 조사해 두어야 한다. 만약을 대비하여 되도록 오전에 접종하고 주말에는 피하는 것이 좋다. 예방접종 전에는 접종 부위를 청결히 하여 감염을 방지해야 한다. 예방접종 후 2~3일 정도 목욕을 자제하도록 한다. 접종 후 부모나 교사는 발열이나 발진, 구토, 경련, 부기 등 정도가 심하거나 이상한 반응이 있는지를 관찰해야 한다.

6. 교사가 알아야 할 전염병

유아 교육기관에서는 영유아들이 집단생활을 하기 때문에 전염병이 매우 급속하게 확산될 수 있다. 교사들은 다양한 **전염병의 증상과 대처법**을 숙지할 필요가 있다(한혜경 외, 2021; 홍길회 · 김명연, 2021; 홍길회 · 정미자, 2021; 이윤옥, 2019; 홍순옥 외, 2018; 성미영 외, 2017; 이혜원 외, 2016; 최혜순 외, 2015; 서정현 외, 2010: 289-292; https://search.daum.net/search).

① 수두의 증상 및 대처법은 〈표 9-9〉와 같다.

〈표 9-9〉 수두의 증상 및 대처법

수두	내용
증상	무력증, 열, 두통, 오한이 나며, 얼굴과 가슴 등에 빨간 점이 생기고, 이점이 투명한 물집으로 되었다가 터지며, 갈색 딱지가 앉는다.
잠복 기간	14~17개월
전염 기간	발진이 나타나기 24시간 전부터 발진 후 6일째까지의 기간에 전염력이 가장 크며, 딱지가 떨어질 때까지는 전염될 수 있다. 딱지의 수분도 전염될 수 있다.
감염 경로	수두에 걸린 다른 아동이나 공기 중의 물방울, 환자의 분비물이 묻은 물질로 부터 감염된다.
대책	감염된 아동의 입이나 목으로부터의 분비물, 오염된 의류의 직접 접촉으로 전염되므로 모든 딱지가 떨어질 때까지 격리시켜 가정에서 치료받도록 해야 한다.

② 풍진(3일 홍역)의 증상 및 대처법은 〈표 9-10〉과 같다.

〈표 9-10〉 풍진의 증상 및 대처법

풍진	내용
증상	무력증, 열, 두통, 오한이 나며, 얼굴과 가슴 등에 빨간 점이 무력증, 열, 구토, 두통, 콧물, 얼굴과 목 위의 선홍색 점 등
잠복 기간	14~21일
전염 기간	증상이 나타나기 전부터 증상이 나타난 후 5일
감염 경로	직접적인 접촉이나 기침, 콧물, 배설물과의 접촉으로 감염된다.
대책	가장 좋은 대책은 예방접종이고 감염된 영아는 집단으로부터 격리하여 전염되는 것을 막아야 한다.

③ 홍역의 증상 및 대처법은 〈표 9-11〉과 같다.

〈표 9-11〉 홍역의 증상 및 대처법

홍역	내용
증상	열, 콧물, 마른기침, 눈이 충혈되고 시리며, 온몸에 발진
잠복 기간	8~13일
전염 기간	증상이 나타난 후부터 발진이 나타나고 4~5일까지
감염 경로	감염된 영아와의 접촉, 기침, 콧물, 감염된 물건과의 접촉으로 감염된다.
대책	예방접종이 가장 필수적이며, 감염된 영아는 발진이 나타나고, 5일간은 집단으로부터 격리되어 있어야 한다.

④ 간염(A형)의 증상 및 대처법은 〈표 9-12〉와 같다.

〈표 9-12〉 간염(A형)의 증상 및 대처법

간염	내용
증상	식욕부진, 두통, 열, 눈과 피부에 나타나는 황달, 관절통
잠복 기간	10~15일
전염 기간	증상이 나타나기 며칠 전부터 황달 증세가 나타난 후 수일 동안으로 7일을 넘지 않는다.
감염 경로	사람으로부터 감염되거나 침, 피, 감염된 음식, 우유 또는 물을 접촉하여 감염된다.
대책	개인의 위생에 중요하며, 배설물은 적절하게 버려야 하고, 감염된 영아나 성인은 집단에서 격리 수용하고 수혈을 하지 않아야 한다.

⑤ 뇌막염의 증상 및 대처법은 〈표 9-13〉과 같다.

〈표 9-13〉 뇌막염의 증상 및 대처법

뇌막염	내용
증상	갑작스러운 고열, 심한 두통, 구토, 경직된 목, 불안, 전신에 보라색 반점, 의식의 혼동
잠복 기간	약 16~18일
전염 기간	증상이 나타나기 2일 전부터 붓기 시작한 후 9일까지
감염 경로	감염된 사람과의 접촉이나 오염된 물건과의 접촉으로 감염
대책	모든 증상이 사라질 때까지 집단으로부터 격리시켜야 한다.

⑥ 성홍열의 증상 및 대처법은 〈표 9-14〉와 같다.

〈표 9-14〉 성홍열의 증상 및 대처법

성홍열	내용
증상	열, 무력감, 두통, 복통, 발진, 구토
잠복 기간	1~5일
전염 기간	치료만 되면 24시간 내에 전염성은 사라진다.
감염 경로	감염된 사람과의 직접적인 접촉으로 감염된다.
대책	감염된 사람은 처치가 시작된 뒤 24시간 동안 격리한다.

⑦ 결핵의 증상 및 대처법은 〈표 9-15〉와 같다.

〈표 9-15〉 결핵의 증상 및 대처법

결핵	내용
증상	피로감, 식욕 상실로 인한 체중 감소, 미열, 마른기침
잠복 기간	4~6주
전염 기간	감염되어 있는 동안 계속
감염 경로	공기를 통해 전염된다.
대책	활동성 결핵 유무를 파악하기 위해 피부검사와 방사선 검사를 실시하여 예방한다. 위생관리와 적절한 영양공급을 한다.

⑧ 유행성 감기의 증상 및 대처법은 〈표 9-16〉과 같다.

〈표 9-16〉 유행성 감기의 증상 및 대처법

유행성 감기	내용
증상	두통, 오한, 열, 토하기, 기침
잠복 기간	1~3일
전염 기간	증상이 나타나기 1일 전부터 증상이 나타나고 5일 후까지
감염 경로	감염된 영아나 사람 또는 감염된 물건과의 접촉으로 간염
대책	감염된 영아를 집단으로부터 격리시키고, 예방접종으로 감염을 막을 수 있다.

⑨ **농가진**의 증상 및 대처법은 〈표 9-17〉과 같다.

〈표 9-17〉 농가진의 증상 및 대처법

농가진	내용
증상	수포가 생기고 고름이 나기도 하며, 수포가 오그라들어 부스럼 딱지로 변한다.
잠복 기간	2~5일이지만 더 길어질 수도 있다.
전염 기간	물집이 생길 때부터 이것이 모두 나올 때까지이다.
대책	항생제로 치료가 되고, 영아는 부스럼 딱지가 모두 없어질 때까지 격리되어야 한다.

⑩ **결막염**의 증상 및 대처법은 〈표 9-18〉과 같다.

〈표 9-18〉 결막염의 증상 및 대처법

결막염	내 용
증상	눈의 흰자위가 불그스름하며, 찐득찐득한 눈곱이 흘러나와 부스럼 딱지를 형성한다.
잠복 기간	1~3일
전염 기간	며칠~3주까지로 전염될 가능성이 매우 많다.
감염 경로	감염된 눈으로부터 나온 분비물과의 직접적인 접촉 또는 눈곱으로부터 감염된 물건과의 접촉으로 전염된다.
대책	모든 증상이 사라질 때까지 가정에서 치료받도록 한다.

⑪ **유행성 이하선염**은 양쪽 또는 한쪽 이하선 종창이 특징이며, 흔히 무균성 수막염 및 감각신경난청이 합병되고, 청소년 및 성인에서는 고환염이 흔히 발생하는 질환으로, 전염력은 강하나 인플루엔자나 풍진과 비슷하고, 홍역이나 수두보다는 약하다. 감염경로는 비말 흡입, 구강분비물, 소변이며, 예방접종 시기는 MMR, 12~15개월에 1차, 4~6세 추가접종이 필요하다. 귀 밑이 붓기 시작한 후 9일까지 격리(종창 6일 전~9일 후까지)하여 대처해야 한다. MMR 예방접종 후에 생길 수 있는 이상 반응은 실제로 드물며, 접종 후 통증, 두통, 발열, 발진, 관절통, 일시적인 혈소판 감소증 등 이상 반응과 뇌염, 뇌신경마비 등의 신경학적 이상 반응이 나타날 수 있다. 재접종 후에 오는 이상 반응은 초회 접종 시와 비슷하나, 재접종 시에는 대부분

면역상태에 있기 때문에 이상 반응의 발생빈도는 낮다.

⑫ **Rotavirus**(로타바이러스) **및 기타 바이러스 장염**의 주요 증상은 설사이며, 5세 미만 유아에게서 중복 감염이 나타나고, 주로 겨울에서 봄철까지 많이 나타난다. 감염경로는 구강 분비물과 분변에 의해 일어나며, 설사를 일으키는 원인에는 세균 및 기생충 등 다양하며, 바이러스에는 로타바이러스, 아스트로바이러스, 장아데노바이러스 및 칼리시바이러스 등이 있다. 로타바이러스는 전 세계 영유아에게 발생하는 심한 위장염의 가장 흔한 원인으로, 그 발생률은 선진국과 후진국과의 차이가 거의 없으며, 미국에서도 95%의 어린이들이 5세가 될 때까지 적어도 한 번은 로타바이러스 장염에 감염되는 것으로 보고되고 있다.

⑬ **중이염**은 대부분의 중이염은 감기의 합병증으로 생기지만, 알레르기성 비염이나 주위의 여러 가지 공해 물질도 원인이 될 수 있다. 통계에 따르면 3세까지 중이염을 앓은 경험이 있는 아이가 80%에 이를 정도로 많고, 다른 합병증에 비해 발생 횟수도 늘어나는 추세다. 이처럼 중이염이 많은 이유는, 아이들의 경우 귀 내부에 있는 이관이 어른에 비해 짧고 넓은 반면 각이 지지 않아 감염이 잘되기 때문이다. 감기, 알레르기, 담배 연기 같은 자극으로 이관이 부어오르면 고막 주위에 염증이 생기는 중이염이 발생한다. 또한 중이염에 걸리면 39℃ 이상의 고열이 나고, 밤에 유난히 보채며, 젖을 먹으면 토하기도 한다. 또 귀를 만지면 자지러지게 운다. 열이나 귀의 통증이 없는 중이염도 있는데, 대개 감기가 오래된 상태에서 발견된다. 고막이 파열되었거나 중이염이 만성화되면 귀에서 고름이 나오고, 잘 못 듣는 난청 증상을 보이기도 한다. 그리고 급성 중이염일 경우에는 바로 병원을 찾아 치료를 받는 것이 중요하다. 대개는 적절한 항생제와 소염제, 항히스타민제 등을 사용해 치료한다. 이때 중요한 것은 1~2주 이상 꾸준히 치료를 받아야 한다는 것이다. 열이 떨어지고 통증이 없어졌다고 치료를 멈추면 남아 있는 염증이 다시 악화되거나 만성 중이염으로 발전할 수 있고, 심하면 청력이 손상된다. 또 중이염은 재발 가능성이 높으므로 감기에 걸렸을 경우 반드시 의사의 진료를 받는 것이 좋다.

⑭ **디프테리아, 백일해, 파상풍**이다. 디프테리아, 백일해, 파상풍은 DTaP 예방접종을 통해 예방할 수 있다. 모든 영유아를 대상으로 생후 2, 4, 6개월에

3회 기초 접종을 하고, 생후 15~18개월과 만 4~6세 때 각각 1회 추가 접종을 한다. i) 디프테리아는 디프테리아균에 의해서 발생하는 급성, 호흡기 전염병이며, 신체접촉이나 호흡기를 통해 사람에서 사람으로 전파된다. 증상은 목 안의 통증으로 음식을 삼킬 때 통증을 느끼고, 식욕이 없고, 약간의 열이 난다. ii) 백일해는 백일해균에 의한 호흡기 감염질환으로 여름과 가을에 많으며, 전염성이 매우 높다. 기침이나 재채기에 의한 호흡기 전파가 주된 경로로 사람에서 사람으로 전파도 된다. 초기에는 콧물, 재채기, 미열, 기침 등의 감기와 비슷한 증상이 발생하며, 기침이 점차적으로 심해져 2~3주간 더 지속되다가 전진적으로 회복기로 접어들게 된다. iii) 파상풍은 파상풍균이 생산하는 독소에 의해 전신의 근육이 뻣뻣하게 되어 움직이지 못하고 호흡을 못 하게 되는 사망률이 높은 질병이다. 파상풍균은 흙이나 녹슨 쇠에 의해 오염된 상처를 통해 전파된다.

⑮ **폴리오**는 소아에게 다리 마비를 일으키는 질병으로 흔히 소아마비로 알려져 있다. 사람에서 사람으로의 직접 감염이 대부분이며, 모든 영유아를 대상으로 생후 2, 4, 6개월에 3회 기초 접종을 하고, 만 4~6세 때 1회 추가 접종을 한다.

⑯ **폐렴구균**(Streptococcus pneumoniae)은 급성 중이염, 폐렴 및 균혈증, 수막염 등 침습성 감염을 일으키는 주요 원인균 중의 하나이며, 폐렴구균에 의한 침습성 감염은 영아 및 어린 소아와 65세 이상의 고령자에서 발생빈도가 높다. 그리고 정상인이나 환자의 상기도에 있는 폐렴구균은 직접 접촉이나 기침이나 재채기로 전파된다. 또한 폐렴구균에 의한 감염은 비침습성 감염(부비동염, 중이염, 폐렴 등)과 침습성 감염(수막염, 균혈증 등)으로 구분되며, 성인에서는 폐렴이 가장 흔하고 소아에서는 중이염, 부비동염, 폐렴 및 패혈증 등이 흔히 나타난다. 그리고 페니실린의 내성 정도와 감염 부위를 고려하여 적절한 항생제 치료가 필요하며, 아울러 폐렴구균 예방접종을 통해 폐렴구균에 의한 감염증 발생을 줄일 수 있다.

⑰ **수막구균**은 수막구균(Neisseria meningitidis)에 의한 급성 감염병으로, 수막염과 패혈증을 일으키는 중증 질환이다. 환자나 건강한 보균자의 비강인두에 집락하고 있다가 비말이나 분비물을 통해 전파된다. 그리고 수막구균은 수막염과 패혈증, 기타 감염을 일으키며, 특히 다른 병원균에 비해 수

막염을 일으키는 빈도가 높다. 그리고 수막구균 패혈증은 수막염의 증상이 없으면서 혈액에서 수막구균이 발견되는 경우로 피부에 출혈 소견이 동반되기도 하며, 24시간 이내에 사망하기도 한다. 기타 감염으로는 폐렴, 관절염, 후두개염, 중이염, 심낭염 등이 있으나 수막구균 감염증의 특징적인 증상 없이 해당 부위 검체에서 수막구균이 확인된 경우로 볼 수 있다. 특히 초기에 항생제 치료가 중요하며, 또한 수막구균 예방접종을 통해 예방이 가능하다. 수막구균 예방접종은 국가 예방접종에 포함되지 않으며, 수막구균 감염 위험이 높은 대상자에게 접종이 권고되므로 의사와 상의한 후 접종 여부를 결정하도록 한다.

먼저 접종대상으로는 i) 수막구균 감염 위험이 높은 고위험군, ii) 보체(補體) 결핍, iii) 수막구균을 다루는 실험실 종사자 등이며, 또한 접종시기는 멘비오(Menveo)는 생후 2개월~23개월 이하, 메낙트라(Menactra)는 생후 9개월~23개월 이하이다. 접종 시기 및 접종 횟수 등 세부사항은 접종기관의 의사와 상담하는 것이 좋으며, 예방접종 후의 이상 반응으로는 수막구균 예방접종 후에 생길 수 있는 국소 이상 반응에는 접종 부위 발적, 부종, 동통이 있으며, 전신 이상 반응으로 미열, 무기력 등이 나타날 수 있고 매우 드물게 아나필락시스, 단백 결합 백신 접종 후 길랑-바레 증후군(Guillain-Barré Syndrome)이 나타날 수 있다.

제3절 영유아 안전관리 행정

영유아 안전관리 행정에는 안전관리의 개념과 영역, 대상별 안전교육, 유아 안전지도의 교수방법, 유아 안전교육의 영역, 영유아 교육기관의 안전점검 대상 등에 대해서 기술하고자 한다(이대균 외, 2011: 191-208; 서정현, 2010: 302-310; 신화식 외, 2010: 147-149; 이인원 외, 2011: 214-235; 성영혜 외, 2006: 183-193; 김익균 외, 2009: 136-147; 임재택, 2005: 265-269).

1. 안전관리의 개념과 영역

1) 안전관리의 개념

유아 교육기관에서 안전관리란 사고의 요인이 되는 물리적 환경의 정비와 유아의 행동 위험을 조기에 발견하여 위험 요소를 지체 없이 제거하거나, 유아가 스스로 안전하게 행동하고 위험을 인식하는 능력을 길러주는 안전교육을 실시하여 유아가 재해를 당할 위험이 없는 상태로 만드는 일이다. 여기서 물리적 환경의 정비는 시설 및 설비의 구조적 결함, 재질의 부적합, 부속품의 이탈과 마모 등을 조사하고 본래의 기능을 다 할 수 있도록 개선하는 일로써 안전점검이라는 활동으로 실천된다. 유아의 행동 위험을 조기에 발견하는 일은 유아의 심리적 변화를 파악하고, 위험한 행동을 미리 예측하고 사고를 방지하는 일이다. 그리고 유아 교육기관의 목적이 유아의 전인발달을 이루는 것인데 아무리 훌륭한 교육프로그램을 가지고 유아를 가르친다 해도 안전에 문제가 있다면 교육프로그램으로서의 가치를 상실하는 것이다. 먼저 안전이 충족되어야 그다음 단계의 욕구를 충족시키는 것이 의미가 있게 된다. 이러한 맥락에서 유아 교육기관 안전관리는 교육기관으로서 역할을 충실히 수행하기 위해서 매우 중요한 활동이다.

2) 영유아 안전관리영역

영유아의 안전한 생활을 위해서는 유아가 스스로 안전하게 생활해 나갈 수 있도록 안전에 대한 지식과 기술, 태도를 가르쳐야 한다. 한편으로 영유아는 자기 주변의 불안전한 요인을 관리할 수 없고 불안전을 인식할 수 없기 때문에 성인의 관리가 반드시 필요하다. 즉 영유아가 생활하는 모든 공간에 대한 안전에 위협이 되는 요소를 제거하고 안전하게 생활할 수 있도록 교사는 심리적인 안정을 지도하고 행동을 감독할 임무가 있다. 〈표 9-19〉는 유아 교육기관에서 안전관리영역을 제시한 것이다.

〈표 9-19〉 유아 교육기관에서 안전관리영역

영역			내용
안전교육	안전학습		• 지식, 기술, 태도 증진
	안전지도		• 생활 안전 • 체험, 현장학습 안전 • 등원 귀가 시 안전 • 대피훈련, 소방훈련
안전관리	대인관리	심리관리	• 정서안정 • 일상적 행동관찰
		생활관리	• 유아 교육기관 생활 • 가정생활
		체제관리	• 긴급 상황 시 구급체제 • 교직원의 협력체제
	대물관리	환경관리	• 시설 안전점검 • 안전기구 관리(소화기, 승강기, 가스경보기 등)
	안전사무		• 사고일지 • 보험가입 • 안전교육 및 훈련계획 • 실적보고 • 구급상자 관리 • 차량운행일지
지역사회 협력			• 유아 교육기관, 가정·지역사회와의 연계

출처: 이인원 외(2010). 유아 교육기관 운영관리. 경기: 양서원, p. 216.

2. 영유아에 대한 안전교육

영유아 안전교육은 교통안전교육, 약물 오남용 교육, 재난 대비 교육, 성폭력 예방 교육, 실종 및 유괴의 예방·방지 교육 등이 포함된다. 영유아에 대한 안전교육의 기준은 〈표 9-20〉과 같다.

〈표 9-20〉 안전교육 기준(아동복지법 제31조 제1항 및 동법 시행령 제28조 제1항)

구분	성폭력 및 아동학대 예방 교육	실종·유괴의 예방·방지 교육	감염병 및 약물의 오용·남용 예방 등 보건위생관리 교육	재난대비 안전교육	교통안전교육
실시 주기 (총 시간)	6개월에 1회 이상 (연간 8시간 이상)	3개월에 1회 이상 (연간 10시간 이상)	3개월에 1회 이상 (연간 10시간 이상)	6개월에 1회 이상 (연간 6시간 이상)	2개월에 1회 이상 (연간 10시간 이상)
교육 내용	1. 내 몸의 소중함 2. 내 몸의 정확한 명칭 3. 좋은 느낌과 싫은 느낌 4. 성폭력 예방법과 대처법	1. 길을 잃을 수 있는 상황 이해하기 2. 미아 및 유괴 발생 시 대처방법 3. 유괴범에 대한 개념 4. 유인·유괴 행동에 대한 이해 및 유괴 예방법	1. 감염병 예방을 위한 개인위생 실천습관 2. 예방접종의 이해 3. 몸에 해로운 약물 위험성 알기 4. 생활 주변의 해로운 약물·화학제품 그림으로 구별하기 5. 모르면 먼저 어른에게 물어보기 6. 가정용 화학제품 만지거나 먹지 않기	1. 화재의 원인과 예방법 2. 뜨거운 물건 이해하기 3. 옷에 불이 붙었을 때 대처법 4. 화재 시 대처법 5. 자연재난의 개념과 안전한 행동 알기	1. 차도, 보도 및 신호등의 의미 알기 2. 안전한 도로 횡단법 3. 안전한 통학버스 이용법 4. 바퀴 달린 탈것의 안전한 이용법 5. 날씨와 보행안전 6. 어른과 손잡고 걷기
교육 방법	1. 전문가 또는 담당자 강의 2. 장소·상황별 역할극 실시 3. 시청각교육 4. 사례분석	1. 전문가 또는 담당자 강의 2. 장소·상황별 역할극 실시 3. 시청각교육 4. 사례분석	1. 전문가 또는 담당자 강의 2. 시청각교육 3. 사례분석	1. 전문가 또는 담당자 강의 2. 시청각교육 3. 실습교육 또는 현장학습 4. 사례분석	1. 전문가 또는 담당자 강의 2. 시청각교육 3. 실습교육 또는 현장학습 4. 일상생활을 통한 반복지도 및 부모교육

출처: 아동복지법시행령 제28조 제1항[시행 2022. 2. 18.] [대통령령 제32447호, 2022. 2. 17., 타법개정]

3. 유아 안전지도의 교수방법

유아 안전지도의 교수방법은 설명 및 시연, 토의, 문제해결, 역할놀이, 모델링, 시뮬레이션 등에 대해서 알아보고자 한다(이인원 외, 2011: 217-218).

① **설명 및 시연이다.** 교사가 유아에게 직접 설명하거나 시범 보이기, 현장학습, 실행연습, 반복학습과 같은 형태로 이루어지는 교수형태이다.

② **토의이다.** 특정 주제에 대해 서로 의견을 교환함으로써 문제를 해결해 가는 것으로 유아는 토의에 참가함으로써 자신의 생각을 정리하고 타인의 생각을 알게 되며 안전과 관련 있는 갈등 상황에서의 문제를 파악하고 이해를 하게 된다.

③ **문제해결이다.** 유아의 논리적 추론능력을 길러 줌으로써 안전문제해결사고와 능력을 길러주고자 하는 탐구식 교수방법이다. 예를 들어, 안전에 관련된 갈등 상황을 비디오로 제시하고 해결책을 유추하도록 함으로써 유아가 직접 경험하지 않은 가설 상황에서의 문제해결 능력을 향상시키는 경험을 제공하는 것이다.

④ **역할놀이이다.** 역할놀이는 타인의 역할을 경험해 봄으로써 자신과 타인을 이해하는 데 도움을 주는 극화된 놀이활동이다. 유아는 역할놀이를 통하여 위험 상황에 대한 인과관계를 배워나감으로써 안전기술을 습득하게 된다.

⑤ **모델링이다.** 인간행동은 직접적인 경험을 통해서 학습될 뿐만 아니라 다른 사람들의 경험을 관찰함으로써 습득되고 촉진될 수 있다. 유아들에게 화재에 대비한 대피훈련을 비디오로 보여주어 화재에 대한 안전행동을 습득하도록 할 수 있다.

⑥ **시뮬레이션이다.** 이것은 실제와 가장 유사한 상황에서 간접적으로 경험을 쌓게 함으로써 실제 현장에서 우연히 발생할 수 있는 돌발사태에서 유아들이 안전하게 행동하도록 한다. 이 방법은 실제 상황은 유아들에게 위험하거나, 직접경험을 할 기회가 불가한 경우에 컴퓨터 가상현실 프로그램이나 모의설비를 통하여 교수하는 것이다.

4. 유아 안전교육의 영역

유아들이 안전하게 생활하기 위해서는 모든 생활환경에서 유아들이 자주 이용하는 시설, 장소, 물질 그리고 생활 사태에서 발생 가능한 모든 불안전 요인들이 포함되어야 한다. **유아 안전교육**은 놀이 안전교육, 시설과 설비에 대한 안전교육, 교통 안전교육, 위험한 장소에 대한 안전교육, 위험한 물질에 대한 안전교육, 유괴, 미아사고 및 성폭력에 대한 안전교육, 스포츠 안전교육, 환경 및 공해에 대한 안전교육, 화재 및 화상에 대한 안전교육(소방교육), 동물이나 곤충에 대한 안전교육, 유괴사고 방지, 아동학대에 대한 안전교육 등이 있다(김익균 외, 2009; 서정현, 2010; 이인원 외, 2011).

첫째, 놀이 안전교육이다. 놀이는 유아들의 생활이며, 놀이에 사용되는 여러 가지 장난감이나 놀이기구를 잘못 사용하여 발생하는 안전사고의 예방을 위해서는 안전한 환경과 놀잇감을 제공해 주어야 하며 안전하게 놀이할 수 있도록 적절한 지식, 기술, 태도를 길러 주어야 한다.

둘째, 시설과 설비에 대한 안전교육이다. 안전사고는 유아들이 생활하는 모든 환경에서 일어날 수 있으므로 유아들이 생활하는 환경은 가능한 한 안전하게 설계되고 관리되어야 하며 유아들이 실내외서 접할 수 있는 여러 가지 시설과 설비를 안전하게 이용하는데 필요한 지식, 기술, 태도를 길러 주어야 한다.

셋째, 교통 안전교육이다. ① 견학 시 안전교육이다. 견학은 지역사회의 기관이나 시설, 공원 등을 걸어서 가는 것으로 계획하는 것이 바람직하다. 견학에 대한 안전교칙을 주의 깊게 계획하고 교사는 사전답사를 통하여 장애물과 소요시간 등을 점검해 보아야 한다. ② 차량 안전관리(차량을 운행하는 경우)이다. 유아교육기관에서는 차량을 통해 등하원을 하는 경우가 많다. 차량운행은 의무사항이 아니며, 차량을 운행하고자 할 경우에는 도로교통법에서 규정하고 있는 어린이 통학버스 신고요건을 구비하여 관할 경찰서장에게 신고하면 신고필증을 교부받아야 한다. i) 운전기사는 채용 시 건강진단서를 제출한다. ii) 차량 내부에 안전수칙을 부착하고, 차량용 소화기 및 구급상자를 비치해야 하며, 차량 안전 점검표에 의한 안전점검을 실시한다. iii) 차량운행 시 보육교사 등 교사가 동승해야 하며, 36개월 미만 영아는 보호자가 동반하거나 보호장구를 착용하는 것을 원칙으로 한다. iv) 교사와 영유아는 차량운행 시작 전 안전벨트를 착용한다. v) 운전자는 영유아가 어린이 통학버스를 타고 내리는 때에 영유아가 좌석에 앉은 것과 보도 또는 길 가장자리 구역 등 자동차로부터 안전한 장소에 도착한 것을 확인한 후에 어린이 통학버스를 출발시켜야 한다. vi) 운전자는 음주, 휴대폰 또는 이어폰 사용 등 운전 판단능력에 영향을 미치는 행위를 해서는 안 된다. vii) 귀가 차량운행 시 영유아를 안전하게 보호자에게 인도해야 한다.

넷째, 위험한 장소에 대한 안전교육이다. 유아들의 안전사고는 어느 곳에서나 발생할 수 있으나 차도나 높은 건물의 베란다 등 특별히 위험한 곳에서 많이 발생한다. 유아들이 높은 곳, 미끄러운 곳, 기타 위험한 곳을 스스로 인식하고 적절히 행동할 수 있도록 교육하여야 한다.

다섯째, 위험한 물질에 대한 안전교육이다. 주변 환경에 대해 호기심이 많은 유아들은 처음 보는 사물을 입으로 탐색함으로써 그 호기심을 만족시키려 한다. 만약의 경우 빨거나 마셔도 해가 되지 않는 것들로 환경이 구성되어야 하며 위험한 물건들은 유아들의 손이 닿지 않는 곳에 보관하고, 주변의 유독성 물질, 흡입할 수 있는 이물질, 그 외 위험을 유발할 수 있는 물건들을 인식하고 그러한 물질에 대한 통제력이나 다루는 기술을 갖도록 해야 한다.

여섯째, 유괴, 미아 사고 및 성폭력에 대한 안전교육이다. 부모의 부주의에서 일어나는 미아사고나 나쁜 어른들에 의해 계획적으로 일어나는 유괴나 성폭력 등의 사고 방지를 위해서는 세심한 주의와 함께 유아들에게 유괴, 미아사고 및 성폭력의 가능성을 알려주고, 사고를 예방할 수 있는 방법과 만약의 경우 사고에 대처하는 방법을 알려주어 유아 스스로도 자신을 지킬 수 있도록 해야 한다.

일곱째, 스포츠 안전교육이다. 유아들이 쉽게 경험하는 자전거, 수영, 롤러스케이트 등의 스포츠를 안전하게 즐길 수 있는 기능을 익히고 그에 필요한 규칙을 지키도록 한다.

여덟째, 환경 및 공해에 대한 안전교육이다. 유아들도 환경오염과 자연재해로부터 자신을 보호하는 방법을 알고, 환경을 보호하는 태도를 기르며, 환경의 훼손을 막을 수 있는 여러 가지 방법을 알아야 한다. 수질오염, 대기오염, 토양오염 등의 자연재해에 대한 예방과 대처방법 등의 내용을 교육하여야 한다.

아홉째, 화재 및 화상에 대한 안전교육(소방교육)**이다.** 유아 교육기관에서는 유아의 안전을 위해 화재사고 예방을 위한 시설 및 설비(소화기, 비상구, 화재경보기 등)를 설치하고 정기적으로 점검하며, 화재 시 대피방법을 도표화하여 각 출구마다 게시한다. 또한 대피훈련을 정기적으로 실시하여 유아가 대피방법을 기억할 수 있도록 하는 것이 좋다. 가끔은 사전 통보 없이 실시한다. 교사는 소방훈련을 하기 전에 유아들과 소방훈련에 대해서 토론시간을 갖도록 하며, 이때 유아와 소통할 수 있는 안전규칙으로는 ① 하고 있던 것을 그대로 둔 채 조용히 문 쪽으로 간다. ② 떠밀지 않는다. ③ 교사의 지시를 듣기 위해 조용히 한다. ④ 만약 복도나 계단에 연기가 가득 찼다면 다른 통로를 택한다. ⑤ 열기와 유독가스를 피하기 위해 몸을 바닥에 가깝게 한다. ⑥ 옷에 불이 붙었을 때에는 즉시 움직임을 멈추고 불이 꺼질 때까지 바닥에서 뒹군다. ⑦ 미리 만나기로 정해진 장소로 조용히 이동한다. ⑧ 지시 없이 다시 건물로 돌아가지 않는다.

열째, 동물이나 곤충에 대한 안전교육이다. 유아들은 동물이나 곤충의 위험성을 잘 모르며, 오히려 상상의 세계에서 이러한 것들을 친구로 여기기 때문에 아무런 경계 없이 접근하여 손상을 입거나 동물이나 곤충이 가진 바이러스에 의해 질병에 감염될 가능성이 의외로 크다. 유아들에게 해를 끼칠 수 있는 동물이나 곤충에 대해 알려주고 이들을 안전하게 대하는 방법을 가르쳐 주어야 한다.

열한째, 유괴사고 방지이다. 유아가 일단 유아 교육기관에 오면 집에 갈 때까지는 유아 교육기관에서 모든 책임을 져야 한다. 교사는 데리러 온 사람을 잘 확인하고 인계하여 유아가 언제 누구와 귀가하였는지를 확실하게 알고 있어야 한다. 데리러 오는 사람이 변경되었을 때는 사전에 데리러 가는 사람의 성별, 연령, 유아와의 관계 등을 알리도록 입학 시 부모교육시간에 알려준다.

열둘째, 아동학대에 대한 안전교육이다. 영유아보육법에서 명시하고 있는 아동학대의 유형을 살펴보면 다음과 같다. ① **신체학대이다.** i) 보호자를 포함한 성인이 아동에게 우발적 사고가 아닌 상황에서 의도적으로 신체 손상을 입히거나 신체 손상을 입도록 한 모든 행위, ii) 물건을 사용하여 때리거나 던지는 행위, 떠밀고 움켜잡는 행위, 발로 차거나 물어뜯고 주먹으로 치는 행위, 칼 등의 흉기로 위협을 하거나 저해하는 행위, 12개월 이하의 영아에게 가해진 체벌 등이다. ② **정서학대이다.** i) 보호자나 양육자가 아동에게 행하는 언어적 모욕, 정서적 위협, 감금이나 억제, 기타 가학적인 행위, ii) 아동의 인격이나 감정 및 기분을 심하게 무시하거나 모욕하는 행위, 좁은 공간에 장시간 혼자 가두어 놓은 행위, 원망적·거부적·적대적 또는 경멸적인 언어폭력 등이다. ③ **성 학대이다.** i) 성인이 자신의 성적 충족을 목적으로 미성숙한 아동과 함께하는 모든 성적 행위, ii) 성적 유희, 성기 및 자위행위 장면의 노출, 포르노 비디오를 아동에게 보여주는 행위, 성기 삽입, 성적 접촉, 강간 등과 같은 접촉 행위, 아동 매춘이나 매매 등의 행위 등이다. ④ **방임이다.** i) 보호자가 아동에게 고의적, 반복적으로 아동 양육 및 보호를 소홀히 함으로써 아동의 정상적인 발달을 저해할 수 있는 모든 행위, ii) 기본적인 의식주를 제공하지 않거나 불결한 환경 및 위험한 상태에 아동을 방치하는 물리적 방임, 아동을 학교에 보내지 않거나 아동의 교육적 욕구를 소홀히 하는 교육적 방임, 아동에게 필요한 의료적 처치 및 예방접종 등을 실시하지 않는 의료적 방임 등이다. ⑤ **유기이다.** 아동 유기는 성인의 보호감독을 받아야 하는 아동을 버리는 행위를 의미한다. 아동학대 피해아동을 발견할 경우 전국의 아동보호전문기관(아동학대예방센터)으로 신고해야 한다.

5. 국가수준의 교육과정과 안전교육의 실제

표준보육과정은 영아가 건강하고 안전하게 생활할 수 있도록 돕는 것을 목표로 한다. 영아에게는 일상에서 환경의 변화에 적응하는 데 필요한 건강하고 안전한 생활을 지속적으로 경험하는 것이 중요하다. 아울러 위험한 상황에 대처하는 방법들을 배울 수 있도록 지원해야 한다. 표준보육과정을 통해 영아는 자신의 소중함을 알게 되고, 건강하고 안전한 환경에서 즐겁게 생활하는 경험을 하며 건강한 사람으로 성장해 나간다(제4차 어린이집 표준보육과정).

〈표 9-21〉 **표준보육과정 목표(안전 내용)**

구분	목표
0~2세 보육과정	자신의 소중함을 알고, 건강하고 안전한 환경에서 즐겁게 생활한다.
3~5세 보육과정(누리과정)	자신의 소중함을 알고, 건강하고 안전한 생활 습관을 기른다.

표준보육과정은 영유아가 자신의 소중함을 알고, 건강하고 안전하게 생활할 수 있도록 돕는 것을 목표로 함.
영유아는 놀이를 통해 몸을 마음껏 움직이며 자신의 감정과 욕구에 귀를 기울여 조절하는 경험을 하며, 또한 영유아에게 일상에서 환경의 변화에 적응하는 데 필요한 건강하고 안전한 생활을 지속적으로 경험하는 것이 중요하다. 그리고 표준보육과정을 통해 영유아는 자신의 소중함을 일게 되고, 건강하고 안전한 환경에서 즐겁게 생활하는 경험을 하며 건강한 사람으로 성장해 나간다.

1) 0~1세, 2세 표준보육과정과 안전교육

0~1세 목표는 '건강하고 안전한 일상생활을 경험한다'에서 영역별 안전교육 목표인 '안전한 일상생활을 경험한다.'로서 내용은 '안전한 상황에서 놀이하고, 생활한다. 안전한 상황에서 교통수단을 이용해 본다. 위험하다는 말에 주의한다.'를 포함하고 있다.

2세는 '건강하고 안전한 생활 습관의 기초를 형성한다.'에서 영역별 안전교육 목표인 '안전한 생활 습관의 기초를 형성한다.'로서 내용은 '일상에서 안전하게 놀이하고 생활한다. 교통수단을 안전하게 이용해 본다. 위험한 상황에 대처하는 방법을 경험한다.'를 포함하고 있다.

〈표 9-22〉 0~1세, 2세 표준보육과정과 안전교육

구분		0~1세(기본생활 〉 안전하게 생활하기)	2세(기본생활 〉 안전하게 생활하기)
영역별 목표		건강하고 안전한 일상생활을 경험한다. • 안전한 일상생활을 경험한다.	건강하고 안전한 생활 습관의 기초를 형성한다. • 안전한 생활 습관의 기초를 형성한다.
내용 범주	안전하게 생활하기	안전한 상황에서 놀이하고 생활한다. • 0~1세 영아가 안전한 상황에서 놀이하고 생활하도록 하는 내용	일상에서 안전하게 놀이하고 생활한다. • 2세 영아가 안전한 상황과 장소에서 놀이 및 일상생활을 하고 주변의 위험 요소에 주의를 기울이거나 이를 조심하여 안전하게 지내도록 하는 내용
		안전한 상황에서 교통수단을 이용해 본다. • 0~1세 영아가 차량으로 이동할 경우 안전장구를 착용하고 안전하게 이용하는 경험을 하도록 하는 내용	교통수단을 안전하게 이용해 본다. • 2세 영아가 안전한 교통수단을 안전하게 이용해 보는 경험을 통해 교통수단의 위험을 인식하고 사고위험으로부터 자신을 보호하는 안전습관의 기초를 형성하는 내용
		위험하다는 말에 주의한다. • 0~1세 영아가 위험하다는 말을 듣고 이에 반응을 보이며 주의할 수 있도록 하는 내용	위험한 상황에 대처하는 방법을 경험한다. • 2세 영아가 사고, 화재, 재난 등 위험한 상황에서 어른의 지시에 따라 대피하거나 대처하는 방법을 경험해 보도록 함으로써 비상시 대처능력의 기초를 형성하는 내용

영유아기관에서 영아와 안전하게 생활하기 위하여 교사의 지도법은 다음과 같다(성미영 외, 2020).

① 안전점검표에 따라 정기적으로 보육실 위험요인을 점검하고, 위험 요소를 제거하거나 안전장치를 하여 보육환경을 조성한다.
② 놀이 중 안전사고를 예방하기 위하여 지속적으로 영아를 관찰하고, 놀이규칙을 알려주어 영아가 위험한 행동을 하지 않도록 지도한다.
③ 영아에게 응급상황이 발생하였을 경우 가족과 관련 기관에 신속하게 연락하고 적절한 조치를 취한다.
④ 정기적으로 소방훈련, 교통안전교육, 실종 및 유괴 예방교육, 약물 오남용 예방교육, 재난대비 안전교육, 성폭력 예방교육 등을 실시한다.
⑤ 영아가 길을 잃거나 낯선 사람을 따라가지 않도록 하고 자신의 몸을 소중히 여기도록 지도한다.
⑥ 영아에게 응급상황이 발생했을 때 부모와 관련 기관에 신속하게 연락하고 적절한 조치를 한다.

2) 3~5세 누리과정과 안전교육

3~5세는 ‘실내외에서 신체활동을 즐기고, 건강하고 안전한 생활을 한다.’에서 영역별 안전교육 목표인 ‘안전한 생활 습관을 기른다.’로서 내용은 ‘일상에서 안전하게 놀이하고 생활한다. TV, 컴퓨터, 스마트폰 등을 바르게 사용한다. 교통 안전규칙을 지킨다. 안전사고, 화재, 재난, 학대, 유괴 등에 대처하는 방법을 경험한다.’를 포함하고 있다. 또한 유아가 안전하게 놀이하고 생활하며, 자주 접하는 TV, 컴퓨터, 스마트폰을 바르게 사용하고, 안전하게 다닐 수 있도록 교통 안전규칙을 지키며, 안전사고, 화재, 재난, 학대, 유괴 등의 위험한 일이 발생하였을 때 도움을 요청하거나 대처할 수 있는 방법을 경험하는 내용이다(정재경 · 송민서 · 이현아, 2021).

누리과정에서 ‘안전하게 생활하기’ 내용은 유아가 안전하게 놀이하고 생활하며, 자주 접하는 TV, 스마트폰, 컴퓨터를 바르게 사용하고 안전하게 다닐 수 있도록 교통 안전규칙을 지키며, 안전사고, 화재, 재난, 학대, 유괴 등의 위험한 일이 발생하였을 때 도움을 요청하거나 대처할 수 있는 방법을 경험하는 내용을 포함하고 있다.

〈표 9-23〉 3~5세 누리과정과 안전교육

구분		3~5세(기본생활 〉 안전하게 생활하기)
영역별 목표		실내외에서 신체활동을 즐기고, 건강하게 안전한 생활을 한다.
내용 범주	안전하게 생활하기	일상에서 안전하게 놀이하고 생활한다. • 유아가 일상에서 위험한 장소, 상황, 도구 등을 알고 안전한 놀이방법과 놀이 규칙을 지키며 놀이하고 생활하는 내용
		TV, 컴퓨터, 스마트폰 등을 바르게 사용한다. • 유아가 일상에서 자주 접하는 TV, 컴퓨터, 스마트폰 등을 필요한 상황에서 적절하게 사용하며, 바른 자세로 이용하는 내용
		교통 안전규칙을 지킨다. • 유아가 안전한 보행 및 도로 횡단, 교통기관의 안전한 이용 등 교통 안전규칙을 알고 실천하는 내용
		안전사고, 화재, 재난, 학대, 유괴 등에 대처하는 방법을 경험한다. • 유아가 안전사고, 화재, 학대, 유괴 등의 위험에 처한 상황을 알고, 주변에 도움을 요청하는 방법을 배우며, 평소 훈련에 따라 대피하는 연습을 하는 등의 안전교육과 관련된 내용

영유아 교육기관에서 유아와 안전하게 생활하기 위하여 교사의 지도법은 다음과 같다(성미영 외, 2020).

① 안전점검표를 통해 실내, 실외 위험을 확인하고, 위험요인을 제거하여 안전한 보육활동을 제공한다.

② 유아가 안전 지식을 지니고 안전 습관을 형성하고 안전 기술을 습득할 수 있도록 안전교육을 정기적으로 실시한다.

③ 유아는 운동 능력과 지각 판단능력이 미숙하기 때문에 놀이 상황에서 자신과 타인에게 위험이 되는 행동을 할 수 있다는 점을 고려하여 유아를 주의 깊게 감독한다.

④ 유아가 학대나 유괴, 성폭력이 무엇이며 어떻게 발생하는지를 알고 위험한 상황에서 적절하게 대처할 수 있도록 정기적, 반복적으로 지도한다.

⑤ 정기적으로 소방훈련, 교통 안전교육, 실종 및 유괴 예방교육, 약물 오남용 예방교육, 재난대비 안전교육, 성폭력 예방교육 등을 실시하고 유아가 안전교육의 중요성을 알고 교육에 적극적으로 참여하도록 격려한다.

⑥ 교통수단의 이용에 따른 위험을 알고 안전하게 이용하도록 하며 차량보호 장구의 중요성을 알고 착용하도록 한다.

⑦ 유아에게 응급상황이 발생하였을 때 부모와 관련 기관에 신속하게 연락하여 적절한 조취를 취한다.

연습 및 탐구문제

1. 영유아기 영양의 특징에 대하여 생각해 봅시다.

2. 영유아들의 바람직한 식생활 습관형성에 대하여 토론해 봅시다.

3. 영유아 안전교육 기준에 대하여 정리해 봅시다.

4. 유아 안전지도의 교수방법에 대하여 기술해 봅시다.

5. 유아 안전교육의 영역을 정리해 봅시다.

CHAPTER 10

영유아 보육정책과 제도

학습목표

1. 영유아보육법의 주요 내용과 변천에 대하여 설명할 수 있다.
2. 유아교육법과 영유아보육법을 비교할 수 있다.
3. 아동복지시설의 형태에 대하여 제시할 수 있다.
4. 한부모가족복지시설의 형태를 설명할 수 있다.
5. 장애인복지시설의 형태를 열거할 수 있다.
6. 국민기초생활보장법의 형태를 기술할 수 있다.
7. 보육정책의 접근방식을 설명할 수 있다.
8. 외국(독일, 프랑스, 영국, 미국, 스웨덴, 일본)의 보육제도와 정책에 대하여 이해할 수 있다.

Keyword

영유아보육법, 보편주의 보육이념, 아동복리법, 유아교육진흥법, 남녀고용평등법, 새마을유아원, 아동복지법, 유아교육법, 한부모가족지원법, 장애인복지법, 국민기초생활보장법, 의료급여법, 아동양육시설, 아동일시보호시설, 아동보호치료시설, 공동생활가정, 자립지원시설, 아동상담소, 아동전용시설, 지역아동센터, 장애인거주시설, 장애인지역사회재활시설, 장애인직업재활시설, 장애인의료재활시설, 생계급여, 주거급여, 의료급여, 교육급여, 해산급여, 장제급여, 자활급여, 보육행정, 보육정책과, 보육사업기획과, 보육기반과, 보육정책조정위원회, 육아종합지원센터, 육아정책연구소, 한국보육진흥원, 독일 보육제도, 프랑스 보육제도, 프랑스 보육 특징, 미국의 보육제도, 헤드스타트 프로그램, 스웨덴 보육제도, 퇴르스콜라, 개방형 퇴르스콜라, 가정보육, 일본 보육제도,

급격한 사회변화 속에서 보육에 대한 필요성은 지역, 계층, 사회집단을 초월하여 거의 전 인구층에서 골고루 나타나고 있다. 사회적 보육의 필요성은 어떤 특정 계급 또는 계층만의 문제가 아니라 사회구조와 문화변화에서 비롯된 주로 기혼여성의 사회적 노동참여와 관련된 가족생활 패턴의 차이에서 발생하는 것이다(김연진 외, 2010). 이에 최근 몇 년 동안 유아 보육 욕구에 따른 보육정책은 매우 빠르게 변화되고 있다. 즉 보육에 대한 부모의 입장과 미래자원으로서 정부 입장에서 다양한 제도적 개선과 프로그램 등 보육사업이 사회 환경변화에 맞는 유아 복지서비스를 확대하고자 노력하고 있다. 향후 보육수요는 더 많아지고 다양화될 것으로 보여 보육시설의 양적·질적 확충과 운영에 따른 지원책이 시급하다고 볼 수 있다.

제10장에서는 「영유아보육법」의 주요 내용과 변천, 보육관계법, 보육행정 및 정책, 외국의 보육제도와 정책 등에 대해서 기술하고자 한다(신재흡, 2019; 김연진 외, 2010; 장미경 외, 2006; 권영례 외, 2011; 윤은종, 2009; 윤은종, 2012; 이숙 외, 2012; 조복희 외, 2007; 김의영, 2009).

제1절 영유아보육법의 주요 내용과 변천

「영유아보육법」의 목적과 내용과 변천, 「유아교육법」과 「영유아보육법」의 비교에 관해서 고찰하고자 한다(김연진 외, 2010).

1. 영유아보육법의 목적과 내용

1) 영유아보육법의 목적

「영유아보육법」은 영유아의 심신을 보호하고 건전하게 교육하여 건강한 사회 구성원으로 육성함과 아울러 보호자의 경제적·사회적 활동이 원활하게 이루어지도록 함으로써 영유아 및 가정의 복지증진에 이바지함을 목적으로 한다.

「영유아보육법」에서 사용되는 용어로서 유아는 6세 미만의 취학 전 아동을 의미하며, “보육”이란 영유아를 건강하고 안전하게 보호·양육하고 영유아의 발달특성에 맞는 교육을 제공하는 어린이집 및 가정양육 지원에 관한 사회복지서비스를 말한다. 그리고 “어린이집”이란 보호자의 위탁을 받아 영유아를 보육하는 기관을 말한다. 또한 “보호자”는 친권자, 후견인 또는 기타의 자로서 유아를 현재 보호하고 있는 자를 말하며, "보육교직원"이란 어린이집 영유아의 보육, 건강관리 및 보호자와의 상담, 그 밖에 어린이집의 관리 및 운영 등의 업무를 담당하는 자로서 어린이집의 원장 및 보육교사와 그 밖의 직원을 의미한다.

2) 영유아보육법의 내용

첫째, 「영유아보육법」의 이념이다. 영유아의 이익을 최우선적으로 고려하여 제공되어야 하며, 보육은 영유아가 안전하고 쾌적한 환경에서 건강하게 성장할 수 있도록 하여야 한다. 영유아는 자신 또는 보호자의 성, 연령, 종교, 사회적 신분, 재산, 장애 및 출생지역 등에 따른 어떠한 종류의 차별도 받지 아니하고 보육되어야 한다.

둘째, 책임 주체이다. 모든 국민은 영유아를 건전하게 보육할 책임을 진다. 국가와 지방단체는 보호자와 더불어 유아를 건전하게 보호할 책임을 지며 시장, 군수, 구청장은 영유아의 보육을 위한 적정한 보육시설(어린이집)을 확보하여야 한다.

셋째, 「영유아보육법」의 주요 내용은 〈표 10-1〉과 같다.

〈표 10-1〉 「영유아보육법」의 주요 내용

<table>
<tr><th colspan="2">「영유아보육법」
[시행 2023.8.8.][법률 제19606호, 2023.8.8., 일부개정]</th></tr>
<tr><td>제1장 총칙
제1조(목적)
제2조(정의)
제3조(보육이념)
제4조(책임)
제5조 삭제 <2020.12.29>
제6조(보육정책위원회)
제7조(육아종합지원센터)
제8조(한국보육진흥원의 설립 및 운영)
제9조(보육실태조사)
제9조의2(보호자 교육)
제9조의3(보육통합정보시스템 구축·운영)

제2장 어린이집의 설치
제10조(어린이집 종류 <개정 2017.3.14.>)
제11조(보육계획의 수립 및 시행)</td><td>제5장 건강·영양 및 안전
제31조(건강관리 및 응급조치)
제31조의2(어린이집 안전공제사업 등 <개정 2011.6.7.>)
제31조의3(예방접종 여부의 확인)
제32조(치료 및 예방조치)
제33조(급식관리)
제33조의2(어린이집 차량안전관리)
제33조의3(등·하원 시 영유아 안전관리)
제34조의4(어린이집 위생관리)

제6장 비용
제34조(무상보육)
제34조의2(양육수당)
제34조의3(보육서비스의 이용권)
제34조의4(비용 지원의 신청)</td></tr>
</table>

제11조의2(어린이집 또는 어린이집 용지 확보 <개정 2011.6.7.>)
제12조(국공립어린이집의 설치 등)
제13조(국·공립어린이집 외의 어린이집 설치 <개정 2020.12.29.>)
제14조(직장어린이집의 설치 등)
<개정 2011.6.7.>
제14조의2(직장어린이집 설치의무 미이행 사업장 명단 공표 등)
제15조(어린이집설치기준 <개정 2011.6.7.>)
제15조의2(놀이터 설치)
제15조의3(비상재해대비시설)
제15조의4(폐쇄회로 텔레비전의 설치 등)
제15조의5(영상정보의 열람금지 등)
제16조(결격사유)
제16조의2(벌금형의 분리 선고)

제3장 보육교직원 <개정 2011.6.7.>

제17조(보육교직원의 배치 <개정 2011.6.7.>)
제18조(보육교직원의 직무 <개정 2011.6.7.>)
제18조의2(보육교직원의 책무)
제19조(보육교직원의 임면 등)
제20조(결격사유)
제21조(어린이집의 원장 또는 보육교사의 자격
제22조(어린이집의 원장 또는 보육교사 자격증의 교부 등
제22조의2(명의대여 등의 금지)
제23조(어린이집 원장의 보수교육)
제23조의2(보육교사의 보수교육)
제23조의3(교육명령)

제4장 어린이집의 운영 <개정 2011.6.7.>

제24조(어린이집의 운영 기준 등
<개정 2011.6.7.>)
제24조의2(보육시간의 구분)
제25조(어린이집운영위원회 <개정 2011.6.7.>)
제25조의2(부모모니터링단)
제25조의3(보호자의 어린이집 참관)
제26조(취약보육의 우선 실시 등)
제26조의2(시간제보육서비스
<개정 2018. 12. 24>)
제27조(어린이집이용대상 <개정 2011.6.7.>)
제28조(보육의 우선 제공)
제29조(보육과정)
제29조의2(어린이집생활기록 <개정 2011.6.7.>)
제34조의5(조사·질문)
제34조의6 삭제 <2018.12.24.>
제34조의7(비용 지원 신청 관련 정보의 고지)
제35조 삭제 <2013.1.23.>
제36조(비용의 보조 등)
제37조(사업주의 비용부담)
제38조(보육료의 수납 등)
제38조의2(목적 외 사용금지)
제39조(세제지원)
제39조의2(국·공유재산의 대부 등)
제40조(비용 및 보조금의 반환명령)
제40조의2(보육비용 지원액 등의 환수)

제7장 지도 및 감독

제41조(지도와 명령)
제42조(보고와 검사)
제42조의2(위법행위의 신고 및 신고자 보호)
제43조(어린이집의 폐지·휴지 및 재개 등의 신고
제43조의2(어린이집에 대한 휴원 명령)
제44조(시정 또는 변경 명령)
제44조의2(직장어린이집 설치의무 미이행 사업장에 대한 이행명령)
제44조의3(이행강제금)
제45조(어린이집의 폐쇄 <개정 2011.6.7.>)
제45조의2(과징금 처분)
제45조의3(행정제재처분효과의 승계)
제46조(어린이집의 원장의 자격정지
<개정 2011.6.7.>)
제47조(보육교사의 자격정지)
제48조(어린이집의 원장 또는 보육교사의 자격취소
<개정 2020.12.29.>)
제49조(청문)
제49조의2(어린이집 정보의 공시 등)
제49조의3(위반사실의 공표)

제8장 보칙

제50조(경력의 인정)
제51조(권한의 위임)
제51조의2(업무의 위탁)
제51조의3(관계기관 간 업무협조)
제52조(도서·벽지·농어촌지역 등의 어린이집
<개정 2011.6.7.>)
제53조(어린이집연합회 <개정 2011.6.7.>)

제9장 벌칙

제30조(어린이집 평가) 제30조의2(공공형어린이집의 지정) 제30조의3(공공형어린이집의 지정 취소)	제54조(벌칙) 제55조(양벌규정) 제56조(과태료) **부칙 〈법률 제18620호, 2021.12.21.〉**

출처: 국가법령정보센터 www.law.go.kr (2023.8.12.).

3) 영유아보육법의 특성

「영유아보육법」은 보건복지부에서 관할하는 어린이집에 관한 법률로써 우리나라 보육제도의 기본성격을 규정하고 있다. **1991년에 제정되고 2004년에 전면 개정된 「영유아보육법」은 다음과 같은 특징이 있다**(이옥, 2004; 이순형 외, 2005; 권영례 외, 2011).

① **보편주의 보육이념 강화이다.** 이전 「영유아보육법」(1991)의 보육 대상은 "보호자가 근로 또는 질병 기타 사정으로 보호하기 어려운 영아 및 유아"로 한정되어 있으나 개정 「영유아보육법」(2004)은 보육 대상을 전체 영유아로 확대되었다. 보육은 취업모 자녀나 편부모 가정의 자녀만을 위한 서비스가 아닌 우리나라 전체 영유아의 보호와 교육을 담당하는 보편적인 서비스의 전환, 즉 보육대상의 확대를 의미하는 것이라 할 수 있다.

영유아보육법 제3조에서 **보육이념**을 다음과 같이 제시하고 있다. i) 보육은 영유아의 이익을 최우선적으로 고려하여 제공되어야 한다. 그리고 ii) 보육은 영유아가 안전하고 쾌적한 환경에서 건강하게 성장할 수 있도록 하여야 한다. iii) 영유아는 자신이나 보호자의 성, 연령, 종교, 사회적 신분, 재산, 장애, 인종 및 출생지역 등에 다른 어떠한 종류의 차별도 받지 아니하고 보육되어야 한다.

② **아동권리의 기본원칙의 표명이다.** 보육에서 영유아 이익을 최우선적으로 고려되어야 한다는 것과 보호자의 성, 연령, 종교, 사회적 신분, 재산, 장애 및 출생지역 등에 따른 어떠한 차별도 받지 않고 보육되어야 한다고 규정했다. 이를 통해 유엔 아동권리협약의 '아동 이익 최우선의 원칙과 무차별의 원칙'을 더욱 확고히 하고자 하는 의지를 표명했음을 알 수 있다.

③ **보육의 공공성 강화이다.** 무상보육(제34조), 정부의 보육행정력 강화(제13, 30, 46, 47, 48조 등), 국가 및 지방자치단체의 책임을 강화(제4조, 제9조, 제29조)하였다. 정부가 어린이집에 대한 관리 및 감독을 강화하도록 하며 지방자치단체에서도 적극

적으로 보육정책을 수립하도록 하여 보육을 시장에 맡기는 것이 아닌 공공성을 강화하였다.

④ **보육의 전문성 강화이다.** 양질의 보육서비스를 제공하기 위해 보육의 전문성을 높이려는 다각도의 노력이 제기되고 있다. 보육에 대한 연구와 정보제공, 프로그램 개발, 보육교직원 연수 등의 업무를 수행하도록 명시함은 물론 보육교사의 국가자격증 제도 도입 및 표준보육과정 개발과 보급을 강조하고 있다. 또한 영양, 건강, 안전 등과 관련된 조항을 강화하였다.

⑤ **보육행정 및 운영에 있어 수요자의 참여 활성화이다.** 부모들의 보육정책 수립(제6조)과 어린이집 운영(제24조, 제25조)에 참여할 수 있도록 하여 보육수요자의 요구를 반영하도록 했다.

2. 영유아보육법의 변천

우리나라의 보육사업은 1920년대 구빈사업의 성격을 띤 탁아사업에서 시작하여 1991년 「영유아보육법」이 제정되면서 보육제도의 체계적인 기틀을 형성하게 되었다. 「영유아보육법」의 제정은 영유아보육사업의 체계가 구축되었다고 볼 수 있다. 여기에서는 「영유아보육법」 제정 전, 「영유아보육법」 제정 이후 시기, 2004년 「영유아보육법」 전면개정 이후로 구분해서 고찰하고자 한다(장미경 외, 2006; 권영례 외, 2011).

1) 영유아보육법 제정 전

① 「아동복리법」에 입각하여 복지부 주관으로 탁아사업 실시(1962~1981): 어린이집 691개소 설치 및 운영

② 「아동복리법」을 「아동복지법」으로 전문 개정함(1981. 4. 13)

③ 「유아교육진흥법」을 기초로 691개소의 「어린이집」을 「새마을유아원」으로 통합(1982~)

④ 「남녀고용평등법에 의한 직장탁아제」 도입(1987. 12. 4)

⑤ 「아동복지법」 시행령에 의한 탁아사업 실시 근거 부활(1989. 9. 19)

⑥ 탁아시설의 설치 및 운영규정에 의한 탁아시설의 설치 및 운영 근거 마련(1990. 1. 15)

⑦ 「영유아보육법」 제정·공포로 법률에 의한 보육사업 실시(1991.1.14): 보육시업을

보건복지부로 일원화 ⇒ 단순 "탁아"에서 보호와 교육을 통합한 "보육"으로 기능 확대

2) 영유아보육법 제정 이후 시기

정부에서는 1991년 「영유아보육법」을 제정 및 공포하여 「아동복지법」, 「유아교육진흥법」, 「남녀고용평등법」으로 다원화되어 있던 법체계와 주관부서를 통합 및 일원화하고, 보육시설의 조속한 확대와 체계화를 추진함으로써 아동의 건전한 보호·교육 및 보육자의 경제적·사회적 활동의 지원을 통하여 가정복지 증진을 도모하고자 하였다.

「영유아보육법」은 1991년 제정된 이후 같은 해 8월에 「영유아보육법」 시행령과 「영유아보육법」 시행규칙이 차례로 제정되었다. 이후 10여 차례에 걸쳐 부분개정되었으나, 부분개정이 되는 무상보육의 근거를 마련하는 변화 외에 근본적인 취지나 방향은 크게 변화하지 않았다.

3) 2004년 영유아보육법 전면개정 이후

1991년 이후 보육수요의 급격한 변화를 반영하여 2004년 1월 29일 「영유아보육법」을 전면개정하기에 이르렀다. 이는 그간 양적 팽창에 급급했던 우리나라 보육정책을 '보육의 질적 수준 향상'이라는 축으로 전환하고자 하는 사회의 요구와 정부의 의지가 담겨 있다.

3. 유아교육법과 영유아보육법의 비교

「유아교육법」과 「영유아보육법」의 비교는 〈표 10-2〉와 같다.

〈표 10-2〉「유아교육법」과 「영유아보육법」의 비교

구분	유아교육법	영유아보육법	비고
학년도 개념	3월 1일부터 다음 해 2월 말	형식상 없음	어린이집에도 3세 이후 학년도 개념 포함 가능
교육·보육과정	누리과정(3~5세)	누리과정(3~5세) 표준보육과정(0~2세)	
생활기록	생활지도와 초등교육연계용 생활기록부 기록	생활기록부 기록	공동
기관(시설)평가/지도감독	교육부장관·교육감의 유치원 평가조항 있음	정부의 평가인증	
운영위원회	유치원운영위원회 설치 병설유치원은 학교운영위원회와 통합 운영	국공립 등 취약보육실시 시설운영위원회 설치 의무화	
기관(시설) 우선 이용자	-	• 기초생활 수급자 • 편부모 자녀 • 차상위계층 자녀 • 장애아 • 근로자 자녀 우선 이용권 부여 (제28조)	동일기준 필요
비용지원	추후 정리		동일기준 필요
민간/사립기관 지원	추후 정리		실제 시행내용에 차이 있음
보육료/교육비 기준	추후 정리		일원화 필요
종사자/교직원	원장, 원감, 교사	원장, 보육교사	-
자격증	유치원교사 자격증	보육교사 자격증	-
교원배치 기준	• 관할청이 배치기준 결정 • 시·도교육감이 결정(서울지역) 3세아-1:20 4세 이상-1:30	• 엄격한 배치기준 • 영유아보육법 시행규칙 0세아-1:3 1세아-1:5 2세아-1:7 3세아-1:15 4세 이상-1:20	연령별 조정 동일화 필요

구분		유아교육법	영유아보육법	비고
시설설치기준	교사 면적 (m^2)	• 5N(40명 이하) • 80+3N(41명 이상)	4.29N	보다 넓은 기준으로 조정 필요
	시설임대	불허	제한 없음	보육 시설기준 점진적 강화 필요
	시설처분	매도·담보 제공 금지	제한 없음	공공성 강화 차원에서 점진적인 불허 규정 필요
	설치 위치	1, 2층 원칙	1층 원칙	조정 필요
	실외 놀이터	• 160(40명 이하) • 120+N(41명 이상)	2.5N(50인 미만 제외)	보다 넓은 기준으로 상향 조정 필요
목적		유아교육에 관한 사항을 정함	영유아보호와 교육, 가정복지증진 목적	「영유아보육법」이 보다 포괄적 목적을 담고 있음
대상		만3세부터 취학 전 아동	6세 미만 취학 전 아동(12세까지 연장 가능)	–
이념		명시 안 함	아동의 권리를 위한 아동 이익 최우선의 원칙과 무차별의 원칙 적용	「유아교육법」에도 아동의 기본권리 명시 필요
서비스 성격		교육	보호·양육·교육을 제공하는 "사회복지서비스"	사회복지서비스와 교육서비스로 대비
기관/시설		유아교육을 위한 "학교"	보호자 위탁에 의한 "보육시설"	유치원은 학교이며, 보육시설은 대리 보육시설로 규정
책임		국가, 지방자치단체, 보호자	국가, 지방자치단체, 보호자	동일
관계 부처 의견조정 위원회 명칭		유아교육·보육위원회	보육정책위원회	명칭과 심의내용에 차이
관계 부처 조정위원회 심의내용		• 유아교육과 보육 기본계획 • 유치원 및 보육시설 연계 운영	• 보육정책 기본방향 • 보육제도 개선과 예산지원 • 보육관련 관계부처 협조 사항	보육정책 심의와 유아교육·보육의 연계로 다소 차이가 있음
관계 부처 조정위원회 구성		위원장(국무조정실장) 포함 11인 교육부차관, 보건복지부차관, 여성부차관, 기획예산처차관, 유아교육계·보육계·여성계 대표 각 2인	• 위원장(국무조정실장) 포함 12인 이내 • 교육부차관, 보건복지부차관, 여성부차관, 기획예산처차관, 노동부차관 외 유아교육계·보육계·여성계·시민단체·보호자 대표 각 1인	위원회 구성은 유사하나 보육정책위원회는 노동부차관과 사회복지·보호자 대표를 포함

구분	유아교육법	영유아보육법	비고
정책위원회	• 중앙유아교육위원회 • 시·도 유아교육위원회	• 중앙보육정책위원회 • 시·도 보육정책위원회 • 시·군·구 보육정책위원회	보육정책위원회는 시·군·구 수준까지 운영, 유아교육위원회는 시·도 위원회만 있음
보육정보센터	–	• 중앙보육정보센터 • 시·도 및 시·군·구 보육 정보센터 설치 및 운영	유아교육 관련 정보 전달체계 없음
연구·개발기관	국가 및 지방자치단체의 유아교육진흥원 설치와 위탁	여성부의 보육개발원 설치 또는 위탁	통합됨(육아 정책 연구기관 발족)
실태조사 실시 의무	–	여성부장관이 5년마다 보육실태조사 실시	유아교육 관련 실태조사 실시 규정 필요
기관(시설) 구분	• 국립유치원 • 공립유치원 • 사립유치원	국·공립어린이집 법인어린이집 직장어린이집 가정어린이집 부모협동어린이집 민간어린이집	어린이집 설립유형의 조정 필요
계획수립과 시행	• 유아교육 발전기본계획(제3조의2) • 유아교육·보육위원회(제4조)	정부와 지방자치단체의 중앙 및 지방보육정책위원회를 통한 보육시설 수급계획수립과 시행의무	
기관(시설) 설치 관련	설치기준: 대통령령	설치기준: 보건복지부	조정 필요
설립인가 (국·공립 외)	시·도 교육감 인가	시장·군수·구청장 인가	조정 필요

출처: 육아정책개발센터(2006). 육아정책의 통합적 접근(Ⅰ). 육아정책개발센터 창립 1주년 기념 육아정책세미나. 육아정책개발센터. 인용 및 수정함.

제2절 보육관계법

보육관계법으로 「영유아보육법」 이외에 「아동복지법」, 「한부모가족지원법」, 「장애인복지법」, 「국민기초생활보장법」, 「의료급여법」 등에 대해서 고찰하고자 한다.

1. 아동복지법

아동복지법은 사회복지서비스법으로 사회복지사업법에 기초하는 특별법으로 볼 수 있다. 아동복지법은 현재 아동복지와 관련된 가장 주요한 기본법령이다. 아동복지법의 기본내용은 우리나라 아동복지정책의 방향을 가늠할 수 있다.

첫째, 아동복지법의 이념이다. 아동은 자신 또는 부모의 성별, 연령, 종교, 사회적 신분, 재산, 장애 유무, 출생지역 등에 따른 어떠한 종류의 차별도 받지 않고 자라나야 한다. 아동은 안전하고 조화로운 인간발달을 위하여 안정된 가정환경에서 행복하게 자라나야 한다. 아동에 관한 모든 활동에 있어서 아동의 이익이 최우선으로 고려되어야 한다. 아동은 아동의 권리보장과 복지증진을 위하여 이 법에 따른 보호와 지원을 받을 권리를 가진다.

둘째, 아동복지법의 목적이다. 아동복지법 제1조에 따르면 아동복지법의 목적은 아동이 건강하게 출생하여 행복하고 안전하게 자라나도록 그 복지를 보장하는 것이다. 아동복지법 제3조에 대상을 보면 보호 대상 아동뿐만 아니라 모든 아동을 대상으로 하고 있다. 그 적용대상은 18세 미만의 아동을 의미한다.

셋째, 아동복지법 제5조에 보호자 등의 책무는 아동의 보호자는 아동을 가정에서 그의 성장 시기에 맞추어 건강하고 안전하게 양육하여야 한다. 그리고 아동의 보호자는 아동에게 신체적 고통이나 폭언 등의 정신적 고통을 가하여서는 아니 된다. 모든 국민은 아동의 권익과 안전을 존중하여야 하며, 아동을 건강하게 양육하여야 한다.

넷째, 아동복지법은 아동복지증진과 보호책임의 주체로서 국가와 지방자치단체, 아동의 보호자 그리고 국민이 있다. 아동의 건전한 육성과 행복의 보장이 이제 더 이상 가정의 책임으로 한정되는 것이 아니라 국가와 지역사회 그리고 국민이 함께 노력해야 함을 명시하고 있다.

다섯째, 주요 내용으로는 아동복지의 대상과 책임, 아동에 관한 금지행위, 아동복지시설의 설치와 운영, 각종 단체의 육성 및 아동복지기관에 대한 국가의 비용보조 등에 관한 사항이다.

여섯째, 아동복지시설의 종류는 다음과 같다.

① **아동양육시설이다.** 보호 대상 아동을 입소시켜 보호, 양육 및 취업 훈련, 자립 지

원 서비스 등을 제공하는 것을 목적으로 하는 시설이다.

② **아동일시보호시설이다.** 보호 대상 아동을 일시 보호하고, 아동에 대한 향후 양육 대책 수립과 보호조치를 행하는 것을 목적으로 하는 시설이다.

③ **아동보호치료시설이다.** 아동에게 보호 및 치료서비스를 제공하는 다음과 같은 시설을 의미한다. i) 불량행위를 하거나 불량행위를 할 우려가 있는 아동으로서 보호자가 없거나 친권자나 후견인이 입소를 신청한 아동 또는 가정법원, 지방법원 소년부 지원에서 보호 위탁된 19세 미만인 사람을 입소시켜 치료와 선도를 통하여 건전한 사회인으로 육성하는 것을 목적으로 하는 시설, ii) 정서적·행동적 장애로 인하여 어려움을 겪고 있는 아동 또는 학대로 인하여 부모로부터 일시 격리되어 치료받을 필요가 있는 아동을 보호·치료하는 시설이다.

④ **공동생활가정이다.** 보호 대상 아동에게 가정과 같은 주거여건과 보호, 양육, 자립 지원서비스를 제공하는 것을 목적으로 하는 시설이다.

⑤ **자립지원시설이다.** 아동복지시설에서 퇴소한 사람에게 취업 준비 기간 또는 취업 후 일정 기간 동안 보호함으로써 자립을 지원하는 것을 목적으로 하는 시설을 의미한다.

⑥ **아동상담소이다.** 아동과 그 가족의 문제에 관한 상담, 치료, 예방 및 연구 등을 목적으로 하는 시설을 의미한다.

⑦ **아동전용시설이다.** 어린이공원, 어린이놀이터, 아동회관, 체육·연극·영화·과학실험 전시시설, 아동휴게숙박시설, 야영장 등 아동에게 건전한 놀이, 오락, 그 밖의 각종 편의를 제공하여 심신의 건강 유지와 복지증진에 필요한 서비스를 제공하는 것을 목적으로 하는 시설이다.

⑧ **지역아동센터이다.** 이는 지역사회 아동의 보호, 교육, 건전한 놀이와 오락 제공, 보호자와 지역사회 연계 등 아동의 건전 육성을 위한 종합적인 아동복지서비스를 제공하는 데 있다.

아동복지법의 주요 내용은 〈표 10-3〉과 같다.

〈표 10-3〉 아동복지법의 주요 내용

아동복지법
[시행 2022.7.1.][법률 제17784호, 2020.12.29., 일부개정]

제1장 총칙

제1조(목적)
제2조(기본 이념)
제3조(정의)
제4조(국가와 지방자치단체의 책무)
제5조(보호자 등의 책무)
제6조(어린이날 및 어린이 주간)

제2장 아동복지정책의 수립 및 시행 등

제7조(아동정책기본계획의 수립)
제8조(연도별 시행계획의 수립·시행 등)
제9조(계획수립의 협조)
제10조(아동정책조정위원회)
제10조의2(아동권리보장원의설립 및 운영)
제11조(아동종합실태조사)
제11조의2(아동정책영향평가)
제12조(아동복지심의위원회)
제13조(아동복지전담공무원)
제14조(아동위원)

제3장 아동에 대한 보호서비스 및 아동학대의 예방 및 방지

제1절 아동보호서비스

제15조(보호조치)
제15조의2(아동통합정보시스템의구축·운영)
제15조의3(보호 대상 아동의 양육상황 점검)
제15조의4(아동보호 사각지대 발굴 및 실태조사)
제15조의5(면접교섭 지원)
제16조(보호 대상 아동의 퇴소조치 등)
제16조의2(보호 대상 아동의 사후관리)
제16조의3(보호기간의 연장)
제17조(금지행위)
제18조(친권상실 선고의 청구 등)
제19조(아동의 후견인의 선임 청구 등)
제20조(아동의 후견인 선임)
제21조(보조인의 선임 등)

제4장 아동에 대한 지원서비스

제1절 아동 안전 및 건강지원

제30조(안전기준의 설정)
제31조(아동의 안전에 대한 교육)
제32조(아동보호구역에서의 영상정보처리기기 설치 등 <개정 2012.10.22.>)
제33조(아동안전 보호인력의 배치 등)
제34조(아동긴급보호소 지정 및 운영)
제35조(건강한 심신의 보존)
제36조(보건소)

제2절 취약계층 아동 통합서비스지원 및 자립지원 등

제37조(취약계층 아동에 대한 통합서비스지원)
제38조(자립지원)
제38조의2(자립지원 실태조사)
제39조(자립지원계획의 수립 등)
제39조의2(자립지원전담기관의 설치·운영)
제40조(자립지원 관련 업무의 위탁)
제41조(아동자립지원추진협의회)
제42조(자산형성지원사업)
제43조(자산형성지원사업 관련 업무)
제44조(자산형성지원사업 관련 업무의 위탁)

제3절 방과 후 돌봄서비스 지원 〈신설 2019.1.15.〉

제44조의2(다함께돌봄센터)

제5장 아동복지시설〈개정 2016.3.22.〉

제45조(아동보호전문기관의 설치 등)
제46조(아동보호전문기관의 업무)
제46조의2 삭제 <2020.4.7.>
제47조(아동보호전문기관의 성과평가 등)
제48조(가정위탁지원센터의 설치 등)
제49조(가정위탁지원센터의 업무)
제50조(아동복지시설의 설치)
제51조(휴업·폐업 등의 신고)
제52조(아동복지시설의 종류)
제53조(아동전용시설의 설치)

제2절 아동학대의 예방 및 방지

제22조(아동학대의 예방과 방지 의무)
제22조의2(학생 등에 대한 학대 예방 및 지원 등)
제22조의3(피해아동 등에 대한 신분조회 등 조치)
제22조의4(피해아동보호계획의 수립 등)
제22조의5(아동학대사례전문위원회)
제23조(아동학대예방의 날)
제24조(홍보영상의 제작·배포·송출)
제25조(삭제 <2014.1.28.>)
제26조(아동학대 신고의무자에 대한 교육)
제26조의2(아동학대 예방교육의 실시)
제27조(삭제 <2014.1.28.>)
제27조의2(아동학대 등의 통보)
제27조의3(피해아동 응급조치에 대한 거부금지)
제28조(사후관리 등)
제28조의2(아동학대정보의 관리 및 제공 <개정 2020.12.29.>)
제29조(피해아동 및 그 가족 등에 대한 지원)
제29조의2(아동학대행위자에 대한 상담·교육 등의 제공)
제29조의3(아동관련기관의 취업제한 등)
제29조의4(취업제한명령을 선고받은 자에 대한 취업 등의 점검·확인 <개정 2018.12.11.>)
제29조의5(취업자의 해임요구 등)
제29조의6(아동학대에 대한 법률상담 등)
제29조의7(아동학대 전담의료기관의 지정)
제53조의2(학대피해아동쉼터의 지정)
제54조(아동복지시설의 종사자)
제54조의2(결격사유)
제55조(아동복지시설 종사자의 교육훈련)
제56조(시설의 개선, 사업의 정지, 시설의 폐쇄 등)
제57조(아동복지시설의 장의 의무 <개정 2016.3.22.>)
제58조(아동복지단체의 육성)

제6장 보칙

제59조(비용보조)
제60조(비용징수)
제61조(보조금의 반환명령)
제62조(국유·공유 재산의 대부 등)
제63조(면세)
제64조(압류금지)
제65조(비밀유지의 의무)
제65조의2(연차보고서)
제66조(조사 등)
제67조(청문)
제68조(권한의 위임·청탁)
제69조(유사명칭의 사용금지)
제70조(벌칙 적용에서의 공무원 의제)

제7장 벌칙

제71조(벌칙)
제72조(상습범)
제73조(미수범)
제74조(양벌규정)
제75조(과태료)

부칙 〈법률 제18619호, 2021.12.21.〉

출처: 국가법령정보센터 www.law.go.kr. (2023.6.21.).

2. 한부모가족지원법

한부모가족지원법은 제1장 총칙, 제2장 복지의 내용과 실시, 제3장 한부모가족복지시설, 제4장 비용, 제5장 보칙 등 전문 31조와 부칙으로 이루어져 있다. 1989년 4월 1일 법률 제4121호에 의해 「모자복지법」으로 제정되었다가 2002년

12월 18일 법률 제6801호로 「모·부자복지법」으로 개정되었고, 2007년 10월 17일 법률 제8655호에 따라 「한부모가족지원법」으로 명칭이 변경되었다. 2011년 4월 12일 법률 제10582호까지 모두 15차에 걸쳐 일부 개정이 이루어졌다.

한부모가족지원법은 한부모가족이 안정적인 가족 기능을 유지하고 자립할 수 있도록 지원함으로써 한부모가족의 생활 안정과 복지증진에 이바지함을 목적으로 한다. 그리고 이 법에서 사용하는 '한부모가족'이란 모자가족 또는 부자가족을 말하며, '아동'이란 18세 미만(취학 중인 경우에는 22세 미만을 말함)의 자를 말한다(제4조). 이 법에 따른 보호대상자 아동의 연령을 초과하는 자녀가 있는 한부모가족의 경우 그 자녀를 제외한 나머지 가족구성원을 보호대상자로 한다(제5조). 보호대상자 또는 그 친족이나 그 밖의 이해관계인은 복지급여를 관할 특별자치시장, 특별자치도지사·시장·군수·구청장에게 신청할 수 있으며(제11조), 국가나 지방자치단체는 생계비·아동교육지원비·아동양육비, 그 밖에 대통령령으로 정하는 비용 등의 복지급여를 실시해야 한다(제12조).

국가 또는 지방자치단체는 한부모가족의 모 또는 부와 아동의 직업능력을 개발하기 위해 능력 및 적성 등을 고려한 직업능력개발훈련을 실시해야 하며(제14조), 한부모가족의 모 또는 부와 아동의 취업기회를 확대하기 위해 한부모가족 관련 시설 및 기관과 직업안정기관 간 효율적인 연계를 도모해야 한다(제14조의2). 또한 국가나 지방자치단체가 운영하는 공공시설의 장은 그 공공시설에 각종 매점 및 시설의 설치를 허가하는 경우 이를 한부모가족 또는 한부모가족복지단체에 우선적으로 허가할 수 있다(제15조).

국가나 지방자치단체는 한부모가족에게 아동의 양육 및 교육서비스, 장애인·노인·만성질환자 등의 부양서비스, 취사·청소·세탁 등 가사서비스, 교육·상담 등 가족 관계 증진 서비스, 인지청구 및 자녀양육비 청구 등을 위한 법률상담·소송대리 등 법률구조서비스 등을 제공하도록 노력해야 하며(제17조), 학교에서의 학적 유지를 위한 지원 및 교육비 지원 또는 검정고시 지원, 학력인정 평생교육시설에 대한 교육비 지원, 순회교육 실시를 위한 지원 등에 대한 교육지원 등을 할 수 있다(제17조의2).

한부모가족복지시설의 장은 한부모가족복지시설을 폐지하거나 그 시설의 운영을 일시적으로 중단하는 경우에는 여성가족부령으로 정하는 바에 따라 그 시설에 입소하고 있는 사람이 다른 한부모가족복지시설로 옮길 수 있도록 하는 등 입소자의 권익을 보호하기 위한 조치를 하여야 한다(제21조).

한부모가족복지시설의 종류는 다음과 같다.

① **모자가족복지시설이다.** 모자가족에게 다음 내용의 어느 하나 이상의 편의를 제공하는 시설을 말한다.

i) **기본생활 지원**은 생계가 어려운 모자가족에게 일정 기간 동안 주거와 생계를 지원하는 것이다.

ii) **공동생활 지원**은 독립적인 생활이 어려운 모자가족에게 일정 기간 동안 공동생활을 통하여 자립을 준비할 수 있도록 주거 등을 지원하는 것이다.

iii) **자립생활 지원**은 자립 욕구가 강한 부자가족에게 일정 기간 동안 주거를 지원하는 것이다.

② **부자가족복지시설이다.** 부자가족에게 다음 내용의 어느 하나 이상의 편의를 제공하는 시설을 말한다.

i) **기본생활 지원**은 생계가 어려운 부자가족에게 일정 기간 동안 주거와 생계를 지원하는 것이다.

ii) **공동생활 지원**은 독립적인 생활이 어려운 부자가족에게 일정 기간 동안 공동생활을 통하여 자립을 준비할 수 있도록 주거 등을 지원하는 것이다.

iii) **자립생활 지원**은 자립 욕구가 강한 부자가족에게 일정 기간 동안 주거를 지원하는 것이다.

③ **미혼모자가족복지시설이다.** 미혼모자가족과 출산미혼모 등에게 다음 내용의 어느 하나 이상의 편의를 제공하는 시설이다.

i) **기본생활 지원**은 미혼 여성의 임신·출산 시 안전 분만 및 심신의 건강회복과 출산 후의 아동의 양육지원을 위하여 일정 기간 동안 주거와 생계를 지원하는 것이다.

ii) **공동생활 지원**이다. 출산 후 해당 아동을 양육하지 아니하는 미혼모 또는 미혼모와 그 출산 아동으로 구성된 미혼모자가족에게 일정 기간 동안 공동생활을 통하여 자립을 준비할 수 있도록 주거 등을 지원한다.

④ **일시지원복지시설이다.** 배우자(사실혼 관계에 있는 사람을 포함한다)가 있으나 배

우자의 물리적·정신적 학대로 아동의 건전한 양육이나 모의 건강에 지장을 초래할 우려가 있을 경우 일시적 또는 일정 기간 동안 모와 아동 또는 모에게 주거와 생계를 지원하는 시설을 의미한다.

⑤ **한부모가족복지상담소이다.** 한부모가족에 대한 위기·자립상담 또는 문제해결 등을 목적으로 하는 시설을 말한다.

한부모가족지원법의 주요 내용은 〈표 10-4〉와 같다.

〈표 10-4〉 한부모가족지원법의 주요 내용

한부모가족지원법 [시행 2021.4.21.][법률 제17540호, 2020.10.20., 일부개정]	
제1장 총칙 <개정 2007.10.17.> 제1조(목적) 제2조(국가 등의 책임) 제3조(한부모가족의 권리와 책임 <개정 2011.4.12.>) 제4조(정의) 제5조(지원대상자의 범위 <개정 2014.1.21.>) 제5조의2(지원대상자의 범위에 대한 특례 <개정 2014.1.21.>) 제5조의3(자료 또는 정보의 제공과 홍보) 제5조의4(한부모가족의 날) 제5조의5(한부모가족 정책에 관한 기본계획의 수립) 제5조의6(연도별 시행계획의 수립·시행 등) 제6조(실태조사 등) 제6조의2(한부모가족 지원업무 관련 공무원의 교육) 제7조 삭제 <2011.4.12.> 제8조 삭제 <2011.4.12.> 제9조(한부모가족복지단체에 대한 지원 등) **제2장 복지의 내용과 실시** <개정 2007.10.17.> 제10조(지원대상자의 조사 등 <개정 2011.4.12., 2014.1.21.>) 제11조(복지급여의 신청) 제12조(복지급여의 내용)	제17조(자족지원서비스) 제17조의2(청소년 한부모에 대한 교육 지원) 제17조의3(자녀양육비 이행지원) 제17조의4(청소년 한부모의 자립지원) 제17조의5(청소년 한부모의 건강진단) 제17조의6(미혼모 등의 건강관리 등 지원) 제17조의7(아동·청소년 보육·교육) 제18조(국민주택의 분양 및 임대) 제18조의2(한부모가족 상담전화의 설치) **제3장 한부모가족복지시설** <개정 2007.10.17.> 제19조(한부모가족복지시설) 제20조(한부모가족복지시설의 설치) 제21조(폐지 또는 휴지) 제22조(수탁 의무) 제23조(감독) 제24조(시설 폐쇄 등) 제24조의2(청문) **제4장 비용** <개정 2007.10.17.> 제25조(비용의 보조) 제25조의2(부정수급자의 대한 비용의 징수) 제26조(보조금 등의 반환명령)

제12조의2(복지급여 사유의 확인 등) 제12조의3(금융정보 등의 제공) 제12조의4(복지급여의 거절·변경 등) 제12조의5(복지급여수급계좌) 제13조(복지 자금의 대여) 제14조(고용의 촉진) 제14조의 2(고용지원 연계) 제15조(공공시설에 매점 및 시설 설치) 제16조(시설 우선 이용)	**제5장 보칙** <개정 2007.10.17.> 제27조(양도·담보 및 압류 금지) 제28조(심사 청구) 제29조(벌칙) 제30조(양벌규정) 제30조의2(과태료) 제31조(권한의 위임) 부칙 <법률 제17540호, 2020.10.20.>

출처: 국가법령정보센터 www.law.go.kr. (2023.8.13.).

3. 장애인복지법

장애인복지법은 1981년 제정되었고, 2004년까지 계속 개정되었다. 장애인복지의 기본이념은 장애인의 완전한 사회참여와 평등을 통한 사회통합을 이루는 데 있다. 국가와 지방자치단체는 장애 발생을 예방하고 의료재활치료, 교육, 문화, 환경의 정비 등을 위한 시책과 제도를 강구하고 실시하여야 한다.

장애인이란 신체적·정신적 장애로 오랫동안 일상생활이나 사회생활에서 상당한 제약을 받는 자를 말한다. 장애인복지법을 적용받는 장애인으로는 신체적 장애와 정신적 장애로 구분할 수 있다. 신체적 장애는 주요 외부 신체기능의 장애, 내부기관의 장애 등을 의미하며, 그리고 정신적 장애는 발달장애 또는 정신질환으로 발생하는 장애를 말한다.

첫째, 장애인복지법의 목적이다. 이 법은 장애인의 인간다운 삶과 권리보장을 위한 국가와 지방자치단체 등의 책임을 명백히 하며, 장애 발생의 예방과 장애인의 의료, 교육, 직업재활, 생활환경 개선 등에 관한 사업을 정함으로써 장애인복지대책의 종합적 추진을 도모하며, 장애인의 자립, 보호 및 수당의 지급 등에 관하여 필요한 사항을 정함으로써 장애인의 생활 안정에 기여하는 등 장애인의 복지증진 및 사회활동 참여 증진에 기여함을 목적으로 한다(제1조).

둘째, 장애인복지의 기본이념은 장애인의 완전한 사회참여와 평등을 통하여 사회통합을 이루는 데 있다(제3조).

셋째, 국가와 지방자치단체는 장애의 발생을 예방하고, 장애의 조기발견에 대한 국민의 관심을 높이고 자립을 지원하며 필요한 보호를 실시하여 장애인의 복

지를 증진할 책임을 진다. 아울러 여성장애인의 권익을 보호하기 위하여 필요한 시책을 강구하여야 하며, 장애인복지정책을 장애인 및 그 보호자에게 적극적으로 홍보하여야 하고, 국민이 장애인에 대하여 올바르게 이해하도록 하는데 필요한 시책을 강구하여야 한다(제9조). 모든 국민은 장애 발생의 예방, 장애의 조기발견에 노력하여야 하며, 장애인의 인격을 존중하고 사회통합의 이념에 기초하여 장애인복지증진에 협력하여야 한다(제10조).

넷째, 주요 내용으로는 심신장애의 발생 예방과 심신장애자의 의료, 직업재활 및 생활보호 등 복지시책을 효과적으로 추진함으로써 장애인의 재활자립과 그 가족의 정상적인 경제, 사회활동을 도와주며, 사회복지의 증진에 기여한다.

다섯째, 장애인복지시설의 종류는 다음과 같다(제58조).

① **장애인 거주시설이다.** 거주공간을 활용하여 일반가정에서 생활하기 어려운 장애인에게 일정 기간 동안 거주·요양·지원 등의 서비스를 제공하는 동시에 지역사회 생활을 지원하는 시설이다.

② **장애인 지역사회 재활 시설이다.** 장애인을 전문적으로 상담·치료·훈련하거나 장애인의 일상생활, 여가활동 및 사회참여 활동 등을 지원하는 시설이다.

③ **장애인 직업재활시설이다.** 일반 작업환경에서는 일하기 어려운 장애인이 특별히 준비된 작업환경에서 직업훈련을 받거나 직업 생활을 할 수 있도록 하는 시설(직업훈련 및 직업 생활을 위하여 필요한 제조 · 가공시설, 공장 및 영업장 등 부속용도의 시설로서 보건복지부령으로 정하는 시설을 포함한다)이다.

④ **장애인 의료재활시설이다.** 장애인을 입원 또는 통원하게 하여 상담, 진단·판정, 치료 등 의료재활서비스를 제공하는 시설이다.

장애인복지법의 주요 내용은 〈표 10-5〉와 같다.

〈표 10-5〉 장애인복지법의 주요 내용

장애인복지법
[시행 2022.12.12.][법률 제18625호, 2021.12.21., 일부개정]

제1장 총칙

제1조(목적)
제2조(장애인의 정의 등)
제3조(기본 이념)
제4조(장애인의 권리)
제5조(장애인 및 보호자 등에 대한 의견수렴과 참여)
제6조(중증장애인의 보호)
제7조(여성장애인의 권익보호 등)
제8조(차별금지 등)
제9조(국가와 지방자치단체의 책임)
제10조(국민의 책임)
제10조의2(장애인정책종합계획)
제10조의3(국회에 대한 보고)
제11조(장애인정책조정위원회)
제12조(장애인정책책임관의 지정 등)
제13조(지방장애인복지위원회)
제14조(장애인의 날)
제15조(다른 법률과의 관계)
제16조(법제와 관련된 조치 등)

제2장 기본정책의 강구

제17조(장애 발생 예방)
제18조(의료와 재활치료)
제19조(사회적응 훈련)
제20조(교육)
제21조(직업)
제22조(정보에의 접근)
제23조(편의시설)
제24조(안전대책 강구)
제25조(사회적 인식개선)
제25조의2(인식개선교육의 위탁 등)
제25조의3(홍보영상의 제작·배포·송출)
제26조(선거권 행사를 위한 편의 제공)
제27조(주택 보급)
제28조(문화환경 정비 등)
제29조(복지 연구 등의 진흥)
제29조의2(한국장애인개발원의 설립 등)
제30조(경제적 부담의 경감)
제30조의2(장애인가족 지원)

제55조(활동지원급여의 지원 <개정 2011.1.4.>)
제56조(장애동료간 상담)

제5장 복지시설과 단체

제57조(장애인복지시설의 이용 등)
제58조(장애인복지시설)
제59조(장애인복지시설의 설치)
제59조의2 삭제 <2015.12.29.>
제59조의3(장애인관련기관에의 취업제한 등)
제59조의4(장애인학대 및 장애인 대상 성범죄 신고의무와 절차 <개정 2015.12.29.>)
제59조의5(불이익조치의 금지)
제59조의6(장애인학대범죄신고인에 대한 보호조치)
제59조의7(응급조치의무 등)
제59조의8(보조인의 선임 등)
제59조의9(금지행위)
제59조의10(장애인학대의 예방과 방지 의무)
제59조의11(장애인권익옹호기관의 설치 등)
제59조의12(사후관리 등)
제59조의13(피해장애인 쉼터)
제59조의14(장애인학대 등의 통보)
제59조의15(피해장애인에 대한 변호사 선임의 특례)
제59조의16(진술조력인의 참여 등)
제59조의17(장애인권익옹호기관의 성과평가 등)

제60조(장애인복지시설 운영의 개시 등 <개정 2011.3.30.>)
제60조의2(장애인거주시설 이용절차)
제60조의3(장애인거주시설의 서비스 최저기준)
제60조의4(장애인거주시설 운영자의 의무)
제60조의5(상속인 없는 재산의 처리)
제61조(감독)
제62조(시설의 개선, 사업의 정지, 폐쇄 등)
제63조(단체의 보호·육성)
제64조(장애인복지단체협의회)

제6장 장애인 보조기구

제65조(장애인보조기구)
제66조 삭제 <2015.12.29.>
제67조 삭제 <2015.12.29.>
제68조 삭제 <2015.12.29.>
제69조(의지·보조기제조업의 개설사실의 통보 등)

제3장 복지 조치

제31조(실태조사)
제32조(장애인 등록)
제32조의2(재외동포 및 외국인의 장애인 등록)
제32조의3(장애인 등록 취소 등)
제32조의4(서비스 지원 종합조사)
제32조의5(업무의 위탁)
제32조의6(복지서비스에 관한 장애인 지원 사업)
제32조의7(민관협력을 통한 사례관리)
제32조의8(장애 정도가 변동된 장애인 등에 대한 정보 제공)
제32조의9(자료의 요청)
제33조(장애인복지상담원)
제34조(재활상담 등의 조치 <개정 2011.3.30.>)
제35조(장애 유형·장애 정도별 재활 및 자립지원 서비스 제공 등)
제36조 삭제 <2015.12.29.>
제37조(산후조리도우미 지원 등)
제38조(자녀교육비 지급)
제39조(장애인이 사용하는 자동차 등에 대한 지원 등)
제40조(장애인 보조견의 훈련·보급 지원 등)
제41조(자금 대여 등)
제42조(생업 지원)
제43조(자립훈련비 지급)
제44조(생산품 구매)
제45조 삭제 <2017.12.19.>
제45조의2 삭제 <2017.12.19.>
제46조(고용 촉진)
제46조의2(장애인 응시자에 대한 편의제공)
제47조(공공시설의 우선 이용)
제48조(국유·공유 재산의 우선매각이나 유상·무상 대여)
제49조(장애수당)
제50조(장애아동수당과 보호수당)
제50조의2(자녀교육비 및 장애수당 등의 지급 신청)
제50조의3(금융정보 등의 제공)
제50조의4(장애인복지급여 수급계좌)
제51조(자녀교육비 및 장애수당등의 환수)
제52조(장애인의 재활 및 자립생활의 연구)

제4장 자립생활의 지원

제53조(자립생활 지원)
제54조(장애인자립생활 지원센터
<개정 2017.12.19.>)

제70조(의지·보조기 제조업소의 폐쇄 등)

제7장 장애인복지 전문인력

제71조(장애인복지 전문인력 양성 등)
제72조(의지·보조기 기사자격증 교부 등)
제72조의2(언어재활사 자격증 교부 등)
제72조의3(장애인재활상담사 자격증 교부 등)
제73조(국가시험의 실시 등
<개정 2011.8.4.>)
제74조(응시자격 제한 등)
제75조(보수교육)
제76조(자격취소)
제77조(자격정지)
제78조(수수료)

제8장 보칙

제79조(비용 부담)
제80조(비용 수납)
제80조의2(한국언어재활사협회)
제80조의3(한국장애인재활상담사협회)
제81조(비용 보조)
제82조(압류 금지)
제83조(조세감면)
제83조의2(청문)
제84조(이의신청 <개정 2017.12.19.>)
제85조(권한위임 등)
제85조의2(비밀 누설 등의 금지)

제9장 벌칙

제86조(벌칙)
제86조의2(벌칙)
제87조(벌칙)
제88조(벌칙)
제88조의2(가중처벌)
제88조의3(「형법」 적용의 일부 배제)
제89조(양벌규정)
제90조(과태료)

부칙 <법률 제18625호, 2021.12.21.>

출처: 국가법령정보센터 www.law.go.kr. (2023.8.13.).

4. 국민기초생활보장법

빈곤선 이하의 저소득 국민에게 국가가 생계, 교육, 의료, 주거, 자활 등에 필요한 경비를 주어 최소한의 기초생활을 제도적으로 보장해 줄 목적으로 제정된 법으로, 헌법상 '인간답게 살 권리'를 명문화한 의미를 가지는 법이다.

첫째, 국민기초생활보장법의 목적은 생활이 어려운 자에게 필요한 급여를 행하여 이들의 최저생활을 보장하고 자활을 조성하는 데 있다. 수급자가 자신의 생활의 유지 및 향상을 위하여 그 소득·재산·근로 능력 등을 활용하여 최대한 노력하는 것을 전제로 이를 보충 및 발전시키는 것을 기본원칙으로 한다.

둘째, 국민기초생활보장법의 내용이다. 국민기초생활보장제도가 지향하는 생산적 복지는 크게 시혜적 차원의 생활 보호를 탈피해 국민이면 누구나 최저생활을 보장받는 권리가 있고, 국가는 최저생계보장에서 한 걸음 더 나아가 저소득층의 자립 및 자활까지 책임진다는 내용이다. 즉 가구소득이 최저생계비 이하인 가구는 모두 수급자로 선정되어야 한다. **최저생계비**란 국민이 건강하고 문화적인 생활을 유지하기 위하여 소요되는 최소한의 비용으로서 관계전문가, 공익대표, 관련 공무원들로 구성되는 중앙생활보장위원회에서 매년 가계지출, 생활실태, 물가상승률 등 객관적인 지표를 고려하여 결정한다.

셋째, 국민기초생활보장법의 종류는 다음과 같다.

① **생계급여**는 수급자에게 의복, 음식물 및 연료비와 기타 일상생활에 기본적으로 필요한 금품을 지급하여 그 생계를 유지하게 하는 것으로 한다.

② **주거급여**는 수급자에게 주거안정에 필요한 임차료, 유지수선비, 기타 대통령령이 정하는 수급품을 지급하는 것으로 한다.

③ **의료급여**는 수급자에게 건강한 생활을 유지하는 데 필요한 각종 검사 및 치료 등을 지급하는 것을 말한다.

④ **교육급여**는 수급자에게 입학금, 수업료, 학용품비, 기타 수급품을 지원하는 것으로 하되, 학교의 종류, 범위 등에 관하여 필요한 사항은 대통령령으로 정한다.

⑤ **해산급여**는 조산, 분만 전과 분만 후의 필요한 조치와 보호가 필요할 때 지급하는 것으로 한다. 해산급여는 보건복지부령으로 정하는 바에 따라 보장기관이 지정하는 의료기관에 위탁하여 실시할 수 있다.

⑥ **장제급여**는 수급자가 사망한 경우 사체의 검안, 운반, 화장 또는 매장 기타 장제

조치를 행하는 것으로 한다. 장제급여는 보건복지부령으로 정하는 바에 따라 실제로 장제를 실시하는 사람에게 장제에 필요한 비용을 지급하는 것으로 한다. 다만, 그 비용을 지급할 수 없거나 비용을 지급하는 것이 적당하지 아니하다고 인정하는 경우에는 물품을 지급할 수 있다.

⑦ **자활급여**이다. 이는 수급자의 자활을 돕기 위하여 다음 사항의 급여를 실시하는 것으로 한다.

i) 자활에 필요한 금품의 지급 또는 대여, ii) 자활에 필요한 근로 능력의 향상 및 기능습득의 지원, iii) 취업 알선 등 정보의 제공, iv) 자활을 위한 근로 기회의 제공, v) 자활에 필요한 시설 및 장비의 대여, vi) 창업교육, 기능훈련 및 기술 및 경영지도 등 창업지원, vii) 자활에 필요한 자산형성 지원 등이다. viii) 그 밖에 대통령령으로 정하는 자활을 위한 각종 지원 등이 있다.

국민기초생활보장법의 주요 내용은 〈표 10-6〉과 같다.

〈표 10-6〉 국민기초생활보장법의 주요 내용

국민기초생활보장법 [시행 2023.6.5.][법률 제19228호, 2023.3.4. 타법개정]	
제1장 총칙 <개정 2012.2.1.> 제1조(목적) 제2조(정의) 제3조(급여의 기본원칙) 제4조(급여의 기준 등) 제4조의2(다른 법률과의 관계) 제5조 삭제 <2014.12.30.> 제5조의2(외국인에 대한 특례) 제6조(최저보장수준의 결정 등 <개정 2014.12.30.>) 제6조의2(기준 중위소득의 산정) 제6조의3(소득인정액의 산정) **제2장 급여의 종류와 방법** 제7조(급여의 종류) 제8조(생계급여의 내용 등 <개정 2014.12.30.>) 제8조의2(부양능력 등) 제9조(생계급여의 방법) 제10조(생계급여를 실시할 장소)	**제4장 급여의 실시** 제21조(급여의 신청) 제22조(신청에 의한 조사) 제23조(확인조사) 제23조의2(금융정보등의 제공) 제24조(차상위계층에 대한 조사) 제25조(조사 결과의 보고 등) 제26조(급여의 결정 등) 제27조(급여의 실시 등) 제27조의2(급여의 지급방법 등) 제27조의3(급여의 대리수령 등) 제28조(자활지원계획의 수립) 제29조(급여의 변경) 제30조(급여의 중지 등) 제31조(청문) **제5장 보장시설** 제32조(보장시설) 제33조(보장시설의 장의 의무)

제11조(주거급여)
제12조(교육급여)
제12조의2(교육급여의 적용특례)
제12조의3(의료급여)
제13조(해산급여)
제14조(장제급여)
제14조의2(급여의 특례)
제15조(자활급여)

제2장의2 자활 지원 <개정 2012.2.1.>

제15조의2(한국자활복지개발원)
제15조의3(자활복지개발원의 업무)
제15조의4(임원)
제15조의5(직원의 파견)
제15조의6(국가의 보조 등)
제15조의7(「민법」의 준용)
제15조의8(비밀누서 등의 금지)
제15조의9(벌칙 적용에서 공무원 의제)
제15조의10(광역자활센터)
제16조(지역자활센터 등)
제17조(자활기관협의체)
제18조(자활기업)
제18조의2(공공기관의 우선구매
<개정 2021.7.27.>)
제18조의3(보고 등)
제18조의4(자활기업의 인정취소)
제18조의5(유사명칭의 사용금지)
제18조의6(고용촉진)
제18조의7(자활기금의 적립)
제18조의8(자산형성지원)
제18조의9(자활의 교육)
제18조의10(자활지원사업 통합정보전산망의 구축·운영 등)
제18조의11(개인정보의 보호)

제3장 보장기관

제19조(보장기관)
제20조(생활보장위원회)
제20조의2(기초생활보장계획의 수립 및 평가)

제6장 수급자의 권리와 의무

제34조(급여 변경의 금지)
제35조(압류금지)
제36조(양도금지)
제37조(신고의 의무)

제7장 이의신청

제38조(시·도지사에 대한 이의신청)
제39조(시·도지사의 처분 등)
제40조(보건복지부장관 등에 대한 이의신청
<개정 2014.12.30.>)
제41조(이의신청의 결정 및 통지
<개정 2014.12.30.>)

제8장 보장비용

제42조(보장비용)
제43조(보장비용의 부담 구분)
제43조의2(교육급여 보장비용 부담의 특례)
제44조 삭제 <2006.12.28.>
제45조(유류금품의 처분)
제46조(비용의 징수)
제47조(반환명령)

제9장 벌칙 <개정 2012.2.1.>

제48조(벌칙)
제49조(벌칙)
제49조의2(벌칙)
제50조(벌칙)
제50조의2(과태료)
제51조(양벌규정)

부칙 <법률 제18607호, 2021.12.21.>

출처: 국가법령정보센터 www.law.go.kr. (2023.8.13.).

5. 의료급여법

첫째, 의료급여법의 목적은 생활이 어려운 자에게 의료급여를 실시함으로써 국민보건의 향상과 사회복지의 증진에 이바지하는 데 있다.

둘째, 의료급여법의 내용이다. 의료급여법에 의한 수급권자(제3조)는 국민기초생활보장법에 의한 수급자, 재해구호법에 의한 이재민, 의사상자 예우에 관한 법률에 의한 의상자 및 의사자의 유족, 입양촉진 및 절차에 관한 특례법에 의하여 국내에 입양된 18세 미만의 아동 등이며, 이들의 질병, 부상, 출산 등에 대해 진찰, 검사, 약제, 치료재료의 지급, 처치, 수술과 그 밖의 치료, 예방, 재활, 입원, 간호, 이송과 그 밖의 의료 목적을 달성하기 위한 조치에 관한 내용을 담고 있다(제7조). 의료급여의 방법, 절차, 범위, 상한 등 의료급여의 기준에 관하여는 보건복지부령으로 정하며, 의료급여의 기준을 정함에 있어 업무 또는 일상생활에 지장이 없는 질환 등은 의료급여의 대상에서 제외할 수 있다.

의료급여법의 주요 내용은 〈표 10-7〉과 같다.

〈표 10-7〉 의료급여법의 주요 내용

의료급여법 [시행 2023.6.5.][법률 제19228호, 2023.3.4. 타법개정]	
제1조(목적)	제19조(구상권)
제2조(정의)	제20조(급여비용의 대지급)
제3조(수급권자)	제21조(대지급금의 상환)
제3조의2(난민에 대한 특례)	제22조(대지급금의 독촉 등)
제3조의3(수급권자의 인정 절차 등)	제23조(부당이득의 징수)
제4조(적용 배제)	제24조(결손처분)
제5조(보장기관)	제25조(의료급여기금의 설치 및 조성)
제5조의2(사례관리)	제26조(기금의 관리 및 운영)
제6조(의료급여심의위원회)	제27조(급여비용의 예탁)
제7조(의료급여의 내용 등)	제28조(의료급여기관의 업무정지 등)
제8조(의료급여증)	제29조(과징금 등)
제9조(의료급여기관)	제29조의2(제조업자 등의 금지행위 등)
제10조(급여비용의 부담)	제30조(이의신청 등)
제11조(급여비용의 청구와 지급)	제30조의2(심판청구)
제11조의2(서류의 보존)	제31조(소멸시효)
제11조의3(급여 대상 여부의 확인 등)	제32조(보고 및 검사)
제11조의4(의료급여기관의 비용 청구에 관한 금지행위)	제32조의2(자료의 제공)
	제32조의3(포상금 및 장려금의 지급)

제11조의5(급여비용의 지급 보류)
제12조(요양비)
제13조(장애인 및 임산부에 대한 특례)
제14조(건강검진)
제15조(의료급여의 제한)
제16조(의료급여의 변경)
제17조(의료급여의 중지 등)
제18조(수급권의 보호)
제33조(권한의 위임 및 위탁)
제34조(끝수 및 소액의 처리)
제35조(벌칙)
제36조(양벌규정)
제37조(과태료)

부칙 <법률 제16374호, 2019.4.23.>

출처: 국가법령정보센터 www.law.go.kr. (2023.8.13.).

제3절 보육행정 및 정책

여기에서는 보육행정과 보육정책으로 대별해서 고찰하기로 한다.

1. 보육행정

보육행정은 중앙조직과 지방조직, 관련 기관으로 구분해서 기술하고자 한다.

1) 중앙조직

(1) 보건복지부

① 영유아 보육정책의 수립 및 지원 등의 업무를 맡고 있는 중앙행정기구로 주요 활동은 업무계획, 보건의료정책, 공공보건정책, 한의약정책, 건강보험정책, 건강정책, 보건산업정책, 복지정책, 사회서비스정책, 장애인정책, 인구아동정책, 노인정책, 보육정책, 연금정책 등이다.
② 중앙정부의 보육 업무는 보건복지부에서 2004년 6월 여성가족부로 이관했다가 2009년 다시 보건복지부로 이관되었다.

(2) 보육정책과

① 중앙행정기관 및 지방자치단체의 영유아 정책(유아 교육정책은 제외한다. 이하

같다)의 협의·조정 총괄

② **영유아 정책에 대한 평가 및 제도 개선**

③ 보육예산의 편성 및 집행의 관리

④ 보육행정 전산화 및 보육서비스 이용권 제도 운영 · 관리

⑤ **보육교직원의 양성 및 자격관리**

⑥ 영유아 보육료·양육수당 지원 및 가정양육 지원에 관한 사항

⑦ 영아·장애아·다문화가정 영유아 등 취약보육서비스 등의 지원에 관한 사항

⑧ 표준보육과정 및 보육프로그램의 개발·보급

⑨ 어린이집의 평가인증

⑩ **국공립어린이집 등의 확충 및 환경 개선**

⑪ 어린이집의 설치 및 인가 기준에 관한 사항

⑫ 어린이집의 지원 및 지도·감독

⑬ **육아종합지원센터 지원**

⑭ **보육정책 연혁 및 현황**

⑮ **아이행복카드**

보육정책과 업무 내용 가운데 특히 **어린이집 확충사업**은 우선 설치지역과 의무 설치지역으로 구분하고 있다.

첫째, 우선 설치지역의 어린이집 확충사업은 ① 저소득 주민 밀집 주거지역, 농어촌지역 등 취약지역 및 산업단지 지역(「영유아보육법」 제12조 제1항)이며, 그리고 ② 아동수, 접근성, 저소득층 비율 및 어린이집 공급현황 등을 고려한 종합적인 분석을 토대로 우선 설치 필요지역 선정한다.

둘째, 의무 설치지역의 어린이집 확충사업은 ① 지방자치단체는 500세대 이상 공동주택에 설치되는 의무 어린이집은 국공립으로 운영해야 하며(법 제12조 제3항), ② 2019.9.25. 이후 사용검사를 신청하는 공동주택부터 적용하면서 다양한 확충방식지원 등을 통해 효율적인 확충추진한다. 또한 ③ 매입, 장기임차 방식(2018~) 등 기존시설 전환 적극 활용함과 동시에 ④ 공동주택 관리동 2층, 공공업무시설 5층까지 국공립어린이집 설치 허용(2018.2월, 시행규칙 개정)한다. 아울러 ⑤ 신규 500세대 이상 공동주택 내 국공립어린이집 설치 의무화(2019.6월, 법 및 시행령 개정)한다.

(3) 보육사업기획과

① 영유아 보육료의 지원
② 양육수당 지원에 관한 사항
③ 표준보육비용에 관한 사항
④ 영유아 및 부모 지원 보육서비스의 개발
⑤ 영아·장애아 및 다문화가족 영유아 등 취약보육서비스 등 지원에 관한 사항
⑥ 보육료·양육수당 지원 대상자 선정 및 적정관리에 관한 사항
⑦ 보육료·양육수당 지원 대상자 소득기준액 결정에 관한 사항
⑧ 부모교육 및 관련 정보제공에 관한 사항
⑨ 국공립어린이집 등의 인건비 지원
⑩ 맞춤형 보육 자격 기준 및 관리에 관한 사항
⑪ 가정양육수당 지원에 관한 사항
⑫ 시간제 보육 지원

보육사업기획과 업무 가운데 특히 영유아 보육료 지원사업은 다음과 같다.

첫째, 지원 대상은 어린이집을 이용하는 영유아(0~5세반)로 국적과 주민등록번호를 유효하게 보유하고 있는 자로서 소득에 무관하게 전 계층에 적용된다. 그리고 기본보육료는 정부에서 인건비를 지원받지 않는 민간·가정어린이집에서 만0~2세 및 장애아동 보육 시 지원한다.

둘째, 맞춤반 아동이 맞춤반 보육시간 이외에 어린이집을 추가적으로 이용할 시 긴급보육바우처가 15시간(시간당 4,000원) 지원된다.

셋째, 영유아 보육료 지원 금액 및 적용 시기는 〈표 10-8〉과 같다.

〈표 10-8〉 영유아 보육료 지원 금액 및 적용 시기

(월 기준, 단위: 천원)

구분	연령(적용 시기)				
	0세반 (22.1.1~)	1세반 (22.1.1~)	2세반 (22.1.1~)	3~5세반 (22.1.1~2.28)	3~5세반 (22.3.1~)
계	1,069	749	574	260	280
부모보육료	499	439	364	260	280
기관보육료	570	310	210	-	-

특히 기관보육료는 정부에서 인건비를 지원받지 않는 민간·가정어린이집에서 만 0~2세 및 장애아동 보육 시 지원하며, 추가적 돌봄이 필요한 영유아가 연장보육 이용시 시간당 연장보육료를 추가로 영아반 2,000원, 유아반 1,000원, 0세반·장애아 3,000원을 지원한다.

(4) 보육기반과

① 어린이집의 설치 및 운영지원
② 어린이집의 기능 보강 등 환경개선지원
③ 어린이집의 운영비 지원
④ 어린이집에 대한 지도·점검
⑤ 어린이집운영위원회의 설치 및 운영
⑥ 보육아동의 건강·영양·안전 등의 관리
⑦ 어린이집 평가인증 계획수립 및 평가인증제도 운영
⑧ 표준보육과정 및 보육프로그램의 개발·보급
⑨ 협동어린이집의 활성화
⑩ 시간 연장형, 종일형, 방과 후 어린이집 등의 보육서비스 지원에 관한 사항
⑪ 만 3~5세 누리과정 도입
⑫ 어린이집 입소 대기
⑬ 그 밖의 연장형 보육(야간 연장, 휴일 보육, 24시간)
⑭ 어린이집 평가제

(5) 보육정책위원회

①「영유아보육법」 제6조에 따라 보육에 관한 각종 정책·사업·보육지도 및 어린이집 평가사항 등을 심의하기 위하여 보건복지부에 중앙보육정책위원회를, 특별시·광역시·특별자치시·도·특별자치도 및 시·군·구(자치구를 말함)에 지방보육정책위원회를 둔다. 다만, 지방보육정책위원회는 그 기능을 담당하기에 적합한 다른 위원회가 있고 그 위원회의 위원이 자격을 갖춘 경우에는 시·도 또는 시·군·구의 조례로 정하는 바에 따라 그 위원회가

지방보육정책위운회의 기능을 대신할 수 있다.

② 중앙보육정책위원회와 지방보육정책위원회의 위원은 보육전문가, 어린이집 원장 및 보육교사 대표, 보호자 대표 또는 공익을 대표하는 자, 관계 공무원 등으로 구성한다.

2) 지방조직

보육행정 업무는 중앙정부에서 기본정책과 계획을 수립하여 이를 수행하기 위한 지침을 전달하고, 지방자치단체는 지침업무를 수행한다. 또한 지방자치단체는 자체예산으로 보육사업을 기획하고 자율적으로 실시할 수 있다.

예를 들면, 다음과 같다. 남양주시청 보육정책과 보육정책팀(①~④), 보육사업팀(⑤~⑦), 보육지원 1팀(⑧~⑪), 보육지원 2팀(⑫~⑮), 보육지도팀(⑯~⑳)에서 보육행정 업무를 담당하고 있으며, 그 업무를 소개하면 다음과 같다(www.nyj.go.kr).

① 국·공립어린이집 신축 및 확충, 어린이집 기능보강사업, 보육 관련 지시사항 추진(특수시책 포함)

② 국·공립어린이집 신축 및 전환 국공립어린이집 리모델링 장애통합어린이집 신축 어린이집 기능보강 어린이집 놀이시설관리

③ 보육정책위원회 운영, 국공립어린이집 위탁운영 및 관리 등

④ 국·공립어린이집 위탁운영 및 관리(진접읍, 오남읍, 퇴계원읍, 별내면, 별내동), 어린이집 변경인가, 어린이집 연합회 관리(행사, 교육지원), 우수 보육 교직원 표창 관리, 어린이집 부채비율 확인

⑤ 보육사업 총괄, 보육사업(시책) 개발 및 추진

⑥ 놀이체험시설 조성 및 관리, 어린이 전시 및 체험콘텐츠 개발, 영유아 프로그램 운영, 어린이 비전센터 위탁운영 관리(체험전시실, 라바파크, 사계절 썰매장) 등

⑦ 보육정책(시책)개발 및 추진, 육아종합지원센터 운영 및 관리, 취약보육시설 지정, 공공형 어린이집 지정 열린 어린이집 선정 등

⑧ 보육료 예탁 및 정산관리, 보육교직원 관리(다산2동, 진건읍), 보육료 책정 및 지원업무 일반(다산2동, 진건읍), 가정양육수당, 영아수당 총괄 지급, 대체교사 인건비 지원, 가정·민간어린이집 조리원 인건비 지원, 가정·민간 어린이집 조리원 인건비 추가 지원, 농어촌 보육교사 특수근무수당 등

⑨ 보육교직원 관리(다산1동, 평내동), 보육료 책정 및 지원업무 일반(다산1동, 평내동),

어린이집 교직원 처우개선비 지원, 보육교사 처우개선비 추가 지원, 장기근속 수당 지원, 농어촌 법인어린이집 지원, 영아 표준보육과정 프로그램 지원, 회계 프로그램비 지원 등

⑩ 보육교직원 관리(화도읍, 금곡동, 수동면, 조안면), 보육료 책정 및 지원업무 일반(화도읍, 금곡동, 수동면, 조안면), 공공형 어린이집 지원, 시간제 보육시설 지원, 보조교사, 연장 보육 전담교사 인건비 지원, 보육교사 보수교육, 어린이집 코로나19 관련 업무(선제검사, 등원 현황) 등

⑪ 보육교직원 관리(호평동, 와부읍, 양정동), 보육료 책정 및 지원업무 일반(호평동, 와부읍, 양정동), 어린이집 운영지원(급식비, 운영비), 영아반교사 등 특수근무 수당 지원, 차량운영비 지원, 대체인력 인건비 지원, 보육교직원 경력관리 및 증명서 발급(방문, 팩스) 등

⑫ 보육 지원, 공기청정기 지원사업 등

⑬ 국·공립 법인 등 어린이집 인건비 지원, 장애통합 어린이집 교직원 인건비 지원, 보육료 책정 및 관리(오남읍), 보육 일반, 코로나 19 관련 업무, 안전공제회 가입 지원 등

⑭ 보육료 지원관리 및 일반지원(별내동, 퇴계원읍), 어린이집 교직원 임면관리(별내동, 퇴계원읍), 기관 보육료 승인 및 관리, 누리과정 운영비 및 처우개선비 지원, 교사 근무환경개선비 지원, 교사겸직원장 지원, 0세아 전용 어린이집 지원, 평가인증 어린이집 난방비 지원, 민간, 가정 어린이집 환경개선 융자추천 등

⑮ 보육료 지원관리 및 일반 지원(진접읍, 별내면), 어린이집 교직원 면 관리(진접읍, 별내면), 야간 연장 어린이집 지원(인건비, 운영비, 24시간 어린이집, 유아학비), 평가제 어린이집 지원(원장 처우개선비, 환경개선비, 교직원 수당), 어린이집 교재·교구비 지원, 외국인 근로자 자녀 보육 지원, 어린이집 운영지원(2팀 지역운영비, 급식비), 보육교직원 경력증명서 발급(민원 24), 보육교직원 결격사유 조회 등

⑯ 어린이집 지도점검, 민간, 가정(다산 2동, 평내동, 별내동), 국공립(다산 2동, 평내동) 등

⑰ 어린이집 지도점검, 국·공립, 민간, 가정(와부읍, 오남읍, 조안면, 양정동, 수동면, 금곡동), 평가제 등

⑱ 어린이집 지도점검, 민간, 가정, 국공립(다산 1동, 퇴계원읍, 진건읍), 부모모니터링단 지원 및 관리 등

⑲ 어린이집 지도점검, 민간·가정(화도, 별내면), 국·공립(화도), 보육지도 일반(각종 자료제출 포함) 등

⑳ 어린이집 지도점검, 민간, 가정(진접, 호평), 국·공립(진접, 호평) 등

3) 관련 기관

(1) 육아종합지원센터(http://central.childcare.go.kr)

1995년 한국어린이집 연합회 내 중앙보육정보센터를 설치하면서 출발하였다. 2008년 2월 영유아보육법 및 보육 관련 업무 보건복지부로 이관했다. 그리고 2022년 6월 22일 한국보육진흥원·중앙육아종합지원센터와 통합되었다.

① 보육 및 양육에 관한 정보의 수집·제공 및 보육교직원·부모상담 등을 제공하기 위하여 보건복지부장관과 지방자치단체의 장이 설치 및 운영하는 육아지원기관이다(영유아보육법 제7조).

② **사업 목적:** 지역사회 내 어린이집 지원 및 관리, 보호자의 가정양육지원을 위한 육아 지원서비스 제공한다. 즉 보육컨설팅, 교직원 상담 및 교육 등 어린이집 지원 기능과 부모에 대한 상담 및 교육, 일시보육서비스 등 가정양육지원 기능의 지역 내 One-stop 육아 지원서비스 제공 등이다.

③ 중앙육아종합지원센터는 보건복지부장관이 설치 및 운영한다(「영유아보육법」 제7조).

④ 지방육아종합지원센터는 특별시장, 광역시장, 특별자치시장, 도지사, 특별자치도지사, 시장, 군수, 구청장이 설치·운영한다.

⑤ **육아종합지원센터의 역할**(법 제7조, 시행령 제13조)

▲ **중앙육아종합지원센터는 시·도 및 시·군·구센터의 업무 전반에 대한 관리·지원 및 시·도 및 시·군·구센터에 대한 정기적인 평가를 시행하고 그 밖의 정부의 보육정책 수행을 지원한다.**

i) 전국 단위 보육 관련 정보의 수집 및 DB구축 및 제공
ii) 전국 공통사업 강사(컨설턴트) 양성 및 인력풀 관리, 매뉴얼 및 자료제작, 실적관리 등 시·도 및 시·군·구센터 사업지원
iii) 통합홈페이지의 운영 및 업무(실적)관리시스템 관리, 원격교육 등 온라인서비스 수행 및 지원
iv) 센터직원 등에 대한 연수 및 운영지원
v) 센터평가 및 우수사례 발굴
vi) 센너홍보 및 이용사 반족도 조사실시

▲ **시도 및 시군구센터는 관할 지역의 어린이집과 영유아 및 보호자에 대하여 지역 특성에 기초한 서비스를 제공하고 중앙육아종합지원센터에서 실시하는 평가에 참여하여 질적인 개선을 도모한다.**

▲ **시·도센터는 관할 지역의 시·군·구센터 지원 및 협력을 통해 정책실현의 효율성을 높이고 어린이집과 영유아·보호자에 대하여 지역 특성에 기초한 서비스를 제공하며, 특히 시·군·구센터 미설치 지역의 격차 해소를 위한 보육·양육서비스를 제공한다.**

i) 지역의 보육·양육 관련 정보의 수집 및 제공
ii) 지역 특성을 고려한 보육프로그램 및 콘텐츠의 개발 및 보급
iii) 지자체 특수사업 매뉴얼 개발, 자료제작 등 지자체 특수사업 총괄 및 지원
iv) 어린이집 보육컨설팅, 보육교직원 교육·상담 등 어린이집 지원
v) 영유아·보호자에 대한 양육정보 제공, 교육·상담 등 가정양육 지원
vi) 시·군·구센터 대상 교육 및 컨설팅, 실적관리 지원
vii) 시·도센터와 시·군·구센터 간 정기적인 회의 구성 및 관리
viii) 소외지역에 찾아가는 서비스제공 등 시·군·구센터 미설치 사각지대 지원
ix) 이용자 욕구조사 등 프로그램 개선을 위한 정보수집 및 제공
x) 지역의 전문인력, 유관기관 연계 등 지역사회와의 네트워크 구축

▲ 시·군·구센터는 관할 지역의 어린이집과 영유아·보호자에 대하여 지역 특성에 기초한 서비스를 제공하고, 중앙 및 지방정부의 정책실현을 위하여 관할 지역 시·도센터와 협력한다.

i) 지역의 보육·양육 관련 정보의 수집 및 제공
ii) 지역 특성을 고려한 보육프로그램 및 콘텐츠의 개발·보급
iii) 지자체 특수사업 수행
iv) 어린이집 보육컨설팅, 보육교직원 교육·상담 등 어린이집 지원
v) 영유아·보호자에 대한 양육정보 제공, 교육·상담 등 가정양육지원
vi) 시·도센터 교육, 회의 등 참여 및 지원, 컨설팅 협력
vii) 이용자 만족도 조사 등 프로그램 개선을 위한 정보수집
viii) 지역의 전문인력, 유관기관 등 지역사회와의 네트워크 구축

⑥ 육아 종합지원센터 전달체계는 [그림 10-1]과 같다.

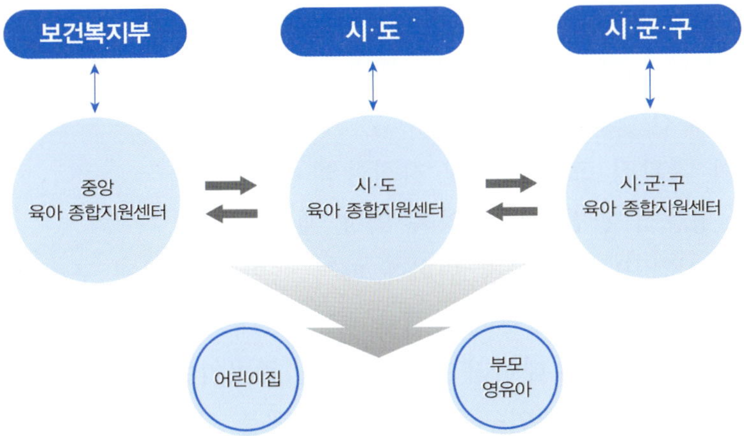

[그림 10-1] 육아 종합지원센터 전달체계

출처: 육아 종합지원센터 홈페이지 참조

중앙육아종합지원센터는 지방육아종합지원센터의 업무 전반에 대한 관리·지원·지방육아종합지원센터에 대한 정기적인 평가를 수행하고 그 밖의 정부 보육사업 시행을 지원한다. 그리고 시·도 및 시·군·구 육아 종합지원센터는 관할 지역의 어린이집과 보육수요자에 대하여 지역 특성에 기초한 서비스를 제공하고, 중앙육아종합지원센터에서 실시하는 평가에 참여하여 질적인 개선을 도모해야 한다.

(2) 육아정책연구소

① **설립목적:** 국가 인적자원 육성을 위한 육아정책연구를 종합적 및 체계적으로 수행하고, 유아교육과 보육의 발전을 위한 합리적인 정책방안을 제시함으로써 우리나라의 육아 선진국으로 도약에 기여하는 데 있다.

② **육아정책연구소의 연구사업 목표**는 다음과 같다.

▶ 아동권리와 생애주기에 기반한 연구영역 확장

i) 아동학대 종합적 관리체계 설계를 통한 아동권리 보호

ii) 태내기를 포함하는 아동의 생애주기별 건강 향상 도모

▶ 미래변화를 대비한 교육/보육/돌봄 운영체계 구축 및 선제적 대응

i) 미래변화에 대비한 유아교육 및 보육체제 개편 방안 도출

ii) 코로나 19 및 재난상황을 대비하는 통합적 돌봄 시스템 구축
iii) 장애 및 취약 영유아와 가족의 건강한 성장지원 방안 수립을 위한 정책 과제추진

▶ 육아 친화적 고용환경 및 사회환경 구축
i) 성 평등적 관점의 가정양육 역량 제고
ii) 노동시간 및 고용환경 변화에 따른 육아 지원정책 구축

▶ 육아 정책 분야 데이터 통합을 통한 국내외 의제 대응
i) 육아 정책 분야 데이터 통합을 통한 증거기반 정책 수립 토대 마련
ii) 국내외 육아 정책연구 공유·협력 플랫폼 구축

▶ 공생·존중의 육아정책 의제 발굴 및 정책수요자 소통역량 강화
i) 학제간 융합과 협력을 통한 육아 정책생태계 구축
ii) 정책 수요자와의 소통 강화 및 성과공유 다각화
iii) 연구기획 및 질 관리를 위한 정보화 관리체계구축

③ 육아정책연구소 경영 목표는 **[그림 10-2]**와 같다.

중장기 발전목표

아동의 행복한 성장을 위한 육아정책의 선도적 연구기관	국내외 의제에 대응하는 육아정책의 플랫폼	경영혁신과 기관 위상 안정화를 통해 사회적 책임을 다하는 연구기관
✓ 아동 행복을 위한 가정, 사회, 국가 차원 육아친화 정책연구 강화 ✓ 미래대응 유아교육·보육 발전을 위한 선도적 정책 연구 수행	✓ 코로나19 이후 국내외 상황에 대응하는 육아정책연구의 플랫폼으로서 영향력 제고 ✓ 다양한 학제간 융합과 협력 연구생태계 구축	✓ 소통과 협력으로 공정하고 합리적인 조직 관리와 역량 강화 추진 ✓ 독립 법인화를 통한 기관 위상 안정화 ✓ 국책연구기관으로서 책무성 및 윤리의식 제고

경영목표

01 아동의 행복한 성장을 위한 미래지향적 정책연구 선도	01-1. 아동 행복을 위한 가정, 사회, 국가 차원 육아친화 정책연구 강화 01-2. 미래대응 유아교육·보육 발전을 위한 선도적 정책 연구 수행 01-3. 육아친화적 가정 및 사회 조성을 위한 연구 주도 01-4. 정책화 기여도 제고를 위한 연구사업 관리 체계 개선
02 국내외 의제에 대응하는 육아정책연구의 플랫폼 실현	02-1. 포스트코로나 대응 국내·외 육아정책 플랫폼 활성화 02-2. 정책수요자와의 소통 강화 및 성과공유 다각화 02-3. 학제간 융합과 협력을 통한 육아정책연구생태계 조성
03 포용적 경영혁신을 통한 기관 위상 제고	03-1. 법인화 추진과 인권·윤리경영 강화 03-2. 사회적 가치를 실현하는 포용적 조직문화 강화 03-3. 경영혁신을 통한 조직관리 효율화

[그림 10-2] 육아정책연구소 경영 목표

출처: 육아정책연구소 홈페이지 참조.
https://kicce.re.kr/main/html.do?menu_idx=18

2. 보육정책

1) 보육정책의 방향

보육정책이란 국가 및 공공단체가 복지사회 이념을 실현하기 위하여 영유아를 대상으로 실시하는 보육활동 전반에 관한 기본지침이라 할 수 있다. 즉 보육정책은 영유아를 포함한 초등학교 학령기까지의 아이들에 대한 적절한 환경과 전문적인 보육서비스를 제공함으로써 건전한 사회구성원 육성과 보호자의 경제적 사회활동을 지원하고, 궁극적으로는 가정생활을 증진하는데 그 방향의 초점을 맞추고 있다(김연진 외, 2010).

우리나라의 보육사업은 1991년 제정 및 공포된 「영유아보육법」과 「영유아보육법」 시행령 및 시행규칙에 의하여 실시되고 있고, 담당부처에서는 매년 당해연도의 보육사업지침을 마련하여 제공하고 있다. 아울러 「영유아보육법」에서는 종전의 탁아 개념과 다르게 "심신의 보호와 건전한 교육을 통하여 이들을 건강한 사회구성원으로 육성함"을 강조하여 보호와 교육이 통합된 보육의 개념을 확립하였다. 보육대상 또한 만 12세(「영유아보육법」 제27조)까지 연장하여 보육할 수 있도록 하고 있다(윤은종, 2012).

보육정책은 임신 및 출산, 육아를 담당하는 여성만을 대상으로 하는 것이 아니라 정치 및 경제, 문화 등의 영역과 역동적인 관계를 맺으면서 변화하고 있는 재생산기능에 개입하는 사회정책의 하나이기 때문이다.

따라서 **보육정책에 대한 새로운 입장 및 가치관**은 다음과 같다(유희정, 1999).

① 보육이란 유아의 권리를 보호하고 그 부모에게 일할 수 있는 여건을 만들어 주는 가족정책의 일환이라는 점이다.
② 요구가 있는 모든 유아에게 서비스를 제공한다는 보편주의 원칙하에 추진되고 있다는 점이다.
③ 현대의 다원화 사회를 반영하여 다양성의 가치가 존중된다는 점이다.
④ 교육의 기능이 강화되고 있다는 점이다.
⑤ 정부의 재정지원이 증대되고 있는 추세인 점이다.
⑥ 다양한 보육 욕구가 수용될 수 있도록 보육서비스의 형태와 프로그램이 다양화되고 있다는 점이다.

2) 보육정책의 운영

보육정책의 대상이 저소득층 자녀에서 일반가정 자녀까지 확대되어 왔고, 저소득층 보호자의 경제적 활동 지원에서 일반가정 보호자의 사회적 활동을 지원하는 측면으로 그 대상 범위를 확대해 가는 추세에 있다. 보육서비스 제공을 위한 우선순위는 정부재정을 지원받는 국공립과 법인의 어린이집에만 적용되고, 민간 및 가정보육 시설에는 수혜대상 아이의 우선순위를 적용하지 않음으로써 일반가정의 자녀와 그 보호자들도 보육정책의 수혜대상에 포함하여 보육정책의 수혜대상을 모든 계층의 자녀와 그 보호자를 대상으로 하고 있다.

아이들을 위한 보육정책은 현대사회의 산업화, 도시화에 따른 여성의 사회참여 증가 및 가족구조의 핵가족화에 따른 보육수요에 능동적으로 대응하여 적정한 보육환경과 전문적인 보육서비스를 제공하는 방향으로 운영함으로써 건전한 사회구성원 육성과 보호자의 경제적·사회적 활동 지원으로 보고 가정의 복지증진을 도모하는 데 있다(윤은종, 2012).

3) 보육정책의 접근방식

보육정책은 가족복지, 여성복지, 아동복지, 노동, 교육정책 등의 특성을 복합적으로 가지고 있다. 이에 따른 보육정책의 접근방식은 다음과 같이 제시하고자 한다(서문희 외, 2002).

첫째, 여성복지의 접근방식이다. 여성복지의 관점은 현실적으로 증대되는 여성 근로 참여와 사회참여 욕구증대가 가정양육을 불가능하게 하고 있다고 보며, 여성복지증진을 위해 장애 요인을 제거하는 차원에서 취업모의 자녀 보육을 대리하는 관점에서 정책을 세운다.

둘째, 저소득층 복지 접근방식이다. 저소득층 맞벌이 가정 자녀를 보육대상으로 파악하는 입장으로서, 저소득층 복지를 중시하는 관점이다. 계층 간의 불평등을 해소하는 차원에서 저소득층 자녀의 방치 상태를 예방하는 기본 보육수요를 충족시키려는 관점이다. 이 입장에서 보면 저소득층 이외의 보육대상은 각 개인이 보육 비용을 부담해야 한다.

셋째, 공동육아보육의 접근방식이다. 아이들의 입장에서 보면 가정양육보다는 사회적 양육이 좋다는 입장이다. 아이들이 자신의 개성을 키워나갈 수 있고 동시에 민주적인 사회공동체의 구성원으로서 성장할 수 있는 기본권보장의 측면에서 보육서비스가 필요하다고 본다. 결국 핵가족제도는 양육환경이 대가족제도보다 더 많은 보육서비스가 제공되어야 한다고 공동육아보육의 확대를 기대한다.

4) 보육정책 및 제도의 유형

보육정책 및 제도의 유형은 ① 정치·사회·경제적 이념에 기초한 아동 보육의 모형, ② 복지국가의 모델에 따른 아동 보육의 유형, ③ 보육정책에 따른 아동 보육의 유형 등 세 가지로 구분할 수 있다(임재택, 1993; 이혜경, 1991; 양옥승, 1993).

첫째, 정치·사회·경제적 이념에 기초한 아동 보육의 모형이다. 이 모형은 아동들의 양육, 보호 및 교육에 대한 사회적 책임의 표현형태와 아동 보육정책 및 제도의 체제를 정치·사회·경제적 이념에 기초하여 세 가지 모형을 제시하고 있다. 아동 보육의 체제는 아동 보육의 책임이 전적으로 개별가족이나 부모에게 있다는 관점과 그 책임이 전적으로 사회나 국가에 있다는 관점의 양극단의 연속선상의 어느 지점에 놓이게 된다. 이러한 관점의 아동 보육체계의 모형을 제시하면 〈표 10-9〉와 같다.

〈표 10-9〉 정치·사회·경제적 이념에 기초한 영유아 보육의 모형

연속선			
정치·사회·경제적 이념	• 보수 자본주의	• 사회 민주주의(복지주의)	• 국가 사회주의
아동 보육의 책임	• 개인 책임	• 사회 책임	• 국가 책임
채택 국가의 예	• 한국, 미국, 일본, 캐나다	• 프랑스, 독일, 스웨덴, 핀란드	• 북한, 중국, 쿠바, 러시아

〈표 10-9〉와 같이 보수 자본주의 국가들은 아동 보육의 책임을 개별가족이나 부모의 책임, 즉 개인 책임으로 보고 사회나 국가는 부분적 및 소극적으로 보충

해 주는 형태의 아동 보육제도를 채택하고 있다. 그리고 국가 사회주의 이념을 토대로 하는 사회주의 국가들은 아동 보육의 책임을 거의 전적으로 국가가 담당하는 형태의 아동 보육제도를 마련하고 있다. 또한 진보적인 사회 민주주의 이념을 지향하는 복지국가들은 전술한 양 제도의 장단점을 보완함으로써 아동 보육의 사회적 책임을 강조하는 아동 보육제도를 채택하고 있다.

둘째, 복지국가의 모델에 따른 아동 보육의 유형이다. 에스핑-앤더슨(Esping-Andersen)은 복지국가를 자유주의 복지국가, 보수주의 복지국가, 사회 민주주의 복지국가 등으로 구분하고 있다. 영유아 보육의 모델도 마찬가지로 이러한 이념 기준을 적용하여 모델을 구분할 수 있다. 이때 모델을 구분하는 기준은 다음과 같다. ① 육아의 책임은 누구에게 있는가? ② 영유아 보육의 문제는 무엇인가? ③ 공공보육서비스의 수급자격은 무엇인가? ④ 영유아 보육의 재원은 무엇인가? 등 복지국가 모델에 이러한 육아모델을 적용하여 〈표 10-10〉에 제시하였다.

〈표 10-10〉 복지국가 모델에 따른 영유아 보육의 모형

구분	자유주의형	보수주의형	사회 민주주의형
육아 책임	• 가족 책임 강조	• 가족 책임 많음	• 사회 책임 강조
문제 원인	• 개별가족의 문제 빈곤, 계층 격차	• 개별가족의 문제	• 사회적 문제, 아동기본권
급여 대상	• 제한적 요구자, 빈곤 취업모 우선	• 피고용자 중심, 취업모 우선	• 모든 국민, 모든 어린이
급여 수준	• 최저 수준, 양적 선별주의	• 계층에 따른 차이, 양적 보편주의	• 보편적, 평균 수준 질적 보편주의
본인비용 부담	• 많음	• 많음	• 적음

상기 복지국가의 모델에 따른 영유아 보육의 모형 중에서 보육서비스의 내용이 유아의 기본적 권리를 보호하고 존중할 수 있으며, 보육서비스를 필요로 하는 모든 부모와 유아가 계층과 지역에 관계없이 이용할 수 있어야 하며, 보육이 영리의 대상이 되지 않도록 하기 위해서는 시장의 역할보다는 국가나 지방자치단체의 역할을 강조하는 사회 민주주의형 보육제도가 우리가 추구해야 할 모형으로서 적합할 것이다(김의영, 2009).

셋째, 보육정책에 따른 아동 보육의 유형이다. 양옥승(1993)은 각국에서 채택하

고 있는 탁아정책을 영유아 보육의 목적, 육아의 책임 소재, 보육의 책임 소재, 보육정책 이념, 보육서비스의 대상·기능·종류, 보육교사의 전문성, 보육행정 체제 등을 기준으로 하여 두 가지 모형, 즉 대리 육아형과 공동 육아형으로 구분했다. 보육정책에 따른 영유아 보육의 모형은 〈표 10-11〉과 같다.

〈표 10-11〉 보육정책에 따른 영유아 보육의 모형

구분	대리 육아형	공동 육아형
영유아 보육의 목적	• 구빈 또는 모성보호 및 대행	• 영유아의 일상생활과 삶의 질 향상
육아의 책임	• 어머니	• 부모 공동
보육의 책임	• 가족	• 가족 및 사회 공동
정책이념	• 선별주의	• 보편주의
서비스 대상	• 빈곤 가정의 자녀, 요보호아동, 취업여성의 자녀	• 모든 아동
서비스 기능	• 보조적 서비스	• 지지적(지원적) 서비스
서비스 종류	• 필요시 확대	• 다양화
교사의 전문성	• 미약	• 강조
행정체제	• 이원화	• 일원화
해당 국가	• 한국, 미국, 일본	• 스웨덴, 프랑스, 독일

제4절 외국의 보육제도와 정책

각국의 보육제도는 자국 내의 정치 및 경제적 사건, 아동 및 가족을 보는 관점 그리고 전통적으로 그 사회에 전해 내려오는 이념이나 사상에 의해 형성과정을 거치면서 사회에 확산되고(김지은, 2003), 전통적 이념과 사상은 그 국가 국민들의 사회적 인식수준으로 자리매김하게 되었다. 즉 자유주의 모형에서 아이들의 양육책임은 가족에게 있고, 국가의 역할은 선별주의에 입각하여 요보호 아이들에 대한 서비스를 담당하는 것이며, 사회주의 모형에서는 아이들의 양육을 가족과 국가의 공동책임으로 본다. 이는 보육사업이 국가적 책임으로 확장되었음을 의미한다. 아울러 보육문제에 대한 국가와 지방자치단체, 나아가 국민 모두의 책임을 강화하고 있다(윤은종, 2012).

여기에서는 각국의 보육제도에 대한 고찰을 독일, 프랑스, 영국, 미국, 스웨덴, 노르웨이, 일본 등으로 구분해서 고찰하고자 한다(윤은종, 2012; 이숙 외, 2012; 김의영, 2009; 장미경 외, 2006).

1. 독일의 보육제도와 정책

대부분의 독일 여성은 가족, 자녀, 일을 모두 갖고 싶어 한다. 그래서 조화롭게 가정과 직장을 병행하도록 하는 것이 가장 중요한 사회·정치적 목적 중의 하나이다. 독일은 가정과 직장을 성공적으로 병행하기 위한 중요한 필수조건은 수요에 부응하는 보육시설을 제공하는 것으로 보고 있다.

현재 독일의 보육 관련 업무는 청소년·가족·여성복지부에서 감독·담당한다. 이 부서에서는 청소년 정책, 민간봉사, 가족 정책, 여성 정책, 보건 정책, 보건사회 정책, 노인 정책 등에 관한 업무를 관장하는데, 방과 후 보육 및 유아원 등의 보육사업은 보건사회정책영역에서 다루고 있다.

또한 3~6세 아이들을 위한 시설인 유치원은 교육과학부에서 관할한다. 독일의 교육은 유아교육, 초등교육, 중등교육 Ⅰ, 중등교육 Ⅱ, 대학교육 및 연수교육으로 분류되는데, 유아교육은 3년의 교육 연한을 가지고 있으나 의무교육은 아니다. 유치원(kindergarten)이 유아교육을 담당하는 주된 기관이지만, 초등학교 병설 유치원(schulkindergarten)과 예비학급(vorklasse)도 5, 6세 아이의 교육을 담당한다.

한편 보육에 관한 법률은 구(舊)동독에서는 보육시설 아이들의 교육과 보호, 보건에 관한 '유아원령'이, 서독에서는 「청소년복지법」이 보육의 법적 기초가 되어 왔다. 그 후 1990년 12월에 「아동·청소년복지법」이 발표되면서 보육에 관한 새로운 법적 기초가 마련되었다. 이 법은 유아원, 유치원, 방과 후 보육을 장려하고 있는데, 종전의 「청소년복지법」과 달리 보육시설의 교육적 측면에 더 많은 강조점을 두고 있다.

독일에서 보육교사가 되기 위해서는 평균적으로 초등학교부터 시작해서 13~16년 정도의 교육 연한이 필요하다. 고등학교 졸업한 후 전문학교에 들어가 이론과 실습을 겸한 소정의 과정(2~3년)을 이수해야 한다. 하지만 졸업과 동시에 교사 자격이 주어지지 않고, 2번의 국가시험에 합격해야 한다. 합격하면 수습교사를 할 수 있으며, 보통 1년 반 정도의 수습 기간을 치른 후 교사자격 고시를 본다. 두 번의 국가시험에 합격해야만 국가에서 인정하는 보육교사가 될 수 있다. 독일의 보육시설에서는 2~3명의 남자 보조교사를 쉽게 볼 수 있는데, 이는 군대에 가는 대신 사회기관에서 적은 급여를 받으며 봉사할 수 있기 때문이다.

독일의 보육체제는 3세를 기점으로 0~3세 미만까지는 유아원(kinderkrippe)에서, 3~6세까지는 유치원(kindergarten)에서 보육 및 교육을 담당하고 있으나, 현재는 3세 미만과 6세 이상의 아이들을 위한 전일 보육(full time day-care) 시설이 부족한 실정이며, 독일의 동부와 서부지역 간에도 큰 차이를 보인다. 최근에는 킨더타게슈태테(kindertagestätte)로 명칭이 바뀐 유치원이 많은데, 종일제 유치원의 기능을 담당하고 있다. 유치원 이외의 유아 교육기관으로 초등학교 병설유치원(schulkindergarten)과 예비학급(vorklasse)이 있다. 또한 6~12세 아이를 위한 방과 후 교육시설로서 호르트(Hort)가 있다. 보육상태의 중요한 지표는 시설당 보육아동의 비율, 즉 특정 연령의 아이들을 돌볼 수 있는 보육시설의 수이다. 독일 전역에서 3세부터 취학 연령 전까지의 아이들을 돌보기 위한 보육시설이 90%를 차지하며, 이중 33%만이 전일 보육시설이며 대부분이 시간제로 운영되고 있다(윤은종, 2012: 48-52).

2. 프랑스의 보육제도와 정책

프랑스는 가족에 대한 전통적 가치관이 강조되고 있는 보수주의적 복지모형을 가지고 있는 국가이다. 프랑스는 영유아에 대한 가족의 책임이라는 전통적인 가치관의 바탕 위에 보육에 대한 국가의 책임과 의무가 결합된 공보육체제를 갖추고 있는 국가로 볼 수 있다. 프랑스는 0~3세 미만의 영아 보육과 3~6세의 유아 보육이 분리되어 각각 사회복지관련부(사회복지 노동연대부, 건강가족 장애인부)와 교육부에서 보육 및 교육을 관리하고 있다.

프랑스 보육의 유형은 다음과 같다(장미경 외, 2006).

① **집단보육시설이다.** 이는 프랑스의 대표적 보육형태로서 3세 미만의 영아가 대상이 된다. 이 보육시설은 대개 국·공립으로서 지방자치단체에서 운영 및 관리하지

만, 병원이나 기업과 같은 직장에서 운영하기도 한다. 집단보육시설에서는 40~60명의 영아가 유아 교사자격증을 소지한 현장경험이 최소 5년 이상인 교사들에 의해 보육이 이루어지게 된다.

② **가정보육시설이다.** 1970년대 비로소 공식적인 보육형태로 인정된 보육시설로서 시설종사자 역시 시설장 경력 5년 이상의 25세 이상 60세 미만의 육아 전문가 자격증 소지자여야 한다. 이들은 소아과 의사, 심리사, 교사 등과 공조체제를 구축하여 6세 미만의 영유아를 보육하는 것으로 규정되어 있으나, 대개 생후 2개월에서 3세까지의 영아가 보육대상이 된다. 또한 가정보육시설에 등록한 영유아는 최대 150명을 초과할 수 없는 것이 법으로 규정되어 있다.

③ **개별적 가정보육이다.** 주로 부모가 필요에 의해 가정보육모를 고용하는 경우에 해당한다. 특히 아동들의 사회성 향상을 위해 개별적 가정보육을 하는 가정보육모들도 가정보육시설장이 마련한 공간에서 보육받는 영유아와 함께 일주일에 한 번 내지는 두 번 모여 유아교사의 지도하에 사회적 상호작용의 기회를 갖고, 가정보육시설의 유아교사에게 교육적 활동에 대한 안내를 받는다(조정신 · 황성원, 2004).

④ **부모협동보육이다.** 대개 3세 미만의 영아 20명 정도를 보육하는 소규모의 보육유형으로 부모들이 협력하여 운영 및 관리한다. 부모협동보육(crèche parentale)을 하는 부모들은 일주일에 최소한 3시간 이상 보육활동에 참여해야 하며, 부모들의 책임이 보다 강조되고 있는 형태라고도 볼 수 있다.

프랑스 보육의 특징은 다음과 같다(장미경 외, 2006).

① **평등한 보육의 기회 제공이다.** 프랑스는 소득수준에 상관없이 모든 가정이 평등하게 보육기회를 누릴 수 있도록 가계의 소득에 따른 차등보육비 부과(고소득 가정에게는 높은 보육비를, 저소득 가정에게는 상대적으로 낮은 보육비를 부담하도록 하는 것)를 제도적으로 규정하고 있다. 이는 개인 보육비지출의 차이로 인한 일부 계층에 국한된 선택적 보육서비스를 대중화하여 영유아가 받는 보육의 질적 수준에 차이를 유발할 가능성을 배제함으로써 모든 아동에게 고르고 평등한 질적인 보육서비스를 제공하고자 하는 의도를 보이는 것이라고 할 수 있다.

② **외부기관과의 상호협력적 관계 형성이다.** 프랑스는 질적인 보육을 통해 영유아의 건전한 성장과 발달을 이루기 위한 방편으로써 보육프로그램의 다양화를 추구하고, 가정을 비롯한 여러 기관들과의 협력적 관계를 도모한다.

구체적 실례를 들면, ① 지역사회 도서관과의 협력프로그램을 들 수 있다. 보육받는 아동들을 도서관에 직접 데리고 와서 책과 접할 기회를 많이 제공함으로써 영유아에게 지적인 호기심을 충족시키고 언어, 인지발달 등 다양한 발달적 욕구를 자극할 수 있도록 도와준다. ② 모성학교와의 협력프로그램을 통해 만 3세가 되어 모성학교로 옮기게 되는 아동들의 적응에 어려움이 없도록 연계활동을 실시하기도 한다. 유아교사가 보육시설에 방문하여 아동을 관찰하기도 하고, 2주에 한 번씩 협동프로그램을 실시하기도 한다. ③ 이 외에도 프랑스는 여성의 남는 인력을 보육으로 환원시켜 영유아 보육에 기여하는 가정보육보제도가 비교적 활성화되어 있다. 아울러 유아교사, 육아전문가, 의사 등을 영유아 보육과 관련지어 간학문적 개입을 효과적으로 이행하고 있는 특징을 나타내고 있다.

3. 영국의 보육제도와 정책

영국의 보육제도는 자유주의적 성격을 띤다. 즉 영국에서는 보육을 기본적으로 각 가정의 사적인 문제로 간주하고, 그에 대한 책임을 부모에게 지운다. 의무교육이 다른 나라에 비해 5세부터 시작되기 때문에 취학 전 보육은 5세 미만의 아이들을 대상으로 한다.

영국 정부는 5세 미만의 아이들을 가진 어머니는 가정에 머물면서 자녀의 양육을 책임져야 한다는 보수주의적 사고를 고집하고 있다. 또한 보육문제는 고용주와 시장 기능에 의해 제공되는 것이며, 국가는 최소한으로 개입해야 한다는 정책을 고수하고 있다.

영국의 보육제도는 보호양육과 교육으로 이원화되어 있다. 교육은 중앙의 교육과학부와 지방교육청이 담당하고, 보호는 중앙의 보건사회부와 지방의 사회사업국이 업무를 관장한다. 1991년부터 발효된 「아동법」(Children's Act)은 아이들에 대한 포괄적인 법으로, 보육교사와 시설 등 보육사업과 관계된 조항을 포함하고 있다. 이 법에 명시된 규정에 따르면 병원, 학교, 아이 자신의 집, 기숙사 등을 제외한 모든 사립 보육시설 및 5세 미만 아이들을 보수를 받고 일주일에 2시간 이상 돌보는 사람은 지방당국에 등록해야 한다. 또한 중앙정부는 아이들과 직원의 수, 수용 설비 등의 보육시설에 관한 규제지침을 지방행정부에 제공하도록 되어 있다. 지방행정부는 매 3년마다 해당 지역에 있는 모든 유형의 보육서비스를 검열하도록 하고 있다. 이처럼 아이들을 위하여 민간보육서비스에 대한 규제를 강화하고 있다.

영국에서 학령 전 아이들을 대상으로 하는 교사는 보육교사와 유아교사로 구분된다. 이들의 훈련과정과 자격요건은 다르지만, 역할은 상호보완적이다. 보육교사의 경우에는 영유아 보육위원회(nursery examination board)에서 주관하는 과정을 거쳐 보육교사가 되는 자격을 얻게 된다. 이 과정은 입학자격에 아무런 제한이 없으며 16세 이상이면 누구에게나 개방된 2년제 과정이다. 이 과정은 실제적인 훈련을 강조하며 과정 중에 다양한 기관에서 실습을 받는다. 놀이집단의 지도자는 놀이집단연합회(preschool playgroup association: PPA)에서 제공하는 과정을 이수한다. 그러나 가정탁아모들은 아무런 훈련을 받지 않은 경우가 대부분이다. 또한 유아교사가 되기 위해서는 전문기관이나 대학에서 교육학 등의 일정 교육과정을 이수해야 한다. 전문기관은 4년제이며, 이 기관을 졸업하면 교육학 학사를 인정받는다. 이처럼 전문화된 교육학 학사과정이 요구되는데, 정규과정을 이수한 후에는 1년간의 예비교사 수련 기간을 마치고 난 다음 비로소 교사자격을 인정받게 된다.

또한 영국의 보육사업은 영리를 목적으로 하는 사립기관이 주도하고, 공립 보육시설은 매우 특수하고 제한된 목적으로 운영된다. 발달적인 문제를 갖고 있거나 가정의 사회 및 경제적 어려움으로 보육이 필요하다고 인정되는 아이들만이 정부에서 제공하는 보육시설을 이용하거나 민간보육 시설을 이용하고 그 비용을 보조받을 수 있다. 이처럼 공립보육은 부모나 아이들이 위험한 상태이거나 형편상 제대로 보호받지 못한다고 간주될 경우에만 이용이 가능하다.

영국의 보육시설은 그 기능에 따라 보호와 교육으로 대별된다. 보건사회부가 관장하는 기관보육(day nursey)과 가정보육(childminder)은 보호 프로그램을 중심으로 하는 시설이다. 교육과학부가 행정을 담당하는 유아원(nursey school)과 유아학급(nursey class)은 교육 기능이 강조된 시설이다.

4. 미국의 보육제도와 정책

미국은 대표적인 시장경제원리에 입각한 신자유주의 복지모형을 가지고 있는 국가로서 보육에 있어서도 시장경제제제와 공석인 체세가 혼새되어 나타나는 경우가 많다. 미국은 국가적으로 통합된 유아교육과 보호의 틀이 없기 때문에

50개 주가 가지고 있는 의무교육 이전의 영유아 보육서비스에 대한 접근법이 모두 다르다. 하지만 1964년 존슨 대통령이 위대한 사회의 건설을 위해 '빈곤과의 전쟁을 선포'하고 그 일환으로 저소득층 자녀의 보상교육을 위한 헤드스타트(Head Start) 프로그램을 국가적으로 실시하면서 공보육의 개념이 발전되었다(윤은종, 2012; 장미정 외, 2006).

첫째, 미국 보육의 유형은 헤드스타트, 수익자 비용부담체제, 공립학교 체제 등 세 가지로 나타난다.

① **헤드스타트(Head Start) 프로그램이다.** 1965년 설립된 헤드스타트는 현재에 이르기까지 극빈층 영유아를 대상으로 교육, 신체와 정신 및 사회적 서비스, 부모참여 및 교육 등 다양한 서비스를 제공하여 왔다. 그러나 이 서비스는 전형적인 저소득 계층이나 특별한 도움을 필요로 하는 요보호 대상자의 아동들을 위해 제공되는 서비스로서, 모든 아동을 대상으로 하는 보편적인 형태의 보육서비스는 아니다.

② **수익자 비용부담체제는 사립체제라고 한다.** 1990년 경우 약 10%의 유아교육과 보호 서비스만이 공립체제에 속했고, 나머지 90%는 사립 부문이 차지했는데, 그중 2/3가 비영리기관이고, 1/3이 영리를 추구하는 기관이다. 영리기관의 규모도 대규모 시설에서 영유아를 보육하는 데서부터 가정보육모의 집에서 2~3명의 영유아를 보육하는 등 그 형태도 다양하다(나정 · 장영숙, 2002). 이러한 보육서비스는 영유아 및 학령기 아동을 위한 종일제, 반일제 형태, 가정보육, 가정집단보육, 방과 후 보육 등과 같은 다양한 형태를 나타내고 있다.

③ **공립학교 체제이다.** 미국은 만 5세 유아를 대상으로 하는 유치원 교육이 미국의 기본학제에 포함되어 있어 유치원의 공교육을 꾀하고 있다고 할 수 있으나, 부모들은 자녀를 사립유치원에 보낼 수 있는 선택권도 가지고 있다. 모든 5세 아동을 대상으로 하는 유치원 교육을 받기 이전에 학교교육 및 적응에 실패할 위험요소가 있는 유아들을 대상으로 주 정부의 재원에 의한 예비유치원 프로그램이 제공된다. 예비유치원 프로그램은 유치원에 입학하기 전 1~2년 동안 제공받는 조기 유아교육으로 일주일에 이틀 이상을 참여해야만 한다.

둘째, 미국의 보육 특징은 다음과 같다(장미정 외, 2006).

① **보육체제 및 프로그램의 다양화이다.** 다양한 인종과 사상적 이념을 바탕으로 한

다양한 보육체제와 프로그램은 부모들에게 폭넓은 선택의 기회를 갖게 한다는 장점이 있지만 각기 다른 집단에게 다양한 보육서비스가 제공된다는 것은 양질의 평등한 보육이 모든 아동들에게 주어지기 어렵다는 단점을 초래하기도 한다. 또한 정책 수립과 실행과정에서 연방정부와 주정부 간의 의견의 다양화는 교육과 보육의 발전적 요소를 충분히 내포하기도 하지만, 대립이 생길 경우 적절한 힘의 균형을 배분하기에 어려움을 갖기도 한다. 따라서 다양성을 둘러싼 보육체제 및 프로그램의 이슈들은 여러 기관들과의 협력적인 조율을 필요로 하며, 통합적인 체제를 구축하는 방향으로 나아가야 한다.

② **시장경제적 성향을 내포한 보육서비스이다.** 공공재원을 통해 보육서비스를 제공하는 유럽에 비해 미국은 시장경제의 원리에 의존하는 경향이 짙다. 보육에 지출하는 부모의 부담은 큰 데 비해 공공재원의 투자는 상대적으로 낮다. 이는 부모의 능력 여하에 따라 영유아의 보육 및 교육기회의 격차를 양산하는 결과를 낳고 만다. 물론 미국에서는 특별한 도움을 필요로 하는 요보호아동을 위해 헤드스타트를 실천하고 있지만, 모든 대상 아동들에게 혜택이 돌아가지 못하고 있음은 물론 통계를 보면 대상자격이 되는 아동의 36%만이 서비스에 참여하고 있는 실정이다(나정 · 장영숙, 2002). 한편 중산층 아동에게는 상대적으로 불이익을 받고 있다는 불만의 소리들도 높아지고 있다. 결국 미국 내에서도 이러한 문제들에 대한 개선의 욕구들이 커지면서 일관된 보육체제, 국가의 공적 책임에 의한 보육체제를 구축하자는 움직임이 일고 있다.

〈표 10-12〉 미국의 영·유아보육시설

시설	종류	설립 주체
유치원	전일제 유치원 반일제 유치원 취원 전 유치원	공립, 사립(영리) 공립 공립
유아원	사립(영리)	
헤드스타트 센터	공립(정부지원)	
아동보호 센터	정부지원 아동보호센터 기업 내 아동보호센터 교회 부설 아동보호센터 민간 아동보호센터	공립 사립(비영리) 사립(비영리) 사립(영리)
가정보육 시설	가정 내 탁아 가정보육	사립(영리, 비영리) 공립, 사립(영리)

출처: 윤은종(2012). 보육과정. 서울: 동문사, p. 46.

둘째, 미국의 보육정책이다(윤은종, 2002). 미국은 지방자치, 민영화, 규제 탈피를 강조하면서 보육정책을 실시하고 있기 때문에, 미국의 보육프로그램을 일괄적으로 설명하는 데는 무리가 있다. 보육 범위, 집단 크기, 시설기준 각종 법규나 기준은 주에 따라 각기 다르다. 교사 대 영유아의 비율도 7 : 1에서 20 : 1에 이르기까지 다양하다. 모든 주는 대개 등록이나 허가의 절차를 요구하는 데, 규정이 엄격한 주에서부터 느슨한 주에 이르기까지 주마다 차이를 보인다. 가정보육의 경우 앨라배마주를 비롯한 31개 주가 허가를 받도록 하고 있고, 조지아주를 비롯한 13개 주는 등록을 의무화하고 있다. 기관 감사의 경우도 앨라배마주는 1년에 1회의 감사를 실시하고(11개주), 코네티컷주는 2년에 1회(4개 주), 애리조나주는 1년에 2회(10개 주) 하는 곳도 있다. 캘리포니아주는 19%, 콜로라도주는 33%, 펜실베이니아주는 20%의 표본을 추출하여 감사를 실시한다. 알래스카주처럼 1년에 3~4회 감사를 실시하는 주도 있다.

셋째, 미국의 보육행정은 보건교육복지성의 통제를 받는 일원화형이다. 하지만 보건교육복지성은 보호 기능을 강조하는 부서와 교육의 기능을 강조하는 부서가 통합된 기구이므로 기능상 이원화되어 있다고 볼 수 있다(윤은종, 2002).

넷째, 보육교사는 대부분 4년제 대학과 2년제 전문대학(technical college)**에서 양성된다.** 어떤 주는 CDA(child development associate) 과정을 이수한 경우도 인정해주는데, CDA 훈련과정은 대개 1년 정도이다. 현재 미국의 50개 주 중에서 절반에 해당하는 24개 주만이 보육교사에게 자격증을 요구하고 있다. 한편 보조교사는 고등학교 졸업자나 이와 동등한 자격을 가진 자인 경우도 많아, 교사의 질에 관한 문제가 심각하게 거론되고 있다. 최근 미국 보육교사의 자질 향상 문제와 교육과정에 대한 논의가 고조되면서, 다양성과 전문성이 강조되는 세계적 보육 추세로 우수한 보육교사를 양성하기 위한 교육 기간의 연장 및 자격 기준의 강화가 모든 주에서 강조되는 움직임을 보이고 있으나, 그 정책을 실현하는 제도적 장치의 구체화는 아직 미흡한 실정이다(윤은종, 2002).

5. 스웨덴의 보육제도와 정책

스웨덴은 보편주의에 입각한 공보육이 활성화되어 있는 대표적인 사회민주주의 국가이다. 스웨덴의 복지제도는 세계에서 가장 발달되어 있는 것으로 인정되고 있으며, 보육제도 역시 예외가 아니다. 특히 스웨덴은 1998년 복지부에서 담당하던 보육정책을 교육부로 이관하였으며, 유아교육체제로 편입함으로써 유보통합을 이루었다. 스웨덴은 일찍부터 공보육체계가 확립된 국가이기도 하며, 여성의 일과 가정의 양립을 위한 보육서비스가 잘 발달되었다. 양성평등에 기초한 노동시장 참여와 부모의 균등한 육아 참여에 근거하여, 영유아기 공보육·교육체계를 확립하고 발전시켜 왔다. 남녀 모두 경제활동에 참여하는 맞벌이 가구모형(Dual-earner model)에 기반한 사회발전모형이다. 스웨덴의 취학 전 영유아기 교육·보육(ECEC)과 이후 학교체제가 각기 다른 연령과 유형을 갖고 있으면서도, 동일한 예산 기반과 규제, 교직원 대상 교육과 훈련, 서비스전달의 제측면에서 일관성 있고 유기적인 효율성을 갖추고 있다.

따라서 보육은 사회정책의 일환으로 국가적 수준에서 시행되고 있으며, 가족수당 및 부모 보험제도와 더불어 중요한 가족 정책으로 볼 수 있다(장미경 외, 2006; 윤은종, 2012).

첫째, 스웨덴 보육의 특징은 ① 사회 민주적 가치의 적용이다. 스웨덴은 아동의 권리를 최우선으로 생각하는 아동중심주의와 민주주의를 바탕으로 보육정책 및 활동이 이루어진다. 이러한 사회 민주적 가치는 육아 휴직의 보장 및 아동과 관련된 각종 수당 제공, 수준 높은 공보육의 구현 등으로 실현되고 있다. ② 스웨덴의 보육목표와 지침은 중앙정부가 정할지라도 구체적인 목표수행과 실천은 지방자치단체의 몫이다. 이러한 보육제도의 분권화는 보육의 통합과 다양함을 적절히 조직하는 융통성을 발휘하게 한다. 지방자치단체를 통하여 아동의 욕구 파악이 더 구체적으로 이루어질 수 있다는 의지의 표명이 현실화되어 성공적으로 나타나고 있다. ③ 부모 및 교사, 일반 국민에 대한 존중이다. 스웨덴 보육정책의 성공은 바로 스웨덴 모든 국민에 대한 존중의 발로에 기인했다고 해도 과언이 아니다. 스웨덴에서는 국가가 아동뿐만 아니라 아동의 삶과 관련된 모든 개인의 발달을 존중하고 있다(한유미 외, 2005). 이러한 정신은 보육시설 내에 근무하는 보육교사들의 복지와 전문성 강화를 위한 노력에서도 찾아볼 수 있고, 보육시설에의 활발한 부모참여를 유도하는 보육제도에서도 그 모습을 엿볼 수 있다. 아울러 영아를 둔 부모의 여건에 대한 고려로써 부모의 육아휴직을 현실에 적용하고 있는 실제 모습에서도 발견할 수 있다. 결국 이러한 존중은 모든 국민에게 연결된다.

둘째, 스웨덴 보육제도는 중앙정부와 지방자치단체가 맡고 있으며, 현행 보육제도의 도입기에는 중앙정부의 역할이 매우 컸다. 1970년대까지는 보육계획 및 재정에 관해 중앙정부의 규제가 많았다. 그러나 1980년대 이후 보육시설의 감독 및 운영에 관한 권한과 무게 중심이 중앙정부에서 지방정부로 이행되었다.

① 스웨덴은 1980년대 이후 선진화된 복지모형을 추구하는 서구국가들이 경제성장의 둔화와 실업률의 증가 추세로 복지 예산을 삭감하는 경향이 있음에도 불구하고, 예외적으로 아이들 및 가족복지정책을 꾸준히 확대 발전시켜 왔다. 의회가 보육시설의 확충 및 재정 등에 관한 법률을 제정하지만, 실질적인 업무는 보건복지부가 관장한다. 보건복지위원회(National Board of Health and Welfare)에서는 보육시설 운영 지침을 마련하고 보육시설 운영에 필요한 기술 개발을 지원하며, 보육서비스의 질과 내용을 감독하는 책임을 진다.

② 보육시설에 종사하는 보육교사는 양호교사, 유아교사, 레크리에이션 지도사, 가정탁아모로 분류된다. 양호교사는 원칙적으로 아이들의 양호교육이나 유치원교사 교육과정을 이수하여야 한다. 아동 양호 교육과정은 고등학교의 간호학 관련 과정에 개설되어 있는데, 2~3년간 수강하여야 하는 이 과정에서 유아 간호 및 발달에 관한 지식을 습득한다. 유아교사나 레크리에이션 지도사가 되기 위해서는 고등학교 졸업 후 대학에서 2년 6개월간의 교육을 받아야 한다. 가정탁아모의 자격 취득은 단기 교육과정을 이수한다. 약 90~100시간 정도의 아이들 양호 교육과정을 이수하도록 되어 있다. 그러나 최근의 가정탁아모들은 대부분 아동 양호교사 이상의 자격을 갖추고 있다. 스웨덴 정부는 현직 보육교사들의 능력 향상을 위해 상당한 재정적 예산을 보수교육에 할애하고 있다.

③ 스웨덴에서는 현재 6세 이하의 자녀를 둔 여성 가운데 80% 정도가 취업 중이다. 따라서 스웨덴의 보육제도는 의무교육 대상 이전의 아이, 구체적으로 육아 휴직이 끝나는 9개월부터 의무교육을 받기 이전인 6세 이하의 아이들이다. 보육기관은 다그헴(Daghem: Day Home)이라 하는데, 이는 보육기관을 가정의 연장으로 여기는 보육이념을 반영한다고 볼 수 있다. 때문에 보육기관에서는 아이들의 보호뿐만 아니라 발달, 사회화, 교육의 기능을 담당한다. 스웨덴의 보육제도는 세계 제일의 수준으로, 공립 보육은 물론 사립 보육에 대한 재정지원과 질적 보육을 위한 감독이 철저하게 이루어지고 있다. 기관 보육시설의 이용이 원거리 통학으로 불편할 경우를 위해 가정보육서비스를 제공하고 있으며, 부모의 유급 육아 휴직 제도를 마련하여 가정에서 자녀 양육을 지원하고 있다. 오늘날 스웨덴의 보육정

책은 아동수당 및 부모보험, 아동과 임산부에 대한 무료 의료서비스, 육아 휴직제 등과 더불어 가족지원정책의 핵심이 되고 있다(윤은종, 2012).

셋째, 스웨덴의 보육유형은 다음과 같다(한국교원교육학회, 2022; OECD, 1999; 한유미 외, 2005).

① **퍼르스콜라**(preschool)**이다.** 부모가 취업 혹은 학업 중이거나 육아 휴직, 실직 상태 등에 있는 영유아 또는 특별한 도움을 필요로 하는 1~5세의 영유아를 대상으로 하는 종일제 보육시설이다. 퍼르스콜라는 교육과 보호활동으로 구성되어 있는 종일제 보육으로 대개 일하는 부모들의 자녀를 대상으로 보육서비스를 제공하는 곳이기 때문에, 대체로 오전 7시에서 오후 6시까지 주 5일간 개방된다. 집단은 대개 혼합연령으로 한 학급은 대개 15명 정도의 아동과 3명의 교사로 구성되어 있다. 2003년 현재 퍼르스콜라에 등록한 아동은 1세가 40%, 2세 78%, 3세 83%, 4세 88%, 5세 89% 등 연령이 증가할수록 보육률도 높아지고 있으나, 1세 미만 영아의 보육률은 부모의 육아 휴직제도가 잘 구축되어 있어 0%에 해당한다(한유미 외, 2005).

② **개방형 퍼르스콜라**(open preschool)**이다.** 집에서 자녀를 양육하는 부모를 위해서 혹은 가정보육을 하는 사람들을 위한 개방형 보육시설의 형태이다. 이 보육시설은 다른 보육의 유형보다는 늦게 발생한 형태로 다른 보육 유형에 비해서 보다 덜 형식적이고, 아동이 부모와 함께 시설에 참여한다는 특징이 있다. 대개 교사 1인과 보조교사 1인이 보육시설에 있어 부모에게 아동양육이나 발달에 관한 정보와 교육 및 지식을 전해주는 역할을 한다.

③ **가정보육**(family daycare)**이다.** 가정보육서비스는 인구가 많은 도시지역보다는 시골 및 소도시에서 더 많이 관찰할 수 있는 보육형태로서 지방자치단체로부터 가정보육을 할 수 있도록 인정을 받은 사람들이 자신의 집에서 아동을 보육하는 것을 말한다. 가정보육의 대상은 1~12세까지의 아동이 모두 포함된다. 그러나 공립 퍼르스콜라와 레저타임센터가 확대됨에 따라 가정보육을 받는 아동의 수는 감소하는 추세이다.

④ **레저타임센터**(leisure-time center)는 학교 기능을 보충하려는 목적을 가지고 만들어진 보육시설이므로 학교와 통합되어 운영되는 경우가 많다. 학령기 초등학교에 해당하는 아동을 대상으로 하는 시간제 보육으로서 대개 방과 후 등 아동의 수업 시간 이외에 이루어신다. 이곳에서도 아동의 발달과 성장을 위한 다양한 보육프로그램이 제공된다.

⑤ **개방형 레저타임센터**(open leisure-time center)**이다.** 학령기 10~12세에 해당하는 아동이 레저타임센터나 가정보육 등 다른 보육유형보다 자유롭게 이용하는 보육시설이라 할 수 있다. 아동을 등록시키지 않고 이용하는 보육시설로서 스웨덴의 보편적인 보육서비스형태로 보기 어렵다.

넷째, 스웨덴에서의 보육서비스는 국민 스스로가 원하기만 한다면 모든 가정이 누릴 수 있는 권리로 인정된다. 보육료는 원칙적으로 공공기금에 의존하며, 지방자치단체와 정부, 부모가 분담하는데, 부모가 부담하는 비용은 지방에 따라 다소 차이를 보이지만 대체로 전체 보육료의 10% 정도이다. 부모가 분담액을 지불할 수 없는 형편에 있을 때는 국가가 부모의 보육료 분담액을 일정 기간 대여해 준다. 따라서 부모의 보육료 분담은 그다지 문제가 되지 않으며, 비용 문제로 보육서비스에 대한 권리를 포기하는 일은 거의 없다.

다섯째, 스웨덴의 영유아 교사양성과정이다. 스웨덴 취학전 유아를 대상으로 한 영유아 교사는 유아교사, 보조교사, 가정보육모 등 세 가지 유형이다. 전반적으로 기관 유형별 교사의 비율은 푀르스콜라 교사가 약 70%, 취학아동 대상 레저타임센터가 약 20%, 개방형 푀르스콜라가 1% 미만, 가정보육이 약 8%로 나타나, 취학전 기관에서는 종일제 푀르스콜라 교사가 대부분을 차지하고 있다.

① **유아교사**(förskollärare)는 최소 3년반에 해당하는 대학 교육과정 210학점을 이수한 자로서 푀르스콜라, 개방형 푀르스콜라, 유아학급, 학령기 보육시설인 레저타임센터에서 일할 수 있다.

② **보조교사**(barnskötare)는 고등학교에서 아동 및 레크리에이션 프로그램을 전공하거나, 지자체에서 운영하는 성인 교육기관에서 1년간 보조교사 교육과정을 이수한 자로서, 최소 1년 반에 해당하는 대학 교육과정 90학점을 이수해야 하며, 취학 전 보육시설에서만 일할 수 있다.

③ **가정보육모**(dagbarnvaädare)는 지자체에서 운영하는 기관에서 일정 시간의 훈련을 받고 자신의 집에서 보육을 제공하는 자를 의미한다.

6. 노르웨이의 보육제도와 정책[3)]

노르웨이의 보육정책 업무는 2005년까지 아동가족부가 담당하였으나 2006년에 교육연구부로 이관되었으며, 보육기관을 유아교육과 통합하는 '유치원법'이 발효되었다. 노르웨이는 보육정책을 '육아지원기관'과 '가정'이라는 두 가지 측면에서 일·가정의 양립을 이루며, 부모 모두 실질적인 양육 참여를 가능하게 하는 제도적 지원을 발전시켰다. 즉 부모 모두의 양육 참여를 보장하고 1세 미만 자녀를 둔 부모를 대상으로 육아 휴직제도를 실시하고 있으며, 1세 이상 자녀에 대해서는 기관 이용을 통해 일·가정의 양립과 아동의 균형 있는 발달을 지원하고 있다. 이처럼 노르웨이는 육아지원제도 및 정책이 가정 혹은 기관 어느 한쪽에 국한되지 않고 가정과 기관의 균형적인 역할을 발전시키고 있다.

노르웨이의 아동들은 대부분 5세 이전에 취학 전 교육과 보호의 통합체제에서 교육을 받고 있다. 취학 전 영유아 교육·보육(ECEC, Early Childhood Education and Care)에 대한 책임이 2006년 아동가족부에서 교육연구부로 이전된 이후, 정부는 전 생애를 통한 배움의 첫 단계를 제공하는 것과 사회 격차 해소를 위한 적극적 정책의 한 부분으로 유치원의 역할을 인정하고 있다.

노르웨이에서 취학 전 0~5세 자녀를 둔 경우 크게 세 가지 유형의 보육정책의 대상이 된다.

① **부모에게 육아를 직접 할 수 있는 '시간' 지원 유형이다.** 대표적으로 근로자인 부모가 육아 휴직(parental leave)을 사용하여 자녀를 직접 돌보는 것, 부성 할당 기간 역시 모성 할당과 마찬가지로 14주로 연장하는 유형이다.

② **교육·보육서비스 기관 이용 유형이다.** 취학 전의 0~5세 아동은 '유치원' 등 기관 교육·보육서비스를 이용할 수 있다. 이 유형은 교육·보육기관인 '유치원', '가정 보육 시설', '개방형 유치원'으로 구분된다.

③ **아동이 있는 가구 대상으로 현금 지원 유형이다.** 생후 13~23개월 사이의 아동을 양육하는 가정에는 '양육수당'이 지급된다. 양육수당은 기관의 이용량에 따라 지급액이 차등화되는 구조이다.

---

3) 한국교원교육학회(2022). 유아교육·보육통합을 위한 영유아교원 양성체제 발전 방안. 한국교원교육학회 2022년 1차 유아교육-보육정책포럼(2022.6.18.).

그리고 **노르웨이 유치원은 세 가지 유형**으로 구분되고 있다.

① **일반유치원이다.** 설립 유형은 국공립 또는 사립이며, 0~5세 아동에 대해 종일제 또는 반일제 서비스로 1년 내내 제공된다.
② **가정보육시설**은 일반가정을 기반으로 보조 인력이 최대 5명의 아동을 돌보는 서비스형태로 자격 있는 유치원교사의 지도 감독을 주 단위로 받고 있다.
③ **개방형 유치원**은 아동과 부모가 함께 참여할 수 있는 프로그램을 제공하는 시간제 방과후 시설과 같은 개념이다. 역시 자격을 갖춘 유치원교사가 지도한다.

노르웨이 교육·보육기관에서 남성 직원의 비율이 20%를 확보하는 노력을 하고 있다. 이는 교육·보육기관(유치원)의 질을 향상시키기 위한 노력의 일환이었으며, 교직원 내 성별 균형을 일기 위한 이러한 전략적 노력은 다른 국가에서는 찾아보기 힘들 정도로 노르웨이가 선도적 위치에 있다. 2019년 기준으로 노르웨이에서는 전체 0~6세 유치원 이용아 중 96.6%인 266,513명이 주당 41시간 이상, 즉 하루 8시간 이상 유치원을 이용하고 있는 것으로 나타났다. 노르웨이에 영유아들은 하루 중 상당한 시간을 유치원에서 보내고 있음을 알 수 있다.

노르웨이의 유치원에는 '교사 대 아동 비율'과 '교직원 대 아동 비율'이 구분되어 있다. 2018년 기준 '교사 대 아동 비율'은 유치원 교사 1인이 담당할 수 있는 아동 수는 3세 미만 아동 최대 8명, 3세 이상 아동은 최대 14명으로 나타났다. 그리고 '교직원 대 아동 비율'은 교직원 1인당 3세 미만 아동 3명, 교직원 1인당 3~6세 아동은 6명으로 나타났다.

현재 노르웨이의 유치원법(The Kindergarten Act)에서는 원장(Director, Head Teacher)과 교사(Education Leader, Pedagogical Leader)는 유치원 교사자격이 있거나 아동을 대하여 일할 수 있거나 교육 관련 전문자격증을 부여하는 기타 대학교육을 이수할 것으로 요구하고 있다. 유치원 교사자격은 3년 과정의 종일제 학사학위과정 혹은 4년 과정의 시간제 학사학위과정으로 취득하고, 교사가 대학에서 유치원 교사교육을 받지 못한 경우 유아교육에 관한 교육을 다른 고등교육수준의 교육기관에서의 3년 과정프로그램으로 이수할 경우 유치원 교사교육을 받은 것과 동일시하고 있다. 또한 보조 인력에 대한 자격은 법적으로 규정되어 있지는 않지만 가급적이면 고등학교 수준에서의 4년간의 직업교육프로그램을 이수하도록 되어 있다. 이 직업교육은 2년의 학교기반의 교육과 2년의 수습 기간으로 구성되어 있다.

2019년 기준 노르웨이 유치원의 핵심 교육인력 중 공인된 유아 교사교육을 이수한 비율은 원장 중 90.5%, 교사 중 88.3%, 이중언어 보조교사 중 21.3%, 기타 보조 인력 중 0.6%인 것으로 나타났다.

7. 일본의 보육제도와 정책

일본 사회의 출생률 저하는 자녀 양육에 대한 관심으로 이어져 1994년에 '엔젤플랜(angel plan)'과 1999년 '신엔젤플랜(new angel plan)'이라는 국가가 주도하는 구체적인 보육정책을 제시하기에 이르렀다. 또한 2003년에는 '차세대 육성 지원 대책추진 법안'을 마련하여 부모가 영유아 양육과 일을 모두 성공적으로 실천할 수 있도록 각종 지원망을 활성화시키는 것을 골자로 다양한 형태의 보육서비스를 제공하려는 국가의 의도를 보이고 있다.

여기서는 일본 보육의 이념, 일본 보육의 특징, 일본 보육의 유형, 일본 보육 재정, 일본 보육교사 자격, 일본보육소와 유치원의 특징 등에 대해서 고찰하고자 한다(윤은종, 2012; 장미경 외, 2006).

첫째, 일본 보육의 이념이다. 일본의 보육은 문화 전승과 국가정책을 위한 강력한 도구가 되며 장차 일본 시민으로서 요구되는 시민의식 향상에 중점을 두고 있다. 이처럼 일본에서는 보육이 개인과 국가 발전에 본질적인 요소라고 믿는다. 일본은 보육사업을 위해서 사회의 모든 수준에서 모든 자원과 역량을 총동원한다는 관점이 지배적이다.

둘째, 일본은 우리나라와 같이 「영유아보육법」이 존재하지 않아서 보육에 관한 사항은 아동복지법에 근거하여 실천되고 있다. 일본은 1998년 아동복지법의 개정으로 보육제도에 상당한 변화를 가져오게 됨에 따라 그 특성도 규정짓게 되었다. 일본 보육의 특징은 ① 공보육에 대한 확고한 인식이다. 아동복지법의 개정으로 보육에 대한 재정부담은 국가가 1/2, 도도부현 1/4, 시정촌 1/4을 부담하는 것에는 변함이 없다. 하지만 부모의 근로 형태나 보육 욕구에 맞게 아동의 보육소 입소를 사율적으로 정할 수 있게 되있다. 또한 저소득층을 제외한 일반 계층의 보육비 부담에 있어서도 소득에 따른 보육비의 부담률을 달리 책정하는 상대적 개념이 아닌, 영유아의 보육 연령에 맞게 동일한 보육료를 부담하는 것으로 법의 내용을 바꾸는 새로운 현상을 나타냈다. 이로써 보육서비스를 '특별 이익에 대한 수혜'가 아니라 '아동의 교육권, 생존권을 보장하기 위해 생활상 필요한 서비스'로 인식한다는 사회적 공인과 합의를 얻게 된 셈이다(홍금자, 2004). ② 보육시설의 민영화 추구이다. 최근 지방자치단체에서는 지방정부의 비용 절감과 다양한 보육 욕구의 수렴을 위해 공립보육소의 민간 운영을 진행하고 있다. 하지만 보육소가 비영리 추구를 목적으로 하고 있기 때문에 실리가 없다는 이유로 민간 운영으로 전환하기에 어려움이 많다. ③ 보육운동의 활성화이다. 일본의 보육운동은 여성과 부모들에 의해 제기되어 보육시설을 우체통만큼이나 늘리자는 구호 아래 양적인 팽창을 가져오기에 전력을 다하게 되었다. 한편 보육교사들은 노동조합을 결성하여 직업적 처우개선과 근로 조건 향상을 위해 노력한 결과 공보육제도를 확립하게 되었다.

셋째, 일본 보육의 유형은 다음과 같다(홍금자, 2004).

① **인가보육소이다.** 법적 기준에 입각하여 정원 60인 이상의 보육소와 20인 이상의 소규모 보육소를 통틀어 인가보육소라 한다. 일반적인 시설보육의 한 형태이다.
② **가정보육**은 부모의 위탁 하에 베이비시터가 보호자의 집에서 3명 정도의 자녀를 맡아 보육하는 재가 복지서비스의 일종이다.
③ **가족지원센터**이다. 지역사회 내에서 보육을 하고자 하는 사람과 받고자 하는 부모들 사이를 연결해 주는 지원망이라 할 수 있다.
④ **벽지보육소**는 산간 도서의 벽지 요보호아동을 위해 설치된 보육소이다.
⑤ **계절보육소**는 농어촌의 특성을 살려 계절적으로 바쁜 시기에 아동을 보육해주는 시설이다.
⑥ **사업 내 보육소**이다. 직장 내 근로자를 위해 사업주가 그들의 자녀를 보육할 수 있는 여건을 마련해 주는 직장보육 시설이다.
⑦ **베이비호텔**이다. 야간 및 숙박을 겸한 보육으로 근무시간이 불규칙한 부모의 요구에 의해 운영되는 보육시설로 입소가 용이하고 보육료가 저렴하다는 장점이 있어 많은 부모들이 선호하고 있으나 보육서비스의 질적인 차원에서 열악함이 단점으로 제기되고 있다.
⑧ **야간보육소**는 오전 11시부터 밤 10시까지 야간보육서비스가 제공되는 시설이다.
⑨ **영아보육소**는 0~2세까지의 영아를 대상으로 보육하는 시설을 말한다.

넷째, 일본 보육재정이다. 문부성이 관리하는 유치원과 후생성이 관리하는 보육소의 연간 국가 예산의 비율은 1(유치원) 대 10(보육소)이다. 보육시설 중에서 국공립보육시설이 58.5%이고, 인가 민간보육시설이 41.5%를 차지한다. 국공립보육시설과 인가된 보육시설에 대하여 동일하게 비용을 지원하고 있으며, 무인가 민간보육시설에 대해서도 일정한 보육조건을 갖추면 조성금을 지원하게 되어 있다. 보육료는 영유아의 보호자 소득에 따라 7단계로 구분하여 차등적으로 보육료를 지원한다(윤은종, 2012).

다섯째, 일본 보육교사자격이다. 보육사의 자격증에 대한 근거법은 아동복지법이며, 종류는(2년제, 4년제 대학) 면허장 한 종류이다. 유치원교사의 자격증에 대한 근거법은 교육 교원 면허법에 의거하여 종류로는 2종(2년제 대학), 1종(4년제 대학), 전수(석사) 등 세 가지 종류의 면허장이 있다.

여섯째, 일본 보육소와 유치원의 특징은 다음과 같다. ① 기본적으로 교육철학을 공유하고 있다. 예를 들면, 양 기관의 놀이에 의한 종합적인 지도, 환경을 통해 이루어지는 교육, 보육, 기본적 습관의 강조 등을 들 수 있다. ② 전통적으로 유치원은 교육기관이고, 보육소는 영유아 보호시설이라는 역사적 배경에 의해 오늘날에도 유치원의 교육적 기능의 중시, 보육소의 기능 강조 현상을 낳고 있다. ③ 보육프로그램 수준에서는 보육소 보육의 다양화가 진행되고 있어 보육소의 활동내용이 훨씬 다양화되고 있다. 그러나 유치원보다 보육소가 우수하다는 평가를 내릴 수는 없다(윤은종, 2012).

연습 및 탐구문제

1. 영유아보육법의 특성에 대하여 정리해 봅시다.

2. 아동복지법의 이념, 목적, 내용을 정리해 봅시다.

3. 장애인복지법의 목적, 주요 내용을 제시해 봅시다.

4. 우리나라 보육행정시스템에 대하여 열거해 봅시다.

5. 육아종합지원센터의 역할을 제시해 봅시다.

6. 복지국가 모형에 따른 영유아 보육의 모형에 대하여 정리해 봅시다.

7. 노르웨이 보육의 유형을 정리해 봅시다.

참고문헌

강문희 외(1999). **유아 교육기관 운영관리**. 서울: 학지사.

강영삼(1994). **장학론**. 서울: 세영사.

강원근·장원규·임규봉·김춘복·최한성·한일랑(2008). **미주알 고주알 열두 빛깔 학급경영**. 경기: 교육과학사.

강윤구(1994). **영유아 보육사업론**. 서울: 해화당.

경기도 수원교육청(1993). **유치원 운영실무편람**. 경기도 수원교육청.

고경화·권경숙·손순복·이경애·조미영·조연경·황인애(2014). **보육학개론**. 서울: 동문사.

고승덕·김은주(1999). **유아보건관리학**. 서울: 학문사.

고영희(1983). **수업장학 모형개발 및 현장적용 가능성 탐색연구**. 서울: 한국교육개발원.

곽현주(2004). 수업 반성과정과 유치원 교사의 교수행동. 중앙대학교대학원 박사학위논문.

곽현주·구수연·박성희·서동미·서혜정·손혜숙·이명순·이혜경(2010). **유치원교사를 위한 교직실무**. 서울: 파란마음.

교육인적자원부(2001). **유치원 교사교육프로그램**. 서울: 교육인적자원부.

국지윤(2016). 어린이집 운영관리 컨설팅 모형개발. 전남대학교 교육대학원 박사학위논문.

권기욱(2003). **현대 교육사조를 반영한 최신 학급경영**. 서울: 원미사.

권기욱(2009). **학교 리더십**. 서울: 보현사.

권기욱·조남두·유현숙·오영재·조남근·최창섭·신현석(2000). **교육행정의 이해**. 서울: 원미사.

권미량·서영희·이숙희(2021). **보육학개론**. 서울: 동문사.

권영례 외(2011). **영유아 교사론**. 경기: 양서원.

권영례·이영자(1999). **유아 교육기관 경영**. 서울: 한국방송대출판부.

권인탁(1994). 교육조직에서 변화지향적 지도성 측정에 관한 연구. 전북대학교 대학원 박사학위논문, 75-77.

권혜진(2021). **영유아 교육기관 운영관리**. 서울: 창지사.

김민숙(1995). 국민학교 교내자율장학 실행계획서 모형개발. 서강대학교 교육대학원 석사학위논문.

김병두(1988). 학교중심장학의 기능쇄신을 위한 방향탐색. 성균관대학교 대학원 박사학위논문.

김병찬(2005). 교사지도성 개발에 관한 시론적 논의. 2005년 교원교육학술대회 자료집, 19-59.

김병찬(2007). 한국에서 교원의 지도성 연구 최근 동향 분석. **한국교원교육연구**, 24(3), 345-372.

김수향·이용주·이은진(2021). **유아 교육기관 운영관리**. 서울: 동문사.

김애자(2003). 원장·교사·학부모의 보육현장 갈등요인 비교. 숙명여자대학교 교육대학원 석사학위논문.

김연진 외(2007). **보육과정**. 서울: 태영출판사.

김연진 외(2010). **보육학개론**. 서울: 동문사.

김연진·이상희(2011). **유아 교육기관 운영관리**. 서울: 태영출판사.

김영태(1999). **교사 지도성 탐색**. 서울: 창지사.

김옥련(1993). **유치원 경영관리**. 서울: 교육과학사.

김용주·임우섭·강순진·도순남(2006). **학교 및 학급경영의 이해**. 경기: 양서원.

김의영(2009). **아동 보육론**. 서울: 동문사.

김익균·이춘녀·조경자(2009). **표준 보육프로그램에 준한 보육시설의 운영과 관리**. 서울: 동문사.

김재우(1996). **교직교육론**. 서울: 양서원.

김종식 외(2004). **학급경영의 이론·연구·실제**. 서울: 교육과학사.

김종철(1985). **교육행정학신강**. 서울: 배영사.

김종철(1999). **교육행정의 이론과 실제**. 서울: 교육과학사.

김주건(1998). **유아 교육기관 운영관리**. 서울: 창지사.

김지은(2013). **교육행정 및 교육경영**. 서울: 동문사.

김혜경(2005). **영유아 교육기관 경영**. 서울: 창지사.

김혜경(2021). **영유아 교육기관 운영과 관리**. 서울: 창지사.

나정(2001). **유아교육 정책 -어디로, 어떻게 가야 하는가?-**. 경기: 양서원.

나정·문무경·심은희(2005). **한국의 유아교육과 보육정책**. 경기: 양서원.

나정·장영숙(2002). **영국 유아교육과 보호정책**. 경기: 양서원.

나정·장영숙(2007). **OECD 국가들의 유아교육과 보호정책 동향**. 경기: 양서원.

노종희(1992). **교육행정학: 이론과 연구**. 서울: 문음사.

류동훈(2004). **교사론**. 서울: 창지사.

류윤석(2009). 교사 리더십 개발 전략 및 지원과제 탐구. **교육행정학연구** 27(1), 281-302.

명제창(1999). 학교조직에서의 도덕적 지도성 측정에 관한 연구. **교육행정학연구** 17(2), 53-86.

문성숙(2003). 학교장의 한국적 문화지도성 요인분석. 창원대학교대학원 박사학위논문.

박기동(1987). **조직행동론**. 서울: 박영사.

박남기·강원근·고전·김용·박상완·성병창·유길한·윤홍주·정수현·조동섭(2009). **초등**

학급경영의 이론과 실제. 경기: 교육과학사.
박내희(1989). 조직행동론. 서울: 박영사.
박병량(1997). 학급경영. 서울: 학지사.
박병량(2003). 학급경영 -성공적인 교실 운영을 위한 지침서. 서울: 학지사.
박병량(2006). 학교발전과 변화 -이론·연구·실제-. 서울: 학지사.
박병량·주철안(1999). 학교·학급경영. 서울: 학지사.
박성식(1998). 교육행정관리론. 서울: 학지사.
박성식(2011). 교육행정학. 서울: 학지사.
박수연·박정애(2000). 교육조직론. 서울: 교육과학사.
박연호(1994). 현대인간관계론. 서울: 박영사.
박은혜(2016). 유아 교사론. 서울: 창지사.
박중재(2007). 지식사회에서의 교사의 지도성, 학교조직문화 및 조직효과성 간의 영향 연구. 국민대학교 대학원 박사학위논문.
박찬옥·전경화·조희순·이순이·이완희·유경숙·김성혜·안은정(2016). 영유아 교육기관 운영관리. 경기: 정민사.
변영계(1997). 수업장학 -수업기술의 개선 방법-. 서울: 학지사.
보건복지부(2019). 2019년도 보육사업안내.
보건복지부(2022). 2022년도 보육사업 안내.
서울특별시교육연구원(1995). 교육전문직의 역할. 서울특별시교육연구원.
서정현(2010). 유아 교육기관 운영관리. 서울: 태영출판사.
서정화(1989). 교육인사행정. 서울: 세화사.
성미영·민미희·정현심(2020). 4차 표준보육과정 반영한 아동안전관리. 서울: 학지사.
성미영·정현심·이세라피나(2017). 영유아 교육기관 운영관리. 서울: 학지사.
성영혜·이상희(2006). 최신 유아 교육기관 운영관리. 서울: 동문사.
송연숙(2008). 유아교육실습생이 지각한 지도교사의 역할수행과 경험한 갈등에 관한 연구. 유아교육학논집, 12(4), 325-348.
송준석·송순옥(2016). 예비교사를 위한 영유아 교사론. 서울: 신정.
송화섭(1994). 교육행정 이론과 경영론. 서울: 양서원.
新谷敏夫(1983). 學校·學級經營と學校經營. 東京: 有信堂.
신재흡 외(2004). 21세기 지식 및 정보기반사회에서의 장학행정 이론과 실제. 서울: 학이당.
신재흡 외(2005). 한국 교육행정발달사의 탐구. 서울: 집문당.
신재흡 외(2006). 교육조직행위론의 탐색. 서울: 동문사.
신재흡 외(2006). 유아 교사론. 경기: 양서원.
신재흡 외(2006). 학교경영의 이론과 실제. 서울: 학지사.
신재흡 외(2010). 유아교사론. 경기: 양서원.

신재흡(2002). 교사가 지각한 학교장의 변혁적 리더십과 학교조직문화 및 학교조직효과성 간의 관계. 건국대학교 대학원 박사학위논문.

신재흡(2002). 교사가 지각한 학교장의 변혁적 리더십과 학교조직문화 및 학교조직효과성 간의 관계. **교육행정학연구**, 20(3), 91-115.

신재흡(2007). 도덕적 지도성과 임파워먼트가 교직헌신에 미치는 영향 분석. **교육행정학연구** 25(2), 93-119.

신재흡(2007). **한국 교육의 질 관리를 위한 장학행정**. 서울: 학이당.

신재흡(2008). **교육조직행위론의 탐구**. 서울: 동문사.

신재흡(2008). 변혁적 지도성과 조직헌신이 조직시민행동에 미치는 영향 분석. **교육행정학연구** 26(1), 69-95.

신재흡(2010). **교육행정 및 교육경영**. 서울: 동문사.

신재흡(2010). 서번트 리더십과 팔로워십이 학교조직효과성에 미치는 영향 분석. **교육종합연구** 8(2), 67-92.

신재흡(2013). **어린이집 및 유치원을 운영을 위한 영유아 교육행정**. 서울: 동문사.

신재흡(2014). 유아 교육기관 원장의 변화 지향적 리더십과 교사집단의 직무만족과의 관계. **소통과 인문학 제18집**.

신재흡(2014). **학생지도와 상담을 위한 생활지도의 이해**. 서울: 동문사.

신재흡(2015). **21세기의 다양한 교육리더십**. 서울: 동문사.

신재흡(2017). **인성을 기반으로 한 보육교사론**. 서울: 동문사.

신재흡(2019). **사례중심의 유아교사론**. 서울: 동문사.

신재흡(2020). **교육행정 및 교육경영 -학교경영 탐색-**. 서울: 동문사.

신재흡(2021). **EDUTOPIA 구축을 위한 효과적인 장학의 이론과 실제**. 서울: 동문사.

신재흡(2022). **초·중등예비교사를 위한 교직실무**. 서울: 동문사.

신재흡·권건일(2010). **유아교사론**. 경기: 양서원.

신재흡·조성일(2005). **한국 교육행정발달사의 탐구**. 서울: 집문당.

신재흡·주삼환(2006). **학교 경영의 이론과 실제**. 서울: 학지사.

신화식 외(2010). **유아 교육기관 운영관리**. 경기: 양서원.

신화식·김명희(2010). **유아 교육기관 운영관리**. 경기: 양서원.

안병환 외(2012). **교육행정 및 교육경영**. 서울: 청목출판사.

양옥승(1993). **"한국 탁아정책" 탁아연구** Ⅱ. 경기: 양서원.

어승희(2002). 유아 교육기관 행사에 대한 교사와 학부모 인식연구. 한국외국어대학교 교육대학원 석사학위논문.

염지숙·이명순·조형숙·김현주(2016). **유아 교사론(제3판)**. 경기: 정민사.

윤매자·안창희(2021). **보육과정**. 서울: 동문사.

윤은경 외(2021). **예비 영유아 교사를 위한 보육실습**. 서울: 동문사.

윤은종(2009). 보육학개론. 서울: 동문사.
윤은종(2012). 보육과정. 서울: 동문사.
윤정일·송기창·조동섭·김병주(2007). 교육행정학원론. 서울: 학지사.
윤종건(1999). 포스트모던 시대의 교육행정과 학교경영. 서울: 원미사.
윤혜경(2021). 보육교사론. 서울: 동문사.
이경희·정정옥(2014). 영유아 교육기관 운영관리. 서울: 학지사.
이군현(1999). 교육행정 및 경영 -조직이론적 접근-. 서울: 형설출판사.
이기숙·김정원·이현숙·전선옥(2008). 영유아 교육과정. 경기: 공동체.
이대균·송정원(2004). 최신 유아 교육기관의 운영관리. 경기: 양서원.
이대균·송정원(2010). 영유아 교육기관의 운영관리. 경기: 양서원.
이미라(2007). 교장의 감성리더십과 학교의 조직감성과 조직학습의 관계. 충남대학교 대학원 박사학위논문.
이상기·옥장흠(2000). 교육행정 및 교육경영. 서울: 형설출판사.
이석열(2006). 교장의 감성리더십 진단척도 개발. 교육행정학연구 24(3), 51-78.
이성태(2006). 인간관계론. 경기: 양서원.
이숙 외(2012). 보육학개론. 서울: 동문사.
이순형·이성옥·권기남·김지현·김진욱·김정민·민미희·정현심·김유미·임여정·김민경(2012). 어린이집운영관리. 경기: 양서원.
이영미(2021). 영유아 교육기관 운영관리. 서울: 정민사.
이영자·신동주(2013). 유아 교육기관 운영관리. 서울: 창지사.
이윤식 외(2007). 교직과 교사. 서울: 학지사.
이윤식(2005). 장학론. 서울: 교육과학사.
이윤식(2006). 교원의 교육지도성 프로그램 개발. 한국교원교육학회 23(2), 231-266.
이윤옥(2019). 유아 교육기관 운영관리. 경기: 정민사.
이은화·배소연·조부경(2003). 유아교사론. 서울: 양서원.
이인원·김호년·전정희·김의석·감영애(2011). 유아 교육기관 운영관리. 경기: 양서원.
이혜경(1991). "탁아정책모델과 재정제도의 선택". -우리 아이들의 육아현실과 미래- 공동 육아제도의 전망. 서울: 한울.
이혜원·임미혜·황윤세(2016). 유치원 및 어린이집 운영관리. 경기: 공동체.
이화용(2005). 감성트렌드: 감성적 셀프 리더십과 자아실현. 서울: 한솜미디어.
임미혜·최경애·황윤미·이혜원(2020). 유치원 및 어린이집 운영관리. 경기: 공동체.
임재택(1993). 유치원과 보육시설의 바람직한 위상 정립 방안. 21세기의 영유아 보육. 서울: 한울.
임재택(2005). 유아 교육기관 운영관리 -유치원과 보육시설-. 경기: 양서원.
장미경 외(2006). 보육학개론. 서울: 태영출판사.
장선철 외(2000). 유아 교육기관 운영관리. 서울: 동문사.

전용환(2010). **교육리더십**. 서울: 동문사.

정재경·송민서·이현아(2021). **아동안전관리**. 서울: 동문사.

정태범(1996). **장학론**. 서울: 교육과학사.

조미옥(2021). **유아 교육기관 운영관리**. 경기: 양서원.

조병효(1995). **현대장학론**. 서울: 교육과학사.

조복희 외(2007). **보육학개론**. 서울: 교육과학사.

조성일 외(2004). **21C 지식 및 정보기반사회에서의 장학행정 이론과 실제**. 서울: 학이당.

조성일·안세근(2005). **교육행정과 교육경영**. 서울: 재동문화사.

조성일·장선철(2000). **유아 교육기관 운영관리**. 서울: 동문사.

조정신·황성원(2004). 프랑스의 영유아 보육체제가 한국의 보육정책에 주는 시사점. **한국영유아 보육학 36**, 45-72.

주삼환(1974). Herzberg의 동기-위생이론에 관한 가설 검증. 서울대학교 교육대학원 석사학위논문.

주삼환(1998). **장학론(임상방학 방법)**. 서울: 학연사.

주삼환·천세영·김택균·신붕섭·이석열·김용남 외 5인(2009). **교육행정 및 교육경영**. 서울: 학지사.

주현준·김태연·남지영(2011). 교사의 지도성과 학교효과성 관계에 대한 메타분석. **한국교원교육연구** 29(1), 119-142.

최상균(2012). 이제는 교사리더십이다. 교원교육소식 제63호(2012.6.30). 한국교원교육학회, 4-8.

최애경·김길숙·김혜운·좌승화(2016). **영유아 교사론**. 경기: 공동체.

최애경·좌승화·최진원(2013). **유아 교육기관 운영관리**. 서울: 파란마음.

최한수(2003). **유아 교육행정**. 서울: 문음사.

최혜순·이미현(2015). **유아 교육기관 운영관리**. 서울: 동문사.

平井文雄·富山保·平林俊彦(2000). 新しじ學級經營の 條件. 東京: 學陽書房.

한공우(2003). **교육행정 및 교육경영**. 서울: 동문사.

한국교원교육학회(2022). 유아교육·보육통합을 위한 영유아교원 양성체제 발전 방안. 한국교원교육학회 2022년 1차 유아교육·보육정책포럼(2022.6.18.).

한국교육개발원(1986). 우리나라 유아 교육기관의 운영 실태 분석. 연구보고 RR 86~99.

한국교육행정학회(1995). **교육조직론**. 서울: 하우.

한유경(1983). 교사의 다중역할에서 발생하는 갈등에 관한 연구. 이화여자대학교 대학원 석사학위논문.

한유미 외(2005). **스웨덴의 아동 보육제도**. 서울: 학지사.

한혜경 외(2021). **보육교사를 위한 6주 보육실습**. 서울: 동문사.

한혜경·박부숙·백지숙·박윤조 외(2021). **보육교사를 위한 6주 보육실습**. 서울: 동문사.

행동과학연구소(1992). **영유아 보육프로그램.**

허병기(1997). 장학의 본질 이탈: 개념적 혼란과 실천적 오류. **교육학연구 35(3).** 서울: 한국교육학회, 183.

허혜경·임진경(2020). **영유아 안전교육.** 서울: 동문사.

홍길회 외(2019). **영유아 건강교육.** 서울: 동문사.

홍길회·김명연(2020). **유아 교육기관 운영관리.** 서울: 동문사.

홍길회·김명연(2021). **유아 교육기관 운영관리.** 서울: 동문사.

홍길회·정미자(2021). **영유아 건강교육.** 서울: 동문사.

홍성임(1994). 유치원 행사 현황에 관한 연구. 중앙대학교 교육대학원 석사학위논문.

홍순강 외(1989). **유치원 운영관리의 이론과 실제.** 서울: 형설출판사.

홍순옥·안영혜·서은주·이미란·송민서·이서연·정은주(2018). **영유아 교육기관 운영관리.** 서울: 창지사.

홍순옥·안영혜·서은주·이미란·송민서·이서연·정은주(2020). **영유아 교육기관 운영관리(2판).** 서울: 창지사.

황유진(2016). 어린이집과 유치원의 정보공시제에 대한 교사와 학부모의 인식 조사연구. 숙명여자대학교 교육대학원 석사학위논문.

황윤세·임미혜·이혜원(2009). **유아 교육기관 및 보육시설 운영관리.** 경기: 공동체.

황윤세·임미혜·이혜원(2016). **유치원 및 어린이집 운영관리.** 경기: 공동체.

Anderson, Joseph A.(1992). "Weirder than fiction: The Reality and Myths of Creativity". *Academy of Management Executive, 40.*

Argyris, C.(1957). *Personality and Organization.* New York: Harper & Row.

Bass, B. M., & Avolio, B. J.(1990). *Transformational Leadership Development : Manual for the Multifactor Questionnaire.* Palo Alto, CA: Consulting Psychologist Press, 12-20.

Bertalanffy, L. V.(1968). *General Systems Theory.* New York: Braziller.

Bolin, F. S., & Panaritis, P.(1992). Searching for a Common Purpose: A Perspective on the History of Supervision. In C. D. Glickman(Ed.), *Supervision in Transition.* Association for Supervision and Curriculum Development.

Boyer, G. B.(1999). *Turning Points in the Development of Male Servant-Leader,* Unpublished Doctoral Dissertation, The Fielding Institute.

Burns, J. M.(1978). *Leadership.* New York: Harper & Row.

Campbell, Ronald F., & J. E. Corbally Jr., Ramseyer, John A.(1968). *Introduction to Educational Administration.* Boston: Ally & Bacon, Inc.

Christensen, Donald J.(1976). "The Curriculum Worker Today". in Curriculum Leaders:

Improving Their Influence. ed. Charles A. Speiker. Washington, D. C.: *Association for Supervision and Curriculum Development, 35.*

Clark, D. I., et al.(1994). "Organizational Studies: Taxonomy and Overview"" In W. K. Hoy, T. A. Astuto, & P. B. Forsyth(Eds.), Educational Administration: The UCEA Document Base. New York: McGraw-Hill Primus.

Cogan, M. L.(1973). *Clinical Supervision.* New York: Houghton Mifflin.

Cohen, M. D., & March, J. G.(1974). *Leadership and Ambiguity: The American College President.* New York: McGraw-Hill Book Company.

Covey, S. R.(1991). *Principle-Centered Leadership.* New York: Simon & Schuster, 29-31.

Culbertson, J. A.(1983). "Theory in Educational Administration: Echoes from Critical Thinkers". *Educational Researcher, 12*(10).

Cunningham, W. G., & Gresso, D. W.(1993). *Cultural leadership: The Culture of Excellence in Education.* Boston: Allyn & Bacon.

Day, C., & Harris, A.(2003). Teacher Leadership, Reflective Practice and School Improvement in Leithwood, K., & Hallinger, P.(eds). *Second International Handbook of Educational Leadership and Administration.* Dordrecht: Kluwer Academic.

Deutsch, Morton(1973). *Resolution of Conflict: Constructive and Destructive Processes.* New York: Yale University Press.

Dill, William R.(1964). "Decision Making". *Behavioral Science and Educational Administration.* NESS, 201.

Dillon-Peterson, B.(1981). *Development/Organization Development-Perspective.* Alexandria. V.A.: ASCD.

Doyle, W.(1986). Academic Work. *Review of Educational Research, 53*, 159-199.

Drucker, Peter F.(1993). *Management: Tasks, Responsibilities, Practice.* New York: Harper Collins.

Duke, D. L.(1979). Editor's Preface. In Duke, D. L.(ed.). *Classroom Management.* 8th Yearbook of the National Society for the Study of Education, Part 2, Chicago: University of Chicago Press.

Estler, Suzanne E.(1988). Decision Making. in Norman J. Boyan(ed.). *Handbook of Research on Educational Administration.* New York: Longman Inc.

Etzioni, A.(1989). "Humble Decision Making". *Harvard Business Review, 67.*

Ferguson, K. E.(1984). *The Feminist Case Against Bureaucracy.* Philadelpia: Temple University Press.

Fisher, R., & Ury, W.(1981). *Getting to Yes.* Boston: Houghton Mifflin.

Flieshman, E. A.(1973). "Twenty Years of Consideration and Structure". in E. A. Fleishman & J. G. Hunts(Eds.), *Current Developments in the Study of Leadership*. Carbendale: Southern Illinois Univ., 3.

Follet, Mary P.(1924). *Creative Experience*. London: Longmans & Green.

Foster, W.(1986). *Paradigms and Promise*. New York: Promentheus Books.

Gestwicki, C.(2004). *Home, School and Community Relations*. Delmar.

Getzel, J. W., & Guba, E. G.(1957). "Social Behavior and the Administrative Proces s", *The School Review*, *65*(4).

Getzel, J. W., & Thelen, H. A.(1960). "The Classroom Group as a Unique Social System", In N. Henry ed., *The Dynamics of Instructional Group*, the 59th Yearbook of NSSE, Chicago: University of Chicago Press.

Glassberg, Sally & Oja, Sharon N.(1981). A Developmental Model for Enhancing Teacher's Personal & Professional Growth. *Journal of Research & Development in Education, 14*(2).

Glatthorn, Allan A.(1984). *Differentiated Supervision*. ASCD.

Goldhammer, R.(1969). *Clinical Supervision*. New York: Holt, Rinehart Winston.

Goleman, D., Boyatzis, R., & McKee, A.(2002). *Primal Leadership: Realizing the Power of Emotional Intelligence*. Boston: Harvard Business School Press.

Greenfield, T. B.(1975). Theory About Organizations: A New Perspectives and Its Implications for Schools. In M. Hughes ed., *Administering Education: International Challenge*. London: Athlone.

Greenfield, W. D.(1995). Toward a Theory of School Administration: The Centrality of Leadership. *Educational Administration Quarterly, 32*(1).

Greenleaf, R. K.(1970). *Servant as Leader*. republished in 1991 by The Robert K. Greenleaf Center in Indianapolis, Indiana, USA.

Griffiths, D. E.(1959). "Intellectual Turmoil in Educational Administration". *Educational Administration Quartely, 13*(3).

Gross, E.(1961). *Dimension of Leadership, Personnel*. New Jersey: Prentice-Hall, Inc.

Halpin, Andrew W.(1970). "Administrative Theory: The Fumbled Torch", in A. M. Kroll, *Issues in American Education*. New York: Oxford University Press.

Hampton, D. R.(1987). *Management* 3rd ed. New York: McGraw-hill.

Harris, Ben M.(1985). *Supervisory Behavior in Education(3rd ed.)*. Englewood Cliffs, New Jersey: Prentice-Hall.

Harwood, D., Klopper A., Osanyin A., & Vanderlee M. L.(2013). 'It's More Than Care': Early Childhood Educators' Concepts of Professionalism. *Early Years, 33*(1), 4-17.

Hersey, P., & Blanchard, K. H.(1988). *Management of Organizational Behavior*. 5th ed., Englewood Cliffs. New Jersey: Prentice-Hall.

Hersey, Paul & Blanchard, Kenneth H.(1972). *Management of Organizational Behavior*. New Jersey: Prentice-Hall.

Herzberg, E.(1966). *Work and the Nature of Man*. Cleveland: World.

Herzberg, F.(1964). "The Motivation-hygiene Concept and Problems of Manpower". J. M. Shafritz and A. C. Hyde eds.(1978)에서 재인용.

Howey, Kenneth R.(1980). An Expand Conception of Staff Development. *The Journal of Staff Development, 1*(2), 63-66.

Hoy, W. K., & Miskel, C. G.(1982). *Educational Administration*. New York: Random House.

Hoy, W. K., & Miskel, C. G.(1991). *Educational Administration: Theory*, Research, and Practice. New York: Random Housre, Inc.

Jago, A. G.(1982). Leadership: Perspectives in Theory & Research. *Management Science*. *28*(3), (March), 315.

Johnson, M., & Brooks, H.(1979). Conceptualizing Classroom Management. In Duke, D. L.(ed.), *Classroom Management*. 78th Yearbook of the National Society for the Study of Education, Part 2, Chicago: University of Chicago Press.

Katz, E., & Lazarsfeld, P.(1955). *Personal Influence: The Part Played by People in the Flow of Mass Communication*. New York: The Free Press.

Katz, Lilian G.(1972). Developmental Stage of Preschool Teachers. *The Elementary School Journal, 73*(1), 32-34.

Katzenmeyer, M., & Moller, G.(2001). *Awakening the Sleeping Giant. Helping Teachers Develop as Leaders*. CA: Corwin Press.

Keichel, Walter(1993). "How We will Work in the Year 2000". *Fortune*. May. *17*, 38-52.

Knezevich, Stephen J.(1975). *Administration of Public Education(3rd ed.)*. New York: Harper & Row, Publishers.

Knoll, M. K.(1987). *Supervision for Better Instruction*. Englewood Cliffs. N.J.: Prentice-Hall, 23-24.

Kouzes, J., & Posner, B.(1999). *The Leadership Challenge*. San Francisco: John Wiley & Sons, Inc.

Laub, A. J.(1999). *Assessing the Servant Organization: Development of the Servant Oganizational Leadership Assessment(SOLA) Instrument*. Unpublished Doctoral Dissertation, Florida Atlantic University.

Levering, R.(2000). *A Great Place to Work: What Makes Some Employers So Good*. San

Francisco: A Great Place to Work Institute.

Likert, Rensis et al.(1976). *New Ways of Managing Conflict.* New York: McGraw-Hill.

Lindblom, Chales E.(1965). *The Intelligence of Democracy: Decision Making Through Mutual Adjustment.* New York: The Free Press.

Lipham, James M.(1964). "Leadership and Administration". in *Behavioral Science and Educational Administration.* The Sixty-third Yearbook of the National Society for the Study of Education, PartII, ed. Daniel E. Griffiths. Chicago: Univ. of Chicago Press, 122.

Lunenburg, Fred C., & Ornstein, Allen C.(1996). Educational Administration: Concepts and Practice 2nd ed. Belmont: Wadworth Publishing Company.

Luthans, Fred(1995). *Organizational Behavior.* 7th ed. Singapore: McGraw-Hill International Editions.

Mans, C. C., & Sims Jr., H. P.(1991). Super-leadership: Beyond the Myth of Heroic Leadership. *Organizational Dynamic. 19*(4), Spring.

Maslow, A. H.(1970). *Motivation and Personality.* 2nd ed., New York: Harper and Row.

Mayo, E.(1933). *The Human Problems of an Industrial Civilization.* New York: McMillan Co.

McGregor, D.(1960). The Human Side of Enterprise. New York: McGraw-Hill.

McKean, Robert C., & Mills, H. H.(1964). *The Supervisor.* New York: The Center for Applied Research in Education, Inc.

Mintzberg, Henry(1990). *The Nature of Managerial.* New York: Harper Collins.

Neff, T. J., Citrin, J. M., & Brown, P. B.(1999). *Lessons from the Top: The Search for America's Best Business Leaders.* New York: Doubleday.

OECD(1999). OECD Country Note: Early Childhood Education and Care Policy in Sweden. Paris: OECD.

Perry, R. H.(1980). The Organizational/Enviornmental Variables in Staff Development: *Theory into Practice, 19*(4).

Pfeiffer, I. L., & Dunlap, J. B.(1982). Supervision of Teachers: A Guide to Improving Instruction. Arizona, Oryx Press, 125-127.

Pondy, Louis R.(1967). "Organizational Conflict: Concept and Models". *Administrative Science Quarterly.* Vol. 12, 296~320.

Robbins, Stephen P.(1983). *Organization Theory: The Structure and Design of Organizations.* Englewood Cliffs. New Jersey: Prentice-Hall Inc.

Rockwell, R. E., & Endres, J.(1969). Nutrition in Day Care Centers. *Young Children, 25,* 20-22.

Roethlisberger, F. J., & Dickson, W. J.(1939). *Management and the Worker*. Cambridge, Mass: Harvard University Press.

Rogers, E. M., & Agarwala-Rogers, R.(1976). *Communication in Organizations*. New York: The Free Press.

Sara, Nathir G.(1981). "A Comparative Study of Leader Behavior of School Principals in Four Developing Countries". *The Journal of Educational Administration*. XIX(21).

Schein, Edgar H.(1985). *Organizational Culture and Leadership*. San Francisco: Jossey-Bass.

Sergiovanni, T. J. et al.(1980). *Educational Governance and Administration*. Englewood Cliffs, New Jersey: Prentice-Hill Inc.

Sergiovanni, T. J.(1984). Leadership and Excellence in Schooling. *Educational Leadership*.

Sergiovanni, T. J.(1987). "Leadership and Excellence in Schooling". Ray E. Bruce and Edith E. Grimely(Comp.). *Readings in Educational Supervision*. Vol. 2. Association for Supervision and Curriculum Development. 1987, 45-53.

Sergiovanni, T. J.(1987). The Theoretical Basis for Cultural Leadership. in *Leadership: Examining the Elusive*(eds.), L. T. Sheive & M. B. Schoenheit. ASCD.

Sergiovanni, T. J.(1990). "Advance in Leadership Theory & Practice". in P. W. Thurston & L. S. Lotto(eds.), *Advance in Educational Administration*, Vol. 1. Greenwich: JAI Press, 3.

Sergivanni, Thomas J., & Starratt, Robert J.(1983). *Supervision: Human Perspective. 3rd ed.* New York: McGraw-Hill Book Co.

Simon, Herbert A.(1960). *The New Science of Management Decision*. New York: Harper and Row.

Smylie, M. A.(1995). New Perspectives on Teacher Leadership. *The Elementary School Journal, 96*(1), 3-7.

Smylie, M. A., & Denny, J. W.(1990). Teacher Leadership: Tensions and Ambiguities in Organizational Perspective. *Educational Administration Quarterly, 26*(3), 235-259.

Stufflebeam, D. L. et al.(1971). *Educational Evaluation and Decision Making*. Itasca. IL: F. E. Peacock.

Taylor, Frederick W.(1911). *The Principle of Scientific Management*. New York: Harper & Brothers.

Taylor, W.(1990). "The Business of Innovation". *Harvard Business Review*. March-April, 97.

Terry, G. R.(1960). *Principle of Management*. 3rd ed. Homewood IL.: Richard D. Irwin, Inc.

Thomas, K.(1976). "Conflict and Conflict Management". In M. D. Dunnette ed. *Handbook of Industrial and Organizational Psychology*. Chicago: Rand McNally.

Tidyman, W. F.(1957). *Directing Learning Through Class Management.* Farrar Rinehart Inc.

Trice, H. M., & Beyer, J. M.(1990). Cultural Leadership in Organization. *Organizational Dynamics. 27*, 149-150.

Unruh, A., & Turner, H. E.(1970). *Supervision for Change and Innovation.* Boston: Houghton Mifflin.

Vroom, V. H., & Yetton, P. H.(1973). *Leadership and Decision Making*. Pitt., PA: University of Pittsburg Press.

Wildavsky, Aaron(1966). "The Political Economy of Efficiency: Cost-Benefit Analysis Systems and Program Budgeting". *Public Administration Review, 264*(Dec.), 292-310.

Wiles, K.(1961). *Supervision for Better School.* New York: Prentice-Hall, Inc.

Wiles, K., & Lovell, J. T.(1975). *Supervision for Better Schools(4th ed.).* Englewood Cliffs. New Jersey: Prentice-Hall.

찾아보기

본문 색인

기타

인명 색인

저자 소개

신재흡 교수

전)

한국유아교육 · 보육복지학회 서울지회장, 연구윤리위원장
한국교육행정학회 윤리위원장, 재정기금위원장, 조직규정위원장
한국교원교육학회 대외협력위원장, 감사 및 홍보기금위원장
구리시청 보육정책위원
한국생태유아교육학회 이사
서일대학교 유아교육학과, 보육교사교육원 강사

현)

한국유아교육보육복지학회 부회장
한국교원교육학회 부회장
한국교육행정학회 이사 및 주삼환교육리더십상 위원
한국미래유아교육학회 이사
경기도교육정책자문위원회 위원
한성대학교 교육대학원(유아교육전공) 교수

〈저서 및 논문〉

유아교사론(공저, 2006)
학생지도와 상담을 위한 생활지도의 이해(2014)
21세기의 다양한 교육리더십(2015)
보육교사론(2016)
사례중심의 아동권리와 복지(2018)
사례중심의 유아교사론(2019)
서양교육변천사 탐구(2021)-2022년도 세종도서 학술부문 우수도서 선정
글로벌 시대의 문화다양성을 위한 다문화사회와 교육(2021)
4차 산업혁명시대의 교육리더십 트렌드(2022)
예비교사를 위한 학교폭력예방 및 학생의 이해(2023)
교육과 심리 - 교육의 심리학적 이해-(2023)
평생학습국가 건설과 유아교육 · 보육시스템의 기능 강화 방안에 대한 연구(공저, 한국유아교육 · 보육행정연구, 9(2), 2005)
유아교사가 지각한 임파워먼트와 조직헌신성과의 관계연구(공저, 한국유아교육 · 보육행정연구, 14(4), 2010)
교사가 지각한 유아 교육기관 원장의 변화 지향적 지도성과 교사의 직무성과 간의 관계연구(공저, 한국유아교육 · 보육행정연구, 14(3), 2010)
유아 교육기관 원장의 변화 지향적 리더십과 교사집단의 직무만족과의 관계(소통과 인문학, 제18집, 2014)
유아 교육기관 원장의 분산적 리더십과 조직문화와의 관계(소통과 인문학, 제19집, 2014)

영유아 교육행정 및 교육경영

-유치원 및 어린이집 경영 탐색-

초판 1쇄 인쇄 / 2023년 9월 1일
초판 1쇄 발행 / 2023년 9월 5일

•

저 자 / 신 재 흡
발행인 / 이 중 수
발행처 / **동 문 사**

•

서울특별시 서대문구 홍제원 1길 12
(홍제동 137-8)
Tel: 02)736-3718(대), 736-3710, 3720
Fax: 02)736-3719
등록번호: 1974.04.27. 제9-17호
가격: 26,000원

•

ISBN: 979-11-6328-533-5 (93370)
E-mail: dong736@naver.com
www.dongmunsa.com